# Les plus belles pages de la POÉSIE FRANÇAISE

# Les plus belles pages de la POÉSIE FRANÇAISE

*Préface de Jeanne Bourin*

Sélection du Reader's Digest

PARIS • BRUXELLES • MONTRÉAL • ZURICH

SÉLECTION DU READER'S DIGEST tient à remercier tout particulièrement
CLAUDE ESTEBAN, docteur ès lettres,
pour son rôle de conseiller de la rédaction.

Nous remercions également les éditeurs et les personnes qui nous ont autorisés à reproduire les poèmes des pages suivantes:

**542-545:** Germain Nouveau, *Premiers Poèmes, Valentines* et *Poison perdu* © Éditions Gallimard. **600-602:** Saint-Pol Roux, *Anciennetés* © Éditions Rougerie. **603-605:** Maurice Maeterlinck, *Douze Chansons* © Éditions Stock. **606-608:** Henri de Régnier, *les Jeux rustiques et divins* © Éditions Mercure de France, 1897, et *la Sandale ailée* © Éditions Mercure de France, 1906. **609-611:** Paul-Jean Toulet, *Contrerimes* © Émile-Paul Frères éditeurs (droits réservés). **612-614:** Edmond Rostand, *Cyrano de Bergerac* et *l'Aiglon* © Éditions Fasquelle. **615-622:** Francis Jammes, *De l'Angélus de l'aube à l'angélus du soir* © Éditions Mercure de France, 1891, et *le Deuil des primevères* © Éditions Mercure de France, 1901. **623-639:** Paul Claudel, *Vers d'exil, Cinq Grandes Odes, Tête d'or, la Jeune Fille Violaine, le Soulier de satin* © Éditions Gallimard. **640-650:** Paul Valéry, *Album de vers anciens* et *Charmes* © Éditions Gallimard. **651-652:** Paul Fort, *Ballades françaises* © Éditions Flammarion. **656-665:** Charles Péguy, *Jeanne d'Arc, le Porche du mystère de la deuxième vertu, la Tapisserie de sainte Geneviève et de Jeanne d'Arc, la Tapisserie de Notre-Dame* © Éditions Gallimard. **666-669:** Anna de Noailles, *le Cœur innombrable, l'Ombre des jours* © Éditions Fasquelle. **672-681:** Max Jacob, *le Laboratoire central* © Éditions Gallimard. **682:** O.V. de Milosz, *les Sept Solitudes, Poésies I* © Éditions André Silvaire. **683-685:** Émile Nelligan © Éditions Fides, Montréal. **686-705:** Guillaume Apollinaire, *le Bestiaire, Alcools, Calligrammes* © Éditions Gallimard. **706-707:** Marie Noël, *le Rosaire des Jours* © Éditions Stock. **708-710:** Jules Supervielle, *le Forçat innocent, les Amis inconnus* © Éditions Gallimard. **711-717:** Blaise Cendrars, *Du monde entier* © Éditions Denoël. **718-723:** Saint-John Perse, *Éloges, Vents, Amers, Chronique* © Éditions Gallimard. **724-725:** Pierre Jean Jouve, *Matière céleste* © Éditions Mercure de France, 1964 (Poésie t. I), et *la Vierge de Paris* © Éditions Mercure de France, 1965 (Poésie t. II). **726-730:** Pierre Reverdy, *la Lucarne ovale* et *les Ardoises du toit* © Éditions Flammarion. **731-732:** Jean Cocteau, *Plain-Chant* © Éditions Gallimard. **734-744:** Paul Éluard, *Mourir de ne pas mourir, la Vie immédiate, les Yeux fertiles, Cours naturel* et *le Lit, la table* © Éditions Gallimard; *Poésie et Vérité, Au rendez-vous allemand* © Éditions de Minuit. **745-746:** Tristan Tzara, *De nos oiseaux* © Éditions Flammarion. **747-750:** André Breton, *l'Union libre* et *Clair de terre* © Éditions Gallimard. **751-764:** Louis Aragon, *les Yeux d'Elsa, la Diane française* © Éditions Seghers; *le Crève-Cœur, le Roman inachevé, Elsa, les Poètes* © Éditions Gallimard. **765-766:** Benjamin Péret, *le Grand Jeu* © Éditions Gallimard. **767-771:** Robert Desnos, *Fortunes* © Éditions Gallimard. **773-781:** Jacques Prévert, *Paroles* © Éditions Gallimard. **782-784:** Jean Follain, *Présent Jour* © Mme Jean Follain. **785-790:** Raymond Queneau, *Chêne et chien, l'Instant fatal* © Éditions Gallimard. **791-793:** Hector de Saint-Denys Garneau, *Regards et jeux dans l'espace* © Éditions Fides, Montréal.

La modernisation des textes médiévaux a été assurée par Claude Esteban.

**Les illustrations originales des pages suivantes sont de:**
**439:** Gilbert Bazard. **490:** Philippe Bernard. **694** et **779:** Alain Bonnefoit. **413** et **513:** Jacques Bony. **40-41, 56-57, 61, 118, 131** et **154:** Josiane Campan. **168** et **678:** Jean Coladon. **580** et **645:** Claire Cormier. **402** et **724:** Françoise de Dalmas. **773:** Éliane Diverly. **492-493:** Louis Guillard. **217** et **229:** André Jacquemin. **301** et **388:** Catherine Jacquinet. **354, 548** et **586:** Béatrice Neibecker. **36, 137** et **408:** Brenda Katté. **366:** Daniel Lacombe. **415** et **459:** Jean-Marie Le Faou. **733:** Jean Marais. **551:** Nat Mayer. **81:** Guy Michel. **456:** Hélène Neveur. **230-231, 317, 342-343** et **686-687:** Raymond Outrequin. **662-663, 665, 674-675, 676, 688-689:** Pierre Pagès. **122-123:** Claude Paillard. **310, 311** et **312:** Pauline Peugniez. **440** et **740-741:** Jean Picart le Doux. **110-111, 219** et **347:** Jacques Poirier. **50:** Tetsu. **767, 768, 769, 770, 771, 772** et **775:** Bernard Villemot.

TROISIÈME ÉDITION
Huitième tirage



ISBN : 2-7098-1806-X

# PRÉFACE

*Pendant longtemps, il n'y eut de poèmes que musicaux. Jusqu'au* XVI^e^ *siècle, on n'imaginait pas de réciter des vers sans accompagnement musical. La poésie et la musique allaient de pair. Elles se séparèrent alors pour suivre chacune sa voie propre, sans pour autant renoncer à renouer, au passage et au gré des inspirations, certains liens intimes. Longtemps, chacune dans leur domaine, elles évoluèrent du même pas.*

*Soudain, à notre époque, en ce* XX^e^ *siècle où tout change, où la rupture avec le passé s'accentue au point de devenir angoissante, la poésie semble perdre du terrain. Devenue plus difficile, voire hermétique, beaucoup moins familière, et moins populaire aussi, elle cède la place à la musique, qui déferle sur nous comme marée d'équinoxe. Grâce aux disques, aux cassettes, aux radios de toutes sortes, la musique triomphe enfin de sa sœur, devenue sa rivale.*

*Elle règne à présent sans partage sur nos existences, nos pensées et nos lèvres.*

*Le rythme l'a emporté sur la rime.*

*Les livres de poésie se vendent mal, les émissions et les journaux littéraires ne laissent plus qu'une place modeste aux poèmes, et les poètes eux-mêmes, devenus des chercheurs de laboratoire ou des donneurs de messages, semblent avoir renoncé à plaire à Margot!*

*Et pourtant... qui ne garde, au fond de sa mémoire, quelques bribes de poèmes à demi oubliés, quelques vers perdus, quelque complainte, fable, rondeau, madrigal, sonnet, élégie ou stance, qui reviennent à l'esprit au moindre prétexte?*

*En dépit des apparences, rares sont ceux qui ne se sont jamais réveillés poursuivis par l'écho de rimes tournant obstinément dans leur tête, ou endormis en se berçant de vers confusément ressurgis de la nuit et du souvenir.*

*Au fond, la poésie tient une place beaucoup plus importante dans nos vies que nous ne le croyons. Combien d'amants ont soupiré :*

*« Ô temps ! suspends ton vol, et vous, heures propices !*
*Suspendez votre cours :*
*Laissez-nous savourer les rapides délices*
*Des plus beaux de nos jours ! »*

*Mes parents répétaient à chaque occasion :*

*« Lorsque l'enfant paraît, le cercle de famille applaudit à grands cris. »*

*En traversant des forêts déboisées, on murmure :*

*« Écoute, bûcheron, arrête un peu le bras ;... »*

*En croisant une personne affligée d'un nez agressif, la tirade de Cyrano s'impose d'elle-même ; et la nostalgie souffle souvent en nous :*

*« Mais où sont les neiges d'antan ? »*

*Certains vers sont devenus proverbes : La Fontaine n'a pas cessé de faire rimer bon sens avec harmonie poétique.*

*Des centaines d'alexandrins ont porté nos émois et nos découvertes théâtrales :*

*« Rome, l'unique objet de mon ressentiment. »*
*« C'est Vénus tout entière à sa proie attachée. »*
*« Le monde, chère Agnès, est une étrange chose. »*
*« Bon appétit, messieurs ! – Ô ministres intègres ! »*
*« Je t'aimais inconstant, qu'aurais-je fait fidèle ? »*
*« Rentre en toi-même, Octave, et cesse de te plaindre. »*

*Des pièces qui nous ont enthousiasmés, les passages dont nous nous souvenons le mieux sont ceux dont les assonances heureuses continuent de chanter en nous bien longtemps après la chute du rideau.*

*La poésie, c'est beaucoup plus qu'une forme littéraire, c'est la traduction ennoblie de nos émotions, de nos rêves, de nos peines, de nos désirs.*

*A travers le langage soudain magnifié, nous atteignons à la source même de ce qui nous fait agir, penser ou croire.*

*Il est de grands thèmes lyriques qu'on retrouve dans toutes les poésies du monde, mais on peut également y découvrir d'humbles vérités quotidiennes. Dieu, l'amour, la mort, le lait de la tendresse humaine, ou l'horreur, la peur, la misère et la douleur s'y rencontrent sans cesse, mais aussi le pain, la lampe, un chien, l'aiguille, le puits, une larme sur une joue d'enfant, un pommier en fleur ou un crapaud.*

*Tout est matière à poésie.*

*Le plus grave est de l'avoir oublié. Ou, tout au moins, de le croire. En réalité, nous le savons plus ou moins consciemment, car la mémoire collective des Français en est peuplée.*

*C'est là l'originalité d'un livre tel que celui-ci : redonner vie à cet héritage un peu oublié. Tout à coup, sous nos yeux, renaissent les mots ensorceleurs des poèmes, jadis appris, déjà lus, ou simplement feuilletés. Leurs accents ravivent des réminiscences endormies et nous projettent de nouveau dans le monde mystérieux où opère une étrange alchimie, celle des rimes et de la raison, des mots et des sensations, des accords qui nous bouleversent tout en nous faisant réfléchir.*

*Contrairement à ce qu'on a pu croire, Poésie n'est pas morte. Elle n'est qu'endormie et demeure indispensable à la pensée humaine, dont elle est une des formes d'expression les plus anciennes et les plus spontanées.*

*Nous redécouvrons que nous avons besoin d'elle pour rire et pour pleurer, pour maudire et pour aimer. Elle est notre amie et notre messagère. Un livre de poèmes n'est rien d'autre qu'un cœur ouvert, et il est grand temps qu'on redonne à un art qui a tenu une telle place dans l'histoire de la culture humaine le rôle qui lui revient dans la formation de nos sensibilités et de nos goûts : le premier.*

*Flaubert disait : « Lisez pour vivre. » En ce siècle matérialiste et technique où nous sommes, ne pourrait-on pas ajouter : Lisez des poèmes pour sauvegarder vos capacités de rêve, d'enthousiasme, d'imagination, pour conserver les possibilités d'évasion dont vous éprouvez un tel besoin, enfin pour vous réfugier ailleurs, dans le monde enchanté de l'harmonie poétique, là où tout est possible, là où il nous est donné d'enfourcher Pégase, le cheval ailé qui nous emporte, bien loin de la médiocrité de chaque jour, de nos soucis ou de nos angoisses, dans le « champ des étoiles » dont parlait Hugo dans un de ces vers admirables que nous n'avons pas le droit d'oublier.*

JEANNE BOURIN

# TABLE DES MATIÈRES



---

Les auteurs sont classés par ordre chronologique de date de naissance

## Moyen Age

## Maurice SCÈVE



## Pernette du GUILLET



## Pierre de RONSARD



## Joachim du BELLAY

## Mathurin RÉGNIER



## François MAYNARD



## Honorat de RACAN



## Théophile de VIAU



## SAINT-AMANT



## Tristan L'HERMITE



## Pierre CORNEILLE

## Paul SCARRON



## Jean de LA FONTAINE

# XVIII^e siècle

---

# XIX<sup>e</sup> siècle

## LECONTE DE LISLE



## Charles BAUDELAIRE



## Théodore de BANVILLE



## SULLY PRUDHOMME

## Arthur RIMBAUD



## Georges RODENBACH



## Émile VERHAEREN



## Jean MORÉAS

---

# XX$^{e}$ siècle

## Émile NELLIGAN



## Guillaume APOLLINAIRE



## Marie NOËL



## Jules SUPERVIELLE

## Benjamin PÉRET



## Robert DESNOS



## Jacques PRÉVERT



## Jean FOLLAIN



## Raymond QUENEAU



## Hector de SAINT-DENYS GARNEAU

# Moyen Age

## La chanson de Roland

... «Beau sire Ganelon, dit Marsile le roi,
J'ai telle armée, plus belle n'en verrez.
Quatre cent mille chevaliers puis avoir.
Puis-je combattre Charles et les Français?»
Ganelon dit: «Ne vaincrez cette fois.
De vos païens trop grande perte auriez.
Laissez folie, tenez vous à sagesse.
A l'empereur, donnez-lui tant d'avoir
Qu'il n'ait Français qui ne s'en émerveille.
Pour vingt otages que vous lui enverrez
En douce France s'en reviendra le roi.
L'arrière-garde, derrière, il laissera,
Son neveu y sera, comte Roland, je crois,
Et Olivier, le preux et le courtois.
Mourront tous deux, si tant est qu'on me croie.
Charles verra son grand orgueil chuter,
Ne voudra plus contre vous guerroyer.»

«Beau sire Ganelon, lui dit le roi Marsile,
Comment pourrai-je ce Roland occire?»
Ganelon dit: «Je sais bien vous le dire.
Le roi sera aux meilleurs ports de Size.
L'arrière-garde, derrière, il l'aura mise.
Son neveu y sera, comte Roland, le riche,
Et Olivier en qui tant il se fie.
Vingt mille Francs ils ont pour compagnie.
De vos païens, envoyez-leur cent mille
Et que ceux-ci la bataille leur livrent.
La gent de France sera blessée, meurtrie.
Des vôtres, sachez-le, sera grande tuerie.
Puis livrez-leur autre bataille aussi:
Quoi qu'il en soit, Roland n'en réchappera mie.
Vous aurez fait gente chevalerie,
N'aurez plus guerre en toute votre vie.»...

*Laisses 43 et 44*

... Le combat est prodigieux et pesant.
Fort bien y frappent Olivier et Roland
Et l'archevêque plus de mille coups y rend.
Les douze pairs ne tardent nullement
Et les Français frappent tous mêmement.
Les païens meurent et par mille et par cent.
Qui ne s'enfuit, contre la mort ne se défend,
Qu'il veuille ou non, il y finit son temps.
Les Français perdent leurs meilleurs garants,
Ne reverront ni pères ni parents,
Ni Charlemagne, qui aux ports les attend.
Se lève en France une tourmente étrangement,
Orage c'est de tonnerre et de vent,
De pluie, de grêle, démesurément.

La foudre tombe et menu et souvent,
Et tremblement de terre il y a vraiment.
De Saint-Michel-du-Péril jusqu'à Sens,
De Besançon jusqu'au port de Wissant,
Il n'est maison dont ne s'écroule un pan.
En plein midi la ténèbre s'étend,
Nulle clarté, si le ciel ne se fend,
Et qui le voit, l'épouvante le prend.
Disent nombreux: «C'est le dernier moment,
La fin du monde qui nous vient à présent.»
Ils ne le savent ni ne disent vraiment:
C'est le grand deuil pour la mort de Roland...

*Laisse 110*

---

... L'empereur Charles est revenu d'Espagne.
Il vient à Aix, le meilleur lieu de France,
Monte au palais, arrive dans la salle.
Aude est venue, la belle demoiselle,
Qui dit au roi: «Où est Roland, le capitaine,
Qui me jura de me prendre pour femme?»
Charles en a grande douleur et peine,
Pleure des yeux, tire sa barbe blanche:
«Sœur, chère amie, d'un mort tu me demandes.
Je t'en ferai un valeureux échange,
Ce sera Louis, meilleur n'en sais en France.
Il est mon fils, et il tiendra mes marches.»
Aude répond: «Un tel mot m'est étrange.
Ne plaise à Dieu, à ses saints, à ses anges,
Qu'après Roland je demeure vivante!»
Elle perd ses couleurs, elle tombe aux pieds de Charles:
Tout soudain elle meurt. Que Dieu ait merci de son âme!
Barons français en pleurent et la plaignent...

*Laisse 267*

---

# Marie de France

## Lai du chèvrefeuille

Assez me plaît et bien le veut
Du lai qu'on nomme chèvrefeuille,
Que la vérité vous en conte,
Comment fut fait, de quoi et dont.
Plusieurs me l'ont conté et dit
Et je l'ai trouvé par écrit,
De Tristan et puis de la reine,
De leur amour qui fut extrême
Dont ils eurent mainte douleur,
Puis en moururent en un jour.

Le roi Marc était courroucé,
Par Tristan, son neveu, fâché.
De sa terre le congédia
Pour la reine que Tristan aima.
En sa contrée s'en est allé,
En Sudgalles où était né.
Un an y resta, tout entier,
Sans en arrière retourner.
Alors se mit en abandon
De mort et de destruction.
Ne vous étonnez nullement,
Car qui aime loyalement
Bien est dolent et attristé
Quand il n'a plus sa volonté.
Tristan est dolent et pensif,
Pour ce s'émut de son pays.
En Cornouaille va tout droit
Là où la reine demeurait.
En la forêt tout seul se mit,
Car ne voulait pas qu'on le vît.
A la vêprée il en sortait,
Le temps venu de s'héberger.
Des paysans, des pauvres gens,
Prenait la nuit hébergement.
Les nouvelles leur demandait
Du roi comme il se conduisait.

Lui dirent qu'ils ont ouï
Que les barons étaient bannis.
A Tintagel doivent venir,
Le roi y veut sa cour tenir.
A Pentecôte y seront tous,
Fête sera et gai séjour,
Et la reine y viendra aussi.

Tristan alors bien se réjouit,
Car elle ne pourrait aller
Sans que lui ne la voit passer.
Le jour que le roi parti fut,
Tristan est au bois revenu
Sur le chemin où il savait
Que la route passer devait.
Un coudrier tailla parmi,
Et tout carrément le fendit.
Quand il a paré le bâton,
De son couteau écrit son nom.
Si la reine l'apercevait,
Qui grande garde en prenait —
Autrefois était advenu
Qu'ainsi l'avait aperçu —
De son ami bien connaîtra
Le bâton quand elle verra.
Ci fut la somme de l'écrit
Qu'il lui avait mandé et dit:
Qu'il a longtemps, tout cet été,
Et attendu et séjourné
Pour épier et pour savoir
Comment il la pourrait revoir
Car sans elle il n'a point de vie.

De ces deux, il en fut ainsi
Comme du chèvrefeuille était
Qui au coudrier s'attachait:
Quand il s'est enlacé et pris
Et tout autour du fût s'est mis,
Ensemble peuvent bien durer.
Qui plus tard les veut détacher,
Le coudrier tue vivement
Et chèvrefeuille mêmement.
«Belle amie, ainsi est de nous:
Ni vous sans moi, ni moi sans vous!»

# Rutebeuf

## La pauvreté Rutebeuf

### Au roi Louis

Je ne sais par où je commence,
Tant ai de matière abondance
Pour parler de ma pauvreté.
Par Dieu vous prie, franc roi de France,
Que me donniez quelque chevance,
Ainsi ferez grand'charité.
J'ai vécu d'argent emprunté
Que l'on m'a en crédit prêté;
Or ne trouve plus de créance,
On me sait pauvre et endetté:
Mais vous hors du royaume étiez,
Où toute avais mon attendance ...

Grand roi, s'il advient qu'à vous faille,
(A tous ai-je failli sans faille)
Vivre me faut et suis failli.
Nul ne me tend, nul ne me baille,
Je tousse de froid, de faim bâille,
Dont je suis mort et assailli.
Je suis sans couverte et sans lit,
N'a si pauvre jusqu'à Senlis;
Sire, ne sais quelle part j'aille.
Mon côté connaît le paillis,
Et lit de paille n'est pas lit,
Et en mon lit n'y a que paille.

Sire, je vous fais assavoir:
Je n'ai de quoi du pain avoir.
A Paris suis entre tous biens,
Et nul n'y a qui y soit mien.
Ne me souvient de nul apôtre,
Bien sais *Pater,* ne sais qu'est *nôtre,*
Car le temps cher m'a tout ôté,
Il m'a tant vidé mon logis
Que le *Credo* m'est interdit,
Et n'ai plus que ce que voyez.

## La complainte Rutebeuf

Que sont mes amis devenus
Que j'avais de si près tenus
Et tant aimés?
Je crois qu'ils sont trop clairsemés,
Ils ne furent pas bien semés
Et sont faillis.
De tels amis m'ont mal bailli,
Car dès que Dieu m'eut assailli
En maint côté,
N'en vis un seul en mon hôté:
Le vent, je crois, les a ôtés,
L'amour est morte.
Ce sont amis que vent emporte,
Et il ventait devant ma porte,
Aussi les emporta...

## La Grièche d'hiver

Durant le temps qu'arbre défeuille,
Qu'il ne demeure en branche feuille
Qui n'aille à terre,
Par la pauvreté qui m'atterre,
Qui de toutes parts me fait guerre,
Durant l'hiver,
Beaucoup me sont changés les vers,
Mon dit commence trop divers,
De pauvre histoire.
Pauvre sens et pauvre mémoire
M'a Dieu donnés, le roi de gloire,
Et pauvre rente,
Et froid au cul quand bise vente.
Le vent me vient, le vent m'évente,
Et trop souvent
Plus d'une fois je sens le vent.
Bien me l'a Grièche en convent
Ce que me livre:
Bien me paye, bien me délivre;
Contre le sou me rend la livre
De grand poverte.
Pauvreté est sur moi reverte:
Toujours m'en est la porte ouverte,
Toujours y suis,
Aucune fois ne m'en enfuis,
Par pluie mouillé, par chaud essui,
Je suis riche homme!
Je ne dors que le premier somme,
De mon avoir ne sais la somme
Qu'il n'y a point.
Dieu me fait le temps si à point,
Noire mouche en été me point,
En hiver blanche.
Je suis comme l'osière franche
Ou comme l'oiseau sur la branche:
En été chante,
En hiver pleure et me lamente,
Et me défeuille ainsi que l'ente
Au premier gel.

# Guillaume de Machaut

## Ballade

Je maudis l'heure et le temps et le jour,
La semaine, le lieu, le mois, l'année,
Et les deux yeux dont je vis la douçour
De ma dame qui ma joie a finée.
Et si maudis mon cœur et ma pensée,
Ma loyauté, mon désir et m'amour,
Et le danger qui fait languir en plour
Mon dolent cœur en étrange contrée.

Et si maudis l'accueil, l'attrait, l'atour,
Et le regard dont l'amour engendrée
Fut en mon cœur, qui le tient en ardour;
Et si maudis l'heure qu'elle fut née,
Son faux semblant, sa fausseté prouvée,
Son grand orgueil, sa dureté où tenrour
N'a ni pitié, qui tient en tel langour
Mon dolent cœur en étrange contrée.

Et si maudis fortune et son faux tour,
La planète, le sort, la destinée
Qui mon fol cœur mirent en tel errour
Qu'onques de moi fut servie ni aimée.
Mais je prie Dieu qu'il garde sa renommée,
Son bien, sa paix, et lui accroisse bonhour
Et lui pardonne ce qu'occit à dolour
Mon dolent cœur en étrange contrée.

# Eustache Deschamps

## Ballade de Paris

Quand j'ai la terre et mer avironnée,
Et visité en chacune partie
Jérusalem, Égypte et Galilée,
Alexandrie, Damas et la Syrie,
Babylone, Le Caire et Tartarie,
        Et tous les ports qui y sont,
Les épices et sucres qui s'y font,
Les fins draps d'or et soie du pays,
Valent bien mieux ce que les Français ont:
Rien ne se peut comparer à Paris.

C'est la cité sur toutes couronnée,
Fontaine et puits de sens et de clergie,
Sur le fleuve de Seine située:
Vignes, bois a, et terres et prairie.
De tous les biens de la mortelle vie
        A plus qu'autres cités n'ont;
Tous étrangers l'aiment et l'aimeront,
Car, pour déduit et pour être jolis,
Jamais cité telle ne trouveront:
Rien ne se peut comparer à Paris.

Mais elle est bien mieux que ville fermée,
Et de châteaux de grande anceserie,
De gens d'honneur et de marchands peuplée,
De tous ouvriers d'armes, d'orfèvrerie;
De tous les arts c'est la fleur, quoi qu'on die:
        Tous ouvrages adroits font;
Subtil engin, entendement profond
Verrez avoir aux habitants toudis,
Et loyauté aux œuvres qu'ils feront:
Rien ne se peut comparer à Paris.

## Virelai

Suis-je, suis-je, suis-je belle?
Il me semble, à mon avis,
Que j'ai beau front et doux vis
Et la bouche vermeillette:
Dites-moi si je suis belle.

J'ai verts yeux, petits sourcils,
Le chef blond, le nez traitis,
Rond menton, blanche gorgette:
Suis-je, suis-je, suis-je belle?

J'ai durs seins et haut assis,
Longs bras, grêles doigts aussi,
Et, par le faulx, suis grêlette:
Dites-moi si je suis belle.

J'ai de bons reins, ce m'est vis,
Bon dos, bon cul de Paris,
Cuisses et jambes bien faites:
Suis-je, suis-je, suis-je belle?

J'ai pieds rondets et petits,
Bien chaussants et beaux habits,
Je suis gaie et foliette:
Dites-moi si je suis belle.

J'ai manteaux fourrés de gris,
J'ai chapeaux, j'ai beaux profits,
Et d'argent mainte épinglette:
Suis-je, suis-je, suis-je belle?

J'ai draps de soie et tabis,
J'ai draps d'or et blancs et bis,
J'ai mainte bonne chosette:
Dites-moi si je suis belle.

Que quinze ans n'ai, je vous dis,
Moult est mon trésor joli,
J'en garderai la clavette:
Suis-je, suis-je, suis-je belle?

Bien devra être hardi
Cil qui sera mon ami,
Qui aura telle demoiselle:
Dites-moi si je suis belle.

Et, par Dieu, je lui plévis
Que très loyale, si je vis,
Lui serai, si ne chancelle:
Suis-je, suis-je, suis-je belle?

Si courtois est et gentil,
Vaillant, adroit, bien appris,
Il gagnera sa querelle:
Dites-moi si je suis belle.

C est un mondain paradis
Que d'avoir dame toudis
Ainsi fraîche, ainsi nouvelle:
Suis-je, suis-je, suis-je belle?

Entre vous, acouardis,
Pensez à ce que je dis.
Ci finit ma chansonnette:
Suis-je, suis-je, suis-je belle?

## Le chat et les souris

Je trouve qu'entre les souris
Fut un merveilleux parlement
Contre les chats, leurs ennemis,
A voir manière comment
Elles vécussent sûrement
Sans demeurer en tel débat.
L'une dit lors en argüant :
«Qui pendra la sonnette au chat ?»

Ce conseil fut conclu et pris ;
Lors se partent communément.
Une souris du plat pays
Les rencontre et va demandant
Ce qu'on a fait. Vont répondant
Que leurs ennemis seront mat :
Sonnette auront au cou pendant.
«Qui pendra la sonnette au chat ?»

«C'est le plus fort», dit un rat gris.
Elle demande sagement
Par qui sera ce fait fourni.
Lors s'en va chacun excusant :
Il n'y eut point d'exécutant,
S'en va leur besogne à plat.
Bien fut dit, mais au demeurant :
«Qui pendra la sonnette au chat ?»

Prince, on conseille bien souvent,
Mais on peut dire, comme le rat,
Du conseil qui sa fin ne prend :
«Qui pendra la sonnette au chat ?»

# Christine de Pisan

Ballade

Seulette suis et seulette veux être,
Seulette m'a mon doux ami laissée.
Seulette suis, sans compagnon ni maître,
Seulette suis, dolente et courroucée,
Seulette suis, en langueur malaisée,
Seulette suis, plus que nulle égarée,
Seulette suis, sans ami demeurée.

Seulette suis à huis ou à fenêtre,
Seulette suis en un anglet muciée,
Seulette suis pour moi de pleurs repaître,
Seulette suis, dolente ou apaisée,
Seulette suis, rien n'est qui tant messiée,
Seulette suis en ma chambre enserrée,
Seulette suis, sans ami demeurée.

Seulette suis partout et en tout aître,
Seulette suis, que je marche ou je siée,
Seulette suis, plus qu'autre rien terrestre,
Seulette suis, de chacun délaissée,
Seulette suis, durement abaissée,
Seulette suis, souvent toute éplorée,
Seulette suis, sans ami demeurée.

Princes, or est ma douleur commencée :
Seulette suis, de tout deuil menacée,
Seulette suis, plus teinte que morée,
Seulette suis, sans ami demeurée.

# Charles d'Orléans

## Ballade

En la forêt d'Ennuyeuse Tristesse,
Un jour m'advint qu'à part moi cheminais,
Si rencontrai l'amoureuse déesse
Qui m'appela, demandant où j'allais.
Je répondis que par fortune étais
Mis en exil en ce bois, longtemps a,
Et qu'à bon droit appeler me pouvais
L'homme égaré qui ne sait où il va.

En souriant, par sa très grande humblesse,
Me répondit: «Ami, si je savais
Pourquoi tu es mis en cette détresse,
A mon pouvoir volontiers t'aiderais;
Car, jà piéça, je mis ton cœur en voie
De tout plaisir, ne sais qui l'en ôta;
Or me déplaît qu'à présent je te voie
L'homme égaré qui ne sait où il va.»

«Hélas! dis-je, souveraine princesse,
Mon fait savez, pourquoi le vous dirais?
C'est par la mort, qui fait à tous rudesse,
Qui m'a repris celle que tant aimais,
En qui était tout l'espoir que j'avais,
Qui me guidait, si bien m'accompagna,
En son vivant, que point ne me trouvai
L'homme égaré qui ne sait où il va.»

Aveugle suis, ne sais où aller dois;
De mon bâton, afin que ne fourvoie,
Je vais tâtant mon chemin çà et là;
C'est grand'pitié qu'il convient que je sois
L'homme égaré qui ne sait où il va!

## Ballade

En regardant vers le pays de France,
Un jour m'advint, à Douvres, sur la mer,
Qu'il me souvint de la douce plaisance
Que je soulais au dit pays trouver;
Si commençai du cœur à soupirer,
Combien certes que grand bien me faisoit
De voir France que mon cœur aimer doit.

Je m'avisai que c'était non savance
De tels soupirs dedans mon cœur garder,
Vu que je vois que telle voie commence
De bonne paix, qui tous biens peut donner;
Pour ce, tournai en confort mon penser.
Mais non pourtant mon cœur ne se lassoit
De voir France que mon cœur aimer doit.

Alors chargeai en la nef d'Espérance
Tous mes souhaits, en leur priant d'aller
Outre la mer, sans faire demeurance,
Et à France de me recommander.
Nous donne Dieu bonne paix sans tarder!
Adonc aurai loisir, mais qu'ainsi soit
De voir France que mon cœur aimer doit.

Paix est trésor qu'on ne peut trop louer.
Je hais guerre, point ne la dois priser;
Destourbé m'a longtemps, soit tort ou droit,
De voir France que mon cœur aimer doit!

## Ballade

Nouvelles ont couru en France
Par maints lieux que j'étais mort;
Dont avaient peu déplaisance
D'aucuns qui me haient à tort;
Autres en ont eu déconfort,
Qui m'aiment de loyal vouloir,
Comme mes bons et vrais amis.
Si fais à toutes gens savoir
Qu'encore est vive la souris!

Je n'ai eu ni mal ni grevance,
Dieu merci, mais suis sain et fort,
Et passe temps en espérance
Que paix, qui trop longuement dort,
S'éveillera, et par accord
A tous fera liesse avoir.
Pour ce, de Dieu soient maudits
Ceux-là qui sont dolents de voir
Qu'encore est vive la souris!

Jeunesse sur moi a puissance,
Mais vieillesse fait son effort
De m'avoir en sa gouvernance;
A présent faillira son sort.
Je suis assez loin de son port,
De pleurer veux garder mon hoir;
Loué soit Dieu de Paradis,
Qui m'a donné force et pouvoir
Qu'encore est vive la souris!

Nul ne porte pour moi le noir,
On vend meilleur marché drap gris;
Or tienne chacun pour tout voir
Qu'encore est vive la souris!

## Chanson

Que me conseillez-vous, mon cœur?
Irai-je par devers la belle,
Lui dire la peine mortelle
Que souffrez pour elle en douleur?

Pour votre bien et son honneur,
C'est droit que votre conseil cèle.
Que me conseillez-vous, mon cœur,
Irai-je par devers la belle?

Si pleine la sais de douceur
Que trouverai merci en elle.
Tôt en aurez bonne nouvelle.
J'y vais, n'est-ce pour le meilleur?
Que me conseillez-vous, mon cœur?

## Rondeau

Les fourriers d'Été sont venus
Pour appareiller son logis,
Et ont fait tendre ses tapis,
De fleurs et verdure tissus.

En étendant tapis velus,
De verte herbe par le pays,
Les fourriers d'Été sont venus.

Cœurs d'ennui piéça morfondus,
Dieu merci, sont sains et jolis;
Allez-vous-en, prenez pays,
Hiver, vous ne demeurez plus:
Les fourriers d'Été sont venus.

## Rondeau

Le temps a laissé son manteau
De vent, de froidure et de pluie,
Et s'est vêtu de broderie,
De soleil luisant, clair et beau.

Il n'y a bête ni oiseau
Qu'en son jargon ne chante ou crie:
Le temps a laissé son manteau!

Rivière, fontaine et ruisseau
Portent, en livrée jolie,
Gouttes d'argent d'orfèvrerie,
Chacun s'habille de nouveau:
Le temps a laissé son manteau.

## Rondeau

Petit mercier, petit panier!
Pourtant si je n'ai marchandise
Qui soit du tout à votre guise,
Ne blâmez, pour ce, mon métier.

Je gagne denier à denier,
C'est loin du trésor de Venise,
Petit mercier, petit panier!
Pourtant si je n'ai marchandise...

Tandis qu'il est jour ouvrier,
Le temps perds quand à vous devise:
Je vais parfaire mon emprise
Et parmi les rues crier:
Petit mercier, petit panier!

## Rondeau

Hiver, vous n'êtes qu'un vilain!
Été est plaisant et gentil,
En témoin de mai et d'avril
Qui l'accompagnent soir et main.

Été revêt champs, bois et fleurs
De sa livrée de verdure
Et de maintes autres couleurs,
Par l'ordonnance de Nature.

Mais vous, Hiver, trop êtes plein
De neige, vent, pluie et grésil;
On vous doit bannir en exil.
Sans point flatter, je parle plain:
Hiver, vous n'êtes qu'un vilain!

## Rondeau

Dieu! Qu'il la fait bon regarder
La gracieuse bonne et belle!
Pour les grands biens qui sont en elle,
Chacun est prêt de la louer.

Qui se pourrait d'elle lasser?
Toujours sa beauté renouvelle:
Dieu! Qu'il la fait bon regarder
La gracieuse bonne et belle!

Par deçà ni delà la mer,
Ne sais dame ni demoiselle
Qui soit en tous biens parfaits telle;
C'est un songe que d'y penser.
Dieu! Qu'il la fait bon regarder!

## Rondeau

Que nous en faisons
De telles manières,
Et douces, et fières,
Selon les saisons !

En champs ou maisons,
Par bois et rivières,
Que nous en faisons
De telles manières !

Un temps nous taisons,
Tenant assez chères
Nos joyeuses chères,
Puis nous rapaisons.
Que nous en faisons !

# François Villon

## Le testament

I

En l'an trentième de mon âge,
Que toutes mes hontes j'eus bues,
Ni du tout fol, ni du tout sage,
Nonobstant maintes peines eues,
Lesquelles j'ai toutes reçues
Sous la main Thibault d'Aussigny...
S'évêque il est, signant les rues,
Qu'il soit le mien je le renie.

II

Mon seigneur n'est ni mon évêque,
Sous lui ne tiens, s'il n'est en friche;
Foi ne lui dois n'hommage avecque;
Je ne suis son serf ni sa biche.
Peu m'a d'une petite miche
Et de froide eau tout un été.
Large ou étroit, moult me fut chiche:
Tel lui soit Dieu qu'il m'a été!

III

Et s'aucun me voulait reprendre
Et dire que je le maudis,
Non fais, si bien le sait comprendre;
En rien de lui je ne médis.
Voici tout le mal que j'en dis:
S'il m'a été miséricors,
Jésus, le roi de Paradis,
Tel lui soit à l'âme et au corps! ...

XVII

Au temps qu'Alexandre régna,
Un homme nommé Diomédès
Devant lui on lui amena,
Engrillonné pouces et dés
Comme larron, car il fut des
Écumeurs que voyons courir;
Si fut mis devant ce cadès
Pour être jugé à mourir.

XVIII

L'empereur si l'arraisonna:
«Pourquoi es-tu larron en mer?»
L'autre réponse lui donna:
«Pourquoi larron me fais nommer?
Pour ce qu'on me voit écumer
En une petiote fuste?
Si comme toi me pusse armer,
Comme toi empereur je fusse.

XIX

«Mais que veux-tu? De ma fortune
Contre qui ne puis bonnement,
Qui si faussement me fortune,
Me vient tout ce gouvernement.
Excuse-moi aucunement,
Et sache qu'en grand'pauvreté
— Ce mot se dit communément —
Ne gît pas grande loyauté.»

XX

Quand l'empereur eut remiré
De Diomédès tout le dit:
«Ta fortune je te muerai
Mauvaise en bonne», si lui dit.
Si fit-il. Onc puis ne médit
A personne, mais fut vrai homme,
Valère pour vrai nous le dit,
Qui fut nommé le Grand à Rome.

### XXI

Si Dieu m'eût donné rencontrer
Un autre piteux Alexandre
Qui m'eût fait en bon heur entrer,
Et lors qui m'eût vu condescendre
A mal, être ars et mis en cendre,
Jugé me fusse de ma voix.
Nécessité fait gens méprendre
Et faim saillir le loup du bois.

### XXII

Je plains le temps de ma jeunesse
Auquel j'ai plus qu'autre gallé
Jusques à l'entrée de vieillesse,
Qui son partement m'a celé.
Il ne s'en est à pied allé
Ni à cheval: las! comment donc?
Soudainement s'en est volé
Et ne m'a laissé quelque don...

### XXVI

Hé! Dieu, si j'eusse étudié
Au temps de ma jeunesse folle,
Et à bonnes mœurs dédié,
J'eusse maison et couche molle.
Mais quoi? Je fuyais l'école,
Comme fait le mauvais enfant.
En écrivant cette parole
A peu que le cœur ne me fend...

### XXVIII

Mes jours s'en sont allés errant
Comme, dit Job, d'une touaille
Font les filets, quand tisserand
En son poing tient ardente paille.
Lors, s'il y a nul bout qui saille,
Soudainement il le ravit.
Si ne crains plus que rien m'assaille
Car à la mort tout s'assouvit.

## XXIX

Où sont les gracieux galants
Que je suivais au temps jadis,
Si bien chantant, si bien parlant,
Si plaisants en faits et en dits?
Les aucuns sont morts et raidis,
D'eux n'est-il plus rien maintenant:
Repos ils aient en paradis,
Et Dieu sauve le remenant!

## XXX

Et les autres sont devenus,
Dieu merci! grands seigneurs et maîtres;
Les autres mendient tout nus
Et pain ne voient qu'aux fenêtres;
Les autres sont entrés en cloîtres
De Célestins ou de Chartreux,
Bottés, guêtrés comme pêcheurs d'hoîtres:
Voyez l'état divers d'entre eux.

## Ballade des dames du temps jadis

Dites-moi où, n'en quel pays
Est Flora la belle Romaine,
Archipiades, ne Thaïs
Qui fut sa cousine germaine,
Écho, parlant quand bruit on mène
Dessus rivière ou sur étang,
Qui beauté eut trop plus qu'humaine?
Mais où sont les neiges d'antan?

Où est la très sage Héloïs,
Pour qui fut châtré et puis moine
Pierre Abélard à Saint-Denis?
Pour son amour eut cette essoine.
Semblablement, où est la reine
Qui commanda que Buridan
Fût jeté en un sac en Seine?
Mais où sont les neiges d'antan?

La reine Blanche comme un lis
Qui chantait à voix de sirène,
Berthe au grand pied, Biétris, Alis,
Haramburgis qui tint le Maine,
Et Jeanne, la bonne Lorraine,
Qu'Anglais brûlèrent à Rouen;
Où sont-ils, Vierge souveraine?
Mais où sont les neiges d'antan?

Prince, n'enquerez de semaine
Où elles sont, ni de cet an,
Qu'à ce refrain ne vous ramène:
Mais où sont les neiges d'antan?

## Ballade pour prier Notre Dame

Dame du ciel, régente terrienne,
Emperière des infernaux palus,
Recevez-moi, votre humble chrétienne,
Que comprise sois entre vos élus,
Ce nonobstant qu'onques rien ne valus.
Les biens de vous, ma Dame et ma Maîtresse,
Sont trop plus grands que ne suis pécheresse,
Sans lesquels biens âme ne peut mérir
N'avoir les cieux. Je n'en suis jangleresse :
En cette foi je veux vivre et mourir.

A votre Fils dites que je suis sienne ;
De lui soient mes péchés abolus ;
Pardonne à moi comme à l'Égyptienne,
Ou comme il fit au clerc Theophilus,
Lequel par vous fut quitte et absolus,
Combien qu'il eût au diable fait promesse.
Préservez-moi de faire jamais ce,
Vierge portant, sans rompure encourir,
Le sacrement qu'on célèbre à la messe :
En cette foi je veux vivre et mourir.

Femme je suis pauvrette et ancienne,
Qui rien ne sais ; onques lettre ne lus.
Au moutier vois, dont suis paroissienne,
Paradis peint où sont harpes et luths,
Et un enfer où damnés sont boullus :
L'un me fait peur, l'autre joie et liesse.
La joie avoir me fais, haute Déesse,
A qui pécheurs doivent tous recourir,
Comblés de foi, sans feinte ni paresse :
En cette foi je veux vivre et mourir.

**V**ous portâtes, digne Vierge, Princesse,
**I**ésus régnant qui n'a ni fin ni cesse.
**L**e Tout-Puissant, prenant notre faiblesse,
**L**aissa les cieux et nous vint secourir,
**O**ffrit à mort sa très chère jeunesse ;
**N**otre Seigneur tel est, tel le confesse :
En cette foi je veux vivre et mourir.

## Ballade des femmes de Paris

Quoiqu'on tient belles langagères
Florentines, Vénitiennes,
Assez pour être messagères,
Et mêmement les anciennes;
Mais soient Lombardes, Romaines,
Génevoises, à mes périls,
Piémontoises, Savoisiennes,
Il n'est bon bec que de Paris.

De très beau parler tiennent chaires,
Ce dit-on, les Napolitaines,
Et sont très bonnes caquetières
Allemandes et Prussiennes;
Soient Grecques, Égyptiennes,
De Hongrie ou d'autres pays,
Espagnoles ou Catelennes,
Il n'est bon bec que de Paris.

Brettes, Suisses n'y savent guère,
Gasconnes, n'aussi Toulousaines :
Du Petit Pont deux harangères
Les concluront, et les Lorraines,
Anglaises et Calaisiennes
(Ai-je beaucoup de lieux compris ?)
Picardes de Valenciennes ;
Il n'est bon bec que de Paris.

Prince, aux dames parisiennes
De bien parler donnez le prix ;
Quoi qu'on die d'Italiennes,
Il n'est bon bec que de Paris.

## Ballade finale

Ici se clôt le testament
Et finit du pauvre Villon.
Venez à son enterrement,
Quand vous oirez le carillon,
Vêtus rouge avec vermillon,
Car en amour mourut martyr:
Ce jura-t-il sur son couillon
Quand de ce monde voulut partir.

Et je crois bien que pas ne ment,
Car chassé fut comme un souillon
De ses amours haineusement;
Tant que, d'ici à Roussillon,
Brosse n'y a ni brossillon
Qui n'eût, ce dit-il sans mentir,
Un lambeau de son cotillon,
Quand de ce monde voulut partir.

Il est ainsi et tellement,
Quand mourut n'avait qu'un haillon;
Qui plus, en mourant, malement,
Le poignait d'amour l'aiguillon;
Plus aigu que le ranguillon
D'un baudrier lui faisait sentir
(C'est de quoi nous émerveillons)
Quand de ce monde voulut partir.

Prince, gent comme émerillon,
Sachez qu'il fit au départir:
Un trait but de vin morillon,
Quand de ce monde voulut partir.

## Ballade des menus propos

Je connais bien mouches en lait,
Je connais à la robe l'homme,
Je connais le beau temps du laid,
Je connais au pommier la pomme,
Je connais l'arbre à voir la gomme,
Je connais quand tout est de même,
Je connais qui besogne ou chôme,
Je connais tout, fors que moi-même.

Je connais pourpoint au collet,
Je connais le moine à la gonne,
Je connais le maître au valet,
Je connais au voile la nonne,
Je connais quand pipeur jargonne,
Je connais fous nourris de crème,
Je connais le vin à la tonne,
Je connais tout, fors que moi-même.

Je connais cheval et mulet,
Je connais leur charge et leur somme,
Je connais Biatris et Belet,
Je connais jet qui nombre et somme,
Je connais vision et somme,
Je connais la faute des Bèmes,
Je connais le pouvoir de Rome,
Je connais tout, fors que moi-même.

Prince, je connais tout en somme,
Je connais colorés et blêmes,
Je connais mort qui tout consomme,
Je connais tout, fors que moi-même.

## Ballade contre les ennemis de la France

Rencontré soit de bêtes feu jetant
Que Jason vit, quérant la Toison d'Or;
Ou transmué d'homme en bête sept ans
Ainsi que fut Nabuchodonosor;
Ou perte il ait et guerre aussi vilaine
Que les Troyens pour la prise d'Hélène;
Ou avalé soit avec Tantalus
Et Proserpine aux infernaux palus;
Ou plus que Job soit en grave souffrance,
Tenant prison en la tour Dédalus,
Qui mal voudrait au royaume de France!

Quatre mois soit en un vivier chantant,
La tête au fond, ainsi que le butor;
Ou au Grand Turc vendu deniers comptants,
Pour être mis au harnais comme un tor;
Ou trente ans soit, comme la Madeleine,
Sans drap vêtir de linge ni de laine;
Ou soit noyé comme fut Narcissus,
Ou aux cheveux, comme Absalon, pendus,
Ou, comme fut Judas, par despérance;
Puisse périr comme Simon Magus,
Qui mal voudrait au royaume de France!

D'Octavien puisse revenir le temps:
C'est qu'on lui coule au ventre son trésor;
Ou qu'il soit mis entre meules flottant
En un moulin, comme fut saint Victor;
Ou transglouti en la mer, sans haleine,
Pis que Jonas au corps de la baleine;
Ou soit banni de la clarté Phébus,
Des biens Junon et du soulas Vénus,
Et du dieu Mars soit puni à outrance,
Ainsi que fut roi Sardanapalus,
Qui mal voudrait au royaume de France!

Prince, porté soit des serfs Eolus
En la forêt où domine Glaucus,
Ou privé soit de paix et d'espérance:
Car digne n'est de posséder vertus
Qui mal voudrait au royaume de France!

## Épître à ses amis

Ayez pitié, ayez pitié de moi,
A tout le moins, s'il vous plaît, mes amis!
En fosse gis, non pas sous houx ni mai,
En cet exil auquel je suis transmis
Par Fortune, comme Dieu l'a permis.
Filles, amants, jeunes gens et nouveaux,
Danseurs, sauteurs, faisant les pieds de veaux,
Vifs comme dard, aigus comme aiguillon,
Gosiers tintant clair comme cascaveaux,
Le laisserez là, le pauvre Villon?

Chantres chantant à plaisance, sans loi,
Galants riant, plaisants en faits et dits,
Courant, allant, francs de faux or, d'aloi,
Vous, gens d'esprit, un petit étourdis,
Trop demeurez, car il meurt entandis.
Faiseurs de lais, de motets et rondeaux,
Quand mort sera, vous lui ferez chaudeaux!
Où gît, il n'entre éclair ni tourbillon:
De murs épais on lui a fait bandeaux.
Le laisserez là, le pauvre Villon?

Venez le voir en ce piteux arroi,
Nobles hommes, francs de quart et de dix,
Qui ne tenez d'empereur ni de roi,
Mais seulement du Dieu de paradis;
Jeûner lui faut dimanches et mardis,
Dont les dents a plus longues que râteaux;
Après pain sec, non pas après gâteaux,
En ses boyaux verse eau à gros bouillon;
Bas en terre, table n'a ni tréteaux,
Le laisserez là, le pauvre Villon?

Princes nommés, anciens, jouvenceaux,
Impétrez-moi grâces et royaux sceaux,
Et me montez en quelque corbillon.
Ainsi le font, l'un à l'autre, pourceaux,
Car, où l'un brait, ils fuient à monceaux.
Le laisserez là, le pauvre Villon?

## Ballade des pendus

Frères humains qui après nous vivez,
N'ayez les cœurs contre nous endurcis,
Car, si pitié de nous pauvres avez,
Dieu en aura plus tôt de vous merci.
Vous nous voyez ci attachés, cinq, six:
Quant à la chair, que trop avons nourrie,
Elle est piéça dévorée et pourrie,
Et nous, les os, devenons cendre et poudre.
De notre mal personne ne s'en rie;
Mais priez Dieu que tous nous veuille absoudre!

Si frères vous clamons, pas n'en devez
Avoir dédain, quoique fûmes occis
Par justice. Toutefois, vous savez
Que tous hommes n'ont pas bon sens rassis;
Excusez-nous, puisque sommes transis,
Envers le fils de la Vierge Marie,
Que sa grâce ne soit pour nous tarie,
Nous préservant de l'infernale foudre.
Nous sommes morts, âme ne nous harie;
Mais priez Dieu que tous nous veuille absoudre!

La pluie nous a débués et lavés,
Et le soleil desséchés et noircis;
Pies, corbeaux, nous ont les yeux cavés,
Et arraché la barbe et les sourcils.
Jamais nul temps nous ne sommes assis;
Puis çà, puis là, comme le vent varie,
A son plaisir sans cesser nous charrie,
Plus becquetés d'oiseaux que dés à coudre.
Ne soyez donc de notre confrérie,
Mais priez Dieu que tous nous veuille absoudre!

Prince Jésus, qui sur tous a maîtrie,
Garde qu'Enfer n'ait de nous seigneurie:
A lui n'ayons que faire ni que soudre.
Hommes, ici n'a point de moquerie;
Mais priez Dieu que tous nous veuille absoudre!

# XVI$^{e}$ siècle

# Clément Marot

## A un créancier

Un bien petit de près me venez prendre
Pour vous payer ; et si devez entendre
Que je n'eus onc Anglais de votre taille ;
Car à tous coups vous criez : baille, baille,
Et n'ai de quoi contre vous me défendre.

Sur moi ne faut telle rigueur étendre,
Car de pécune un peu ma bourse est tendre ;
Et toutefois j'en ai vaille que vaille,
Un bien petit.

Mais à vous (ou l'on me puisse pendre)
Il semble avis qu'on ne vous veuille rendre
Ce qu'on vous doit ; beau sire, ne vous chaille :
Quand je serai plus garni de cliquaille
Vous en aurez, mais il vous faut attendre
Un bien petit.

*Rondeaux*

---

## A un poète ignorant

Qu'on mène aux champs ce cocardeau,
Lequel gâte quand il compose,
Raison, mesure, texte, et glose,
Soit en ballade ou en rondeau.

Il n'a cervelle ni cerveau,
C'est pourquoi si haut crier j'ose :
Qu'on mène aux champs ce cocardeau.

S'il veut rien faire de nouveau,
Qu'il œuvre hardiment quelque chose,
(J'entends s'il en sait quelque chose)
Car en rythme ce n'est qu'un veau
Qu'on mène aux champs.

*Rondeaux*

## Rondeau parfait

### A ses amis après sa délivrance

En liberté maintenant me promène,
Mais en prison pourtant je fus cloué;
Voilà comment Fortune me démène:
C'est bien et mal. Dieu soit du tout loué.

Les envieux ont dit que de Noué
N'en sortirais; que la mort les emmène!
Malgré leurs dents le nœud est dénoué:
En liberté maintenant me promène.

Pourtant, si j'ai fâché la Cour Romaine,
Entre méchants ne fus onc alloué:
De bien famés j'ai hanté le domaine,
Mais en prison pourtant je fus cloué.

Car aussitôt que fus désavoué
De celle-là qui me fut tant humaine,
Bientôt après à saint Pris fus voué;
Voilà comment Fortune me démène.

J'eus à Paris prison fort inhumaine;
A Chartres fus doucement encloué;
Maintenant vais où mon plaisir me mène:
C'est bien et mal. Dieu soit du tout loué.

Au fort, amis, c'est à vous bien joué,
Quand votre main hors du pair me ramène.
Escrit et fait d'un cœur bien enjoué,
Le premier jour de la verte semaine,
En liberté.

*Rondeaux*

## De sa grande amie

Dedans Paris, ville jolie,
Un jour, passant mélancolie,
Je pris alliance nouvelle
A la plus gaie demoiselle
Qui soit d'ici en Italie.

D'honnêteté elle est saisie,
Et crois, selon ma fantaisie,
Qu'il n'en est guère de plus belle
Dedans Paris.

Je ne la vous nommerai mie,
Sinon que c'est ma grande amie;
Car l'alliance se fit telle
Par un doux baiser que j'eus d'elle,
Sans penser aucune infamie,
Dedans Paris.

*Rondeaux*

## Du lieutenant criminel et de Semblançay

Lorsque Maillart, juge d'Enfer, menait
A Montfaucon Semblançay l'âme rendre,
A votre avis, lequel des deux tenait
Meilleur maintien? Pour le vous faire entendre,
Maillart semblait homme que Mort va prendre
Et Semblançay fut si ferme vieillard,
Que l'on croyait, pour vrai, qu'il menât pendre
A Montfaucon le lieutenant Maillart.

*Épigrammes*

---

## Marot prisonnier écrit au Roi
pour sa délivrance

Roi des Français, plein de toutes bontés,
Quinze jours a (je les ai bien comptés),
Et dès demain seront justement seize
Que je fus fait confrère au diocèse
De Saint Marry en l'église Saint Pris:
Si vous dirai comment je fus surpris,
Et me déplaît qu'il faut que je le die.
Trois grands pendards vinrent à l'étourdie
En ce palais, me dire en désarroi:
«Nous vous faisons prisonnier par le Roi.»
Incontinent qui fut bien étonné?
Ce fut Marot, plus que s'il eût tonné.
Puis m'ont montré un parchemin écrit,
Où n'y avait seul mot de Jésus-Christ:
Il ne parlait tout que de plaiderie,
De conseillers et d'emprisonnerie.
«Vous souvient-il (ce me dirent-ils lors)
Que vous étiez l'autre jour là-dehors,
Qu'on recourut un certain prisonnier
Entre nos mains?» Et moi de le nier:
Car soyez sûr, si j'eusse dit oui,
Que le plus sourd d'entre eux m'eût bien ouï,
Et, d'autre part, j'eusse publiquement
Été menteur: car pourquoi et comment
Eussé-je pu un autre recourir,
Quand je n'ai su moi-même secourir?

Pour faire court, je ne sus tant prêcher
Que ces paillards me voulussent lâcher.
Sur mes deux bras ils ont la main posée,
Et m'ont mené ainsi qu'une épousée,
Non pas ainsi, mais plus roide un petit
Et toutefois j'ai plus grand appétit
De pardonner à leur folle fureur
Qu'à celle-là de mon beau procureur.
Que male mort les deux jambes lui casse !
Il a bien pris de moi une bécasse,
Une perdrix, et un levraut aussi :
Et toutefois je suis encor ici,
Encor je crois, si j'en envoyais plus,
Qu'il le prendrait, car ils ont tant de glus
Dedans leurs mains, ces faiseurs de pipée,
Que toute chose où touchent est grippée.
Mais pour venir au point de ma sortie :
Tant doucement j'ai chanté ma partie,
Que nous avons bien accordé ensemble,
Si que n'ai plus affaire, ce me semble,
Sinon à vous. La partie est bien forte ;
Mais le droit point, où je me réconforte,
Vous n'entendez procès non plus que moi ;
Ne plaidons point : ce n'est que tout émoi.
Je vous en crois, si je vous ai méfait.
Encor posé le cas que l'eusse fait,
Au pis aller n'y choirait qu'une amende.
Prenez le cas que je vous la demande ;
Je prends le cas que vous me la donnez ;
Et si plaideurs furent onc étonnés
Mieux que ceux-ci, je veux qu'on me délivre,
Et que soudain en ma place on les livre.
Si vous supplie, Sire, mander par lettre
Qu'en liberté vos gens me veuillent mettre ;
Et si j'en sors, j'espère qu'à grand'peine
M'y reverront, si on ne m'y ramène.
Très humblement requérant votre grâce
De pardonner à ma trop grande audace
D'avoir empris ce sot écrit vous faire,
Et m'excusez si pour la mienne affaire
Je ne suis point vers vous allé parler :
Je n'ai pas eu le loisir d'y aller.

*Épîtres*

Quand vous voudrez faire une amie,
Prenez-la de belle grandeur :
En son esprit non endormie,
En son tétin bonne rondeur ;
Douceur
En cœur,
Langage
Bien sage,
Dansant, chantant par bons accords,
Et ferme de cœur et de corps.

Si vous la prenez trop jeunette,
Vous en aurez peu d'entretien :
Pour durer prenez la brunette,
En bon point, d'assuré maintien.
Tel bien
Vaut bien
Qu'on fasse
La chasse
Du plaisant gibier amoureux :
Qui prend telle proie est heureux.

*Chansons, XXIV*

# Maurice Scève

## DÉLIE

### CXIII

En devisant un soir me dit ma Dame:
Prends cette pomme en sa tendresse dure,
Qui éteindra ton amoureuse flamme,
Vu que tel fruit est de froide nature:
Adonc aura congrue nourriture
L'ardeur qui tant d'humeur te fait pleuvoir.
  Mais toi, lui dis-je, ainsi que je puis voir,
Tu es si froide et tellement en somme
Que, si tu veux de mon mal cure avoir,
Tu éteindras mon feu mieux que la pomme.

## CLXXXIV

En tel suspens ou de non ou d'oui,
Je veux soudain et plus soudain je n'ose.
L'un me rend triste, et l'autre réjoui
Dépendant tout de liberté enclose.
  Mais si je vois n'y pouvoir autre chose,
Je recourrai à mon aveugle juge.
  Réfrénez donc, mes yeux, votre déluge:
Car ce mien feu, malgré vous, reluira.
Et le laissant à l'extrême refuge,
Me détruisant, en moi se détruira.

## CCVIII

Tu cours superbe, ô Rhône, florissant
En sablon d'or et argentines eaux.
Maint fleuve gros te rend plus ravissant,
Ceint de cités, et bordé de châteaux,
Te pratiquant par sûrs et grands bateaux
Pour seul te rendre en notre Europe illustre.
  Mais la vertu de ma Dame t'illustre
Plus qu'autre bien qui te fasse estimer.
  Enfle-toi donc au parfait de son lustre,
Car fleuve heureux plus que toi n'entre en mer.

## CCXXXII

Tout le repos, ô nuit, que tu me dois,
Avec le temps mon penser le dévore :
Et l'horologe est compter sur mes doigts
Depuis le soir jusqu'à la blanche Aurore.
  Et sans du jour m'apercevoir encore,
Je me perds tout en si douce pensée,
Que du veiller l'âme non offensée
Ne souffre au corps sentir cette douleur
De vain espoir toujours récompensée
Tant que ce monde aura forme et couleur.

## CCXXXV

Au moins toi, claire et heureuse fontaine,
Et vous, ô eaux fraîches et argentines,
Quand celle en vous — de tout vice lointaine —
Se vient laver ses deux mains ivoirines,
Ses deux soleils, ses lèvres corallines,
De Dieu créées pour ce monde honorer,
Devriez garder pour plus vous décorer
L'image d'elle en vos liqueurs profondes.
  Car plus souvent je viendrais adorer
Le saint miroir de vos sacrées ondes.

## CCCLIX

Quand l'ennemi poursuit son adversaire
Si vivement qu'il le blesse ou l'abat:
Le vaincu lors pour son plus nécessaire
Fuit çà et là et crie et se débat.
  Mais moi, navré par ce traître combat
De tes doux yeux, quand moins de doute avois,
Cèle mon mal ainsi, comme tu vois,
Pour te montrer à l'œil évidemment
Que tel se tait et de langue et de voix,
De qui le cœur se plaint incessamment.

# Pernette du Guillet

Je te promis au soir, que pour ce jour
Je m'en irais à ton instance grande
Faire chez toi quelque peu de séjour:
Mais je ne puis... par quoi me recommande,
Te promettant m'acquitter pour l'amende,
Non d'un seul jour, mais de toute ma vie,
Ayant toujours de te complaire envie.
Donc te supplie accepter le vouloir
De qui tu as la pensée ravie
Par tes vertus, ta grâce et ton savoir.

*Rymes*

Qui dira ma robe fourrée
De la belle pluie dorée
Qui Daphnes enclose ébranla:
Je ne sais rien moins que cela.
Qui dira qu'à plusieurs je tends
Pour en avoir mon passe-temps,
Prenant mon plaisir çà et là:
Je ne sais rien moins que cela.
Qui dira que t'ai révélé
Le feu longtemps en moi celé
Pour en toi voir si force il a:
Je ne sais rien moins que cela.
Qui dira que, d'ardeur commune
Qui les jeunes gens importune,
De toi je veux... et puis holà!
Je ne sais rien moins que cela.
Mais qui dira que la Vertu,
Dont tu es richement vêtu,
En ton amour m'étincela:
Je ne sais rien mieux que cela.
Mais qui dira que d'amour sainte
Chastement au cœur suis atteinte,
Qui mon honneur onc ne foula:
Je ne sais rien mieux que cela.

*Rymes*

# Pierre de Ronsard

Ô Fontaine Bellerie,
Belle fontaine chérie
De nos Nymphes, quand ton eau
Les cache au creux de ta source,
Fuyantes le Satyreau,
Qui les pourchasse à la course
Jusqu'au bord de ton ruisseau,

Tu es la Nymphe éternelle
De ma terre paternelle:
Pource en ce pré verdelet
Vois ton Poète qui t'orne
D'un petit chevreau de lait,
A qui l'une et l'autre corne
Sortent du front nouvelet.

L'Été je dors ou repose
Sur ton herbe, où je compose,
Caché sous tes saules verts,
Je ne sais quoi, qui ta gloire
Enverra par l'univers,
Commandant à la Mémoire
Que tu vives par mes vers.

L'ardeur de la Canicule
Ton vert rivage ne brûle,
Tellement qu'en toutes parts
Ton ombre est épaisse et drue
Aux pasteurs venant des parcs,
Aux bœufs las de la charrue,
Et au bestial épars.

Iô! tu seras sans cesse
Des fontaines la princesse,
Moi célébrant le conduit
Du rocher percé, qui darde
Avec un enroué bruit
L'eau de ta source jasarde
Qui trépillante se suit.

*Odes II, 9*

Couché sous tes ombrages verts,
Gastine, je te chante
Autant que les Grecs par leurs vers
La forêt d'Erymanthe.

Car, malin, celer je ne puis
A la race future
De combien obligé je suis
A ta belle verdure.

Toi qui, sous l'abri de tes bois,
Ravi d'esprit m'amuses;
Toi qui fais qu'à toutes les fois
Me répondent les Muses;

Toi par qui de ce méchant soin
Tout franc je me délivre,
Lorsqu'en toi je me perds bien loin
Parlant avec un livre.

Tes bocages soient toujours pleins
D'amoureuses brigades
De Satyres et de Sylvains,
La crainte des Naïades!

En toi habite désormais
Des Muses le collège,
Et ton bois ne sente jamais
La flamme sacrilège!

*Odes II, 15*

Quand je suis vingt ou trente mois
Sans retourner en Vendômois,
Plein de pensées vagabondes,
Plein d'un remords et d'un souci,
Aux rochers je me plains ainsi,
Aux bois, aux antres et aux ondes.

Rochers, bien que soyez âgés
De trois mil ans, vous ne changez
Jamais ni d'état ni de forme;
Mais toujours ma jeunesse fuit,
Et la vieillesse qui me suit,
De jeune en vieillard me transforme.

Bois, bien que perdiez tous les ans
En l'hiver vos cheveux plaisants,
L'an d'après qui se renouvelle,
Renouvelle aussi votre chef;
Mais le mien ne peut derechef
R'avoir sa perruque nouvelle.

Antres, je me suis vu chez vous
Avoir jadis verts les genoux,
Le corps habile, et la main bonne;
Mais ores j'ai le corps plus dur,
Et les genoux, que n'est le mur
Qui froidement vous environne.

Ondes, sans fin vous promenez
Et vous menez et ramenez
Vos flots d'un cours qui ne séjourne;
Et moi sans faire long séjour
Je m'en vais, de nuit et de jour,
Au lieu d'où plus on ne retourne...

*Odes IV, 10*

Mignonne, allons voir si la rose
Qui ce matin avait déclose
Sa robe de pourpre au Soleil,
A point perdu cette vêprée
Les plis de sa robe pourprée,
Et son teint au vôtre pareil.

Las! Voyez comme en peu d'espace,
Mignonne, elle a dessus la place,
Las! las! ses beautés laissé choir!
Ô vraiment marâtre Nature,
Puisqu'une telle fleur ne dure
Que du matin jusques au soir!

Donc, si vous me croyez, mignonne,
Tandis que votre âge fleuronne
En sa plus verte nouveauté,
Cueillez, cueillez votre jeunesse:
Comme à cette fleur la vieillesse
Fera ternir votre beauté.

*Odes I, 17*

---

Bel aubépin, fleurissant,
Verdissant
Le long de ce beau rivage,
Tu es vêtu jusqu'au bas
Des longs bras
D'une lambruche sauvage.

Deux camps de rouges fourmis
Se sont mis
En garnison sous ta souche.
Dans les pertuis de ton tronc
Tout du long
Les avettes ont leur couche.

Le chantre rossignolet
Nouvelet,
Courtisant sa bien-aimée,
Pour ses amours alléger
Vient loger
Tous les ans en ta ramée.

Sur ta cime il fait son nid
Tout uni
De mousse et de fine soie,
Où ses petits écloront,
Qui seront
De mes mains la douce proie.

Or vis gentil aubépin,
Vis sans fin,
Vis sans que jamais tonnerre,
Ou la cognée, ou les vents,
Ou les temps
Te puissent ruer par terre.

*Odes IV, 22*

Marie, levez-vous, ma jeune paresseuse:
Jà la gaie alouette au ciel a fredonné,
Et jà le rossignol doucement jargonné,
Dessus l'épine assis, sa complainte amoureuse.

Sus! debout! Allons voir l'herbelette perleuse,
Et votre beau rosier de boutons couronné,
Et vos œillets mignons auxquels aviez donné,
Hier au soir, de l'eau d'une main si soigneuse.

Hier soir en vous couchant vous jurâtes vos yeux
D'être plus tôt que moi ce matin éveillée;
Mais le dormir de l'Aube, aux filles gracieux,

Vous tient d'un doux sommeil encor les yeux sillée.
Çà! çà! que je les baise et votre beau tétin
Cent fois, pour vous apprendre à vous lever matin.

*Amours de Marie I, 19*

---

Comme on voit sur la branche au mois de mai la rose,
En sa belle jeunesse, en sa première fleur,
Rendre le ciel jaloux de sa vive couleur,
Quand l'aube de ses pleurs au point du jour l'arrose;

La grâce dans sa feuille, et l'amour se repose,
Embaumant les jardins et les arbres d'odeur;
Mais, battue ou de pluie, ou d'excessive ardeur,
Languissante elle meurt, feuille à feuille déclose.

Ainsi en ta première et jeune nouveauté,
Quand la Terre et le Ciel honoraient ta beauté,
La Parque t'a tuée, et cendre tu reposes.

Pour obsèques reçois mes larmes et mes pleurs,
Ce vase plein de lait, ce panier plein de fleurs,
Afin que vif et mort ton corps ne soit que roses.

*Amours de Marie II, 4*

## Épitaphe de Marie

Ci reposent les os de la belle Marie,
Qui me fit pour Anjou quitter mon Vendômois,
Qui m'échauffa le sang au plus vert de mes mois,
Qui fut toute mon Tout, mon bien et mon envie.

En sa tombe repose honneur et courtoisie,
Et la jeune beauté qu'en l'âme je sentois,
Et le flambeau d'Amour, ses traits et son carquois,
En ensemble mon cœur, mes pensers et ma vie.

Tu es, belle Angevine, un bel astre des cieux;
Les Anges tous ravis se paissent de tes yeux.
La terre te regrette. Ô beauté sans seconde!

Maintenant tu es vive, et je suis mort d'ennui.
Malheureux qui se fie en l'attente d'autrui!
Trois amis m'ont déçu: toi, l'Amour, et le monde.

*Sur la mort de Marie XIII*

---

Je vous envoie un bouquet, que ma main
Vient de trier de ces fleurs épanouies;
Qui ne les eût à ce vêpre cueillies,
Chutes à terre elles fussent demain.

Cela vous soit un exemple certain
Que vos beautés, bien qu'elles soient fleuries,
En peu de temps cherront toutes flétries,
Et, comme fleurs, périront tout soudain.

Le temps s'en va, le temps s'en va, ma Dame,
Las le temps! non, mais nous nous en allons,
Et tôt serons étendus sous la lame.

Et des amours desquelles nous parlons,
Quand serons morts, n'en sera plus nouvelle:
Pour ce aimez-moi, cependant qu'êtes belle.

*Pièces retranchées de la continuation des Amours*

L'an se rajeunissait en sa verte jouvence
Quand je m'épris de vous, ma Sinope cruelle;
Seize ans étaient la fleur de votre âge nouvelle,
Et votre teint sentait encore son enfance.

Vous aviez d'une infante encor la contenance,
La parole, et les pas; votre bouche était belle,
Votre front et vos mains dignes d'une Immortelle,
Et votre œil, qui me fait trépasser quand j'y pense.

Amour, qui ce jour-là si grandes beautés vit,
Dans un marbre, en mon cœur d'un trait les écrivit;
Et si pour le jourd'hui vos beautés si parfaites

Ne sont comme autrefois, je n'en suis moins ravi,
Car je n'ai pas égard à cela que vous êtes,
Mais au doux souvenir des beautés que je vis.

*Pièces retranchées. Sonnets*

## Madrigal

Si c'est aimer, Madame, et de jour et de nuit
Rêver, songer, penser le moyen de vous plaire,
Oublier toute chose, et ne vouloir rien faire
Qu'adorer et servir la beauté qui me nuit;
Si c'est aimer de suivre un bonheur qui me fuit,
De me perdre moi-même et d'être solitaire,
Souffrir beaucoup de mal, beaucoup craindre et me taire,
Pleurer, crier merci, et m'en voir éconduit;
Si c'est aimer de vivre en vous plus qu'en moi-même,
Cacher d'un front joyeux une langueur extrême,
Sentir au fond de l'âme un combat inégal,
Chaud, froid, comme la fièvre amoureuse me traite,
Honteux, parlant à vous, de confesser mon mal;
Si cela c'est aimer, furieux je vous aime.
Je vous aime, et sais bien que mon mal est fatal,
Le cœur le dit assez, mais la langue est muette.

*Sonnets pour Hélène I*

Quand vous serez bien vieille, au soir, à la chandelle,
Assise auprès du feu, dévidant et filant,
Direz, chantant mes vers, en vous émerveillant:
Ronsard me célébrait du temps que j'étais belle.

Lors vous n'aurez servante oyant telle nouvelle,
Déjà sous le labeur à demi sommeillant,
Qui au bruit de mon nom ne s'aille réveillant,
Bénissant votre nom de louange immortelle.

Je serai sous la terre et, fantôme sans os,
Par les ombres myrteux je prendrai mon repos;
Vous serez au foyer une vieille accroupie,

Regrettant mon amour et votre fier dédain.
Vivez, si m'en croyez, n'attendez à demain;
Cueillez dès aujourd'hui les roses de la vie.

*Sonnets pour Hélène II, 43*

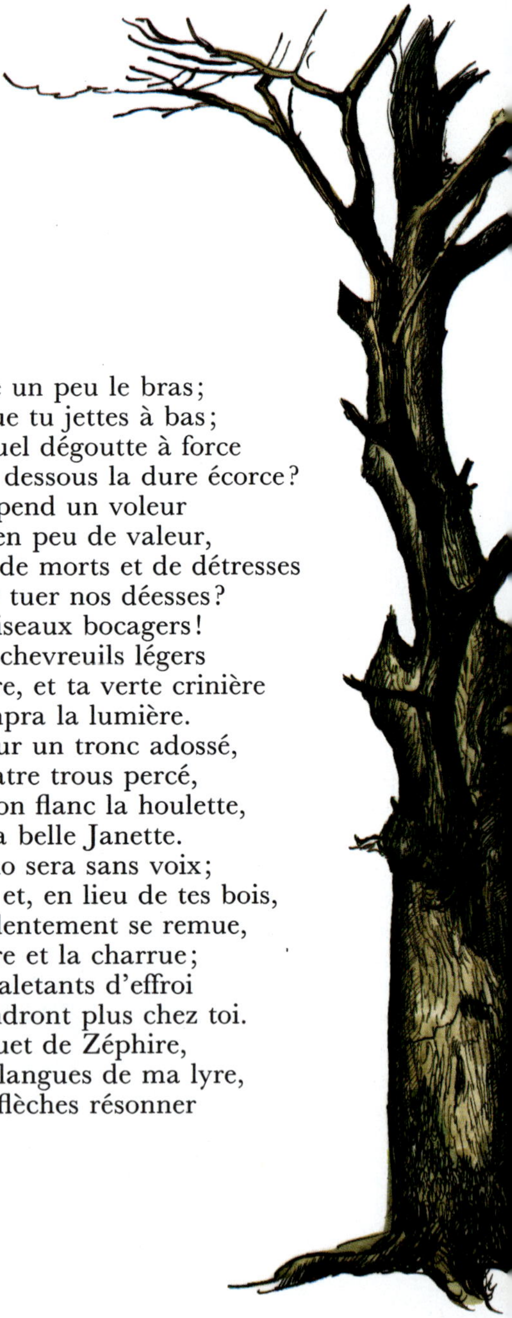

Écoute, bûcheron, arrête un peu le bras;
Ce ne sont pas des bois que tu jettes à bas;
Ne vois-tu pas le sang lequel dégoutte à force
Des nymphes qui vivaient dessous la dure écorce?
Sacrilège meurtrier, si on pend un voleur
Pour piller un butin de bien peu de valeur,
Combien de feux, de fers, de morts et de détresses
Mérites-tu, méchant, pour tuer nos déesses?
Forêt, haute maison des oiseaux bocagers!
Plus le cerf solitaire et les chevreuils légers
Ne paîtront sous ton ombre, et ta verte crinière
Plus du soleil d'été ne rompra la lumière.
Plus l'amoureux pasteur sur un tronc adossé,
Enflant son flageolet à quatre trous percé,
Son mâtin à ses pieds, à son flanc la houlette,
Ne dira plus l'ardeur de sa belle Janette.
Tout deviendra muet, Écho sera sans voix;
Tu deviendras campagne, et, en lieu de tes bois,
Dont l'ombrage incertain lentement se remue,
Tu sentiras le soc, le coutre et la charrue;
Tu perdras le silence, et haletants d'effroi
Ni Satyres ni Pans ne viendront plus chez toi.
Adieu, vieille forêt, le jouet de Zéphire,
Où premier j'accordai les langues de ma lyre,
Où premier j'entendis les flèches résonner

D'Apollon, qui me vint tout le cœur étonner,
Où premier, admirant ma belle Calliope,
Je devins amoureux de sa neuvaine trope,
Quand sa main sur le front cent roses me jeta.
Et de son propre lait Euterpe m'allaita.
Adieu, vieille forêt, adieu têtes sacrées,
De tableaux et de fleurs autrefois honorées.
Maintenant le dédain des passants altérés,
Qui, brûlés en l'été des rayons éthérés,
Sans plus trouver le frais de tes douces verdures,
Accusent tes meurtriers et leur disent injures.
Adieu, chênes, couronne aux vaillants citoyens.
Arbres de Jupiter, germes Dodonéens,
Qui premiers aux humains donnâtes à repaître;
Peuples vraiment ingrats, qui n'ont su reconnaître
Les biens reçus de vous, peuples vraiment grossiers
De massacrer ainsi leurs pères nourriciers!
  Que l'homme est malheureux qui au monde se fie!
Ô dieux, que véritable est la philosophie,
Qui dit que toute chose à la fin périra,
Et qu'en changeant de forme une autre vêtira!
De Tempé la vallée un jour sera montagne,
Et la cime d'Athos une large campagne;
Neptune quelquefois de blé sera couvert:
La matière demeure et la forme se perd.

*Élégies, XXIV*

# Joachim du Bellay

Déjà la nuit en son parc amassait
Un grand troupeau d'étoiles vagabondes,
Et, pour entrer aux cavernes profondes,
Fuyant le jour, ses noirs chevaux chassait;

Déjà le ciel aux Indes rougissait,
Et l'aube encor de ses tresses tant blondes
Faisant grêler mille perlettes rondes,
De ses trésors les prés enrichissait:

Quand d'occident, comme une étoile vive,
Je vis sortir dessus ta verte rive,
Ô fleuve mien! une nymphe en riant.

Alors, voyant cette nouvelle Aurore,
Le jour honteux d'un double teint colore
Et l'Angevin et l'Indique orient.

*L'Olive, sonnet LXXXIII*

Du Bellay (Joachim –)
5.

Nouveau venu, qui cherches Rome en Rome
Et rien de Rome en Rome n'aperçois,
Ces vieux palais, ces vieux arcs que tu vois,
Et ces vieux murs, c'est ce que Rome on nomme.

Vois quel orgueil, quelle ruine, et comme
Celle qui mit le monde sous ses lois,
Pour dompter tout, se dompta quelquefois,
Et devint proie au temps, qui tout consomme.

Rome de Rome est le seul monument,
Et Rome Rome a vaincu seulement.
Le Tibre seul, qui vers la mer s'enfuit,

Reste de Rome. Ô mondaine inconstance!
Ce qui est ferme, est par le temps détruit,
Et ce qui fuit, au temps fait résistance.

*Les Antiquités de Rome*

Comme le champ semé en verdure foisonne,
De verdure se hausse en tuyau verdissant,
Du tuyau se hérisse en épi florissant,
D'épi jaunit en grain que le chaud assaisonne:

Et comme en la saison le rustique moissonne
Les ondoyants cheveux du sillon blondissant,
Les met d'ordre en javelle, et du blé jaunissant
Sur le champ dépouillé mille gerbes façonne:

Ainsi de peu à peu crût l'Empire romain,
Tant qu'il fut dépouillé par la Barbare main,
Qui ne laissa de lui que ces marques antiques,

Que chacun va pillant: comme on voit le glaneur
Cheminant pas à pas recueillir les reliques
De ce qui va tombant après le moissonneur.

*Les Antiquités de Rome*

---

Telle que dans son char la Bérécynthienne
Couronnée de tours, et joyeuse d'avoir
Enfanté tant de dieux, telle se faisait voir
En ses jours plus heureux cette ville ancienne:

Cette ville, qui fut plus que la Phrygienne
Foisonnante en enfants, et de qui le pouvoir
Fut le pouvoir du monde, et ne se peut revoir
Pareille à sa grandeur, grandeur sinon la sienne.

Rome seule pouvait à Rome ressembler,
Rome seule pouvait Rome faire trembler:
Aussi n'avait permis l'ordonnance fatale

Qu'autre pouvoir humain, tant fût audacieux,
Se vantât d'égaler celle qui fit égale
Sa puissance à la terre, et son courage aux cieux.

*Les Antiquités de Rome*

## D'un vanneur de blé aux vents

A vous troupe légère,
Qui d'aile passagère
Par le monde volez,
Et d'un sifflant murmure
L'ombrageuse verdure
Doucement ébranlez,

J'offre ces violettes,
Ces lis et ces fleurettes,
Et ces roses ici,
Ces vermeillettes roses,
Tout fraîchement écloses,
Et ces œillets aussi.

De votre douce haleine
Éventez cette plaine,
Éventez ce séjour:
Cependant que j'ahanne
A mon blé que je vanne
A la chaleur du jour.

*Jeux rustiques*

Ceux qui sont amoureux, leurs amours chanteront,
Ceux qui aiment l'honneur, chanteront de la gloire,
Ceux qui sont près du roi, publieront sa victoire,
Ceux qui sont courtisans, leurs faveurs vanteront,

Ceux qui aiment les arts, les sciences diront,
Ceux qui sont vertueux, pour tels se feront croire,
Ceux qui aiment le vin, deviseront de boire,
Ceux qui sont de loisir, de fables écriront,

Ceux qui sont médisants, se plairont à médire,
Ceux qui sont moins fâcheux, diront des mots pour rire,
Ceux qui sont plus vaillants, vanteront leur valeur,

Ceux qui se plaisent trop, chanteront leur louange,
Ceux qui veulent flatter, feront de diable un ange,
Moi, qui suis malheureux, je plaindrai mon malheur.

*Les Regrets*

Las, où est maintenant ce mépris de Fortune?
Où est ce cœur vainqueur de toute adversité,
Cet honnête désir de l'immortalité,
Et cette honnête flamme au peuple non commune?

Où sont ces doux plaisirs, qu'au soir sous la nuit brune
Les Muses me donnaient, alors qu'en liberté
Dessus le vert tapis d'un rivage écarté
Je les menais danser aux rayons de la lune?

Maintenant la Fortune est maîtresse de moi,
Et mon cœur qui soulait être maître de soi,
Est serf de mille maux et regrets qui m'ennuient.

De la postérité je n'ai plus de souci,
Cette divine ardeur, je ne l'ai plus aussi,
Et les Muses de moi, comme étranges, s'enfuient.

*Les Regrets*

France, mère des arts, des armes et des lois,
Tu m'as nourri longtemps du lait de ta mamelle :
Ores, comme un agneau qui sa nourrice appelle,
Je remplis de ton nom les antres et les bois.

Si tu m'as pour enfant avoué quelquefois,
Que ne me réponds-tu maintenant, ô cruelle ?
France, France, réponds à ma triste querelle.
Mais nul, sinon Écho, ne répond à ma voix.

Entre les loups cruels j'erre parmi la plaine,
Je sens venir l'hiver, de qui la froide haleine
D'une tremblante horreur fait hérisser ma peau.

Las, tes autres agneaux n'ont faute de pâture,
Ils ne craignent le loup, le vent, ni la froidure :
Si ne suis-je pourtant le pire du troupeau.

*Les Regrets*

---

Maintenant je pardonne à la douce fureur
Qui m'a fait consumer le meilleur de mon âge,
Sans tirer autre fruit de mon ingrat ouvrage,
Que le vain passetemps d'une si longue erreur.

Maintenant je pardonne à ce plaisant labeur,
Puisque seul il endort le souci qui m'outrage,
Et puisque seul il fait qu'au milieu de l'orage,
Ainsi qu'auparavant, je ne tremble de peur.

Si les vers ont été l'abus de ma jeunesse,
Les vers seront aussi l'appui de ma vieillesse :
S'ils furent ma folie, ils seront ma raison,

S'ils furent ma blessure, ils seront mon Achille,
S'ils furent mon venin, le scorpion utile
Qui sera de mon mal la seule guérison.

*Les Regrets*

Heureux qui, comme Ulysse, a fait un beau voyage,
Ou comme cestuy-là qui conquit la toison,
Et puis est retourné, plein d'usage et raison,
Vivre entre ses parents le reste de son âge!

Quand reverrai-je, hélas! de mon petit village
Fumer la cheminée, et en quelle saison
Reverrai-je le clos de ma pauvre maison,
Qui m'est une province et beaucoup davantage?

Plus me plaît le séjour qu'ont bâti mes aïeux,
Que des palais Romains le front audacieux:
Plus que le marbre dur me plaît l'ardoise fine,

Plus mon Loire Gaulois que le Tibre Latin,
Plus mon petit Liré que le mont Palatin,
Et plus que l'air marin la douceur Angevine.

*Les Regrets*

«Je me ferai savant en la philosophie,
En la mathématique et médecine aussi;
Je me ferai légiste, et, d'un plus haut souci,
Apprendrai les secrets de la théologie;

Du luth et du pinceau j'ébatterai ma vie,
De l'escrime et du bal.» Je discourais ainsi
Et me vantais en moi d'apprendre tout ceci,
Quand je changeai la France au séjour d'Italie.

Ô beaux discours humains! Je suis venu si loin
Pour m'enrichir d'ennui, de vieillesse et de soin,
Et perdre en voyageant le meilleur de mon âge.

Ainsi le marinier souvent, pour tout trésor,
Rapporte des harengs en lieu de lingots d'or,
Ayant fait comme moi un malheureux voyage.

*Les Regrets*

Si pour avoir passé sans crime sa jeunesse,
Si pour n'avoir d'usure enrichi sa maison,
Si pour n'avoir commis homicide ou traison,
Si pour n'avoir usé de mauvaise finesse,

Si pour n'avoir jamais violé sa promesse,
On se doit réjouir en l'arrière-saison,
Je dois à l'avenir, si j'ai quelque raison,
D'un grand contentement consoler ma vieillesse,

Je me console donc en mon adversité,
Ne requérant aux Dieux plus grand'félicité,
Que de pouvoir durer en cette patience.

Ô Dieux, si vous avez quelque souci de nous,
Octroyez-moi ce don que j'espère de vous,
Et pour votre pitié et pour mon innocence.

*Les Regrets*

---

Je n'écris point d'amour, n'étant point amoureux,
Je n'écris de beauté, n'ayant belle maîtresse,
Je n'écris de douceur, n'éprouvant que rudesse,
Je n'écris de plaisir, me trouvant douloureux :

Je n'écris de bonheur, me trouvant malheureux,
Je n'écris de faveur, ne voyant ma Princesse,
Je n'écris de trésors, n'ayant point de richesse,
Je n'écris de santé, me sentant langoureux :

Je n'écris de la Cour, étant loin de mon Prince,
Je n'écris de la France, en étrange province,
Je n'écris de l'honneur, n'en voyant point ici :

Je n'écris d'amitié, ne trouvant que feintise,
Je n'écris de vertu, n'en trouvant point aussi,
Je n'écris de savoir, entre les gens d'Église.

*Les Regrets*

# Louise Labé

Ô longs désirs ! Ô espérances vaines,
Tristes soupirs et larmes coutumières
Ont engendré de moi maintes rivières,
Dont mes deux yeux sont sources et fontaines :

Ô cruautés, ô durtés inhumaines,
Piteux regards des célestes lumières,
Du cœur transi, ô passions premières,
Estimez-vous croître encore mes peines ?

Qu'encor Amour sur moi son arc essaie,
Que nouveaux feux me jette et nouveaux dards,
Qu'il se dépite, et pis qu'il pourra fasse :

Car je suis tant navrée en toutes parts,
Que plus en moi une nouvelle plaie
Pour m'empirer ne pourrait trouver place.

*Sonnets II*

Je vis, je meurs : je me brûle et me noie.
J'ai chaud extrême en endurant froidure :
La vie m'est et trop molle et trop dure.
J'ai grands ennuis entremêlés de joie :

Tout à un coup je ris et je larmoie,
Et en plaisir maint grief tourment j'endure :
Mon bien s'en va, et à jamais il dure :
Tout en un coup je sèche et je verdoie.

Ainsi Amour inconstamment me mène :
Et quand je pense avoir plus de douleur,
Sans y penser je me trouve hors de peine.

Puis quand je crois ma joie être certaine,
Et être au haut de mon désiré heur,
Il me remet en mon premier malheur.

*Sonnets VII*

Ne reprenez, Dames, si j'ai aimé:
Si j'ai senti mille torches ardentes,
Mille travaux, mille douleurs mordantes:
Si en pleurant j'ai mon temps consumé,

Las! que mon nom n'en soit par vous blâmé.
Si j'ai failli, les peines sont présentes,
N'aigrissez point leurs pointes violentes:
Mais estimez qu'Amour, à point nommé,

Sans votre ardeur d'un Vulcain excuser,
Sans la beauté d'Adonis accuser,
Pourra, s'il veut, plus vous rendre amoureuses:

En ayant moins que moi d'occasion,
Et plus d'étrange et forte passion.
Et gardez-vous d'être plus malheureuses!

*Sonnets XXIII*

---

Baise m'encor, rebaise-moi et baise;
Donne m'en un de tes plus savoureux,
Donne m'en un de tes plus amoureux:
Je t'en rendrai quatre plus chauds que braise.

Las, te plains-tu? ça! que ce mal j'apaise,
En t'en donnant dix autres doucereux.
Ainsi, mêlant nos baisers tant heureux,
Jouissons nous l'un de l'autre à notre aise.

Lors double vie à chacun en suivra.
Chacun en soi et son ami vivra.
Permets, m'Amour, penser quelque folie:

Toujours suis mal, vivant discrètement,
Et ne me puis donner contentement
Si hors de moi ne fais quelque saillie.

*Sonnets XVII*

# Rémy Belleau

Douce et belle bouchelette
Plus fraîche et plus vermeillette
Que le bouton églantin
        Au matin,

Plus suave et mieux fleurante
Que l'immortel Amaranthe,
Et plus mignarde cent fois
Que n'est la douce rosée,
Dont la terre est arrosée
Goutte à goutte au plus doux mois.

Baise-moi, ma douce amie,
Baise-moi, ma chère vie,
Autant de fois que je vois
        Dedans toi

De peurs, de rigueurs, d'audaces,
De cruautés, et de grâces,
Et de souris gracieux,
D'amoureux, et de Cyprines
Dessus tes lèvres pourprines
Et de morts dedans tes yeux

Autant que les mains cruelles
De ce dieu qui a des ailes
A fiché de traits ardents
        Au dedans

De mon cœur : autant encore
Que dessus la rive More
Y a de sablons menus :
Autant que dans l'air se jouent
D'oiseaux, et de poissons nouent
Dedans les fleuves cornus.

Autant que de mignardises,
De prisons, et de franchises,
De petits mors, de doux ris,
        Et doux cris,

Qui t'ont choisi pour hôtesse;
Autant que pour toi, maîtresse,
J'ai d'aigreur et de douceur,
De soupirs, d'ennuis, de craintes:
Autant que de justes plaintes
Je couve dedans mon cœur.

Baise-moi donc, ma sucrée,
Mon désir, ma Cythérée,
Baise-moi, mignonnement,
          Serrément,

Jusques à tant que je die:
Las, je n'en puis plus, ma vie,
Las, mon Dieu, je n'en puis plus!
Lors ta bouchelette retire,
Afin que mort je soupire,
Puis me donne le surplus.

Ainsi, ma douce guerrière,
Mon cœur, mon tout, ma lumière
Vivons ensemble, vivons,
          Et suivons

Les doux sentiers de jeunesse:
Aussi bien une vieillesse
Nous menace sur le port
Qui toute courbe et tremblante
Nous attire chancellante
La maladie et la mort.

*La Bergerie*

## Avril

Avril, l'honneur et des bois
          Et des mois,
Avril, la douce espérance
Des fruits qui sous le coton
          Du bouton
Nourrissent leur jeune enfance;

Avril, l'honneur des prés verts,
          Jaune, pers,
Qui d'une humeur bigarrée
Émaillent de mille fleurs
          De couleurs
Leur parure diaprée;

Avril, l'honneur des soupirs
          Des zéphyrs,
Qui, sous le vent de leur aile,
Dressent encore en forêts
          De doux rets
Pour ravir Flore la belle;

Avril, c'est ta douce main
          Qui du sein
De la nature desserre
Une moisson de senteurs
          Et de fleurs,
Embaumant l'air et la terre.

Avril, l'honneur verdissant,
Florissant
Sur les tresses blondelettes
De ma dame, et de son sein
Toujours plein
De mille et mille fleurettes;

Avril, la grâce et le ris
De Cypris,
Le flair et la douce haleine;
Avril, le parfum des dieux
Qui des cieux
Sentent l'odeur de la plaine.

C'est toi courtois et gentil
Qui d'exil
Retire ces passagères,
Ces hirondelles qui vont
Et qui sont
Du printemps les messagères.

L'aubépine et l'églantin,
Et le thym,
L'œillet, le lis et les roses,
En cette belle saison,
A foison,
Montrent leurs robes écloses.

Le gentil rossignolet,
Doucelet,
Découpe dessous l'ombrage
Mille fredons babillards,
Frétillards
Au doux chant de son ramage.

C'est à ton heureux retour
Que l'amour
Souffle à doucettes haleines
Un feu croupi et couvert
Que l'hiver
Recelait dedans nos veines.

Tu vois en ce temps nouveau
        L'essaim beau
De ces pillardes avettes
Voleter de fleur en fleur
        Pour l'odeur
Qu'ils mussent en leurs cuissettes.

Mai vantera ses fraîcheurs,
        Ses fruits meurs
Et sa féconde rosée,
La manne et le sucre doux,
        Le miel roux,
Dont sa grâce est arrosée.

Mais moi je donne ma voix
        A ce mois,
Qui prend le surnom de celle
Qui de l'écumeuse mer
        Voit germer
Sa naissance maternelle.

*La Bergerie*

# Étienne de La Boétie

L'un chante les amours de la trop belle Hélène,
L'un veut le nom d'Hector par le monde semer,
Et l'autre par les flots de la nouvelle mer
Conduit Jason gagner les trésors de la laine.

Moi je chante le mal qui à mon gré me mène,
Car je veux, si je puis, par mes carmes charmer
Un tourment, un souci, une rage d'aimer
Et un espoir musard, le flatteur de ma peine.

De chanter rien d'autrui meshuy qu'ai-je faire?
Car de chanter pour moi je n'ai que trop à faire.
Or si je gagne rien à ces vers que je sonne,

Madame, tu le sais, ou si mon temps je perds:
Tels qu'ils sont, ils sont tiens: tu m'as dicté mes vers,
Tu les a faits en moi, et puis je te les donne.

*Sonnet I*

---

Hélas, combien de jours, hélas, combien de nuits
J'ai vécu loin du lieu où mon cœur fait demeure!
C'est le vingtième jour que sans jour je demeure,
Mais en vingt jours j'ai eu tout un siècle d'ennuis.

Je n'en veux mal qu'à moi, malheureux que je suis,
Si je soupire en vain, si maintenant j'en pleure,
C'est que mal avisé, je laissais en mal'heure,
Celle-là que laisser nulle part je ne puis.

J'ai honte que déjà ma peau découlorée
Se voie par mes ennuis de rides labourée:
J'ai honte que déjà les douleurs inhumaines

Me blanchissent le poil sans le congé du temps:
Encor moindre je suis au compte de mes ans,
Et déjà je suis vieux au compte de mes peines.

*Sonnet XVI*

# Étienne Jodelle

J'aime le vert laurier dont l'hiver ni la glace
N'effacent la verdeur en tout victorieuse,
Montrant l'éternité à jamais bienheureuse
Que le temps ni la mort ne change ni efface.

J'aime du houx aussi la toujours verte face,
Les poignants aiguillons de sa feuille épineuse:
J'aime le lierre aussi, et sa branche amoureuse
Qui le chêne ou le mur étroitement embrasse.

J'aime bien tous ces trois, qui toujours verts ressemblent
Aux pensers immortels, qui dedans moi s'assemblent,
De toi que, nuit et jour, idolâtre, j'adore:

Mais ma plaie, et pointure, et le nœud qui me serre,
Est plus verte, et poignante, et plus étroit encore
Que n'est le vert laurier, ni le houx, ni le lierre.

*Les Amours. Sonnet XIV*

Comme un qui s'est perdu dans la forêt profonde,
Loin de chemin, d'orée, et d'adresse, et de gens :
Comme un qui, en la mer grosse d'horribles vents,
Se voit presque engloutir des grands vagues de l'onde ;

Comme un qui erre aux champs, lorsque la nuit au monde
Ravit toute clarté, j'avais perdu longtemps
Voie, route et lumière et, presque avec le sens,
Perdu longtemps l'objet où plus mon heur se fonde.

Mais quand on voit, ayant ces maux fini leur tour,
Aux bois, en mer, aux champs, le bout, le port, le jour,
Ce bien présent plus grand que son mal on vient croire ;

Moi donc qui ai tout tel en votre absence été,
J'oublie en revoyant votre heureuse clarté,
Forêt, tourmente et nuit, longue, orageuse et noire.

*Les Amours. Sonnet XXX*

---

Je me trouve et me perds, je m'assure et m'effroie,
En ma mort je revis, je vois sans penser voir,
Car tu as d'éclairer et d'obscurcir pouvoir,
Mais tout orage noir de rouge éclair flamboie.

Mon front qui cache et montre avec tristesse, joie,
Le silence parlant, l'ignorance au savoir,
Témoignent mon hautain et mon humble devoir,
Tel est tout cœur, qu'espoir et désespoir guerroie.

Fier en ma honte et plein de frisson chaleureux,
Blâmant, louant, fuyant, cherchant l'art amoureux,
Demi-brut, demi-dieu je suis devant ta face

Quand d'un œil favorable et rigoureux, je crois,
Au retour tu me vois, moi las ! qui ne suis moi :
Ô clairvoyant aveugle, ô amour, flamme et glace !

*Les Amours. Sonnet XLII*

# G. Peynard de la Bandollière

## Chanson

Perrette, nous irons au pré
Voir comme pousse la fleurette,
Printemps revient, faisons-lui fête,
Perrette, nous irons au pré.

Perrette, nous irons au bois,
Belles futaies ont fait toilette,
Dessous frémit la violette,
Perrette, nous irons au bois.

Perrette, nous irons au bal,
Y danserons la chevillette
Puis de baisers ferons cueillette,
Perrette, au bal nous faut aller.

# J. Vauquelin de La Fresnaye

Seigneur, je n'ai cessé, dès la fleur de mon âge,
D'amasser sur mon chef péchés dessus péchés;
Des dons que tu m'avais dedans l'âme cachés,
Plaisant je m'en servais à mon désavantage.

Maintenant que la neige a couvert mon visage,
Que mes prés les plus beaux sont fanés et fauchés,
Et que déjà tant d'ans ont mes nerfs desséchés,
Ne ramentois le mal de mon âme volage.

Ne m'abandonne point: en ses ans les plus vieux,
Le sage roi des Juifs adora de faux dieux,
Pour complaire au désir des femmes étrangères.

Las! fais qu'à ton honneur je puisse ménager
Le reste de mes ans, sans de toi m'étranger
Et sans prendre plaisir aux fables mensongères.

*Sonnets*

# Jacques Grévin

Délivre-moi, Seigneur, de cette mer profonde
Où je vogue incertain, tire-moi dans ton port:
Environne mon cœur de ton rempart plus fort,
Et viens me défendant des soldats de ce monde:

Envoie-moi ton esprit pour y faire la ronde,
Afin qu'en pleine nuit on ne me fasse tort,
Autrement, Seigneur Dieu, je vois, je vois la mort
Qui me tire vaincu sur l'oubli de son onde.

Les soldats ennemis qui me donnent l'assaut,
Et qui de mon rempart sont montés au plus haut,
Ce sont les arguments de mon insuffisance:

La cause du débat, c'est que trop follement
J'ai voulu compasser en mon entendement
Ton être, ta grandeur, et ta toute-puissance.

*Sonnets de la Gélodacrye*

# Robert Garnier

## LES JUIVES

ACTE IV

LE CHŒUR

Pauvres filles de Sion,
Vos liesses sont passées;
La commune affliction
Les a toutes effacées.
Ne luiront plus vos habits
De soie avec l'or tissue;
La perle avec le rubis
N'y sera plus aperçue.
La chaîne qui dévalait
Sur vos gorges ivoirines
Jamais comme elle soulait
N'embellira vos poitrines.
Vos seins, des cèdres pleurants
En mainte goutte tombée
Ne seront plus odorants,
Ni des parfums de Sabée,
Et vos visages, déteints
De leur naturel albâtre,
N'auront souci que leurs teints
Soient peinturés de cinabre.
L'or crêpé de vos cheveux,
Qui sur vos tempes se joue,
De mille folâtres nœuds
N'ombragera votre joue.
Nous n'entendrons plus les sons
De la soupireuse lyre,
Qui s'accordait aux chansons,
Que l'amour vous faisait dire,
Quand les cuisantes ardeurs
Du jour étant retirées,
On dansait sous les tiédeurs
Des brunissantes soirées,

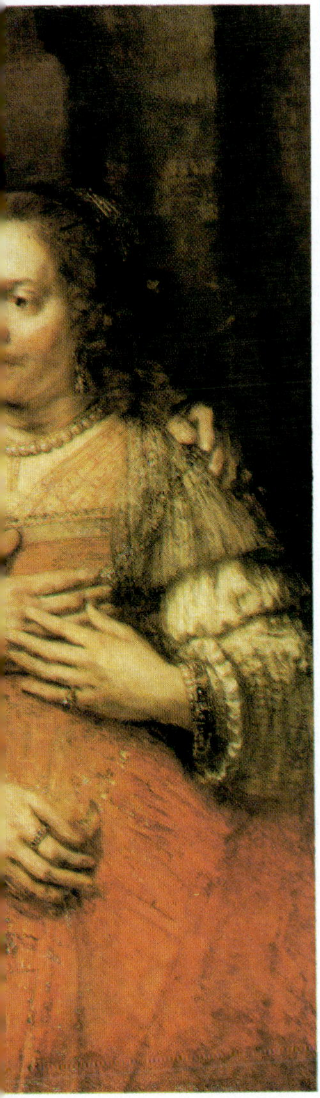

Et que ceux-là dont l'amour
Tenait les âmes malades,
Faisaient aux dames la cour
De mille douces aubades,
Contant les affections
De leurs amitiés fidèles
Et les dures passions
Qu'ils souffraient pour l'amour d'elles.
Las! que tout est bien changé!
Nous n'avons plus que tristesse.
Tout plaisir s'est étrangé
De nous, et toute liesse.
Notre orgueilleuse Cité,
Qui les cités de la terre
Passait en félicité,
N'est plus qu'un monceau de pierres.
Dessous ses murs démolis,
Comme en communs cimetières,
Demeurent ensevelis
La plus grand'part de nos frères.
Et nous, malheureux butin,
Allons soupirer, captives,
Bien loin dessous le matin,
Sur l'Euphrate aux creuses rives,
Où confites en tourment,
Toute liberté ravie,
En pleurs et gémissement
Nous finirons notre vie.

# Philippe Desportes

Celui qui n'a point vu le printemps gracieux
Quand il étale au ciel sa richesse prisée,
Remplissant l'air d'odeurs, les herbes de rosée,
Les cœurs d'affections, et de larmes les yeux:

Celui qui n'a point vu par un temps furieux
La tourmente cesser et la mer apaisée,
Et qui ne sait quand l'âme est du corps divisée
Comme on peut réjouir de la clarté des cieux:

Qu'il s'arrête pour voir la céleste lumière
Des yeux de ma Déesse, une Vénus première.
Mais que dis-je? ah! mon Dieu qu'il ne s'arrête pas:

S'il s'arrête à la voir pour une saison neuve,
Un temps calme, une vie, il pourrait faire épreuve
De glaçons, de tempête, et de mille trépas.

*Amours d'Hippolyte. Sonnet XII*

---

Quand quelquefois je pense à ma première vie
Du temps que je vivais seul roi de mon désir,
Et que mon âme libre errait à son plaisir,
Franche d'espoir, de crainte, et d'amoureuse envie:

Je verse de mes yeux une angoisseuse pluie,
Et sens qu'un fier regret mon esprit vient saisir,
Maudissant le destin qui m'a fait vous choisir,
Pour rendre à tant d'ennuis ma pauvre âme asservie.

Si je lis, si j'écris, si je parle, ou me tais,
Votre œil me fait la guerre, et ne sens point de paix,
Combattu sans cesser de sa rigueur extrême;

Bref, je vous aime tant que je ne m'aime pas,
De moi-même adversaire, ou si je m'aime, hélas!
Je m'aime seulement parce que je vous aime.

*Amours d'Hippolyte. Sonnet XX*

Blessé d'une plaie inhumaine,
Loin de tout espoir de secours,
Je m'avance à ma mort prochaine,
Plus chargé d'ennuis que de jours.

Celle qui me brûle en sa glace,
Mon doux fiel, mon mal et mon bien,
Voyant ma mort peinte en ma face,
Feint hélas! n'y connaître rien.

Comme un roc à l'onde marine
Elle est dure aux flots de mes pleurs:
Et clôt, de peur d'être bénine,
L'oreille au son de mes douleurs

D'autant qu'elle poursuit ma vie,
D'ennuis mon service payant,
Je la dirai mon ennemie,
Mais je l'adore en me hayant.

Las! que ne me puis-je distraire,
Connaissant mon mal, de la voir?
Ô ciel rigoureux et contraire!
C'est toi qui contrains mon vouloir,

Ainsi qu'au clair d'une chandelle
Le gai papillon voletant,
Va grillant le bout de son aile,
Et perd la vie en s'ébattant:

Ainsi le désir qui m'affole,
Trompé d'un rayon gracieux,
Fait hélas! qu'aveugle je vole
Au feu meurtrier de vos beaux yeux.

*Amours d'Hippolyte. Chanson*

---

# Agrippa d'Aubigné

## Misères

... Tout logis est exil; les villages champêtres,
Sans portes et planchers, sans portes et fenêtres,
Font une mine affreuse, ainsi que le corps mort
Montre, en montrant les os, que quelqu'un lui fait tort.
Les loups et les renards et les bêtes sauvages
Tiennent place d'humains, possèdent les villages,
Si bien qu'en même lieu où, en paix, on eut soin
De resserrer le pain, on y cueille le foin.
Si le rustique peut dérober à soi-même
Quelque grain recelé par une peine extrême,
Espérant sans espoir la fin de ses malheurs,
Lors on peut voir coupler troupe de laboureurs,
Et d'un soc attaché faire place en la terre
Pour y semer le blé, le soutien de la guerre;
Et puis, l'an ensuivant, les misérables yeux
Qui des sueurs du front trempaient, laborieux
Quand, subissant le joug des plus serviles bêtes,
Liés comme des bœufs, ils se couplaient par têtes,
Voyant d'un étranger la ravissante main
Qui leur tire la vie et l'espoir et le grain.
Alors, baignés en pleurs, dans les bois ils retournent;
Aux aveugles rochers les affligés séjournent;
Ils vont souffrant la faim, qu'ils portent doucement,

Au prix du déplaisir et infernal tourment
Qu'ils sentirent jadis, quand leurs maisons remplies
De démons acharnés, sépulcres de leurs vies,
Leur servaient de crottons, ou pendus par les doigts
A des cordons tranchants, ou attachés au bois
Et couchés dans le feu, ou de graisses flambantes
Les corps nus tenaillés, ou les plaintes pressantes
De leurs enfants pendus par les pieds, arrachés
Du sein qu'ils empoignaient, des tétins asséchés;
Ou bien, quand du soldat la diète allouvie
Tirait au lieu de pain de son hôte la vie,
Vengé, mais non saoulé, père et mère meurtris
Laissaient dans les berceaux des enfants si petits
Qu'enserrés de cimois, prisonniers dans leur couche,
Ils mouraient par la faim: de l'innocente bouche
L'âme plaintive allait en un plus heureux lieu
Éclater sa clameur au grand trône de Dieu,
Cependant que les Rois, parés de leur substance,
En pompes et festins trompaient leur conscience,
Étoffaient leur grandeur des ruines d'autrui,
Gras du suc innocent, s'égayant de l'ennui,
Stupides, sans goûter ni pitiés ni merveilles,
Pour les pleurs et les cris sans yeux et sans oreilles...

*Les Tragiques, Livre I*

## Vengeances

... De Caïn fugitif et d'Abel je veux dire
Que le premier bourreau et le premier martyre,
Le premier sang versé, on peut voir en eux deux,
L'état des agneaux doux, des loups outrecuideux;
En eux deux on peut voir (beau portrait de l'Église)
Comme l'ire et le feu des ennemis s'attise
De bien fort peu de bois, et s'augmente beaucoup.
Satan fit ce que fait en ce siècle le loup
Qui querelle l'agneau buvant à la rivière,
Lui au haut vers la source et l'agneau plus arrière:
L'Antéchrist et ses loups reprochent que leur eau
Se trouble au contre-flot par l'innocent agneau.
La source des grandeurs et des biens de la terre
Découle de leurs chefs, et la paix et la guerre
Balancent à leur gré dans leurs impures mains;
Et toutefois alors que les loups inhumains
Veulent couvrir de sang le beau lit de la terre,
Les prétextes connus de leur injuste guerre
Sont nos autels sans fard, sans feinte, sans couleurs
Que Dieu aime d'en haut l'offerte de nos cœurs:
Cela leur croît la soif du sang de l'innocence.
  Ainsi Abel offrait en pure conscience
Sacrifices à Dieu; Caïn offrait aussi:
L'un offrait un cœur doux, l'autre un cœur endurci;
L'un fut au gré de Dieu, l'autre non agréable:
Caïn grinça les dents, pâlit, épouvantable,
Il massacra son frère, et de cet agneau doux
Il fit un sacrifice à son amer courroux.
Le sang fuit son front et honteux se retire,
Sentant son frère sang que l'aveugle main tire;
Mais quand le coup fut fait, sa première pâleur
Au prix de la seconde était vive couleur:
Ses cheveux vers le Ciel hérissés en furie,
Le grincement de dents en sa bouche flétrie,
L'œil sourcillant de peur découvrait son ennui:
Il avait peur de tout, tout avait peur de lui:
Car le Ciel s'affublait du manteau d'une nue
Sitôt que le transi au Ciel tournait sa vue;
S'il fuyait aux déserts, les rochers et les bois,
Effrayés aboyaient au son de ses abois.
Sa mort ne put avoir de mort pour récompense:

L'enfer n'eut point de morts à punir cette offense,
Mais autant que de jours il sentit son trépas:
Vif, il ne vécut point; mort, il ne mourut pas.
Il fuit, d'effroi transi, troublé, tremblant et blême,
Il fuit de tout le monde, il s'enfuit de soi-même:
Les lieux plus assurés lui étaient des hasards,
Les feuilles, les rameaux et les fleurs, des poignards,
Les plumes de son lit, des aiguilles piquantes,
Ses habits plus aisés des tenailles serrantes,
Son eau jus de ciguë, et son pain des poisons;
Ses mains le menaçaient de fines trahisons:
Tout image de mort et le pis de sa rage,
C'est qu'il cherche la mort et n'en voit que l'image:
De quelqu'autre Caïn il craignait la fureur:
Il fut sans compagnon et non pas sans frayeur.
Il possédait le monde, et non une assurance;
Il était seul partout, hormis sa conscience,
Et fut marqué au front afin qu'en s'enfuyant
Aucun n'osât tuer ses maux en le tuant...

*Les Tragiques, Livre VI*

## Jugement

... Cités ivres de sang et de sang altérées,
Qui avez soif de sang et de sang enivrées,
Vous sentirez de Dieu l'épouvantable main;
Vos terres seront fer, et votre ciel d'airain:
Ciel qui au lieu de pluie envoie sang et poudre,
Terre de qui les blés n'attendent que la foudre.
Vous ne semez que vent en stériles sillons,
Vous n'y moissonnerez que volants tourbillons
Qui à vos yeux pleurants, folle et vaine canaille,
Feront pirouetter les esprits et la paille.
Ce qui en restera et deviendra du grain
D'une bouche étrangère étanchera la faim:
Dieu suscite de loin, comme une épaisse nue,
Un peuple tout sauvage, une gent inconnue,
Impudente de front, qui n'aura, triomphant,
Ni respect du vieillard ni pitié de l'enfant,
A qui ne servira la piteuse harangue.
Tes passions n'auront l'usage de la langue:
De tes faux citoyens les détestables corps
Et les chefs traîneront exposés au dehors:
Les corbeaux réjouis, tous gorgés de charogne,
Ne verront à l'entour aucun qui les élogne:
Tes ennemis feront, au milieu de leur camp,
Foire de tes plus forts, qui, vendus à l'encan,
Ne seront enchéris: aux villes assiégées,
L'œil have et affamé des femmes enragées
Regardera la chair de leurs maris aimés;
Les maris forcenés lanceront affamés
Les regards alouvis sur les femmes aimées,
Et les déchireront de leurs dents affamées.
Quoi plus: celles qui lors en deuil enfanteront,
Les enfants demi-nés du ventre arracheront,
Et du ventre à la bouche, afin qu'elles survivent,
Porteront l'avorton et les peaux qui le suivent.
  Ce sont du jugement à venir quelques traits,
De l'enfer préparés les débiles portraits;
Ce ne sont que miroirs des peines éternelles:
Ô quels seront les corps dont les ombres sont telles!...

... Voici le fils de l'homme et du grand Dieu le fils,
Le voici arrivé à son terme préfix.
Déjà l'air retentit et la trompette sonne,
Le bon prend assurance et le méchant s'étonne;
Les vivants sont saisis d'un feu de mouvement,
Ils sentent mort et vie en un prompt changement;
En une période ils sentent leurs extrêmes,
Ils ne se trouvent plus eux-mêmes comme eux-mêmes:
Une autre volonté et un autre savoir
Leur arrache des yeux le plaisir de se voir;
Le ciel ravit leurs yeux: du ciel premier l'usage
N'eût pu du nouveau ciel porter le beau visage.
L'autre ciel, l'autre terre ont cependant fui;
Tout ce qui fut mortel se perd évanoui,
Les fleuves sont séchés, la grand mer se dérobe:
Il fallait que la terre allât changer de robe.
Montagnes, vous sentez douleurs d'enfantements,
Vous fuyez comme agneaux, ô simples éléments!
Cachez-vous, changez-vous; rien mortel ne supporte
La voix de l'Éternel, ni sa voix rude et forte.
Dieu paraît; le nuage entre lui et nos yeux
S'est tiré à l'écart, il est armé de feux;
Le ciel neuf retentit du son de ses louanges;
L'air n'est plus que rayons, tant il est semé d'anges.
Tout l'air n'est qu'un soleil; le soleil radieux
N'est qu'une noire nuit au regard de ses yeux;
Car il brûle le feu, au soleil il éclaire,
Le centre n'a plus d'ombre et ne suit sa lumière...

*Les Tragiques, Livre VII*

# L'hiver

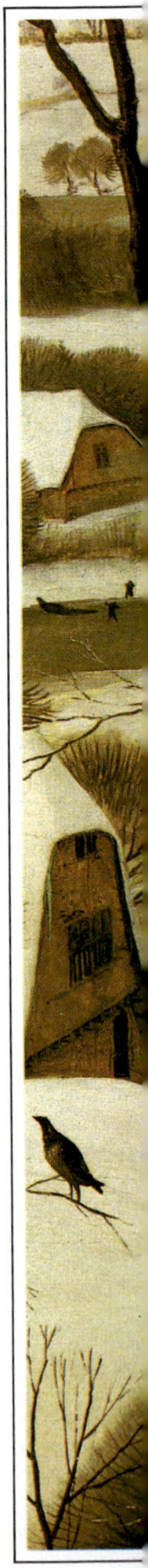

Mes volages humeurs, plus stériles que belles,
S'en vont; et je leur dis: Vous sentez, hirondelles,
S'éloigner la chaleur et le froid arriver.
Allez nicher ailleurs, pour ne tacher, impures,
Ma couche de babil et ma table d'ordures;
Laissez dormir en paix la nuit de mon hiver.

D'un seul point le soleil n'éloigne l'hémisphère;
Il jette moins d'ardeur, mais autant de lumière,
Je change sans regrets, lorsque je me repens
Des frivoles amours et de leur artifice.
J'aime l'hiver qui vient purger mon cœur de vice,
Comme de peste l'air, la terre de serpents.

Mon chef blanchit dessous les neiges entassées,
Le soleil, qui reluit, les échauffe, glacées,
Mais ne les peut dissoudre, au plus court de ses mois.
Fondez, neiges; venez dessus mon cœur descendre,
Qu'encores il ne puisse allumer de ma cendre
Du brasier, comme il fit des flammes autrefois.

Mais quoi! serai-je éteint devant ma vie éteinte?
Ne luira plus en moi la flamme vive et sainte,
Le zèle flamboyant de la sainte maison?
Je fais aux saints autels holocaustes des restes.
De glace aux feux impurs, et de naphte aux célestes:
Clair et sacré flambeau, non funèbre tison!

Voici moins de plaisirs, mais voici moins de peines:
Le rossignol se tait, se taisent les Sirènes:
Nous ne voyons cueillir ni les fruits ni les fleurs;
L'espérance n'est plus bien souvent tromperesse;
L'hiver jouit de tout, bienheureuse vieillesse,
La saison de l'usage, et non plus des labeurs.

Mais la mort n'est pas loin; cette mort est suivie
D'un vivre sans mourir, fin d'une fausse vie;
Vie de notre vie, et mort de notre mort.
Qui hait la sûreté, pour aimer le naufrage?
Qui a jamais été si friand de voyage,
Que la longueur en soit plus douce que le port?

# Jacques Davy Du Perron

Au bord tristement doux des eaux, je me retire
Et vois couler ensemble et les eaux, et mes jours,
Je m'y vois sec, et pâle, et si j'aime toujours
Leur rêveuse mollesse où ma peine se mire.

Au plus secret des bois je conte mon martyre,
Je pleure mon martyre en chantant mes amours,
Et si j'aime les bois, et les bois les plus sourds
Quand j'ai jeté mes cris, me les viennent redire.

Dame dont les beautés me possèdent si fort
Qu'étant absent de vous, je n'aime que la mort,
Les eaux, en votre absence, et les bois me consolent:

Je vois dedans les eaux, j'entends dedans les bois
L'image de mon teint, et celle de ma voix
Toutes peintes de mort qui nagent et qui volent.

# Jean de Sponde

Mais si faut-il mourir, et la vie orgueilleuse,
Qui brave de la mort, sentira ses fureurs,
Les Soleils hâleront ces journalières fleurs
Et le temps crèvera cette ampoule venteuse.

Ce beau flambeau qui lance une flamme fumeuse
Sur le vert de la cire éteindra ses ardeurs,
L'huile de ce Tableau ternira ses couleurs,
Et ses flots se rompront à la rive écumeuse.

J'ai vu ces clairs éclairs passer devant mes yeux,
Et le tonnerre encor qui gronde dans les Cieux,
Où d'une ou d'autre part éclatera l'orage,

J'ai vu fondre la neige et ses torrents tarir,
Ces lions rugissants je les ai vus sans rage,
Vivez, hommes, vivez, mais si faut-il mourir.

*Quelques poèmes chrétiens*

Hélas! comptez vos jours: les jours qui sont passés
Sont déjà morts pour vous, ceux qui viennent encore
Mourront tous sur le point de leur naissante aurore,
Et moitié de la vie est moitié du décès.

Ces désirs orgueilleux pêle-mêle entassés,
Ce cœur outrecuidé que votre bras implore,
Cet indomptable bras que votre cœur adore,
La mort les met en gêne, et leur fait le procès.

Mille flots, mille écueils font tête à votre route,
Vous rompez à travers, mais à la fin sans doute
Vous serez le butin des écueils et des flots.

Une heure vous attend, un moment vous épie,
Bourreaux dénaturés de votre propre vie,
Qui vit avec la peine, et meurt sans le repos.

*Quelques poèmes chrétiens*

---

Tout s'enfle contre moi, tout m'assaut, tout me tente,
Et le monde; et la chair, et l'ange révolté,
Dont l'onde, dont l'effort, dont le charme inventé
Et m'abîme, Seigneur, et m'ébranle, et m'enchante,

Quelle nef, quel appui, quelle oreille dormante,
Sans péril, sans tomber, et sans être enchanté
Me donras-tu? Ton temple où vit ta Sainteté,
Ton invincible main, et ta voix si constante.

Eh quoi? mon Dieu, je sens combattre maintes fois
Encor avec ton temple, et ta main, et ta voix,
Cet ange révolté, cette chair, et ce monde.

Mais ton temple pourtant, ta main, ta voix sera
La nef, l'appui, l'oreille, où ce charme perdra,
Où mourra cet effort, où se rompra cette onde.

*Quelques poèmes chrétiens*

# J.-B. Chassignet

Nous n'entrons point d'un pas plus avant en la vie
Que nous n'entrons d'un pas plus avant en la mort,
Notre vivre n'est rien qu'une éternelle mort,
Et plus croissent nos jours, plus décroît notre vie :

Quiconque aura vécu la moitié de sa vie,
Aura pareillement la moitié de sa mort,
Comme non usitée on déteste la mort
Et la mort est commune autant comme la vie :

Le temps passé est mort et le futur n'est pas,
Le présent vit et choit de la vie au trépas
Et le futur aura une fin tout semblable.

Le temps passé n'est plus, l'autre encore n'est pas,
Et le présent languit entre vie et trépas,
Bref, la mort et la vie en tout temps est semblable.

*Le Mépris de la vie et Consolation contre la mort, Sonnet XLIV*

# XVII$^{e}$ siècle

# François de Malherbe

## Consolation à M. Du Périer
### sur la mort de sa fille

Ta douleur, Du Périer, sera donc éternelle,
Et les tristes discours
Que te met en l'esprit l'amitié paternelle
L'augmenteront toujours?

Le malheur de ta fille au tombeau descendue
Par un commun trépas,
Est-ce quelque dédale où ta raison perdue
Ne se retrouve pas?

Je sais de quels appas son enfance était pleine;
Et n'ai pas entrepris,
Injurieux ami, de soulager ta peine
Avecque son mépris.

Mais elle était du monde où les plus belles choses
Ont le pire destin;
Et, rose, elle a vécu ce que vivent les roses,
L'espace d'un matin.

Puis, quand ainsi serait que, selon ta prière,
Elle aurait obtenu
D'avoir en cheveux blancs terminé sa carrière,
Qu'en fût-il advenu?

Penses-tu que, plus vieille, en la maison céleste
Elle eût eu plus d'accueil?
Ou qu'elle eût moins senti la poussière funeste
Et les vers du cercueil?

Non, non, mon Du Périer; aussitôt que la Parque
Ôte l'âme du corps,
L'âge s'évanouit au deçà de la barque
Et ne suit point les morts.

Tithon n'a plus les ans qui le firent cigale,
Et Pluton aujourd'hui,
Sans égard du passé, les mérites égale
D'Archémore et de lui.

Ne te lasse donc plus d'inutiles complaintes;
Mais songe à l'avenir,
Aime une ombre comme ombre, et de cendres éteintes
Éteins le souvenir.

C'est bien, je le confesse, une juste coutume,
Que le cœur affligé,
Par le canal des yeux vidant son amertume,
Cherche d'être allégé.

Même quand il advient que la tombe sépare
Ce que nature a joint,
Celui qui ne s'émeut a l'âme d'un barbare,
Ou n'en a du tout point.

Mais d'être inconsolable, et dedans sa mémoire
Enfermer un ennui,
N'est-ce pas se haïr pour acquérir la gloire
De bien aimer autrui?

Priam, qui vit ses fils abattus par Achille,
Dénué de support
Et hors de tout espoir du salut de sa ville,
Reçut du réconfort.

François, quand la Castille, inégale à ses armes,
Lui vola son Dauphin,
Sembla d'un si grand coup devoir jeter des larmes
Qui n'eussent point de fin.

Il les sécha pourtant, et comme un autre Alcide
Contre fortune instruit,
Fit qu'à ses ennemis d'un acte si perfide
La honte fut le fruit.

Leur camp, qui la Durance avait presque tarie
De bataillons épais,
Entendant sa constance, eut peur de sa furie
Et demanda la paix.

De moi, déjà deux fois d'une pareille foudre
Je me suis vu perclus,
Et deux fois la raison m'a si bien fait résoudre
Qu'il ne m'en souvient plus.

Non qu'il ne me soit grief que la terre possède
Ce qui me fut si cher;
Mais en un accident qui n'a point de remède,
Il n'en faut point chercher.

La mort a des rigueurs à nulle autre pareilles;
On a beau la prier,
La cruelle qu'elle est se bouche les oreilles
Et nous laisse crier.

Le pauvre en sa cabane, où le chaume le couvre,
Est sujet à ses lois;
Et la garde qui veille aux barrières du Louvre
N'en défend point nos rois.

De murmurer contre elle et perdre patience
Il est mal à propos;
Vouloir ce que Dieu veut est la seule science
Qui nous mette en repos.

## Dessein de quitter une dame qui ne le contentait que de promesses

Beauté, mon beau souci, de qui l'âme incertaine
A, comme l'Océan, son flux et son reflux,
Pensez de vous résoudre à soulager ma peine,
Ou je me vais résoudre à ne le souffrir plus.

Vos yeux ont des appas que j'aime et que je prise,
Et qui peuvent beaucoup dessus ma liberté;
Mais pour me retenir, s'ils font cas de ma prise,
Il leur faut de l'Amour autant que de beauté.

Quand je pense être au point que cela s'accomplisse,
Quelque excuse toujours en empêche l'effet:
C'est la toile sans fin de la femme d'Ulysse,
Dont l'ouvrage du soir au matin se défait.

Madame, avisez-y, vous perdez votre gloire
De me l'avoir promis, et vous rire de moi;
S'il ne vous en souvient, vous manquez de mémoire,
Et s'il vous en souvient, vous n'avez point de foi.

J'avais toujours fait compte, aimant chose si haute,
De ne m'en séparer qu'avecque le trépas;
S'il arrive autrement, ce sera votre faute,
De faire des serments et ne les tenir pas.

## Paraphrase du psaume CXLV

N'espérons plus, mon âme, aux promesses du monde;
Sa lumière est un verre, et sa faveur une onde
Que toujours quelque vent empêche de calmer;
Quittons ces vanités, lassons-nous de les suivre:
C'est Dieu qui nous fait vivre,
C'est Dieu qu'il faut aimer.

En vain, pour satisfaire à nos lâches envies,
Nous passons près des rois tout le temps de nos vies,
A souffrir des mépris, et ployer les genoux;
Ce qu'ils peuvent n'est rien; ils sont comme nous sommes,
Véritablement hommes,
Et meurent comme nous.

Ont-ils rendu l'esprit, ce n'est plus que poussière
Que cette majesté si pompeuse et si fière,
Dont l'éclat orgueilleux étonnait l'univers;
Et dans ces grands tombeaux, où leurs âmes hautaines
Font encore les vaines,
Ils sont mangés des vers.

Là se perdent ces noms de maîtres de la terre,
D'arbitres de la paix, de foudres de la guerre:
Comme ils n'ont plus de sceptre, ils n'ont plus de flatteurs,
Et tombent avec eux d'une chute commune
Tous ceux que leur fortune
Faisait leurs serviteurs.

## Vers funèbres
sur la mort de Henri le Grand

Enfin l'ire du ciel et sa fatale envie,
Dont j'avais repoussé tant d'injustes efforts,
Ont détruit ma fortune, et, sans m'ôter la vie,
M'ont mis entre les morts.

Henri, ce grand Henri, que les soins de nature
Avaient fait un miracle aux yeux de l'univers
Comme un homme vulgaire est dans la sépulture
A la merci des vers!

Belle âme, beau patron des célestes ouvrages,
Qui fus de mon espoir l'infaillible recours,
Quelle nuit fut pareille aux funestes ombrages
Où tu laisses mes jours!

C'est bien à tout le monde une commune plaie,
Et le malheur que j'ai, chacun l'estime sien;
Mais en quel autre cœur est la douleur si vraie
Comme elle est dans le mien?...

# A la reine sur les heureux succès de sa régence

... Au-delà des bords de la Meuse,
L'Allemagne a vu nos guerriers,
Par une conquête fameuse,
Se couvrir le front de lauriers.
Tout a fléchi sous leur menace;
L'Aigle même leur a fait place,
Et les regardant approcher,
Comme lions à qui tout cède,
N'a point eu de meilleur remède
Que de fuir et de se cacher.

Ô Reine qui, pleine de charmes
Pour toute sorte d'accidents,
As borné le flux de nos larmes
En ces miracles évidents,
Que peut la fortune publique
Te vouer d'assez magnifique,
Si, mise au rang des immortels,
Dont ta vertu suit les exemples,
Tu n'as avec eux, dans nos temples,
Des images et des autels?

Que saurait enseigner aux princes
Le grand démon qui les instruit,
Dont ta sagesse en nos provinces
Chaque jour n'épande le fruit?
Et qui justement ne peut dire,
A te voir régir cet empire,
Que si ton heur était pareil
A tes admirables mérites,
Tu ferais dedans ses limites
Lever et coucher le soleil?

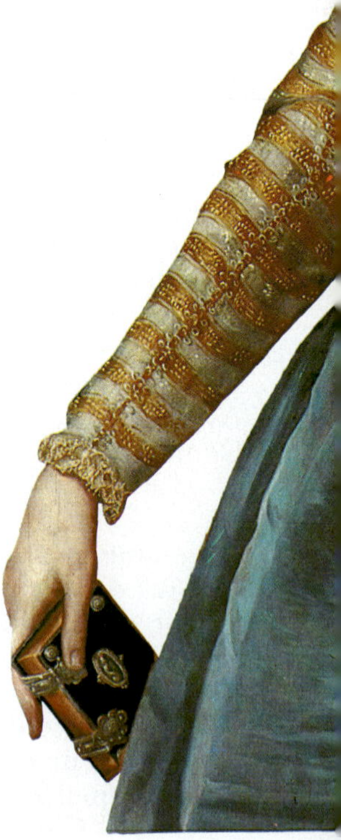

Le soin qui reste à nos pensées,
Ô bel astre, c'est que toujours
Nos félicités commencées
Puissent continuer leur cours.
Tout nous rit, et notre navire
A la bonace qu'il désire;
Mais si quelque injure du sort
Provoquait l'ire de Neptune,
Quel excès d'heureuse fortune
Nous garantirait de la mort?

Assez de funestes batailles
Et de carnages inhumains
Ont fait en nos propres entrailles
Rougir nos déloyales mains;
Donne ordre que sous ton Génie
Se termine cette manie,
Et que las de perpétuer
Une si longue malveillance,
Nous employions notre vaillance
Ailleurs qu'à nous entretuer...

# Mathurin Régnier

## Les poètes

A M. le comte de Caramain

... Aussi, lorsque l'on voit un homme par la rue,
Dont le rabat est sale et la chausse rompue,
Ses grègues aux genoux, au coude son pourpoint,
Qui soit de pauvre mine, et qui soit mal en point,
Sans demander son nom, on le peut reconnaître,
Car si ce n'est un poète, au moins il le veut être.
Pour moi, si mon habit, partout cicatrisé,
Ne me rendait du peuple et des grands méprisé,
Je prendrais patience, et parmi la misère
Je trouverais du goût (mais ce qui doit déplaire
A l'homme de courage et d'esprit relevé,
C'est qu'un chacun le fuit ainsi qu'un réprouvé);
Car, en quelque façon, les malheurs sont propices;
Puis, les gueux en gueusant trouvent maintes délices,
Un repos qui s'égaye en quelque oisiveté;
Mais je ne puis pâtir de me voir rejeté.
C'est donc pourquoi, si jeune abandonnant la France,
J'allai, vif de courage et tout chaud d'espérance,
En la cour d'un prélat qu'avec mille dangers
J'ai suivi, courtisan, aux pays étrangers.
J'ai changé mon humeur, altéré ma nature,
J'ai bu chaud, mangé froid, j'ai couché sur la dure,
Je l'ai sans le quitter à toute heure suivi,
Donnant ma liberté, je me suis asservi,
En public, à l'église, à la chambre, à la table,
Et pense avoir été maintes fois agréable.
Mais, instruit par le temps, à la fin j'ai connu
Que la fidélité n'est pas grand revenu,
Et qu'à mon temps perdu, sans nulle autre espérance,
L'honneur d'être sujet tient lieu de récompense,
N'ayant autre intérêt de dix ans jà passés,
Sinon que sans regret je les ai dépensés.
Puis je sais, quant à lui, qu'il a l'âme royale,
Et qu'il est de nature et d'humeur libérale.
Mais, ma foi, tout son bien enrichir ne me peut,
Ni dompter mon malheur, si le ciel ne le veut.
C'est pourquoi, sans me plaindre en ma déconvenue,
Le malheur qui me suit ma foi ne diminue,
Et rebuté du sort, je m'asservis pourtant,
Et sans être avancé je demeure content...

*Satires, II*

## Sonnet

Ô Dieu, si mes péchés irritent ta fureur,
Contrit, morne et dolent, j'espère en ta clémence.
Si mon deuil ne suffit à purger mon offense,
Que ta grâce y supplée et serve à mon erreur.

Mes esprits éperdus frissonnent de terreur,
Et, ne voyant salut que par la pénitence,
Mon cœur, comme mes yeux, s'ouvre à la repentance,
Et me hais tellement que je m'en fais horreur.

Je pleure le présent, le passé je regrette;
Je crains à l'avenir la faute que j'ai faite;
Dans mes rébellions je lis ton jugement.

Seigneur, dont la bonté nos injures surpasse,
Comme de père à fils uses-en doucement,
Si j'avais moins failli, moindre serait ta grâce.

## Épitaphe de Régnier

J'ai vécu sans nul pensement,
Me laissant aller doucement
A la bonne loi naturelle,
Et si m'étonne fort pourquoi
La mort daigna songer à moi
Qui ne songeai jamais à elle.

# François Maynard

Que j'aime ces forêts ! que j'y vis doucement !
Qu'en un siècle troublé j'y dors en assurance !
Qu'au déclin de mes ans j'y rêve heureusement !
Et que j'y fais des vers qui plairont à la France !

Depuis que le village est toutes mes amours,
Je remplis mon papier de tant de belles choses,
Qu'on verra les savants après mes derniers jours,
Honorer mon tombeau de larmes et de roses.

Ils diront qu'Apollon m'a souvent visité,
Et que, pour ce désert, les Muses ont quitté
Les fleurs de leur montagne, et l'argent de leur onde.

Ils diront qu'éloigné de la pompe des rois,
Je voulus me cacher sous l'ombrage des bois
Pour montrer mon esprit à tous les yeux du monde.

---

Mon âme, il faut partir. Ma vigueur est passée,
Mon dernier jour est dessus l'horizon.
Tu crains ta liberté. Quoi ! n'es-tu pas lassée
D'avoir souffert soixante ans de prison ?

Tes désordres sont grands, tes vertus sont petites ;
Parmi tes maux on trouve peu de bien ;
Mais si le bon Jésus te donne ses mérites,
Espère tout et n'appréhende rien.

Mon âme, repens-toi d'avoir aimé le monde,
Et de mes yeux fais la source d'une onde
Qui touche de pitié le Monarque des rois.

Que tu serais courageuse et ravie,
Si j'avais soupiré durant toute ma vie
Dans le désert sous l'ombre de la croix !

---

Déserts où j'ai vécu dans un calme si doux,
Pins qui d'un si beau vert couvrez mon ermitage,
La cour depuis un an me sépare de vous,
Mais elle ne saurait m'arrêter davantage.

La vertu la plus nette y fait des ennemis;
Les palais y sont pleins d'orgueil et d'ignorance;
Je suis las d'y souffrir, et honteux d'avoir mis
Dans ma tête chenue une vaine espérance.

Ridicule abusé, je cherche du soutien
Au pays de la fraude, où l'on ne trouve rien
Que des pièges dorés et des malheurs célèbres.

Je me veux dérober aux injures du sort;
Et sous l'aimable horreur de vos belles ténèbres,
Donner toute mon âme aux pensers de la mort.

## La belle vieille

Cloris, que dans mon temps j'ai si longtemps servie
Et que ma passion montre à tout l'univers,
Ne veux-tu pas changer le destin de ma vie
Et donner de beaux jours à mes derniers hivers?

N'oppose plus ton deuil au bonheur où j'aspire.
Ton visage est-il fait pour demeurer voilé?
Sors de ta nuit funèbre, et permets que j'admire
Les divines clartés des yeux qui m'ont brûlé.

Où s'enfuit ta prudence acquise et naturelle?
Qu'est-ce que ton esprit a fait de sa vigueur?
La folle vanité de paraître fidèle
Aux cendres d'un jaloux, m'expose à ta rigueur.

Eusses-tu fait le vœu d'un éternel veuvage
Pour l'honneur du mari que ton lit a perdu
Et trouvé des Césars dans ton haut parentage,
Ton amour est un bien qui m'est justement dû.

Qu'on a vu revenir de malheurs et de joies,
Qu'on a vu trébucher de peuples et de rois,
Qu'on a pleuré d'Hectors, qu'on a brûlé de Troies
Depuis que mon courage a fléchi sous tes lois !

Ce n'est pas d'aujourd'hui que je suis ta conquête,
Huit lustres ont suivi le jour que tu me pris,
Et j'ai fidèlement aimé ta belle tête
Sous des cheveux châtains et sous des cheveux gris.

C'est de tes jeunes yeux que mon ardeur est née ;
C'est de leurs premiers traits que je fus abattu ;
Mais tant que tu brûlas du flambeau d'hyménée,
Mon amour se cacha pour plaire à ta vertu.

Je sais de quel respect il faut que je t'honore
Et mes ressentiments ne l'ont pas violé.
Si quelquefois j'ai dit le soin qui me dévore,
C'est à des confidents qui n'ont jamais parlé.

Pour adoucir l'aigreur des peines que j'endure
Je me plains aux rochers et demande conseil
A ces vieilles forêts dont l'épaisse verdure
Fait de si belles nuits en dépit du soleil.

L'âme pleine d'amour et de mélancolie
Et couché sur des fleurs et sous des orangers,
J'ai montré ma blessure aux deux mers d'Italie
Et fait dire ton nom aux échos étrangers.

Ce fleuve impérieux à qui tout fit hommage
Et dont Neptune même endure le mépris,
A su qu'en mon esprit j'adorais ton image
Au lieu de chercher Rome en ses vastes débris.

Cloris, la passion que mon cœur t'a jurée
Ne trouve point d'exemple aux siècles les plus vieux.
Amour et la nature admirent la durée
Du feu de mes désirs et du feu de tes yeux.

La beauté qui te suit depuis ton premier âge
Au déclin de tes jours ne veut pas te laisser,
Et le temps, orgueilleux d'avoir fait ton visage,
En conserve l'éclat et craint de l'effacer.

Regarde sans frayeur la fin de toutes choses,
Consulte le miroir avec des yeux contents.
On ne voit point tomber ni tes lys, ni tes roses,
Et l'hiver de ta vie est ton second printemps.

Pour moi, je cède aux ans ; et ma tête chenue
M'apprend qu'il faut quitter les hommes et le jour.
Mon sang se refroidit ; ma force diminue
Et je serais sans feu si j'étais sans amour.

C'est dans peu de matins que je croîtrai le nombre
De ceux à qui la Parque a ravi la clarté !
Oh ! qu'on oira souvent les plaintes de mon ombre
Accuser tes mépris de m'avoir maltraité !

Que feras-tu, Cloris, pour honorer ma cendre ?
Pourras-tu sans regret ouïr parler de moi ?
Et le mort que tu plains te pourra-t-il défendre
De blâmer ta rigueur et de louer ma foi ?

Si je voyais la fin de l'âge qui te reste,
Ma raison tomberait sous l'excès de mon deuil ;
Je pleurerais sans cesse un malheur si funeste
Et ferais jour et nuit l'amour à ton cercueil !

# Honorat de Racan

## Chœur des jeunes Bergers

Sus, Bergers, qu'on se réjouisse,
Et que chacun de nous jouisse
Des faveurs qu'Amour lui départ:
Ce bel âge nous y convie,
On ne peut trop tôt ni trop tard
Goûter les plaisirs de la vie.

Suivons ce petit Roi des âmes,
De qui les immortelles flammes
Gardent Nature de périr:
Choisissons-le pour notre maître,
Et ne craignons point de mourir
Pour celui qui nous a fait naître.

Les oiseaux des bois et des plaines
Chantent leurs amoureuses peines,
Qui renaissent au renouveau,
Glorieux au mois où nous sommes,
De brûler du même flambeau
Qui brûle les Dieux et les hommes.

L'Astre doré qui sort de l'onde,
Promet le plus beau jour au monde,
Que puissent choisir nos désirs:
Tout rit à sa clarté première,
Qui semble apporter les plaisirs
En nous apportant la lumière.

Déjà les plus belles Bergères
Sont assises sur les fougères,
Chacune avecques son Amant:
Un beau feu leur âmc consume,
Et nous autres sans mouvement
Sommes encore dans la plume.

Fuyons cette molle demeure.
Il faut chérir cette belle heure
Pendant qu'on en est possesseur:
Tout le reste de la journée
N'a rien d'égal à la douceur
Des plaisirs de la matinée.

En l'Orient de nos années
Tout le soin de nos destinées
Ne tend qu'à nous rendre contents,
Les délices en sont voisines,
Et l'Amour ami du Printemps,
A plus de fleurs, et moins d'épines.

Lorsque ce bel âge s'écoule,
Les soucis nous viennent en foule,
Vénus se retire autre part:
Conservons-en toujours l'envie:
On ne peut trop tôt ni trop tard
Goûter les plaisirs de la vie.

## Pour un marinier

Dessus la mer de Cypre où souvent il arrive
Que les meilleurs nochers se perdent dès la rive,
J'ai navigué la nuit plus de fois que le jour.
La beauté d'Uranie est mon pôle et mon phare,
Et, dans quelque tourmente où ma barque s'égare,
Je n'invoque jamais d'autre dieu que l'Amour.

Souvent à la merci des funestes Pléiades
Ce pilote sans peur m'a conduit en des rades
Où jamais les vaisseaux ne s'étaient hasardés,
Et, sans faire le vain, ceux qui m'entendront dire
De quel art cet enfant a guidé mon navire,
Ne l'accuseront plus d'avoir les yeux bandés.

Il n'est point de brouillards que ses feux n'éclaircissent;
Par ses enchantements les vagues s'adoucissent;
La mer se fait d'azur et les cieux de saphirs,
Et, devant la beauté dont j'adore l'image,
En faveur du printemps, qui luit en son visage,
Les plus fiers aquilons se changent en zéphyrs.

Mais, bien que dans ses yeux l'amour prenne ses charmes,
Qu'il y mette ses feux, qu'il y forge ses armes,
Et qu'il ait établi son empire en ce lieu,
Toutefois sa grandeur leur rend obéissance;
Sur cette âme de glace il n'a point de puissance,
Et seulement contre elle il cesse d'être dieu.

Je sais bien que ma nef y doit faire naufrage;
Ma science m'apprend à prédire l'orage;
Je connais le rocher qu'elle cache en son sein;
Mais plus j'y vois de morts et moins je m'épouvante;
Je me trahis moi-même, et l'art dont je me vante,
Pour l'honneur de périr en un si beau dessein.

# Théophile de Viau

## La solitude

... Sus, ma Corine! que je cueille
Tes baisers du matin au soir!
Vois, comment pour nous faire asseoir,
Ce myrte a laissé choir sa feuille!

Ois le pinson et la linotte,
Sur la branche de ce rosier;
Vois branler leur petit gosier,
Ois comme ils ont changé de note!

Approche, approche, ma Dryade!
Ici murmureront les eaux;
Ici les amoureux oiseaux
Chanteront une sérénade.

Prête-moi ton sein pour y boire
Des odeurs qui m'embaumeront;
Ainsi mes sens se pâmeront
Dans les lacs de tes bras d'ivoire.

Je baignerai mes mains folâtres
Dans les ondes de tes cheveux,
Et ta beauté prendra les vœux
De mes œillades idolâtres.

Ne crains rien, Cupidon nous garde.
Mon petit ange, es-tu pas mien?
Ah! je vois que tu m'aimes bien:
Tu rougis quand je te regarde.

Dieux! que cette façon timide
Est puissante sur mes esprits!
Renaud ne fut pas mieux épris
Par les charmes de son Armide.

Ma Corine, que je t'embrasse!
Personne ne nous voit qu'Amour;
Vois que même les yeux du jour
Ne trouvent ici point de place.

Les vents qui ne se peuvent taire,
Ne peuvent écouter aussi,
Et ce que nous ferons ici
Leur est un inconnu mystère.

*Odes*

## Lettre à son frère

... Je verrai ces bois verdissants
Où nos îles et l'herbe fraîche
Servent aux troupeaux mugissants
Et de promenoir et de crèche.
L'aurore y trouve à son retour
L'herbe qu'ils ont mangée le jour,
Je verrai l'eau qui les abreuve,
Et j'orrai plaindre les graviers
Et repartir l'écho du fleuve
Aux injures des mariniers.

... Je verrai sur nos grenadiers
Leurs rouges pommes entr'ouvertes,
Où le Ciel, comme à ses lauriers,
Garde toujours des feuilles vertes.
Je verrai ce touffu jasmin
Qui fait ombre à tout le chemin
D'une assez spacieuse allée,
Et la parfume d'une fleur
Qui conserve dans la gelée
Son odorat et sa couleur.

Je reverrai fleurir nos prés;
Je leur verrai couper les herbes;
Je verrai quelque temps après
Le paysan couché sur les gerbes;
Et, comme ce climat divin
Nous est très libéral de vin,
Après avoir rempli la grange,
Je verrai du matin au soir,
Comme les flots de la vendange
Écumeront dans le pressoir...

# Saint-Amant

## Le paresseux

Accablé de paresse et de mélancolie,
Je rêve dans un lit où je suis fagoté
Comme un lièvre sans os qui dort dans un pâté,
Ou comme un Don Quichotte en sa morne folie.

Là, sans me soucier des guerres d'Italie,
Du comte Palatin, ni de sa royauté,
Je consacre un bel hymne à cette oisiveté
Où mon âme en langueur est comme ensevelie.

Je trouve ce plaisir si doux et si charmant,
Que je crois que les biens me viendront en dormant,
Puisque je vois déjà s'en enfler ma bedaine,

Et hais tant le travail que, les yeux entrouverts,
Une main hors des draps, cher Baudoin, à peine
Ai-je pu me résoudre à t'écrire ces vers.

## Les goinfres

Coucher trois dans un drap, sans feu ni sans chandelle,
Au profond de l'hiver, dans la salle aux fagots,
Où les chats, ruminant le langage des Goths,
Nous éclairent sans cesse en roulant la prunelle.

Hausser notre chevet avec une escabelle,
Être deux ans à jeun comme les escargots,
Rêver en grimaçant ainsi que les magots
Qui, bâillant au soleil, se grattent sous l'aisselle.

Mettre au lieu d'un bonnet la coiffe d'un chapeau,
Prendre pour se couvrir la frise d'un manteau,
Dont le dessus servit à nous doubler la panse,

Puis souffrir cent brocards d'un vieux hôte irrité
Qui peut fournir à peine à la moindre dépense,
C'est ce qu'engendre enfin la prodigalité.

# Tristan L'Hermite

## Le promenoir des deux amants

Auprès de cette grotte sombre
Où l'on respire un air si doux
L'onde lutte avec les cailloux
Et la lumière avecque l'ombre.

Ces flots lassés de l'exercice
Qu'ils ont fait dessus ce gravier
Se reposent dans ce vivier
Où mourut autrefois Narcisse.

C'est un des miroirs où le faune
Vient voir si son teint cramoisi
Depuis que l'Amour l'a saisi
Ne serait point devenu jaune.

L'ombre de cette fleur vermeille
Et celle de ces joncs pendants
Paraissent être là-dedans
Les songes de l'eau qui sommeille.

Les plus aimables influences
Qui rajeunissent l'univers,
Ont relevé ces tapis verts
De fleurs de toutes les nuances.

Dans ce bois ni dans ces montagnes
Jamais chasseur ne vint encor;
Si quelqu'un y sonne du cor,
C'est Diane avec ses compagnes.

Ce vieux chêne a des marques saintes;
Sans doute qui le couperait
Le sang chaud en découlerait
Et l'arbre pousserait des plaintes.

Ce rossignol mélancolique
Du souvenir de son malheur
Tâche de charmer sa douleur
Mettant son histoire en musique.

Il reprend sa note première
Pour chanter d'un art sans pareil
Sous ce rameau que le soleil
A doré d'un trait de lumière.

Sur ce frêne deux tourterelles
S'entretiennent de leurs tourments,
Et font les doux appointements
De leurs amoureuses querelles...

*Les Amours de Tristan*

## L'extase d'un baiser

Au point que j'expirais, tu m'as rendu le jour
Baiser, dont jusqu'au cœur le sentiment me touche,
Enfant délicieux de la plus belle bouche
Qui jamais prononça les Oracles d'Amour.

Mais tout mon sang s'altère, une brûlante fièvre
Me ravit la couleur et m'ôte la raison;
Cieux! j'ai pris à la fois sur cette belle lèvre
D'un céleste Nectar et d'un mortel poison.

Ah! mon Ame s'envole en ce transport de joie!
Ce gage de salut, dans la tombe m'envoie;
C'est fait! je n'en puis plus, Élise je me meurs.

Ce baiser est un sceau par qui ma vie est close:
Et comme on peut trouver un serpent sous des fleurs,
J'ai rencontré ma mort sur un bouton de rose.

---

C'est fait de mes Destins; je commence à sentir
Les incommodités que la vieillesse apporte.
Déjà la pâle Mort pour me faire partir,
D'un pied sec et tremblant vient frapper à ma porte.

Ainsi que le Soleil sur la fin de son cours
Paraît plutôt tomber que descendre dans l'Onde;
Lorsque l'homme a passé les plus beaux de ses jours,
D'une course rapide il passe en l'autre Monde.

Il faut éteindre en nous tous frivoles désirs,
Il faut nous détacher des terrestres plaisirs
Où sans discrétion notre appétit nous plonge.

Sortons de ces erreurs par un sage Conseil;
Et cessant d'embrasser les images d'un songe,
Pensons à nous coucher pour le dernier sommeil.

*Les Vers héroïques*

# Pierre Corneille

## LE CID

### ACTE I, SCÈNE 4

DON DIÈGUE

Ô rage ! ô désespoir ! ô vieillesse ennemie !
N'ai-je donc tant vécu que pour cette infamie
Et ne suis-je blanchi dans les travaux guerriers
Que pour voir en un jour flétrir tant de lauriers ?
Mon bras, qu'avec respect toute l'Espagne admire,
Mon bras, qui tant de fois a sauvé cet empire,
Tant de fois affermi le trône de son roi,
Trahit donc ma querelle, et ne fait rien pour moi ?
Ô cruel souvenir de ma gloire passée,
Œuvre de tant de jours en un jour effacée !
Nouvelle dignité, fatale à mon bonheur,
Précipice élevé d'où tombe mon honneur !
Faut-il de votre éclat voir triompher le Comte,
Et mourir sans vengeance ou vivre dans la honte ?
Comte, sois de mon prince à présent gouverneur :
Ce haut rang n'admet point un homme sans honneur
Et ton jaloux orgueil, par cet affront insigne,
Malgré le choix du Roi, m'en a su rendre indigne.
Et toi, de mes exploits glorieux instrument,
Mais d'un corps tout de glace inutile ornement,
Fer, jadis tant à craindre, et qui dans cette offense
M'a servi de parade et non pas de défense,
Va, quitte désormais le dernier des humains,
Passe, pour me venger, en de meilleures mains.

### ACTE I, SCÈNE 6

DON RODRIGUE

Percé jusques au fond du cœur
D'une atteinte imprévue aussi bien que mortelle,
Misérable vengeur d'une juste querelle
Et malheureux objet d'une injuste rigueur,
Je demeure immobile, et mon âme abattue
Cède au coup qui me tue.
Si près de voir mon feu récompensé,
Ô Dieu, l'étrange peine!
En cet affront mon père est l'offensé,
Et l'offenseur le père de Chimène!

Que je sens de rudes combats!
Contre mon propre honneur mon amour s'intéresse:
Il faut venger un père, et perdre une maîtresse:
L'un m'anime le cœur, l'autre retient mon bras.
Réduit au triste choix ou de trahir ma flamme
Ou de vivre en infâme,
Des deux côtés mon mal est infini.
Ô Dieu, l'étrange peine!
Faut-il laisser un affront impuni?
Faut-il punir le père de Chimène?

Père, maîtresse, honneur, amour,
Noble et dure contrainte, aimable tyrannie,
Tous mes plaisirs sont morts, ou ma gloire ternie.
L'un me rend malheureux, l'autre indigne du jour.
Cher et cruel espoir d'une âme généreuse,
Mais ensemble amoureuse,
Digne ennemi de mon plus grand bonheur,
Fer qui causes ma peine,
M'es-tu donné pour venger mon honneur?
M'es-tu donné pour perdre ma Chimène?

Il vaut mieux courir au trépas.
Je dois à ma maîtresse aussi bien qu'à mon père,
J'attire en me vengeant sa haine et sa colère,
J'attire ses mépris en ne me vengeant pas.
A mon plus doux espoir l'un me rend infidèle
Et l'autre indigne d'elle.
Mon mal augmente à le vouloir guérir,

Tout redouble ma peine.
Allons, mon âme, et puisqu'il faut mourir,
Mourons du moins sans offenser Chimène.

Mourir sans tirer ma raison!
Rechercher un trépas si mortel à ma gloire!
Endurer que l'Espagne impute à ma mémoire
D'avoir mal soutenu l'honneur de ma maison!
Respecter un amour dont mon âme égarée
Voit la perte assurée!
N'écoutons plus ce penser suborneur
Qui ne sert qu'à ma peine.
Allons, mon bras, sauvons du moins l'honneur,
Puisqu'après tout il faut perdre Chimène.

Oui, mon esprit s'était déçu.
Je dois tout à mon père avant qu'à ma maîtresse:
Que je meure au combat ou meure de tristesse,
Je rendrai mon sang pur comme je l'ai reçu.
Je m'accuse déjà de trop de négligence:
Courons à la vengeance;
Et tout honteux d'avoir tant balancé,
Ne soyons plus en peine,
Puisqu'aujourd'hui mon père est l'offensé,
Si l'offenseur est père de Chimène.

## ACTE IV, SCÈNE 3

DON RODRIGUE

... Nous partîmes cinq cents, mais par un prompt renfort
Nous nous vîmes trois mille en arrivant au port,
Tant à nous voir marcher avec un tel visage
Les plus épouvantés reprenaient leur courage!
J'en cache les deux tiers, aussitôt qu'arrivés,
Dans le fond des vaisseaux qui lors furent trouvés;
Le reste, dont le nombre augmentait à toute heure,
Brûlant d'impatience autour de moi demeure,
Se couche contre terre, et sans faire aucun bruit,
Passe une bonne part d'une si belle nuit.
Par mon commandement la garde en fait de même
Et se tenant cachée, aide à mon stratagème
Et je feins hardiment d'avoir reçu de vous
L'ordre qu'on me voit suivre et que je donne à tous.
Cette obscure clarté qui tombe des étoiles
Enfin avec le flux nous fait voir trente voiles;
L'onde s'enfle dessous et d'un commun effort
Les Mores et la mer montent jusques au port.
On les laisse passer, tout leur paraît tranquille:
Point de soldats au port, point aux murs de la ville.
Notre profond silence abusant leurs esprits,
Ils n'osent plus douter de nous avoir surpris;
Ils abordent sans peur, ils ancrent, ils descendent
Et courent se livrer aux mains qui les attendent.
Nous nous levons alors et tous en même temps
Poussons jusques au ciel mille cris éclatants.
Les nôtres, à ces cris, de nos vaisseaux répondent;
Ils paraissent armés, les Mores se confondent,
L'épouvante les prend à demi descendus;
Avant que de combattre, ils s'estiment perdus.
Ils couraient au pillage et rencontrent la guerre;
Nous les pressons sur l'eau, nous les pressons sur terre
Et nous faisons courir des ruisseaux de leur sang,
Avant qu'aucun résiste ou reprenne son rang.
Mais bientôt, malgré nous, leurs princes les rallient;
Leur courage renaît et leurs terreurs s'oublient:
La honte de mourir sans avoir combattu
Arrête leur désordre et leur rend leur vertu.
Contre nous de pied ferme ils tirent leurs alfanges;
De notre sang au leur font d'horribles mélanges

Et la terre et le fleuve et leur flotte et le port
Sont des champs de carnage où triomphe la mort.
  Ô combien d'actions, combien d'exploits célèbres
Sont demeurés sans gloire au milieu des ténèbres,
Où chacun, seul témoin des grands coups qu'il donnait,
Ne pouvait discerner où le sort inclinait!
J'allais de tous côtés encourager les nôtres,
Faire avancer les uns, et soutenir les autres,
Ranger ceux qui venaient, les pousser à leur tour
Et ne l'ai pu savoir jusques au point du jour.
Mais enfin sa clarté montre notre avantage:
Le More voit sa perte et perd soudain courage
Et voyant un renfort qui nous vient secourir,
L'ardeur de vaincre cède à la peur de mourir.
Ils gagnent leurs vaisseaux, ils en coupent les câbles,
Poussent jusques aux cieux des cris épouvantables,
Font retraite en tumulte, et sans considérer
Si leurs rois avec eux peuvent se retirer.
Pour souffrir ce devoir leur frayeur est trop forte:
Le flux les apporta, le reflux les remporte,
Cependant que leurs rois, engagés parmi nous
Et quelque peu des leurs, tous percés de nos coups,
Disputent vaillamment et vendent bien leur vie.
A se rendre moi-même en vain je les convie:
Le cimeterre au poing ils ne m'écoutent pas,
Mais voyant à leurs pieds tomber tous leurs soldats
Et que seuls désormais en vain ils se défendent,
Ils demandent le chef: je me nomme, ils se rendent.
Je vous les envoyai tous deux en même temps
Et le combat cessa faute de combattants...

# HORACE

## ACTE I, SCÈNE 1

SABINE

... Je suis Romaine, hélas! puisque Horace est Romain;
J'en ai reçu le titre en recevant sa main;
Mais ce nœud me tiendrait en esclave enchaînée,
S'il m'empêchait de voir en quels lieux je suis née.
Albe, où j'ai commencé de respirer le jour,
Albe, mon cher pays, et mon premier amour,
Lorsqu'entre nous et toi je vois la guerre ouverte,
Je crains notre victoire autant que notre perte.
Rome, si tu te plains que c'est là te trahir,
Fais-toi des ennemis que je puisse haïr.
Quand je vois de tes murs leur armée et la nôtre,
Mes trois frères dans l'une et mon mari dans l'autre,
Puis-je former des vœux, et sans impiété
Importuner le ciel pour ta félicité?
Je sais que ton État, encore en sa naissance,
Ne saurait, sans la guerre, affermir sa puissance,
Je sais qu'il doit s'accroître, et que tes grands destins
Ne le borneront pas chez les peuples latins,
Que les Dieux t'ont promis l'empire de la terre
Et que tu n'en peux voir l'effet que par la guerre:
Bien loin de m'opposer à cette noble ardeur
Qui suit l'arrêt des Dieux et court à ta grandeur,
Je voudrais déjà voir tes troupes couronnées
D'un pas victorieux franchir les Pyrénées.
Va jusqu'en l'Orient pousser tes bataillons,
Va sur les bords du Rhin planter tes pavillons,
Fais trembler sous tes pas les colonnes d'Hercule,
Mais respecte une ville à qui tu dois Romule.
Ingrate, souviens-toi que du sang de ses rois
Tu tiens ton nom, tes murs, et tes premières lois.
Albe est ton origine: arrête et considère
Que tu portes le fer dans le sein de ta mère.
Tourne ailleurs les efforts de tes bras triomphants,
Sa joie éclatera dans l'heur de ses enfants
Et se laissant ravir à l'amour maternelle,
Ses vœux seront pour toi, si tu n'es plus contre elle...

ACTE IV, SCÈNE 5

CAMILLE

... Rome, l'unique objet de mon ressentiment!
Rome, à qui vient ton bras d'immoler mon amant!
Rome qui t'a vu naître, et que ton cœur adore!
Rome enfin que je hais parce qu'elle t'honore!
Puissent tous ses voisins ensemble conjurés
Saper ses fondements encor mal assurés,
Et si ce n'est assez de toute l'Italie,
Que l'Orient contre elle à l'Occident s'allie,
Que cent peuples unis des bouts de l'univers
Passent pour la détruire et les monts et les mers,
Qu'elle-même sur soi renverse ses murailles,
Et de ses propres mains déchire ses entrailles,
Que le courroux du ciel allumé par mes vœux
Fasse pleuvoir sur elle un déluge de feux!
Puissé-je de mes yeux y voir tomber ce foudre,
Voir ses maisons en cendre et tes lauriers en poudre,
Voir le dernier Romain à son dernier soupir,
Moi seule en être cause, et mourir de plaisir!...

# CINNA

### ACTE IV, SCÈNE 2

AUGUSTE

... Rentre en toi-même, Octave, et cesse de te plaindre.
Quoi! tu veux qu'on t'épargne, et n'as rien épargné!
Songe aux fleuves de sang où ton bras s'est baigné,
De combien ont rougi les champs de Macédoine,
Combien en a versé la défaite d'Antoine,
Combien celle de Sexte, et revois tout d'un temps
Pérouse au sien noyée, et tous ses habitants.
Remets dans ton esprit, après tant de carnages,
De tes proscriptions les sanglantes images,
Où toi-même, des tiens devenu le bourreau,
Au sein de ton tuteur enfonças le couteau,
Et puis ose accuser le destin d'injustice,
Quand tu vois que les tiens s'arment pour ton supplice
Et que par ton exemple à ta perte guidés,
Ils violent des droits que tu n'as pas gardés!
Leur trahison est juste et le ciel l'autorise,
Quitte ta dignité comme tu l'as acquise,
Rends un sang infidèle à l'infidélité,

Et souffre des ingrats après l'avoir été.
Mais que mon jugement au besoin m'abandonne!
Quelle fureur, Cinna, m'accuse et te pardonne?
Toi, dont la trahison me force à retenir
Ce pouvoir souverain dont tu me veux punir,
Me traite en criminel, et fait seule mon crime,
Relève pour l'abattre un trône illégitime,
Et d'un zèle effronté couvrant son attentat,
S'oppose, pour me perdre, au bonheur de l'État!
Donc jusqu'à l'oublier je pourrais me contraindre,
Tu vivrais en repos après m'avoir fait craindre!
Non, non, je me trahis moi-même d'y penser,
Qui pardonne aisément invite à l'offenser,
Punissons l'assassin, proscrivons les complices.
Mais quoi? toujours du sang, et toujours des supplices!
Ma cruauté se lasse, et ne peut s'arrêter;
Je veux me faire craindre, et ne fais qu'irriter.
Rome a pour ma ruine une hydre trop fertile,
Une tête coupée en fait renaître mille,
Et le sang répandu de mille conjurés
Rend mes jours plus maudits, et non plus assurés.
Octave, n'attends plus le coup d'un nouveau Brute,
Meurs et dérobe-lui la gloire de ta chute,
Meurs, tu ferais pour vivre un lâche et vain effort,
Si tant de gens de cœur font des vœux pour ta mort,

Et si tout ce que Rome a d'illustre jeunesse
Pour te faire périr tour à tour s'intéresse;
Meurs, puisque c'est un mal que tu ne peux guérir,
Meurs enfin, puisqu'il faut ou tout perdre, ou mourir.
La vie est peu de chose et le peu qui t'en reste
Ne vaut pas l'acheter par un prix si funeste.
Meurs, mais quitte du moins la vie avec éclat,
Éteins-en le flambeau dans le sang de l'ingrat,
A toi-même en mourant immole ce perfide,
Contentant ses désirs, punis son parricide,
Fais un tourment pour lui de ton propre trépas,
En faisant qu'il le voie et n'en jouisse pas.
Mais jouissons plutôt nous-même de sa peine,
Et si Rome nous hait, triomphons de sa haine.
   Ô Romains, ô vengeance, ô pouvoir absolu,
Ô rigoureux combat d'un cœur irrésolu
Qui fuit en même temps tout ce qu'il se propose!
D'un prince malheureux ordonnez quelque chose.
Qui des deux dois-je suivre et duquel m'éloigner?
Ou laissez-moi périr, ou laissez-moi régner.

# POLYEUCTE

ACTE IV, SCÈNE 2

POLYEUCTE

Source délicieuse en misères féconde,
Que voulez-vous de moi, flatteuses voluptés?
Honteux attachements de la chair et du monde,
Que ne me quittez-vous quand je vous ai quittés?
Allez, honneurs, plaisirs, qui me livrez la guerre:
Toute votre félicité
Sujette à l'instabilité
En moins de rien tombe par terre,
Et comme elle a l'éclat du verre
Elle en a la fragilité.

Ainsi n'espérez pas qu'après vous je soupire:
Vous étalez en vain vos charmes impuissants,
Vous me montrez en vain par tout ce vaste empire
Les ennemis de Dieu pompeux et florissants.
Il étale à son tour des revers équitables
Par qui les grands sont confondus,
Et les glaives qu'il tient pendus
Sur les plus fortunés coupables
Sont d'autant plus inévitables
Que leurs coups sont moins attendus.

Tigre altéré de sang, Décie impitoyable,
Ce Dieu t'a trop longtemps abandonné les siens;
De ton heureux destin vois la suite effroyable,
Le Scythe va venger la Perse et les chrétiens.
Encore un peu plus outre et ton heure est venue.
Rien ne t'en saurait garantir,
Et la foudre qui va partir,
Toute prête à crever la nue,
Ne peut plus être retenue
Par l'attente du repentir.

Que cependant Félix m'immole à ta colère,
Qu'un rival plus puissant éblouisse ses yeux,
Qu'aux dépens de ma vie il s'en fasse beau-père,
Et qu'à titre d'esclave il commande en ces lieux.
Je consens, ou plutôt j'aspire à ma ruine.
Monde, pour moi tu n'as plus rien:
Je porte en un cœur tout chrétien
Une flamme toute divine
Et je ne regarde Pauline
Que comme un obstacle à mon bien.

Saintes douceurs du ciel, adorables idées,
Vous remplissez un cœur qui vous peut recevoir;
De vos sacrés attraits les âmes possédées
Ne conçoivent plus rien qui les puisse émouvoir.
Vous promettez beaucoup et donnez davantage.
Vos biens ne sont point inconstants
Et l'heureux trépas que j'attends
Ne vous sert que d'un doux passage
Pour nous introduire au partage
Qui nous rend à jamais contents.

C'est vous, ô feu divin que rien ne peut éteindre,
Qui m'allez faire voir Pauline sans la craindre.
Je la vois, mais mon cœur d'un saint zèle enflammé
N'en goûte plus l'appas dont il était charmé;
Et mes yeux éclairés des célestes lumières
Ne trouvent plus aux siens leurs grâces coutumières.

## Stances à Marquise

Marquise, si mon visage
A quelques traits un peu vieux,
Souvenez-vous qu'à mon âge
Vous ne vaudrez guère mieux.

Le temps aux plus belles choses
Se plaît à faire un affront;
Il saura faner vos roses
Comme il a ridé mon front.

Le même cours des planètes
Règle nos jours et nos nuits:
On m'a vu ce que vous êtes;
Vous serez ce que je suis.

Cependant j'ai quelques charmes
Qui sont assez éclatants
Pour n'avoir pas trop d'alarmes
De ces ravages du temps.

Vous en avez qu'on adore,
Mais ceux que vous méprisez
Pourraient bien durer encore
Quand ceux-là seront usés.

Ils pourront sauver la gloire
Des yeux qui me semblent doux
Et dans mille ans faire croire
Ce qu'il me plaira de vous.

Chez cette race nouvelle
Où j'aurai quelque crédit,
Vous ne passerez pour belle
Qu'autant que je l'aurai dit.

Pensez-y, belle Marquise:
Quoiqu'un grison fasse effroi,
Il vaut bien qu'on le courtise
Quand il est fait comme moi.

# Paul Scarron

## Sur Paris

Un amas confus de maisons,
Des crottes dans toutes les rues,
Ponts, églises, palais, prisons,
Boutiques bien ou mal pourvues ;

Force gens noirs, blancs, roux, grisons,
Des prudes, des filles perdues,
Des meurtres et des trahisons,
Des gens de plume aux mains crochues ;

Maint poudré qui n'a point d'argent,
Maint homme qui craint le sergent,
Maint fanfaron qui toujours tremble,

Pages, laquais, voleurs de nuit,
Carrosses, chevaux, et grand bruit,
C'est là Paris. Que vous en semble ?

---

## Sur les affaires du temps

Le roi s'en est allé, son Éminence aussi ;
Le courtisan escroc sans contenter son hôte,
Jurant qu'à son retour il comptera sans faute,
Pique le grand chemin en botte de roussi.

Les officiers du roi sont fort rares ici ;
Et la gent de justice et celle de maltôte
A le haut du pavé et va la tête haute
En l'absence du roi qui va vers Beaugency.

Les faubourgs ne sont plus infectés de soudrille ;
Enfin toute la cour vers la Guienne drille :
Les uns disent que si, les uns disent que non.

On dit que l'on va faire un exemple en Guienne,
On dit que sans rien faire il faudra qu'on revienne,
Et moi je voudrais bien avoir un bon melon.

---

Superbes monuments de l'orgueil des humains,
Pyramides, tombeaux, dont la vaine structure
A témoigné que l'art, par l'adresse des mains
Et l'assidu travail, peut vaincre la nature;

Vieux palais ruinés, chefs-d'œuvre des Romains
Et le dernier effort de leur architecture,
Colisée où souvent les peuples inhumains
De s'entr'assassiner se donnaient tablature;

Par l'injure du temps vous êtes abolis
Ou, du moins, la plupart, on vous a démolis:
Il n'est point de ciment que le temps ne dissoude.

Si vos marbres si durs ont senti son pouvoir,
Dois-je trouver mauvais qu'un méchant pourpoint noir
Qui m'a duré deux ans soit troué par le coude?

## Épitaphe

Celui qui ci maintenant dort
Fit plus de pitié que d'envie,
Et souffrit mille fois la mort
Avant que de perdre la vie.
Passant, ne fais ici de bruit,
Prends garde qu'aucun ne l'éveille;
Car voici la première nuit
Que le pauvre Scarron sommeille.

# Jean de La Fontaine

## La cigale et la fourmi

La cigale, ayant chanté
Tout l'été,
Se trouva fort dépourvue
Quand la bise fut venue.
Pas un seul petit morceau
De mouche ou de vermisseau.
Elle alla crier famine
Chez la fourmi sa voisine,
La priant de lui prêter
Quelque grain pour subsister
Jusqu'à la saison nouvelle.
«Je vous paierai, lui dit-elle,
Avant l'oût, foi d'animal,
Intérêt et principal.»
La fourmi n'est pas prêteuse;
C'est là son moindre défaut.
«Que faisiez-vous au temps chaud?
Dit-elle à cette emprunteuse.
— Nuit et jour à tout venant
Je chantais, ne vous déplaise.
— Vous chantiez? j'en suis fort aise.
Eh bien! dansez maintenant.»

*Livre I*

## Le corbeau et le renard

Maître corbeau, sur un arbre perché,
Tenait en son bec un fromage.
Maître renard, par l'odeur alléché,
Lui tint à peu près ce langage:
« Et bonjour, Monsieur du Corbeau.
Que vous êtes joli! que vous me semblez beau!
Sans mentir, si votre ramage
Se rapporte à votre plumage,
Vous êtes le phénix des hôtes de ces bois. »
A ces mots, le corbeau ne se sent pas de joie;
Et pour montrer sa belle voix,
Il ouvre un large bec, laisse tomber sa proie.
Le renard s'en saisit, et dit: « Mon bon monsieur,
Apprenez que tout flatteur
Vit aux dépens de celui qui l'écoute.
Cette leçon vaut bien un fromage sans doute. »
Le corbeau, honteux et confus,
Jura, mais un peu tard, qu'on ne l'y prendrait plus.

*Livre I*

## La grenouille qui se veut faire aussi grosse que le bœuf

Une grenouille vit un bœuf
Qui lui sembla de belle taille.
Elle qui n'était pas grosse en tout comme un œuf,
Envieuse s'étend, et s'enfle, et se travaille
Pour égaler l'animal en grosseur,
Disant: «Regardez bien, ma sœur;
Est-ce assez? dites-moi. N'y suis-je point encore?
— Nenni. — M'y voici donc? — Point du tout. — M'y voilà?
— Vous n'en approchez point.» La chétive pécore
S'enfla si bien qu'elle creva.
Le monde est plein de gens qui ne sont pas plus sages:
Tout bourgeois veut bâtir comme les grands seigneurs;
Tout petit prince a des ambassadeurs;
Tout marquis veut avoir des pages.

*Livre I*

---

## Le loup et le chien

Un loup n'avait que les os et la peau,
Tant les chiens faisaient bonne garde.
Ce loup rencontre un dogue aussi puissant que beau,
Gras, poli, qui s'était fourvoyé par mégarde.
L'attaquer, le mettre en quartiers,
Sire loup l'eût fait volontiers.
Mais il fallait livrer bataille;
Et le mâtin était de taille
A se défendre hardiment.
Le loup donc l'aborde humblement,
Entre en propos, et lui fait compliment
Sur son embonpoint qu'il admire.
«Il ne tiendra qu'à vous, beau sire,
D'être aussi gras que moi, lui repartit le chien.
Quittez les bois, vous ferez bien:
Vos pareils y sont misérables,
Cancres, hères, et pauvres diables,

Dont la condition est de mourir de faim.
Car quoi? Rien d'assuré; point de franche lippée:
Tout à la pointe de l'épée.
Suivez-moi: vous aurez un bien meilleur destin.»
Le loup reprit: «Que me faudra-t-il faire?
— Presque rien, dit le chien, donner la chasse aux gens
Portants bâtons et mendiants;
Flatter ceux du logis, à son maître complaire;
Moyennant quoi votre salaire
Sera force reliefs de toutes les façons:
Os de poulets, os de pigeons;
Sans parler de mainte caresse.»
Le loup déjà se forge une félicité
Qui le fait pleurer de tendresse.
Chemin faisant il vit le col du chien pelé.
«Qu'est-ce là? lui dit-il. — Rien. — Quoi rien? — Peu de [chose.
— Mais encor? — Le collier dont je suis attaché
De ce que vous voyez est peut-être la cause.
— Attaché? dit le loup; vous ne courez donc pas
Où vous voulez? — Pas toujours, mais qu'importe?
— Il importe si bien que de tous vos repas
Je ne veux en aucune sorte,
Et ne voudrais pas même à ce prix un trésor.»
Cela dit, maître loup s'enfuit, et court encor.

*Livre I*

## Le rat de ville et le rat des champs

Autrefois le rat de ville
Invita le rat des champs,
D'une façon fort civile,
A des reliefs d'ortolans.

Sur un tapis de Turquie
Le couvert se trouva mis.
Je laisse à penser la vie
Que firent ces deux amis.

Le régal fut fort honnête,
Rien ne manquait au festin;
Mais quelqu'un troubla la fête
Pendant qu'ils étaient en train.

A la porte de la salle
Ils entendirent du bruit.
Le rat de ville détale,
Son camarade le suit.

Le bruit cesse, on se retire:
Rats en campagne aussitôt;
Et le citadin de dire:
«Achevons tout notre rôt.

— C'est assez, dit le rustique;
Demain vous viendrez chez moi:
Ce n'est pas que je me pique
De tous vos festins de roi;

Mais rien ne vient m'interrompre:
Je mange tout à loisir.
Adieu donc, fi du plaisir
Que la crainte peut corrompre!»

*Livre I*

## Le loup et l'agneau

La raison du plus fort est toujours la meilleure,
Nous l'allons montrer tout à l'heure.
Un agneau se désaltérait
Dans le courant d'une onde pure.
Un loup survient à jeun qui cherchait aventure,
Et que la faim en ces lieux attirait.
«Qui te rend si hardi de troubler mon breuvage?
Dit cet animal plein de rage:
Tu seras châtié de ta témérité.
— Sire, répond l'agneau, que Votre Majesté
Ne se mette pas en colère;
Mais plutôt qu'elle considère
Que je me vas désaltérant
Dans le courant,

Plus de vingt pas au-dessous d'elle,
Et que par conséquent en aucune façon
Je ne puis troubler sa boisson.
— Tu la troubles, reprit cette bête cruelle,
Et je sais que de moi tu médis l'an passé.
— Comment l'aurais-je fait, si je n'étais pas né?
Reprit l'agneau, je tette encor ma mère.
— Si ce n'est toi, c'est donc ton frère.
— Je n'en ai point. — C'est donc quelqu'un des
Car vous ne m'épargnez guère, [tiens:
Vous, vos bergers et vos chiens.
On me l'a dit: il faut que je me venge.»
Là-dessus au fond des forêts
Le loup l'emporte, et puis le mange
Sans autre forme de procès.

*Livre I*

## La mort et le malheureux

Un malheureux appelait tous les jours
La mort à son secours.
«Ô mort, lui disait-il, que tu me sembles belle!
Viens vite, viens finir ma fortune cruelle.»
La mort crut, en venant, l'obliger en effet.
Elle frappe à sa porte, elle entre, elle se montre.
«Que vois-je! cria-t-il, ôtez-moi cet objet;
Qu'il est hideux! que sa rencontre
Me cause d'horreur et d'effroi!
N'approche pas, ô mort; ô mort, retire-toi.»

Mécénas fut un galant homme:
Il a dit quelque part: «Qu'on me rende impotent,
Cul-de-jatte, goutteux, manchot, pourvu qu'en somme
Je vive, c'est assez, je suis plus que content.»
Ne viens jamais, ô mort, on t'en dit tout autant.

*Ce sujet a été traité d'une autre façon par Ésope, comme la fable suivante le fera voir. Je composai celle-ci pour une raison qui me contraignait de rendre la chose ainsi générale. Mais quelqu'un me fit connaître que j'eusse beaucoup mieux fait de suivre mon original, et que je laissais passer un des plus beaux traits qui fût dans Ésope. Cela m'obligea d'y avoir recours. Nous ne saurions aller plus avant que les Anciens: ils ne nous ont laissé pour notre part que la gloire de les bien suivre. Je joins toutefois ma fable à celle d'Ésope, non que la mienne le mérite, mais à cause du mot de Mécénas que j'y fais entrer, et qui est si beau et si à propos que je n'ai pas cru le devoir omettre.*

## La mort et le bûcheron

Un pauvre bûcheron, tout couvert de ramée,
Sous le faix du fagot aussi bien que des ans
Gémissant et courbé marchait à pas pesants,
Et tâchait de gagner sa chaumine enfumée.
Enfin, n'en pouvant plus d'effort et de douleur,
Il met bas son fagot, il songe à son malheur.
Quel plaisir a-t-il eu depuis qu'il est au monde?
En est-il un plus pauvre en la machine ronde?
Point de pain quelquefois, et jamais de repos.
Sa femme, ses enfants, les soldats, les impôts,
Le créancier et la corvée,
Lui font d'un malheureux la peinture achevée.
Il appelle la mort; elle vient sans tarder,
Lui demande ce qu'il faut faire.
«C'est, dit-il, afin de m'aider
A recharger ce bois; tu ne tarderas guère.»

Le trépas vient tout guérir;
Mais ne bougeons d'où nous sommes.
Plutôt souffrir que mourir,
C'est la devise des hommes.

*Livre I*

## Le chêne et le roseau

Le chêne un jour dit au roseau :
« Vous avez bien sujet d'accuser la nature :
Un roitelet pour vous est un pesant fardeau.
Le moindre vent qui d'aventure
Fait rider la face de l'eau
Vous oblige à baisser la tête :
Cependant que mon front, au Caucase pareil,
Non content d'arrêter les rayons du soleil,
Brave l'effort de la tempête.
Tout vous est aquilon, tout me semble zéphyr.
Encor si vous naissiez à l'abri du feuillage
Dont je couvre le voisinage,
Vous n'auriez pas tant à souffrir :
Je vous défendrais de l'orage.
Mais vous naissez le plus souvent
Sur les humides bords des royaumes du vent.
La nature envers vous me semble bien injuste.
— Votre compassion, lui répondit l'arbuste,
Part d'un bon naturel ; mais quittez ce souci.
Les vents me sont moins qu'à vous redoutables.
Je plie, et ne romps pas. Vous avez jusqu'ici
Contre leurs coups épouvantables
Résisté sans courber le dos ;
Mais attendons la fin. » Comme il disait ces mots,
Du bout de l'horizon accourt avec furie
Le plus terrible des enfants
Que le Nord eût portés jusque-là dans ses flancs.
L'arbre tient bon, le roseau plie ;
Le vent redouble ses efforts,
Et fait si bien qu'il déracine
Celui de qui la tête au ciel était voisine,
Et dont les pieds touchaient à l'empire des morts.

*Livre I*

## Le meunier, son fils et l'âne

L'invention des arts étant un droit d'aînesse,
Nous devons l'apologue à l'ancienne Grèce.
Mais ce champ ne se peut tellement moissonner
Que les derniers venus n'y trouvent à glaner.
La feinte est un pays plein de terres désertes.
Tous les jours nos auteurs y font des découvertes.
Je t'en veux dire un trait assez bien inventé;
Autrefois à Racan Malherbe l'a conté.
Ces deux rivaux d'Horace, héritiers de sa lyre,
Disciples d'Apollon, nos maîtres, pour mieux dire,
Se rencontrant un jour tout seuls et sans témoins,
(Comme ils se confiaient leurs pensers et leurs soins)
Racan commence ainsi: «Dites-moi, je vous prie,
Vous qui devez savoir les choses de la vie,
Qui par tous ses degrés avez déjà passé,
Et que rien ne doit fuir en cet âge avancé,
A quoi me résoudrai-je? Il est temps que j'y pense.
Vous connaissez mon bien, mon talent, ma naissance.
Dois-je dans la province établir mon séjour,
Prendre emploi dans l'armée, ou bien charge à la cour?
Tout au monde est mêlé d'amertume et de charmes.
La guerre a ses douceurs, l'hymen a ses alarmes.
Si je suivais mon goût, je saurais où buter;
Mais j'ai les miens, la cour, le peuple à contenter.»
Malherbe là-dessus: «Contenter tout le monde!
Écoutez ce récit avant que je réponde.

«J'ai lu dans quelque endroit qu'un meunier et son fils,
L'un vieillard, l'autre enfant, non pas des plus petits,
Mais garçon de quinze ans, si j'ai bonne mémoire,
Allaient vendre leur âne un certain jour de foire.
Afin qu'il fût plus frais et de meilleur débit,
On lui lia les pieds, on vous le suspendit;
Puis cet homme et son fils le portent comme un lustre:
Pauvres gens, idiots, couple ignorant et rustre.

Le premier qui les vit de rire s'éclata.
«Quelle farce, dit-il, vont jouer ces gens-là?
«Le plus âne des trois n'est pas celui qu'on pense.»
Le meunier à ces mots connaît son ignorance.
Il met sur pieds sa bête, et la fait détaler.
L'âne, qui goûtait fort l'autre façon d'aller,
Se plaint en son patois. Le meunier n'en a cure.
Il fait monter son fils, il suit, et d'aventure
Passent trois bons marchands. Cet objet leur déplut.
Le plus vieux au garçon s'écria tant qu'il put:
«Oh là! oh! descendez, que l'on ne vous le dise,
«Jeune homme qui menez laquais à barbe grise.
«C'était à vous de suivre, au vieillard de monter.
«— Messieurs, dit le meunier, il vous faut contenter.»
L'enfant met pied à terre, et puis le vieillard monte,
Quand, trois filles passant, l'une dit: «C'est grand'honte
«Qu'il faille voir ainsi clocher ce jeune fils,
«Tandis que ce nigaud, comme un évêque assis,
«Fait le veau sur son âne, et pense être bien sage.

«— Il n'est, dit le meunier, plus de veaux à mon âge.
«Passez votre chemin, la fille, et m'en croyez.»
Après maints quolibets coup sur coup renvoyés,
L'homme crut avoir tort, et mit son fils en croupe.
Au bout de trente pas, une troisième troupe
Trouve encore à gloser. L'un dit: «Ces gens sont fous,
«Le baudet n'en peut plus, il mourra sous leurs coups.
«Hé quoi! charger ainsi cette pauvre bourrique!
«N'ont-ils point de pitié de leur vieux domestique?
«Sans doute qu'à la foire ils vont vendre sa peau.
«— Parbleu, dit le meunier, est bien fou du cerveau
«Qui prétend contenter tout le monde et son père.
«Essayons toutefois si par quelque manière
«Nous en viendrons à bout.» Ils descendent tous deux.
L'âne, se prélassant, marche seul devant eux.
Un quidam les rencontre, et dit: «Est-ce la mode
«Que baudet aille à l'aise, et meunier s'incommode?
«Qui de l'âne ou du maître est fait pour se lasser?
«Je conseille à ces gens de le faire enchâsser.
«Ils usent leurs souliers, et conservent leur âne:
«Nicolas au rebours, car, quand il va voir Jeanne,
«Il monte sur sa bête; et la chanson le dit.
«Beau trio de baudets!» Le meunier repartit:
«Je suis âne, il est vrai, j'en conviens, je l'avoue;
«Mais que dorénavant on me blâme, on me loue;
«Qu'on dise quelque chose, ou qu'on ne dise rien,
«J'en veux faire à ma tête.» Il le fit, et fit bien.

«Quant à vous, suivez Mars, ou l'Amour, ou le Prince;
Allez, venez, courez, demeurez en province;
Prenez femme, abbaye, emploi, gouvernement:
Les gens en parleront, n'en doutez nullement.»

*Livre III*

## Les grenouilles qui demandent un roi

Les grenouilles, se lassant
De l'état démocratique,
Par leurs clameurs firent tant
Que Jupin les soumit au pouvoir monarchique.
Il leur tomba du ciel un roi tout pacifique :
Ce roi fit toutefois un tel bruit en tombant
Que la gent marécageuse,
Gent fort sotte et fort peureuse,
S'alla cacher sous les eaux,
Dans les joncs, dans les roseaux,
Dans les trous du marécage,
Sans oser de longtemps regarder au visage
Celui qu'elles croyaient être un géant nouveau ;
Or c'était un soliveau,
De qui la gravité fit peur à la première
Qui, de le voir s'aventurant,
Osa bien quitter sa tanière.
Elle approcha, mais en tremblant.
Une autre la suivit, une autre en fit autant,
Il en vint une fourmilière ;
Et leur troupe à la fin se rendit familière
Jusqu'à sauter sur l'épaule du roi.
Le bon sire le souffre, et se tient toujours coi.
Jupin en a bientôt la cervelle rompue.

«Donnez-nous, dit ce peuple, un roi qui se remue.»
Le monarque des dieux leur envoie une grue,
Qui les croque, qui les tue,
Qui les gobe à son plaisir.
Et grenouilles de se plaindre;
Et Jupin de leur dire: «Et quoi! votre désir
A ses lois croit-il nous astreindre?
Vous avez dû premièrement
Garder votre gouvernement;
Mais, ne l'ayant pas fait, il vous devait suffire
Que votre premier roi fût débonnaire et doux:
De celui-ci contentez-vous,
De peur d'en rencontrer un pire.»

*Livre III*

## Le renard et les raisins

Certain renard gascon, d'autres disent normand,
Mourant presque de faim, vit au haut d'une treille
Des raisins mûrs apparemment
Et couverts d'une peau vermeille.
Le galant en eût fait volontiers un repas;
Mais, comme il n'y pouvait atteindre:
«Ils sont trop verts, dit-il, et bons pour des goujats.»
Fit-il pas mieux que de se plaindre?

*Livre III*

## Le jardinier et son seigneur

Un amateur du jardinage,
Demi-bourgeois, demi-manant,
Possédait en certain village
Un jardin assez propre, et le clos attenant.
Il avait de plant vif semé cette étendue;
Là croissait à plaisir l'oseille et la laitue,
De quoi faire à Margot, pour sa fête, un bouquet;
Peu de jasmin d'Espagne, et force serpolet.
Cette félicité par un lièvre troublée
Fit qu'au seigneur du bourg notre homme se plaignit.
«Ce maudit animal vient prendre sa goulée
Soir et matin, dit-il, et des pièges se rit:
Les pierres, les bâtons y perdent leur crédit.
Il est sorcier, je crois. — Sorcier? je l'en défie,
Repartit le seigneur. Fût-il diable, Miraut,
En dépit de ses tours, l'attrapera bientôt.
Je vous en déferai, bon homme, sur ma vie.
— Et quand? — Et dès demain, sans tarder plus longtemps.»
La partie ainsi faite, il vient avec ses gens:
« Çà, déjeunons, dit-il; vos poulets sont-ils tendres?

La fille du logis, qu'on vous voie, approchez.
Quand la marierons-nous? quand aurons-nous des gendres?
Bon homme, c'est ce coup qu'il faut, vous m'entendez,
Qu'il faut fouiller à l'escarcelle.»
Disant ces mots, il fait connaissance avec elle,
Auprès de lui la fait asseoir,
Prend une main, un bras, lève un coin du mouchoir;
Toutes sottises dont la belle
Se défend avec grand respect;
Tant qu'au père à la fin cela devient suspect.
Cependant on fricasse, on se rue en cuisine.
«De quand sont vos jambons? Ils ont fort bonne mine.
— Monsieur, ils sont à vous. — Vraiment! dit le seigneur;
Je les reçois, et de bon cœur.»
Il déjeune très bien, aussi fait sa famille,
Chiens, chevaux et valets, tous gens bien endentés;
Il commande chez l'hôte, y prend des libertés,
Boit son vin, caresse sa fille.
L'embarras des chasseurs succède au déjeuné.
Chacun s'anime et se prépare:
Les troupes et les cors font un tel tintamarre
Que le bon homme est étonné.
Le pis fut que l'on mit en piteux équipage
Le pauvre potager; adieu planches, carreaux;
Adieu chicorée et porreaux;
Adieu de quoi mettre au potage.
Le lièvre était gîté dessous un maître chou.
On le quête, on le lance, il s'enfuit par un trou,
Non pas trou, mais trouée, horrible et large plaie
Que l'on fit à la pauvre haie
Par ordre du seigneur: car il eût été mal
Qu'on n'eût pu du jardin sortir tout à cheval.
Le bon homme disait: «Ce sont là jeux de prince.»
Mais on le laissait dire; et les chiens et les gens
Firent plus de dégât en une heure de temps
Que n'en auraient fait en cent ans
Tous les lièvres de la province.

Petits princes, videz vos débats entre vous:
De recourir aux rois vous seriez de grands fous.
Il ne les faut jamais engager dans vos guerres,
Ni les faire entrer sur vos terres.

*Livre IV*

## La vieille et les deux servantes

Il était une vieille ayant deux chambrières.
Elles filaient si bien que les sœurs filandières
Ne faisaient que brouiller au prix de celles-ci.
La vieille n'avait point de plus pressant souci
Que de distribuer aux servantes leur tâche.
Dès que Téthys chassait Phébus aux crins dorés,
Tourets entraient en jeu, fuseaux étaient tirés,
  Deçà, delà, vous en aurez;
  Point de cesse, point de relâche.
Dès que l'aurore, dis-je, en son char remontait,
Un misérable coq à point nommé chantait.
Aussitôt notre vieille encor plus misérable
S'affublait d'un jupon crasseux et détestable,
Allumait une lampe, et courait droit au lit
Où de tout leur pouvoir, de tout leur appétit,
  Dormaient les deux pauvres servantes.
L'une entr'ouvrait un œil, l'autre étendait un bras;
  Et toutes deux, très mal contentes,
Disaient entre leurs dents: «Maudit coq, tu mourras.»
Comme elles l'avaient dit, la bête fut grippée.
Le réveille-matin eut la gorge coupée.
Ce meurtre n'amenda nullement leur marché.
Notre couple au contraire à peine était couché
Que la vieille, craignant de laisser passer l'heure,
Courait comme un lutin par toute sa demeure.
  C'est ainsi que le plus souvent,
Quand on pense sortir d'une mauvaise affaire,
  On s'enfonce encor plus avant:
  Témoin ce couple et son salaire.
La vieille, au lieu du coq, les fit tomber par là
    De Charybde en Scylla.

*Livre V*

## Le laboureur et ses enfants

Travaillez, prenez de la peine:
C'est le fonds qui manque le moins.
Un riche laboureur, sentant sa mort prochaine,
Fit venir ses enfants, leur parla sans témoins.
«Gardez-vous, leur dit-il, de vendre l'héritage,
Que nous ont laissé nos parents.
Un trésor est caché dedans.
Je ne sais pas l'endroit; mais un peu de courage
Vous le fera trouver, vous en viendrez à bout.
Remuez votre champ dès qu'on aura fait l'oût.
Creusez, fouillez, bêchez, ne laissez nulle place
Où la main ne passe et repasse.»
Le père mort, les fils vous retournent le champ,
Deçà, delà, partout; si bien qu'au bout de l'an
Il en rapporta davantage.
D'argent, point de caché. Mais le père fut sage
De leur montrer, avant sa mort,
Que le travail est un trésor.

*Livre V*

## La poule aux œufs d'or

L'avarice perd tout en voulant tout gagner.
Je ne veux, pour le témoigner,
Que celui dont la poule, à ce que dit la Fable,
Pondait tous les jours un œuf d'or.
Il crut que dans son corps elle avait un trésor.
Il la tua, l'ouvrit, et la trouva semblable
A celles dont les œufs ne lui rapportaient rien,
S'étant lui-même ôté le plus beau de son bien.
Belle leçon pour les gens chiches:
Pendant ces derniers temps combien en a-t-on vus
Qui du soir au matin sont pauvres devenus
Pour vouloir trop tôt être riches!

*Livre V*

## Le lièvre et la tortue

Rien ne sert de courir; il faut partir à point.
Le lièvre et la tortue en sont un témoignage.
«Gageons, dit celle-ci, que vous n'atteindrez point
Sitôt que moi ce but. — Sitôt? Êtes-vous sage?
Repartit l'animal léger.
Ma commère, il vous faut purger
Avec quatre grains d'ellébore.
— Sage ou non, je parie encore.»
Ainsi fut fait: et de tous deux
On mit près du but les enjeux.
Savoir quoi, ce n'est pas l'affaire,
Ni de quel juge l'on convint.
Notre lièvre n'avait que quatre pas à faire;
J'entends de ceux qu'il fait lorsque prêt d'être atteint
Il s'éloigne des chiens, les renvoie aux calendes
Et leur fait arpenter les landes.
Ayant, dis-je, du temps de reste pour brouter,
Pour dormir, et pour écouter
D'où vient le vent, il laisse la tortue
Aller son train de sénateur.
Elle part, elle s'évertue;
Elle se hâte avec lenteur.
Lui cependant méprise une telle victoire,
Tient la gageure à peu de gloire,
Croit qu'il y va de son honneur
De partir tard. Il broute, il se repose,
Il s'amuse à tout autre chose
Qu'à la gageure. A la fin quand il vit
Que l'autre touchait presque au bout de la carrière,
Il partit comme un trait; mais les élans qu'il fit
Furent vains: la tortue arriva la première.
«Hé bien! lui cria-t-elle, avais-je pas raison?
De quoi vous sert votre vitesse?
Moi, l'emporter! Et que serait-ce
Si vous portiez une maison?»

*Livre VI*

Le Lièvre et la Tortue.
Livre 6.
Fable 10

## Les animaux malades de la peste

Un mal qui répand la terreur,
Mal que le ciel en sa fureur
Inventa pour punir les crimes de la terre,
La peste (puisqu'il faut l'appeler par son nom),
Capable d'enrichir en un jour l'Achéron,
Faisait aux animaux la guerre.
Ils ne mouraient pas tous, mais tous étaient frappés.
On n'en voyait point d'occupés
A chercher le soutien d'une mourante vie;
Nul mets n'excitait leur envie.
Ni loups ni renards n'épiaient
La douce et l'innocente proie.
Les tourterelles se fuyaient;
Plus d'amour, partant plus de joie.
Le lion tint conseil, et dit: «Mes chers amis,
Je crois que le ciel a permis
Pour nos péchés cette infortune.
Que le plus coupable de nous
Se sacrifie aux traits du céleste courroux;
Peut-être il obtiendra la guérison commune.
L'histoire nous apprend qu'en de tels accidents
On fait de pareils dévouements.
Ne nous flattons donc point, voyons sans indulgence
L'état de notre conscience.
Pour moi, satisfaisant mes appétits gloutons,
J'ai dévoré force moutons.
Que m'avaient-ils fait? Nulle offense.
Même il m'est arrivé quelquefois de manger
Le berger.
Je me dévouerai donc, s'il le faut; mais je pense
Qu'il est bon que chacun s'accuse ainsi que moi:
Car on doit souhaiter selon toute justice
Que le plus coupable périsse.
— Sire, dit le renard, vous êtes trop bon roi;
Vos scrupules font voir trop de délicatesse;
Eh bien! manger moutons, canaille, sotte espèce,
Est-ce un péché? Non, non: vous leur fîtes, Seigneur,
En les croquant beaucoup d'honneur;
Et quant au berger, l'on peut dire
Qu'il était digne de tous maux,

Étant de ces gens-là qui sur les animaux
Se font un chimérique empire.»
Ainsi dit le renard, et flatteurs d'applaudir.
On n'osa trop approfondir
Du tigre, ni de l'ours, ni des autres puissances,
Les moins pardonnables offenses.
Tous les gens querelleurs, jusqu'aux simples mâtins,
Au dire de chacun étaient de petits saints.
L'âne vint à son tour et dit: «J'ai souvenance
Qu'en un pré de moines passant,
La faim, l'occasion, l'herbe tendre, et, je pense,
Quelque diable aussi me poussant,
Je tondis de ce pré la largeur de ma langue.
Je n'en avais nul droit, puisqu'il faut parler net.»
A ces mots on cria haro sur le baudet.
Un loup quelque peu clerc prouva par sa harangue
Qu'il fallait dévouer ce maudit animal,
Ce pelé, ce galeux, d'où venait tout le mal.
Sa peccadille fut jugée un cas pendable.
Manger l'herbe d'autrui! quel crime abominable!
Rien que la mort n'était capable
D'expier son forfait: on le lui fit bien voir.
Selon que vous serez puissant ou misérable,
Les jugements de cour vous rendront blanc ou noir.

*Livre VII*

## Le héron

Un jour sur ses longs pieds allait je ne sais où
Le héron au long bec emmanché d'un long cou.
Il côtoyait une rivière.
L'onde était transparente ainsi qu'aux plus beaux jours;
Ma commère la carpe y faisait mille tours
Avec le brochet son compère.
Le héron en eût fait aisément son profit:
Tous approchaient du bord, l'oiseau n'avait qu'à prendre;
Mais il crut mieux faire d'attendre
Qu'il eût un peu plus d'appétit.
Il vivait de régime, et mangeait à ses heures.

Après quelques moments l'appétit vint; l'oiseau
S'approchant du bord vit sur l'eau
Des tanches qui sortaient du fond de ces demeures.
Le mets ne lui plut pas: il s'attendait à mieux,
Et montrait un goût dédaigneux,
Comme le rat du bon Horace.
«Moi, des tanches? dit-il, moi, héron, que je fasse
Une si pauvre chère? Et pour qui me prend-on?»
La tanche rebutée, il trouva du goujon.
«Du goujon? c'est bien là le dîner d'un héron!»
J'ouvrirais pour si peu le bec! Aux dieux ne plaise!»
Il l'ouvrit pour bien moins: tout alla de façon
Qu'il ne vit plus aucun poisson.
La faim le prit; il fut tout heureux et tout aise
De rencontrer un limaçon.

*Livre VII*

## Le coche et la mouche

Dans un chemin montant, sablonneux, malaisé,
Et de tous les côtés au soleil exposé,
Six forts chevaux tiraient un coche.
Femmes, moine, vieillards, tout était descendu.
L'attelage suait, soufflait, était rendu.
Une mouche survient, et des chevaux s'approche,
Prétend les animer par son bourdonnement,
Pique l'un, pique l'autre, et pense à tout moment
Qu'elle fait aller la machine,
S'assied sur le timon, sur le nez du cocher;
Aussitôt que le char chemine,
Et qu'elle voit les gens marcher,
Elle s'en attribue uniquement la gloire,
Va, vient, fait l'empressée; il semble que ce soit
Un sergent de bataille allant en chaque endroit
Faire avancer ses gens, et hâter la victoire.

La mouche en ce commun besoin
Se plaint qu'elle agit seule, et qu'elle a tout le soin,
Qu'aucun n'aide aux chevaux à se tirer d'affaire.
Le moine disait son bréviaire :
Il prenait bien son temps ! Une femme chantait :
C'était bien de chansons qu'alors il s'agissait !
Dame mouche s'en va chanter à leurs oreilles,
Et fait cent sottises pareilles.
Après bien du travail le coche arrive au haut.
« Respirons maintenant, dit la mouche aussitôt :
J'ai tant fait que nos gens sont enfin dans la plaine.
Çà, Messieurs les chevaux, payez-moi de ma peine. »

Ainsi certaines gens faisant les empressés,
S'introduisent dans les affaires.
Ils font partout les nécessaires,
Et partout importuns devraient être chassés.

*Livre VII*

## La laitière et le pot au lait

Perrette, sur sa tête ayant un pot au lait
Bien posé sur un coussinet,
Prétendait arriver sans encombre à la ville.
Légère et court vêtue, elle allait à grands pas,
Ayant mis ce jour-là pour être plus agile
Cotillon simple, et souliers plats.
Notre laitière ainsi troussée
Comptait déjà dans sa pensée
Tout le prix de son lait, en employait l'argent,
Achetait un cent d'œufs, faisait triple couvée;
La chose allait à bien par son soin diligent.
« Il m'est, disait-elle, facile
D'élever des poulets autour de ma maison:
Le renard sera bien habile,
S'il ne m'en laisse assez pour avoir un cochon.
Le porc à engraisser coûtera peu de son;
Il était, quand je l'eus, de grosseur raisonnable;
J'aurai, le revendant, de l'argent bel et bon.
Et qui m'empêchera de mettre en notre étable,
Vu le prix dont il est, une vache et son veau,
Que je verrai sauter au milieu du troupeau?
Perrette là-dessus saute aussi, transportée.
Le lait tombe: adieu veau, vache, cochon, couvée.
La dame de ces biens, quittant d'un œil marri
Sa fortune ainsi répandue,
Va s'excuser à son mari,
En grand danger d'être battue.
Le récit en farce en fut fait:
On l'appela le Pot au lait.
Quel esprit ne bat la campagne?
Qui ne fait châteaux en Espagne?
Picrochole, Pyrrhus, la laitière, enfin tous,
Autant les sages que les fous?
Chacun songe en veillant, il n'est rien de plus doux;
Une flatteuse erreur emporte alors nos âmes:

Tout le bien du monde est à nous,
Tous les honneurs, toutes les femmes.
Quand je suis seul, je fais au plus brave un défi:
Je m'écarte, je vais détrôner le sophi;
On m'élit roi, mon peuple m'aime;
Les diadèmes vont sur ma tête pleuvant.
Quelque accident fait-il que je rentre en moi-même,
Je suis Gros-Jean comme devant.

*Livre VII*

## Le chat, la belette et le petit lapin

Du palais d'un jeune lapin
Dame belette un beau matin
S'empara : c'est une rusée.
Le maître étant absent, ce lui fut chose aisée.
Elle porta chez lui ses pénates un jour
Qu'il était allé faire à l'Aurore sa cour
Parmi le thym et la rosée.
Après qu'il eut brouté, trotté, fait tous ses tours,
Janot Lapin retourne aux souterrains séjours.
La belette avait mis le nez à la fenêtre.
« Ô dieux hospitaliers, que vois-je ici paraître ?
Dit l'animal chassé du paternel logis.
Ô là ! Madame la belette,
Que l'on déloge sans trompette,
Ou je vais avertir tous les rats du pays. »
La dame au nez pointu répondit que la terre
Était au premier occupant.
C'était un beau sujet de guerre
Qu'un logis où lui-même il n'entrait qu'en rampant !
« Et quand ce serait un royaume,
Je voudrais bien savoir, dit-elle, quelle loi
En a pour toujours fait l'octroi
A Jean, fils ou neveu de Pierre ou de Guillaume,
Plutôt qu'à Paul, plutôt qu'à moi. »
Jean Lapin allégua la coutume et l'usage.
« Ce sont, dit-il, leurs lois qui m'ont de ce logis
Rendu maître et seigneur, et qui, de père en fils,
L'ont de Pierre à Simon, puis à moi Jean transmis.
Le premier occupant, est-ce une loi plus sage ?
— Or bien, sans crier davantage,
Rapportons-nous, dit-elle, à Raminagrobis. »
C'était un chat vivant comme un dévot ermite,
Un chat faisant la chattemite,
Un saint homme de chat, bien fourré, gros et gras,

Arbitre expert sur tous les cas.
Jean Lapin pour juge l'agrée.
Les voilà tous deux arrivés
Devant sa majesté fourrée.
Grippeminaud leur dit: «Mes enfants, approchez,
Approchez; je suis sourd; les ans en sont la cause.»
L'un et l'autre approcha, ne craignant nulle chose.
Aussitôt qu'à portée il vit les contestants,
Grippeminaud le bon apôtre,
Jetant des deux côtés la griffe en même temps,
Mit les plaideurs d'accord en croquant l'un et l'autre.
Ceci ressemble fort aux débats qu'ont parfois
Les petits souverains se rapportant aux rois.

*Livre VII*

---

## Le savetier et le financier

Un savetier chantait du matin jusqu'au soir:
C'était merveilles de le voir,
Merveilles de l'ouïr; il faisait des passages,
Plus content qu'aucun des sept sages.
Son voisin au contraire, étant tout cousu d'or,
Chantait peu, dormait moins encor.
C'était un homme de finance.
Si, sur le point du jour, parfois il sommeillait,
Le savetier alors en chantant l'éveillait,
Et le financier se plaignait
Que les soins de la Providence
N'eussent pas au marché fait vendre le dormir
Comme le manger et le boire.
En son hôtel il fait venir
Le chanteur, et lui dit: «Or çà, sire Grégoire,
Que gagnez-vous par an? — Par an? Ma foi, Monsieur,
Dit avec un ton de rieur

Le gaillard savetier, ce n'est point ma manière
De compter de la sorte, et je n'entasse guère
Un jour sur l'autre: il suffit qu'à la fin
J'attrape le bout de l'année.
Chaque jour amène son pain.
— Eh bien! que gagnez-vous, dites-moi, par journée?
— Tantôt plus, tantôt moins: le mal est que toujours
(Et sans cela nos gains seraient assez honnêtes),
Le mal est que dans l'an s'entremêlent des jours
Qu'il faut chômer: on nous ruine en fêtes.
L'une fait tort à l'autre, et monsieur le curé
De quelque nouveau saint charge toujours son prône.»
Le financier, riant de sa naïveté,
Lui dit: «Je vous veux mettre aujourd'hui sur le trône.
Prenez ces cent écus: gardez-les avec soin,
Pour vous en servir au besoin.»
Le savetier crut voir tout l'argent que la terre
Avait depuis plus de cent ans
Produit pour l'usage des gens.
Il retourne chez lui; dans sa cave il enserre
L'argent et sa joie à la fois.
Plus de chant; il perdit la voix
Du moment qu'il gagna ce qui cause nos peines.
Le sommeil quitta son logis,
Il eut pour hôtes les soucis,
Les soupçons, les alarmes vaines.
Tout le jour il avait l'œil au guet. Et la nuit,
Si quelque chat faisait du bruit,
Le chat prenait l'argent. A la fin le pauvre homme
S'en courut chez celui qu'il ne réveillait plus.
«Rendez-moi, lui dit-il, mes chansons et mon somme,
Et reprenez vos cent écus.»

*Livre VIII*

## Les deux pigeons

Deux pigeons s'aimaient d'amour tendre.
L'un deux s'ennuyant au logis
Fut assez fou pour entreprendre
Un voyage en lointain pays.
L'autre lui dit: «Qu'allez-vous faire?
Voulez-vous quitter votre frère?
L'absence est le plus grand des maux:
Non pas pour vous, cruel. Au moins que les travaux,
Les dangers, les soins du voyage,
Changent un peu votre courage.
Encor si la saison s'avançait davantage!
Attendez les zéphyrs. Qui vous presse? Un corbeau
Tout à l'heure annonçait malheur à quelque oiseau.
Je ne songerai plus que rencontre funeste,
Que faucons, que réseaux. «Hélas! dirai-je, il pleut:
«Mon frère a-t-il tout ce qu'il veut,
«Bon soupé, bon gîte, et le reste?»
Ce discours ébranla le cœur
De notre imprudent voyageur;
Mais le désir de voir et l'humeur inquiète
L'emportèrent enfin. Il dit: «Ne pleurez point:
Trois jours au plus rendront mon âme satisfaite;
Je reviendrai dans peu conter de point en point
Mes aventures à mon frère.
Je le désennuierai: quiconque ne voit guère
N'a guère à dire aussi. Mon voyage dépeint
Vous sera d'un plaisir extrême.
Je dirai: «J'étais là; telle chose m'avint.»
Vous y croirez être vous-même.»
A ces mots en pleurant ils se dirent adieu.
Le voyageur s'éloigne; et voilà qu'un nuage
L'oblige de chercher retraite en quelque lieu.
Un seul arbre s'offrit, tel encor que l'orage
Maltraita le pigeon en dépit du feuillage.
L'air devenu serein, il part tout morfondu,
Sèche du mieux qu'il peut son corps chargé de pluie,
Dans un champ à l'écart voit du blé répandu,
Voit un pigeon auprès: cela lui donne envie;
Il y vole, il est pris: ce blé couvrait d'un lacs
Les menteurs et traîtres appas.
Le lacs était usé; si bien que de son aile,

De ses pieds, de son bec, l'oiseau le rompt enfin.
Quelque plume y périt; et le pis du destin
Fut qu'un certain vautour à la serre cruelle
Vit notre malheureux qui, traînant la ficelle
Et les morceaux du lacs qui l'avait attrapé,
        Semblait un forçat échappé.
Le vautour s'en allait le lier, quand des nues
Fond à son tour un aigle aux ailes étendues.
Le pigeon profita du conflit des voleurs,
S'envola, s'abattit auprès d'une masure,
        Crut pour ce coup que ses malheurs
        Finiraient par cette aventure;
Mais un fripon d'enfant (cet âge est sans pitié)
Prit sa fronde, et du coup tua plus d'à moitié
        La volatile malheureuse,
    Qui, maudissant sa curiosité,
        Traînant l'aile, et tirant le pié,
        Demi-morte et demi-boiteuse,
        Droit au logis s'en retourna.
        Que bien que mal elle arriva,
        Sans autre aventure fâcheuse.
Voilà nos gens rejoints; et je laisse à juger
De combien de plaisirs ils payèrent leurs peines.
Amants, heureux amants, voulez-vous voyager?
        Que ce soit aux rives prochaines;
Soyez-vous l'un à l'autre un monde toujours beau,
        Toujours divers, toujours nouveau;
Tenez-vous lieu de tout, comptez pour rien le reste.
J'ai quelquefois aimé; je n'aurais pas alors
        Contre le Louvre et ses trésors,
Contre le firmament et sa voûte céleste,
        Changé les bois, changé les lieux,
Honorés par les pas, éclairés par les yeux
        De l'aimable et jeune bergère
        Pour qui sous le fils de Cythère
Je servis engagé par mes premiers serments.
Hélas! quand reviendront de semblables moments?
Faut-il que tant d'objets si doux et si charmants
Me laissent vivre au gré de mon âme inquiète?
Ah! si mon cœur osait encor se renflammer!
Ne sentirai-je plus de charme qui m'arrête?
        Ai-je passé le temps d'aimer?

*Livre IX*

## L'huître et les plaideurs

Un jour deux pèlerins sur le sable rencontrent
Une huître que le flot y venait d'apporter:
Ils l'avalent des yeux, du doigt ils se la montrent;
A l'égard de la dent, il fallut contester.
L'un se baissait déjà pour amasser la proie;
L'autre le pousse, et dit: «Il est bon de savoir
Qui de nous en aura la joie.
Celui qui le premier a pu l'apercevoir
En sera le gobeur; l'autre le verra faire.
— Si par là l'on juge l'affaire,
Reprit son compagnon, j'ai l'œil bon, Dieu merci.
— Je ne l'ai pas mauvais aussi,
Dit l'autre, et je l'ai vue avant vous, sur ma vie.
— Eh bien! vous l'avez vue, et moi, je l'ai sentie.»
Pendant tout ce bel incident,
Perrin Dandin arrive: ils le prennent pour juge.
Perrin fort gravement ouvre l'huître, et la gruge,
Nos deux messieurs le regardant.
Ce repas fait, il dit d'un ton de président:
«Tenez, la cour vous donne à chacun une écaille,
Sans dépens, et qu'en paix chacun chez soi s'en aille.»
Mettez ce qu'il en coûte à plaider aujourd'hui;
Comptez ce qu'il en reste à beaucoup de familles;
Vous verrez que Perrin tire l'argent à lui,
Et ne laisse aux plaideurs que le sac et les quilles.

*Livre IX*

## Le vieillard et les trois jeunes hommes

Un octogénaire plantait.
«Passe encor de bâtir; mais planter à cet âge!»
Disaient trois jouvenceaux, enfants du voisinage:
Assurément il radotait.
«Car, au nom des dieux, je vous prie,
Quel fruit de ce labeur pouvez-vous recueillir?
Autant qu'un patriarche il vous faudrait vieillir.
A quoi bon charger votre vie
Des soins d'un avenir qui n'est pas fait pour vous?
Ne songez désormais qu'à vos erreurs passées:
Quittez le long espoir, et les vastes pensées;
Tout cela ne convient qu'à nous.
— Il ne convient pas à vous-mêmes,
Repartit le vieillard. Tout établissement
Vient tard et dure peu. La main des Parques blêmes
De vos jours et des miens se joue également.
Nos termes sont pareils par leur courte durée.
Qui de nous des clartés de la voûte azurée
Doit jouir le dernier? Est-il aucun moment
Qui vous puisse assurer d'un second seulement?
Mes arrière-neveux me devront cet ombrage:
Hé bien! défendez-vous au sage
De se donner des soins pour le plaisir d'autrui?
Cela même est un fruit que je goûte aujourd'hui:
J'en puis jouir demain, et quelques jours encore;
Je puis enfin compter l'aurore
Plus d'une fois sur vos tombeaux.»
Le vieillard eut raison; l'un des trois jouvenceaux
Se noya dès le port allant à l'Amérique;
L'autre afin de monter aux grandes dignités,
Dans les emplois de Mars servant la république,
Par un coup imprévu vit ses jours emportés;
Le troisième tomba d'un arbre
Que lui-même il voulut enter;
Et pleurés du vieillard, il grava sur leur marbre
Ce que je viens de raconter.

*Livre XI*

# Molière

## L'ÉCOLE DES FEMMES

ACTE II, SCÈNE 5

ARNOLPHE

La promenade est belle.

AGNÈS

Fort belle.

ARNOLPHE

Le beau jour!

AGNÈS

Fort beau.

ARNOLPHE

Quelle nouvelle?

AGNÈS

Le petit chat est mort.

ARNOLPHE

C'est dommage; mais quoi?
Nous sommes tous mortels, et chacun est pour soi.
Lorsque j'étais aux champs, n'a-t-il point fait de pluie?

AGNÈS

Non.

ARNOLPHE

Vous ennuyait-il?

AGNÈS

Jamais je ne m'ennuie.

ARNOLPHE

Qu'avez-vous fait encor ces neuf ou dix jours-ci?

AGNÈS

Six chemises, je pense, et six coiffes aussi.

ARNOLPHE, *ayant un peu rêvé*

Le monde, chère Agnès, est une étrange chose.
Voyez la médisance, et comme chacun cause :
Quelques voisins m'ont dit qu'un jeune homme inconnu
Était en mon absence à la maison venu,
Que vous aviez souffert sa vue et ses harangues ;
Mais je n'ai point pris foi sur ces méchantes langues,
Et j'ai voulu gager que c'était faussement...

AGNÈS

Mon Dieu, ne gagez pas : vous perdriez vraiment.

ARNOLPHE

Quoi ? c'est la vérité qu'un homme... ?

AGNÈS

Chose sûre.
Il n'a presque bougé de chez nous, je vous jure.

ARNOLPHE, *à part*

Cet aveu qu'elle fait avec sincérité
Me marque pour le moins son ingénuité.
Mais il me semble, Agnès, si ma mémoire est bonne,
Que j'avais défendu que vous vissiez personne.

AGNÈS

Oui ; mais quand je l'ai vu, vous ignorez pourquoi ;
Et vous en auriez fait, sans doute, autant que moi.

ARNOLPHE

Peut-être. Mais enfin contez-moi cette histoire.

AGNÈS

Elle est fort étonnante, et difficile à croire.
J'étais sur le balcon à travailler au frais,
Lorsque je vis passer sous les arbres d'auprès
Un jeune homme bien fait, qui rencontrant ma vue,
D'une humble révérence aussitôt me salue :
Moi pour ne point manquer à la civilité,
Je fis la révérence aussi de mon côté.
Soudain il me refait une autre révérence :
Moi, j'en refais de même une autre en diligence ;
Et lui d'une troisième aussitôt repartant,

D'une troisième aussi j'y repars à l'instant.
Il passe, vient, repasse, et toujours de plus belle
Me fait à chaque fois révérence nouvelle;
Et moi, qui tous ces tours fixement regardais,
Nouvelle révérence aussi je lui rendais:
Tant que, si sur ce point la nuit ne fût venue,
Toujours comme cela je me serais tenue,
Ne voulant point céder, et recevoir l'ennui
Qu'il me pût estimer moins civile que lui.

ARNOLPHE

Fort bien.

AGNÈS

Le lendemain, étant sur notre porte,
Une vieille m'aborde, en parlant de la sorte :
« Mon enfant, le bon Dieu puisse-t-il vous bénir,
Et dans tous vos attraits longtemps vous maintenir !
Il ne vous a pas faite une belle personne
Afin de mal user des choses qu'il vous donne ;
Et vous devez savoir que vous avez blessé
Un cœur qui de s'en plaindre est aujourd'hui forcé. »

ARNOLPHE, *à part*

Ah ! suppôt de Satan ! exécrable damnée !

AGNÈS

« Moi, j'ai blessé quelqu'un ! fis-je tout étonnée.
— Oui, dit-elle, blessé, mais blessé tout de bon ;
Et c'est l'homme qu'hier vous vîtes du balcon.
— Hélas ! qui pourrait, dis-je, en avoir été cause ?
Sur lui, sans y penser, fis-je choir quelque chose ?
— Non, dit-elle, vos yeux ont fait ce coup fatal,
Et c'est de leurs regards qu'est venu tout son mal.
— Hé ! mon Dieu ! ma surprise est, fis-je, sans seconde :
Mes yeux ont-ils du mal, pour en donner au monde ?
— Oui, fit-elle, vos yeux, pour causer le trépas,
Ma fille, ont un venin que vous ne savez pas.
En un mot, il languit, le pauvre misérable ;
Et s'il faut, poursuivit la vieille charitable,
Que votre cruauté lui refuse un secours,
C'est un homme à porter en terre dans deux jours.
— Mon Dieu ! j'en aurais, dis-je, une douleur bien grande.
Mais pour le secourir qu'est-ce qu'il me demande ?
— Mon enfant, me dit-elle, il ne veut obtenir
Que le bien de vous voir et vous entretenir :
Vos yeux peuvent eux seuls empêcher sa ruine
Et du mal qu'ils ont fait être la médecine.
— Hélas ! volontiers, dis-je ; et puisqu'il est ainsi,
Il peut, tant qu'il voudra, me venir voir ici. »...

# LE TARTUFFE

## ACTE III, SCÈNE 3

TARTUFFE

L'amour qui nous attache aux beautés éternelles
N'étouffe pas en nous l'amour des temporelles;
Nos sens facilement peuvent être charmés
Des ouvrages parfaits que le Ciel a formés.
Ses attraits réfléchis brillent dans vos pareilles;
Mais il étale en vous ses plus rares merveilles:
Il a sur votre face épanché des beautés
Dont les yeux sont surpris, et les cœurs transportés,
Et je n'ai pu vous voir, parfaite créature,
Sans admirer en vous l'auteur de la nature,
Et d'une ardente amour sentir mon cœur atteint,
Au plus beau des portraits où lui-même il s'est peint.
D'abord, j'appréhendai que cette ardeur secrète
Ne fût du noir esprit une surprise adroite;
Et même à fuir vos yeux mon cœur se résolut,
Vous croyant un obstacle à faire mon salut.
Mais enfin je connus, ô beauté toute aimable,
Que cette passion peut n'être point coupable,
Que je puis l'ajuster avecque la pudeur,
Et c'est ce qui m'y fait abandonner mon cœur.
Ce m'est, je le confesse, une audace bien grande
Que d'oser de ce cœur vous adresser l'offrande;
Mais j'attends en mes vœux tout de votre bonté,
Et rien des vains efforts de mon infirmité;
En vous est mon espoir, mon bien, ma quiétude,
De vous dépend ma peine ou ma béatitude,
Et je vais être enfin, par votre seul arrêt,
Heureux, si vous voulez, malheureux, s'il vous plaît...

# LE MISANTHROPE

ACTE IV, SCÈNE 3

ALCESTE

Ciel! rien de plus cruel peut-il être inventé?
Et jamais cœur fut-il de la sorte traité?
Quoi? d'un juste courroux je suis ému contre elle,
C'est moi qui me viens plaindre, et c'est moi qu'on querelle!
On pousse ma douleur et mes soupçons à bout,
On me laisse tout croire, on fait gloire de tout;
Et cependant mon cœur est encore assez lâche

Pour ne pouvoir briser la chaîne qui l'attache,
Et pour ne pas s'armer d'un généreux mépris
Contre l'ingrat objet dont il est trop épris!
Ah! que vous savez bien ici, contre moi-même,
Perfide, vous servir de ma faiblesse extrême,
Et ménager pour vous l'excès prodigieux
De ce fatal amour né de vos traîtres yeux!
Défendez-vous au moins d'un crime qui m'accable,
Et cessez d'affecter d'être envers moi coupable;
Rendez-moi, s'il se peut, ce billet innocent:
A vous prêter les mains ma tendresse consent;
Efforcez-vous ici de paraître fidèle,
Et je m'efforcerai, moi, de vous croire telle.

CÉLIMÈNE

Allez, vous êtes fou, dans vos transports jaloux,
Et ne méritez pas l'amour qu'on a pour vous.
Je voudrais bien savoir qui pourrait me contraindre
A descendre pour vous aux bassesses de feindre,
Et pourquoi, si mon cœur penchait d'autre côté,
Je ne le dirais pas avec sincérité.
Quoi? de mes sentiments l'obligeante assurance
Contre tous vos soupçons ne prend pas ma défense?
Auprès d'un tel garant, sont-ils de quelque poids?
N'est-ce pas m'outrager que d'écouter leur voix?
Et puisque notre cœur fait un effort extrême
Lorsqu'il peut se résoudre à confesser qu'il aime,
Puisque l'honneur du sexe, ennemi de nos feux,
S'oppose fortement à de pareils aveux,
L'amant qui voit pour lui franchir un tel obstacle
Doit-il impunément douter de cet oracle?
Et n'est-il pas coupable en ne s'assurant pas
A ce qu'on ne dit point qu'après de grands combats?
Allez, de tels soupçons méritent ma colère,
Et vous ne valez pas que l'on vous considère;
Je suis sotte, et veux mal à ma simplicité
De conserver encor pour vous quelque bonté;
Je devrais autre part attacher mon estime,
Et vous faire un sujet de plainte légitime.

ALCESTE

Ah! traîtresse, mon faible est étrange pour vous!
Vous me trompez sans doute avec des mots si doux.
Mais il n'importe, il faut suivre ma destinée:
A votre foi mon âme est tout abandonnée;
Je veux voir, jusqu'au bout, quel sera votre cœur,
Et si de me trahir il aura la noirceur.

CÉLIMÈNE

Non, vous ne m'aimez point comme il faut que l'on aime.

ALCESTE

Ah! rien n'est comparable à mon amour extrême;
Et dans l'ardeur qu'il a de se montrer à tous,
Il va jusqu'à former des souhaits contre vous.
Oui, je voudrais qu'aucun ne vous trouvât aimable,
Que vous fussiez réduite en un sort misérable,

Que le Ciel, en naissant, ne vous eût donné rien,
Que vous n'eussiez ni rang, ni naissance, ni bien,
Afin que de mon cœur l'éclatant sacrifice
Vous pût d'un pareil sort réparer l'injustice,
Et que j'eusse la joie et la gloire, en ce jour,
De vous voir tenir tout des mains de mon amour.

CÉLIMÈNE

C'est me vouloir du bien d'une étrange manière!
Me préserve le Ciel que vous ayez matière...!
Voici Monsieur Du Bois, plaisamment figuré.

# Nicolas Boileau

## Les embarras de Paris

Qui frappe l'air, bon Dieu! de ces lugubres cris?
Est-ce donc pour veiller qu'on se couche à Paris?
Et quel fâcheux démon, durant les nuits entières,
Rassemble ici les chats de toutes les gouttières?
J'ai beau sauter du lit, plein de trouble et d'effroi,
Je pense qu'avec eux tout l'enfer est chez moi:
L'un miaule en grondant comme un tigre en furie;
L'autre roule sa voix comme un enfant qui crie.
Ce n'est pas tout encor: les souris et les rats
Semblent, pour m'éveiller, s'entendre avec les chats,
Plus importuns pour moi, durant la nuit obscure,
Que jamais, en plein jour, ne fut l'abbé de Pure.
Tout conspire à la fois à troubler mon repos,
Et je me plains ici du moindre de mes maux:
Car à peine les coqs, commençant leur ramage,
Auront de cris aigus frappé le voisinage
Qu'un affreux serrurier, laborieux Vulcain,
Qu'éveillera bientôt l'ardente soif du gain,
Avec un fer maudit, qu'à grand bruit il apprête,
De cent coups de marteau me va fendre la tête.
J'entends déjà partout les charrettes courir,
Les maçons travailler, les boutiques s'ouvrir:
Tandis que dans les airs mille cloches émues
D'un funèbre concert font retentir les nues;
Et, se mêlant au bruit de la grêle et des vents,
Pour honorer les morts font mourir les vivants.
Encor je bénirais la bonté souveraine,
Si le ciel à ces maux avait borné ma peine;
Mais si, seul en mon lit, je peste avec raison,
C'est encor pis vingt fois en quittant la maison:
En quelque endroit que j'aille, il faut fendre la presse
D'un peuple d'importuns qui fourmillent sans cesse.
L'un me heurte d'un ais dont je suis tout froissé;
Je vois d'un autre coup mon chapeau renversé.
Là, d'un enterrement la funèbre ordonnance
D'un pas lugubre et lent vers l'église s'avance;
Et plus loin des laquais l'un l'autre s'agaçant,
Font aboyer les chiens et jurer les passants.
Des paveurs en ce lieu me bouchent le passage;
Là, je trouve une croix de funeste présage,

Et des couvreurs grimpés au toit d'une maison
En font pleuvoir l'ardoise et la tuile à foison.
Là, sur une charrette une poutre branlante
Vient menaçant de loin la foule qu'elle augmente;
Six chevaux attelés à ce fardeau pesant
Ont peine à l'émouvoir sur le pavé glissant.
D'un carrosse en tournant il accroche une roue,
Et du choc le renverse en un grand tas de boue:
Quand un autre à l'instant s'efforçant de passer,
Dans le même embarras se vient embarrasser.
Vingt carrosses bientôt arrivant à la file

Y sont en moins de rien suivis de plus de mille;
Et, pour surcroît de maux, un sort malencontreux
Conduit en cet endroit un grand troupeau de bœufs;
Chacun prétend passer; l'un mugit, l'autre jure.
Des mulets en sonnant augmentent le murmure.
Aussitôt cent chevaux dans la foule appelés
De l'embarras qui croît ferment les défilés,
Et partout, des passants enchaînant les brigades,
Au milieu de la paix font voir les barricades.
On n'entend que des cris poussés confusément:
Dieu, pour s'y faire ouïr, tonnerait vainement.

Moi donc, qui dois souvent en certain lieu me rendre,
Le jour déjà baissant, et qui suis las d'attendre,
Ne sachant plus tantôt à quel saint me vouer,
Je me mets au hasard de me faire rouer.
Je saute vingt ruisseaux, j'esquive, je me pousse,
Guénaud sur son cheval en passant m'éclabousse,
Et, n'osant plus paraître en l'état où je suis,
Sans songer où je vais, je me sauve où je puis.
   Tandis que dans un coin en grondant je m'essuie,
Souvent, pour m'achever, il survient une pluie:
On dirait que le ciel, qui se fond tout en eau,
Veuille inonder ces lieux d'un déluge nouveau.
Pour traverser la rue, au milieu de l'orage,
Un ais sur deux pavés forme un étroit passage;
Le plus hardi laquais n'y marche qu'en tremblant:
Il faut pourtant passer sur ce pont chancelant;
Et les nombreux torrents qui tombent des gouttières,
Grossissant les ruisseaux, en ont fait des rivières.
J'y passe en trébuchant; mais malgré l'embarras
La frayeur de la nuit précipite mes pas.
   Car, sitôt que du soir les ombres pacifiques
D'un double cadenas font fermer les boutiques;
Que, retiré chez lui, le paisible marchand
Va revoir ses billets et compter son argent;
Que dans le Marché-Neuf tout est calme et tranquille,
Les voleurs à l'instant s'emparent de la ville.
Le bois le plus funeste et le moins fréquenté
Est, au prix de Paris, un lieu de sûreté.
Malheur donc à celui qu'une affaire imprévue
Engage un peu trop tard au détour d'une rue!
Bientôt quatre bandits lui serrant les côtés:
La bourse!... Il faut se rendre; ou bien non, résistez,
Afin que votre mort, de tragique mémoire,
Des massacres fameux aille grossir l'histoire.
Pour moi, fermant ma porte et cédant au sommeil,
Tous les jours je me couche avecque le soleil:
Mais en ma chambre à peine ai-je éteint la lumière,
Qu'il ne m'est plus permis de fermer la paupière.
Des filous effrontés, d'un coup de pistolet,
Ébranlent ma fenêtre et percent mon volet;
J'entends crier partout: Au meurtre! on m'assassine!
Ou: Le feu vient de prendre à la maison voisine!
Tremblant et demi-mort, je me lève à ce bruit,
Et souvent sans pourpoint je cours toute la nuit.

Car le feu, dont la flamme en ondes se déploie,
Fait de notre quartier une seconde Troie,
Où maint Grec affamé, maint avide Argien,
Au travers des charbons va piller le Troyen.
Enfin sous mille crocs la maison abîmée
Entraîne aussi le feu qui se perd en fumée.
Je me retire donc, encor pâle d'effroi;
Mais le jour est venu quand je rentre chez moi.
Je fais pour reposer un effort inutile:
Ce n'est qu'à prix d'argent qu'on dort en cette ville.
Il faudrait, dans l'enclos d'un vaste logement,
Avoir loin de la rue un autre appartement.
Paris est pour un riche un pays de Cocagne:
Sans sortir de la ville, il trouve la campagne;
Il peut dans son jardin, tout peuplé d'arbres verts,
Recéler le printemps au milieu des hivers;
Et, foulant le parfum de ses plantes fleuries,
Aller entretenir ses douces rêveries.
Mais moi, grâce au destin, qui n'ai ni feu ni lieu,
Je me loge où je puis et comme il plaît à Dieu.

*Satire VI*

## Les plaisirs des champs

### A M. de Lamoignon, avocat général

Oui, Lamoignon, je fuis les chagrins de la ville,
Et contre eux la campagne est mon unique asile.
Du lieu qui m'y retient veux-tu voir le tableau?
C'est un petit village ou plutôt un hameau,
Bâti sur le penchant d'un long rang de collines,
D'où l'œil s'égare au loin dans les plaines voisines.
La Seine, au pied des monts que son flot vient laver,
Voit du sein de ses eaux vingt îles s'élever,
Qui, partageant son cours en diverses manières,
D'une rivière seule y forment vingt rivières.
Tous ses bords sont couverts de saules non plantés,
Et de noyers souvent du passant insultés.
Le village au-dessus forme un amphithéâtre:
L'habitant ne connaît ni la chaux ni le plâtre;

Et dans le roc, qui cède et se coupe aisément,
Chacun sait de sa main creuser son logement.
La maison du seigneur, seule un peu plus ornée,
Se présente au dehors de murs environnée.
Le soleil en naissant la regarde d'abord,
Et le mont la défend des outrages du nord.
C'est là, cher Lamoignon, que mon esprit tranquille
Met à profit les jours que la Parque me file.
Ici, dans un vallon bornant tous mes désirs,
J'achète à peu de frais de solides plaisirs.
Tantôt, un livre en main, errant dans les prairies,
J'occupe ma raison d'utiles rêveries;
Tantôt, cherchant la fin d'un vers que je construi,
Je trouve au coin d'un bois le mot qui m'avait fui;
Quelquefois, aux appas d'un hameçon perfide,
J'amorce en badinant le poisson trop avide;
Ou d'un plomb qui suit l'œil, et part avec l'éclair,
Je vais faire la guerre aux habitants de l'air.
Une table au retour, propre et non magnifique,
Nous présente un repas agréable et rustique:

Là, sans s'assujettir aux dogmes du Broussain,
Tout ce qu'on boit est bon, tout ce qu'on mange est sain;
La maison le fournit, la fermière l'ordonne,
Et mieux que Bergerat l'appétit l'assaisonne.
Ô fortuné séjour! ô champs aimés des cieux!
Que, pour jamais foulant vos prés délicieux,
Ne puis-je ici fixer ma course vagabonde
Et, connu de vous seuls, oublier tout le monde!
Mais à peine, du sein de vos vallons chéris
Arraché malgré moi, je rentre dans Paris,
Qu'en tous lieux les chagrins m'attendent au passage.
Un cousin, abusant d'un fâcheux parentage,
Veut qu'encor tout poudreux, et sans me débotter,
Chez vingt juges pour lui j'aille solliciter...

*Épître VI*

---

... Rien n'est beau que le vrai: le vrai seul est aimable;
Il doit régner partout, et même dans la fable:
De toute fiction l'adroite fausseté
Ne tend qu'à faire aux yeux briller la vérité.
Sais-tu pourquoi mes vers sont lus dans les provinces,
Sont recherchés du peuple, et reçus chez les princes?
Ce n'est pas que leurs sons, agréables, nombreux,
Soient toujours à l'oreille également heureux;
Qu'en plus d'un lieu le sens n'y gêne la mesure,
Et qu'un mot quelquefois n'y brave la césure:
Mais c'est qu'en eux le vrai, du mensonge vainqueur,
Partout se montre aux yeux et va saisir le cœur;
Que le bien et le mal y sont prisés au juste;
Que jamais un faquin n'y tint un rang auguste;
Et que mon cœur, toujours conduisant mon esprit,
Ne dit rien aux lecteurs qu'à soi-même il n'ait dit.
Ma pensée au grand jour partout s'offre et s'expose,
Et mon vers, bien ou mal, dit toujours quelque chose...

*Épître IX*

# Jean Racine

## ANDROMAQUE

### ACTE III, SCÈNE 4

ANDROMAQUE

Où fuyez-vous, madame?
N'est-ce pas à vos yeux un spectacle assez doux
Que la veuve d'Hector pleurant à vos genoux?
Je ne viens point ici, par de jalouses larmes
Vous envier un cœur qui se rend à vos charmes.
Par une main cruelle, hélas! j'ai vu percer
Le seul où mes regards prétendaient s'adresser:
Ma flamme par Hector fut jadis allumée;
Avec lui dans la tombe elle s'est enfermée.
Mais il me reste un fils. Vous saurez quelque jour,
Madame, pour un fils jusqu'où va notre amour;
Mais vous ne saurez pas, du moins je le souhaite,
En quel trouble mortel son intérêt nous jette,
Lorsque de tant de biens qui pouvaient nous flatter,
C'est le seul qui nous reste, et qu'on veut nous l'ôter.
Hélas! lorsque, lassés de dix ans de misère,
Les Troyens en courroux menaçaient votre mère,
J'ai su de mon Hector lui procurer l'appui:
Vous pouvez sur Pyrrhus ce que j'ai pu sur lui.
Que craint-on d'un enfant qui survit à sa perte?
Laissez-moi le cacher en quelque île déserte;
Sur les soins de sa mère on peut s'en assurer,
Et mon fils avec moi n'apprendra qu'à pleurer...

### ACTE IV, SCÈNE 5

PYRRHUS

Vous ne m'attendiez pas, madame, et je vois bien
Que mon abord ici trouble votre entretien.
Je ne viens point, armé d'un indigne artifice,
D'un voile d'équité couvrir mon injustice:
Il suffit que mon cœur me condamne tout bas;
Et je soutiendrais mal ce que je ne crois pas.
J'épouse une Troyenne. Oui, madame, et j'avoue
Que je vous ai promis la foi que je lui voue.
Un autre vous dirait que dans les champs troyens

Nos deux pères sans nous formèrent ces liens,
Et que, sans consulter ni mon choix ni le vôtre,
Nous fûmes sans amour attachés l'un à l'autre;
Mais c'est assez pour moi que je me sois soumis.
Par mes ambassadeurs mon cœur vous fut promis;
Loin de les révoquer, je voulus y souscrire:
Je vous vis avec eux arriver en Épire;
Et quoique d'un autre œil l'éclat victorieux
Eût déjà prévenu le pouvoir de vos yeux,
Je ne m'arrêtai point à cette ardeur nouvelle,
Je voulus m'obstiner à vous être fidèle;
Je vous reçus en reine; et jusques à ce jour
J'ai cru que mes serments me tiendraient lieu d'amour.
Mais cet amour l'emporte; et, par un coup funeste,
Andromaque m'arrache un cœur qu'elle déteste:
L'un par l'autre entraînés, nous courons à l'autel
Nous jurer malgré nous un amour immortel.
Après cela, madame, éclatez contre un traître.
Qui l'est avec douleur, et qui pourtant veut l'être.
Pour moi, loin de contraindre un si juste courroux,
Il me soulagera peut-être autant que vous.
Donnez-moi tous les noms destinés aux parjures:
Je crains votre silence, et non pas vos injures;
Et mon cœur, soulevant mille secrets témoins,
M'en dira d'autant plus que vous m'en direz moins.

HERMIONE

Seigneur, dans cet aveu dépouillé d'artifice,
J'aime à voir que du moins vous vous rendiez justice,
Et que, voulant bien rompre un nœud si solennel,
Vous vous abandonniez au crime en criminel.
Est-il juste, après tout, qu'un conquérant s'abaisse
Sous la servile foi de garder sa promesse?
Non, non, la perfidie a de quoi vous tenter;
Et vous ne me cherchez que pour vous en vanter.
Quoi! sans que ni serment ni devoir vous retienne,
Rechercher une Grecque, amant d'une Troyenne;
Me quitter, me reprendre, et retourner encor
De la fille d'Hélène à la veuve d'Hector;
Couronner tour à tour l'esclave et la princesse;
Immoler Troie aux Grecs, au fils d'Hector la Grèce!
Tout cela part d'un cœur toujours maître de soi,
D'un héros qui n'est point esclave de sa foi.
Pour plaire à votre épouse, il vous faudrait peut-être

Prodiguer les doux noms de parjure et de traître.
Vous veniez de mon front observer la pâleur,
Pour aller dans ses bras rire de ma douleur.
Pleurante après son char vous voulez qu'on me voie;
Mais, seigneur, en un jour ce serait trop de joie;
Et sans chercher ailleurs des titres empruntés,
Ne vous suffit-il pas de ceux que vous portez?
Du vieux père d'Hector la valeur abattue
Aux pieds de sa famille expirante à sa vue,
Tandis que dans son sein votre bras enfoncé
Cherche un reste de sang que l'âge avait glacé;
Dans des ruisseaux de sang Troie ardente plongée:
De votre propre main Polyxène égorgée
Aux yeux de tous les Grecs indignés contre vous:
Que peut-on refuser à ces généreux coups?

PYRRHUS

Madame, je sais trop à quel excès de rage
La vengeance d'Hélène emporta mon courage:
Je puis me plaindre à vous du sang que j'ai versé;
Mais enfin je consens d'oublier le passé.
Je rends grâces au ciel que votre indifférence
De mes heureux soupirs m'apprenne l'innocence.
Mon cœur, je le vois bien, trop prompt à se gêner,
Devait mieux vous connaître et mieux s'examiner.
Mes remords vous faisaient une injure mortelle;
Il faut se croire aimé pour se croire infidèle.
Vous ne prétendiez point m'arrêter dans vos fers:
Je crains de vous trahir, peut-être je vous sers.
Nos cœurs n'étaient point faits dépendants l'un de l'autre:
Je suivais mon devoir, et vous cédiez au vôtre:
Rien ne vous engageait à m'aimer en effet.

HERMIONE

Je ne t'ai point aimé, cruel! Qu'ai-je donc fait?
J'ai dédaigné pour toi les vœux de tous nos princes;
Je t'ai cherché moi-même au fond de tes provinces;
J'y suis encor, malgré tes infidélités,
Et malgré tous mes Grecs honteux de mes bontés.
Je leur ai commandé de cacher mon injure;
J'attendais en secret le retour d'un parjure;
J'ai cru que tôt ou tard, à ton devoir rendu,
Tu me rapporterais un cœur qui m'était dû.
Je t'aimais inconstant, qu'aurais-je fait fidèle?

Et même en ce moment où ta bouche cruelle
Vient si tranquillement m'annoncer le trépas,
Ingrat, je doute encor si je ne t'aime pas.
Mais, seigneur, s'il le faut, si le ciel en colère
Réserve à d'autres yeux la gloire de vous plaire,
Achevez votre hymen, j'y consens; mais du moins
Ne forcez pas mes yeux d'en être les témoins.
Pour la dernière fois je vous parle peut-être.
Différez-le d'un jour, demain vous serez maître...
Vous ne répondez point! Perfide, je le voi,
Tu comptes les moments que tu perds avec moi!
Ton cœur, impatient de revoir ta Troyenne,
Ne souffre qu'à regret qu'une autre t'entretienne.
Tu lui parles du cœur, tu la cherches des yeux.
Je ne te retiens plus, sauve-toi de ces lieux;
Va lui jurer la foi que tu m'avais jurée;
Va profaner des dieux la majesté sacrée:
Ces dieux, ces justes dieux n'auront pas oublié
Que les mêmes serments avec moi t'ont lié.
Porte aux pieds des autels ce cœur qui m'abandonne;
Va, cours; mais crains encor d'y trouver Hermione.

ACTE V, SCÈNE 1

HERMIONE

Où suis-je? Qu'ai-je fait? Que dois-je faire encore?
Quel transport me saisit? Quel chagrin me dévore?
Errante et sans dessein, je cours dans ce palais.
Ah! ne puis-je savoir si j'aime ou si je hais?
Le cruel! de quel œil il m'a congédiée:
Sans pitié, sans douleur au moins étudiée!
L'ai-je vu s'attendrir, se troubler un moment?
En ai-je pu tirer un seul gémissement?
Muet à mes soupirs, tranquille à mes alarmes,
Semblait-il seulement qu'il eût part à mes larmes?
Et je le plains encore! Et pour comble d'ennui,
Mon cœur, mon lâche cœur s'intéresse pour lui!
Je tremble au seul penser du coup qui le menace!
Et prête à me venger je lui fais déjà grâce!
Non, ne révoquons point l'arrêt de mon courroux:
Qu'il périsse! aussi bien il ne vit plus pour nous.
Le perfide triomphe, et se rit de ma rage:
Il pense voir en pleurs dissiper cet orage;

Il croit que, toujours faible, et d'un cœur incertain,
Je parerai d'un bras les coups de l'autre main.
Il juge encor de moi par mes bontés passées.
Mais plutôt le perfide a bien d'autres pensées:
Triomphant dans le temple, il ne s'informe pas
Si l'on souhaite ailleurs sa vie ou son trépas.
Il me laisse, l'ingrat, cet embarras funeste.
Non, non, encore un coup, laissons agir Oreste.
Qu'il meure, puisque enfin il a dû le prévoir,
Et puisqu'il m'a forcée enfin à le vouloir...
A le vouloir? Hé quoi! c'est donc moi qui l'ordonne?
Sa mort sera l'effet de l'amour d'Hermione?
Ce prince, dont mon cœur se faisait autrefois
Avec tant de plaisir redire les exploits;
A qui même en secret je m'étais destinée
Avant qu'on eût conclu ce fatal hyménée!
Je n'ai donc traversé tant de mers, tant d'états,
Que pour venir si loin préparer son trépas,
L'assassiner, le perdre? Ah! devant qu'il expire...

# BÉRÉNICE

## ACTE I, SCÈNE 4

BÉRÉNICE

Que craignez-vous? Parlez: c'est trop longtemps se taire.
Seigneur, de ce départ quel est donc le mystère?

ANTIOCHUS

Au moins souvenez-vous que je cède à vos lois,
Et que vous m'écoutez pour la dernière fois.
Si, dans ce haut degré de gloire et de puissance,
Il vous souvient des lieux où vous prîtes naissance,
Madame, il vous souvient que mon cœur en ces lieux
Reçut le premier trait qui partit de vos yeux:
J'aimai. J'obtins l'aveu d'Agrippa votre frère:
Il vous parla pour moi. Peut-être sans colère
Alliez-vous de mon cœur recevoir le tribut;
Titus, pour mon maheur, vint, vous vit, et vous plut.
Il parut devant vous dans tout l'éclat d'un homme
Qui porte entre ses mains la vengeance de Rome.
La Judée en pâlit: le triste Antiochus
Se compta le premier au nombre des vaincus.
Bientôt, de mon malheur interprète sévère,
Votre bouche à la mienne ordonna de se taire.
Je disputai longtemps, je fis parler mes yeux;
Mes pleurs et mes soupirs vous suivaient en tous lieux.
Enfin votre rigueur emporta la balance:
Vous sûtes m'imposer l'exil ou le silence.
Il fallut le promettre, et même le jurer.
Mais, puisque en ce moment j'ose me déclarer,
Lorsque vous m'arrachiez cette injuste promesse,
Mon cœur faisait serment de vous aimer sans cesse.

BÉRÉNICE

Ah! que me dites-vous?

ANTIOCHUS

Je me suis tu cinq ans,
Madame, et vais encor me taire plus longtemps.
De mon heureux rival j'accompagnai les armes;
J'espérai de verser mon sang après mes larmes,

Ou qu'au moins, jusqu'à vous porté par mille exploits,
Mon nom pourrait parler, au défaut de ma voix.
Le ciel sembla promettre une fin à ma peine :
Vous pleurâtes ma mort, hélas ! trop peu certaine.
Inutiles périls ! Quelle était mon erreur !
La valeur de Titus surpassait ma fureur.
Il faut qu'à sa vertu mon estime réponde.
Quoique attendu, madame, à l'empire du monde,
Chéri de l'univers, enfin aimé de vous,
Il semblait à lui seul appeler tous les coups,
Tandis que, sans espoir, haï, lassé de vivre,
Son malheureux rival ne semblait que le suivre.
Je vois que votre cœur m'applaudit en secret ;
Je vois que l'on m'écoute avec moins de regret,
Et que, trop attentive à ce récit funeste,
En faveur de Titus vous pardonnez le reste.
Enfin, après un siège aussi cruel que lent,
Il dompta les mutins, reste pâle et sanglant
Des flammes, de la faim, des fureurs intestines,
Et laissa leurs remparts cachés sous leurs ruines.
Rome vous vit, madame, arriver avec lui.
Dans l'Orient désert quel devint mon ennui !
Je demeurai longtemps errant dans Césarée,
Lieux charmants où mon cœur vous avait adorée.
Je vous redemandais à vos tristes états ;

Je cherchais en pleurant les traces de vos pas.
Mais enfin, succombant à ma mélancolie,
Mon désespoir tourna mes pas vers l'Italie.
Le sort m'y réservait le dernier de ses coups:
Titus en m'embrassant m'amena devant vous.
Un voile d'amitié vous trompa l'un et l'autre,
Et mon amour devint le confident du vôtre.
Mais toujours quelque espoir flattait mes déplaisirs;
Rome, Vespasien, traversaient vos soupirs;
Après tant de combats Titus cédait peut-être.
Vespasien est mort, et Titus est le maître.
Que ne fuyais-je alors! J'ai voulu quelques jours
De son nouvel empire examiner le cours.
Mon sort est accompli; votre gloire s'apprête.
Assez d'autres, sans moi, témoins de cette fête,
A vos heureux transports viendront joindre les leurs:
Pour moi, qui ne pourrais y mêler que des pleurs,
D'un inutile amour trop constante victime,
Heureux dans mes malheurs d'en avoir pu sans crime
Conter toute l'histoire aux yeux qui les ont faits,
Je pars plus amoureux que je ne fus jamais...

ACTE IV, SCÈNE 5

BÉRÉNICE

Non, laissez-moi, vous dis-je,
En vain tous vos conseils me retiennent ici.
Il faut que je le voie. Ah! seigneur, vous voici!
Hé bien! il est donc vrai que Titus m'abandonne!
Il faut nous séparer! et c'est lui qui l'ordonne!

TITUS

N'accablez point, madame, un prince malheureux.
Il ne faut point ici nous attendrir tous deux.
Un trouble assez cruel m'agite et me dévore,
Sans que des pleurs si chers me déchirent encore,
Rappelez bien plutôt ce cœur qui, tant de fois,
M'a fait de mon devoir reconnaître la voix;
Il en est temps. Forcez votre amour à se taire;
Et d'un œil que la gloire et la raison éclaire
Contemplez mon devoir dans toute sa rigueur.
Vous-même, contre vous, fortifiez mon cœur;
Aidez-moi, s'il se peut, à vaincre ma faiblesse,

A retenir des pleurs qui m'échappent sans cesse;
Ou, si nous ne pouvons commander à nos pleurs,
Que la gloire du moins soutienne nos douleurs;
Et que tout l'univers reconnaisse sans peine
Les pleurs d'un empereur et les pleurs d'une reine.
Car enfin, ma princesse, il faut nous séparer.

BÉRÉNICE

Ah! cruel! est-il temps de me le déclarer?
Qu'avez-vous fait? hélas! je me suis crue aimée.
Au plaisir de vous voir mon âme accoutumée
Ne vit plus que pour vous. Ignoriez-vous vos lois
Quand je vous l'avouai pour la première fois?
A quel excès d'amour m'avez-vous amenée!
Que ne me disiez-vous: «Princesse infortunée,
Où vas-tu t'engager, et quel est ton espoir?
Ne donne point un cœur qu'on ne peut recevoir.»
Ne l'avez-vous reçu, cruel, que pour le rendre
Quand de vos seules mains ce cœur voulait dépendre?
Tout l'empire a vingt fois conspiré contre nous.
Il était temps encor: que ne me quittiez-vous?
Mille raisons alors consolaient ma misère:
Je pouvais de ma mort accuser votre père,
Le peuple, le sénat, tout l'empire romain,
Tout l'univers, plutôt qu'une si chère main.
Leur haine, dès longtemps contre moi déclarée,
M'avait à mon malheur dès longtemps préparée.
Je n'aurais pas, seigneur, reçu ce coup cruel
Dans le temps que j'espère un bonheur immortel,
Quand votre heureux amour peut tout ce qu'il désire,
Lorsque Rome se tait, quand votre père expire,
Lorsque tout l'univers fléchit à vos genoux,
Enfin quand je n'ai plus à redouter que vous.

TITUS

Et c'est moi seul aussi qui pouvais me détruire.
Je pouvais vivre alors et me laisser séduire:
Mon cœur se gardait bien d'aller dans l'avenir
Chercher ce qui pouvait un jour nous désunir.
Je voulais qu'à mes vœux rien ne fût invincible,
Je n'examinais rien, j'espérais l'impossible.
Que sais-je? j'espérais de mourir à vos yeux,
Avant que d'en venir à ces cruels adieux.
Les obstacles semblaient renouveler ma flamme.

Tout l'empire parlait: mais la gloire, madame,
Ne s'était point encor fait entendre à mon cœur
Du ton dont elle parle au cœur d'un empereur.
Je sais tous les tourments où ce dessein me livre:
Je sens bien que sans vous je ne saurais plus vivre,
Que mon cœur de moi-même est prêt à s'éloigner;
Mais il ne s'agit plus de vivre, il faut régner.

BÉRÉNICE

Hé bien, régnez, cruel, contentez votre gloire:
Je ne dispute plus. J'attendais, pour vous croire,
Que cette même bouche, après mille serments
D'un amour qui devait unir tous nos moments,
Cette bouche, à mes yeux s'avouant infidèle,
M'ordonnât elle-même une absence éternelle.
Moi-même j'ai voulu vous entendre en ce lieu.
Je n'écoute plus rien: et, pour jamais, adieu...
Pour jamais! Ah! seigneur! songez-vous en vous-même
Combien ce mot cruel est affreux quand on aime?
Dans un mois, dans un an, comment souffrirons-nous,
Seigneur, que tant de mers me séparent de vous;
Que le jour recommence, et que le jour finisse,
Sans que jamais Titus puisse voir Bérénice,
Sans que, de tout le jour, je puisse voir Titus?
Mais quelle est mon erreur, et que de soins perdus!
L'ingrat, de mon départ consolé par avance,
Daignera-t-il compter les jours de mon absence?
Ces jours si longs pour moi lui sembleront trop courts...

ACTE V, SCÈNE 7

TITUS

Venez, prince, venez, je vous ai fait chercher.
Soyez ici témoin de toute ma faiblesse;
Voyez si c'est aimer avec peu de tendresse.
Jugez-nous.

ANTIOCHUS

Je crois tout: je vous connais tous deux.
Mais connaissez vous-même un prince malheureux.
Vous m'avez honoré, seigneur, de votre estime;
Et moi, je puis ici vous le jurer sans crime,
A vos plus chers amis j'ai disputé ce rang.

Je l'ai disputé même aux dépens de mon sang.
Vous m'avez malgré moi confié, l'un et l'autre,
La reine, son amour, et vous, seigneur, le vôtre.
La reine, qui m'entend, peut me désavouer;
Elle m'a vu toujours, ardent à vous louer,
Répondre par mes soins à votre confidence.
Vous croyez m'en devoir quelque reconnaissance;
Mais le pourriez-vous croire, en ce moment fatal,
Qu'un ami si fidèle était votre rival?

TITUS

Mon rival!

ANTIOCHUS

Il est temps que je vous éclaircisse.
Oui, seigneur, j'ai toujours adoré Bérénice.
Pour ne la plus aimer j'ai cent fois combattu:
Je n'ai pu l'oublier, au moins je me suis tu.
De votre changement la flatteuse apparence
M'avait rendu tantôt quelque faible espérance:
Les larmes de la reine ont éteint cet espoir.
Ses yeux baignés de pleurs demandaient à vous voir:
Je suis venu, seigneur, vous appeler moi-même;
Vous êtes revenu. Vous aimez, on vous aime;
Vous vous êtes rendu: je n'en ai point douté.
Pour la dernière fois je me suis consulté,
J'ai fait de mon courage une épreuve dernière;
Je viens de rappeler ma raison tout entière:
Jamais je ne me suis senti plus amoureux.
Il faut d'autres efforts pour rompre tant de nœuds:
Ce n'est qu'en expirant que je puis les détruire;
J'y cours. Voilà de quoi j'ai voulu vous instruire.
Oui, madame, vers vous j'ai rappelé ses pas:
Mes soins ont réussi, je ne m'en repens pas.
Puisse le ciel verser sur toutes vos années
Mille prospérités l'une à l'autre enchaînées!
Ou, s'il vous garde encore un reste de courroux,
Je conjure les dieux d'épuiser tous les coups
Qui pourraient menacer une si belle vie,
Sur ces jours malheureux que je vous sacrifie.

BÉRÉNICE, *se levant*

Arrêtez, arrêtez! Princes trop généreux.
En quelle extrémité me jetez-vous tous deux!

Soit que je vous regarde, ou que je l'envisage,
Partout du désespoir je rencontre l'image,
Je ne vois que des pleurs, et je n'entends parler
Que de trouble, d'horreurs, de sang prêt à couler.

*A Titus*

Mon cœur vous est connu, seigneur, et je puis dire
Qu'on ne l'a jamais vu soupirer pour l'empire:
La grandeur des Romains, la pourpre des Césars,
N'ont point, vous le savez, attiré mes regards.
J'aimais, seigneur, j'aimais, je voulais être aimée.
Ce jour, je l'avouerai, je me suis alarmée:
J'ai cru que votre amour allait finir son cours.
Je connais mon erreur, et vous m'aimez toujours.
Votre cœur s'est troublé, j'ai vu couler vos larmes:
Bérénice, seigneur, ne vaut point tant d'alarmes,
Ni que par votre amour l'univers malheureux,
Dans le temps que Titus attire tous ses vœux,
Et que de vos vertus il goûte les prémices,
Se voie en un moment enlever ses délices.
Je crois, depuis cinq ans jusqu'à ce dernier jour,
Vous avoir assuré d'un véritable amour.
Ce n'est pas tout: je veux en ce moment funeste,
Par un dernier effort couronner tout le reste:
Je vivrai, je suivrai vos ordres absolus.
Adieu, seigneur, régnez: je ne vous verrai plus.

*A Antiochus*

Prince, après cet adieu, vous jugez bien vous-même
Que je ne consens pas de quitter ce que j'aime
Pour aller loin de Rome écouter d'autres vœux.
Vivez, et faites-vous un effort généreux.
Sur Titus et sur moi réglez votre conduite:
Je l'aime, je le fuis; Titus m'aime, il me quitte;
Portez loin de mes yeux vos soupirs et vos fers.
Adieu. Servons tous trois d'exemple à l'univers
De l'amour la plus tendre et la plus malheureuse
Dont il puisse garder l'histoire douloureuse.
Tout est prêt: on m'attend. Ne suivez point mes pas.

*A Titus*

Pour la dernière fois, adieu, seigneur.

ANTIOCHUS

Hélas!

---

# BAJAZET

## ACTE IV, SCÈNE 4

ROXANE

Ma rivale à mes yeux s'est enfin déclarée.
Voilà sur quelle foi je m'étais assurée!
Depuis six mois entiers j'ai cru que, nuit et jour,
Ardente, elle veillait au soin de mon amour:
Et c'est moi qui, du sien, ministre trop fidèle,
Semble depuis six mois ne veiller que pour elle;
Qui me suis appliquée à chercher les moyens
De lui faciliter tant d'heureux entretiens;
Et qui même souvent, prévenant son envie,
Ai hâté les moments les plus doux de sa vie.
Ce n'est pas tout: il faut maintenant m'éclaircir
Si dans sa perfidie elle a su réussir;
Il faut... Mais que pourrais-je apprendre davantage?
Mon malheur n'est-il pas écrit sur son visage?
Vois-je pas, au travers de son saisissement,
Un cœur dans ses douleurs content de son amant?
Exempte des soupçons dont je suis tourmentée.
Ce n'est que pour ses jours qu'elle est épouvantée.
N'importe: poursuivons. Elle peut, comme moi,
Sur des gages trompeurs s'assurer de sa foi.
Pour le faire expliquer, tendons-lui quelque piège.
Mais quel indigne emploi moi-même m'imposé-je!
Quoi donc! à me gêner appliquant mes esprits,
J'irai faire à mes yeux éclater ses mépris?
Lui-même il peut prévoir et tromper mon adresse.
D'ailleurs, l'ordre, l'esclave, et le visir me presse.
Il faut prendre parti: l'on m'attend. Faisons mieux:
Sur tout ce que j'ai vu fermons plutôt les yeux;
Laissons de leur amour la recherche importune;
Poussons à bout l'ingrat, et tentons la fortune:
Voyons si, par mes soins sur le trône élevé,
Il osera trahir l'amour qui l'a sauvé,
Et si, de mes bienfaits lâchement libérale,

Sa main en osera couronner ma rivale.
Je saurai bien toujours retrouver le moment
De punir, s'il le faut, la rivale et l'amant:
Dans ma juste fureur observant le perfide,
Je saurai le surprendre avec son Atalide;
Et, d'un même poignard les unissant tous deux,
Les percer l'un et l'autre, et moi-même après eux.
Voilà, n'en doutons point, le parti qu'il faut prendre.
Je veux tout ignorer.

# MITHRIDATE

## ACTE I, SCÈNE 2

MONIME

Seigneur, je viens à vous ; car enfin, aujourd'hui,
Si vous m'abandonnez, quel sera mon appui ?
Sans parents, sans amis, désolée et craintive,
Reine longtemps de nom, mais en effet captive,
Et veuve maintenant sans avoir eu d'époux,
Seigneur, de mes malheurs ce sont là les plus doux.
Je tremble à vous nommer l'ennemi qui m'opprime.
J'espère toutefois qu'un cœur si magnanime
Ne sacrifiera point les pleurs des malheureux
Aux intérêts du sang qui vous unit tous deux.
Vous devez à ces mots reconnaître Pharnace :
C'est lui, seigneur, c'est lui dont la coupable audace
Veut, la force à la main, m'attacher à son sort
Par un hymen pour moi plus cruel que la mort.
Sous quel astre ennemi faut-il que je sois née !
Au joug d'un autre hymen sans amour destinée,
A peine je suis libre et goûte quelque paix,
Qu'il faut que je me livre à tout ce que je hais.
Peut-être je devrais, plus humble en ma misère,
Me souvenir du moins que je parle à son frère.
Mais, soit raison, destin, soit que ma haine en lui
Confonde les Romains dont il cherche l'appui,
Jamais hymen formé sous le plus noir auspice
De l'hymen que je crains n'égala le supplice.
Et si Monime en pleurs ne vous peut émouvoir,
Si je n'ai plus pour moi que mon seul désespoir,
Au pied du même autel où je suis attendue,
Seigneur, vous me verrez, à moi-même rendue,
Percer ce triste cœur qu'on veut tyranniser,
Et dont jamais encor je n'ai pu disposer...

ACTE III, SCÈNE 1

MITHRIDATE

Approchez, mes enfants. Enfin l'heure est venue
Qu'il faut que mon secret éclate à votre vue:
A mes nobles projets je vois tout conspirer;
Il ne me reste plus qu'à vous les déclarer.
Je fuis: ainsi le veut la fortune ennemie.
Mais vous savez trop bien l'histoire de ma vie
Pour croire que longtemps, soigneux de me cacher,
J'attende en ces déserts qu'on me vienne chercher.
La guerre a ses faveurs ainsi que ses disgrâces:
Déjà plus d'une fois, retournant sur mes traces,
Tandis que l'ennemi, par ma fuite trompé,
Tenait après son char un vain peuple occupé,
Et, gravant en airain ses frêles avantages,
De mes états conquis enchaînait les images,
Le Bosphore m'a vu, par de nouveaux apprêts,
Ramener la terreur du fond de ses marais,
Et, chassant les Romains de l'Asie étonnée,
Renverser en un jour l'ouvrage d'une année.
D'autres temps, d'autres soins. L'Orient accablé
Ne peut plus soutenir leur effort redoublé:
Il voit, plus que jamais, ses campagnes couvertes
De Romains que la guerre enrichit de nos pertes.
Des biens des nations ravisseurs altérés,
Le bruit de nos trésors les a tous attirés:
Ils y courent en foule; et, jaloux l'un de l'autre,
Désertent leur pays pour inonder le nôtre.
Moi seul je leur résiste: ou lassés, ou soumis,
Ma funeste amitié pèse à tous mes amis;
Chacun à ce fardeau veut dérober sa tête;
Le grand nom de Pompée assure sa conquête:
C'est l'effroi de l'Asie; et, loin de l'y chercher,
C'est à Rome, mes fils, que je prétends marcher.
Ce dessein vous surprend; et vous croyez peut-être
Que le seul désespoir aujourd'hui le fait naître.
J'excuse votre erreur; et, pour être approuvés,
De semblables projets veulent être achevés.
Ne vous figurez point que de cette contrée
Par d'éternels remparts Rome soit séparée:
Je sais tous les chemins par où je dois passer:
Et si la mort bientôt ne me vient traverser,

Sans reculer plus loin l'effet de ma parole,
Je vous rends dans trois mois au pied du Capitole.
Doutez-vous que l'Euxin ne me porte en deux jours
Aux lieux où le Danube y vient finir son cours?
Que du Scythe avec moi l'alliance jurée
De l'Europe en ces lieux ne me livre l'entrée?
Recueilli dans leurs ports, accru de leurs soldats,
Nous verrons notre camp grossir à chaque pas.
Daces, Pannoniens, la fière Germanie,
Tous n'attendent qu'un chef contre la tyrannie.
Vous avez vu l'Espagne, et surtout les Gaulois,
Contre ces mêmes murs qu'ils ont pris autrefois
Exciter ma vengeance, et, jusque dans la Grèce,
Par des ambassadeurs accuser ma paresse.
Ils savent que, sur eux, prêt à se déborder,
Ce torrent, s'il m'entraîne, ira tout inonder;
Et vous les verrez tous, prévenant son ravage,
Guider dans l'Italie et suivre mon passage.
C'est là qu'en arrivant, plus qu'en tout le chemin,
Vous trouverez partout l'horreur du nom romain,
Et la triste Italie encor toute fumante
Des feux qu'a rallumés sa liberté mourante.
Non, princes, ce n'est point au bout de l'univers
Que Rome fait sentir tout le poids de ses fers:
Et de près inspirant les haines les plus fortes,
Tes plus grands ennemis, Rome, sont à tes portes.
Ah! s'ils ont pu choisir pour leur libérateur
Spartacus, un esclave, un vil gladiateur;
S'ils suivent au combat des brigands qui les vengent,
De quelle noble ardeur pensez-vous qu'ils se rangent
Sous les drapeaux d'un roi longtemps victorieux,
Qui voit jusqu'à Cyrus remonter ses aïeux?
Que dis-je? en quel état croyez-vous la surprendre?
Vide de légions qui la puissent défendre,
Tandis que tout s'occupe à me persécuter,
Leurs femmes, leurs enfants, pourront-ils m'arrêter?
Marchons, et dans son sein rejetons cette guerre
Que sa fureur envoie aux deux bouts de la terre.
Attaquons dans leurs murs ces conquérants si fiers;
Qu'ils tremblent, à leur tour, pour leurs propres foyers:
Annibal l'a prédit, croyons-en ce grand homme:
Jamais on ne vaincra les Romains que dans Rome.
Noyons-la dans son sang justement répandu;
Brûlons ce Capitole où j'étais attendu;

Détruisons ses honneurs, et faisons disparaître
La honte de cent rois, et la mienne peut-être;
Et, la flamme à la main, effaçons tous ces noms
Que Rome y consacrait à d'éternels affronts.
Voilà l'ambition dont mon âme est saisie.
Ne croyez point pourtant qu'éloigné de l'Asie
J'en laisse les Romains tranquilles possesseurs:
Je sais où je lui dois trouver des défenseurs;
Je veux que d'ennemis partout enveloppée,
Rome rappelle en vain le secours de Pompée.
Le Parthe, des Romains comme moi la terreur,
Consent de succéder à ma juste fureur;
Prêt d'unir avec moi sa haine et sa famille,
Il me demande un fils pour époux à sa fille.
Cet honneur vous regarde, et j'ai fait choix de vous,
Pharnace: allez, soyez ce bienheureux époux.
Demain, sans différer, je prétends que l'aurore
Découvre mes vaisseaux déjà loin du Bosphore.
Vous que rien n'y retient, partez dès ce moment.
Et méritez mon choix par votre empressement:
Achevez cet hymen; et, repassant l'Euphrate,
Faites voir à l'Asie un autre Mithridate.
Que nos tyrans communs en pâlissent d'effroi;
Et que le bruit à Rome en vienne jusqu'à moi...

# IPHIGÉNIE

## ACTE II, SCÈNE 2

IPHIGÉNIE

Seigneur, où courez-vous? et quels empressements
Vous dérobent sitôt à nos embrassements?
A qui dois-je imputer cette fuite soudaine?
Mon respect a fait place aux transports de la reine;
Un moment à mon tour ne vous puis-je arrêter?
Et ma joie à vos yeux n'ose-t-elle éclater?
Ne puis-je...

AGAMEMNON

Eh bien, ma fille, embrassez votre père;
Il vous aime toujours.

IPHIGÉNIE

Que cette amour m'est chère!
Quel plaisir de vous voir et de vous contempler
Dans ce nouvel éclat dont je vous vois briller!
Quels honneurs! quel pouvoir! Déjà la renommée
Par d'étonnants récits m'en avait informée;
Mais que, voyant de près ce spectacle charmant,
Je sens croître ma joie et mon étonnement!
Dieux! avec quel amour la Grèce vous révère!
Quel bonheur de me voir la fille d'un tel père!

AGAMEMNON

Vous méritez, ma fille, un père plus heureux.

IPHIGÉNIE

Quelle félicité peut manquer à vos vœux?
A de plus grands honneurs un roi peut-il prétendre?
J'ai cru n'avoir au ciel que des grâces à rendre.

AGAMEMNON, *à part*

Grands dieux! à son malheur dois-je la préparer?

IPHIGÉNIE

Vous vous cachez, seigneur, et semblez soupirer;
Tous vos regards sur moi ne tombent qu'avec peine:
Avons-nous sans votre ordre abandonné Mycène?

AGAMEMNON

Ma fille, je vous vois toujours des mêmes yeux;
Mais les temps sont changés, aussi bien que les lieux.
D'un soin cruel ma joie est ici combattue.

IPHIGÉNIE

Hé! mon père, oubliez votre rang à ma vue.
Je prévois la rigueur d'un long éloignement.
N'osez-vous sans rougir être père un moment?
Vous n'avez devant vous qu'une jeune princesse
A qui j'avais pour moi vanté votre tendresse;
Cent fois lui promettant mes soins, votre bonté,
J'ai fait gloire à ses yeux de ma félicité:
Que va-t-elle penser de votre indifférence?
Ai-je flatté ses vœux d'une fausse espérance?
N'éclaircirez-vous point ce front chargé d'ennuis?

AGAMEMNON

Ah, ma fille!

IPHIGÉNIE

Seigneur, poursuivez.

AGAMEMNON

Je ne puis.

IPHIGÉNIE

Périsse le Troyen auteur de nos alarmes!

AGAMEMNON

Sa perte à ses vainqueurs coûtera bien des larmes.

IPHIGÉNIE

Les dieux daignent surtout prendre soin de vos jours!

AGAMEMNON

Les dieux depuis un temps me sont cruels et sourds.

IPHIGÉNIE

Calchas, dit-on, prépare un pompeux sacrifice?

AGAMEMNON

Puissé-je auparavant fléchir leur injustice!

IPHIGÉNIE

L'offrira-t-on bientôt?

AGAMEMNON

Plus tôt que je ne veux.

IPHIGÉNIE

Me sera-t-il permis de me joindre à vos vœux?
Verra-t-on à l'autel votre heureuse famille?

AGAMEMNON

Hélas!

IPHIGÉNIE

Vous vous taisez!

AGAMEMNON

Vous y serez, ma fille.
Adieu.

ACTE IV, SCÈNE 4

IPHIGÉNIE

Mon père,
Cessez de vous troubler, vous n'êtes point trahi:
Quand vous commanderez, vous serez obéi.
Ma vie est votre bien; vous voulez le reprendre:
Vos ordres sans détour pouvaient se faire entendre.
D'un œil aussi content, d'un cœur aussi soumis
Que j'acceptais l'époux que vous m'aviez promis,
Je saurai, s'il le faut, victime obéissante,
Tendre au fer de Calchas une tête innocente;
Et, respectant le coup par vous-même ordonné,
Vous rendre tout le sang que vous m'avez donné.
Si pourtant ce respect, si cette obéissance
Paraît digne à vos yeux d'une autre récompense;
Si d'une mère en pleurs vous plaignez les ennuis,
J'ose vous dire ici qu'en l'état où je suis
Peut-être assez d'honneurs environnaient ma vie
Pour ne pas souhaiter qu'elle me fût ravie,
Ni qu'en me l'arrachant, un sévère destin,
Si près de ma naissance, en eût marqué la fin.

Fille d'Agamemnon, c'est moi qui, la première,
Seigneur, vous appelai de ce doux nom de père,
C'est moi qui, si longtemps le plaisir de vos yeux,
Vous ai fait de ce nom remercier les dieux,
Et pour qui, tant de fois prodiguant vos caresses,
Vous n'avez point du sang dédaigné les faiblesses.
Hélas! avec plaisir je me faisais conter
Tous les noms des pays que vous allez dompter;
Et déjà, d'Ilion présageant la conquête,
D'un triomphe si beau je préparais la fête.
Je ne m'attendais pas que, pour le commencer,
Mon sang fût le premier que vous dussiez verser.
Non que la peur du coup dont je suis menacée
Me fasse rappeler votre bonté passée.
Ne craignez rien: mon cœur, de votre honneur jaloux,
Ne fera point rougir un père tel que vous;
Et, si je n'avais eu que ma vie à défendre,
J'aurais su renfermer un souvenir si tendre;
Mais à mon triste sort, vous le savez, seigneur,
Une mère, un amant, attachaient leur bonheur.
Un roi digne de vous a cru voir la journée
Qui devait éclairer notre illustre hyménée;
Déjà, sûr de mon cœur à sa flamme promis,
Il s'estimait heureux: vous me l'aviez permis.
Il sait votre dessein; jugez de ses alarmes.
Ma mère est devant vous, et vous voyez ses larmes.
Pardonnez aux efforts que je viens de tenter
Pour prévenir les pleurs que je vais leur coûter...

## PHÈDRE

ACTE I, SCÈNE 3

PHÈDRE

... Ô haine de Vénus ! ô fatale colère !
Dans quels égarements l'amour jeta ma mère !

ŒNONE

Oublions-les, madame ; et qu'à tout l'avenir
Un silence éternel cache ce souvenir.

PHÈDRE

Ariane, ma sœur, de quel amour blessée
Vous mourûtes aux bords où vous fûtes laissée !

ŒNONE

Que faites-vous, madame ? et quel mortel ennui
Contre tout votre sang vous anime aujourd'hui ?

PHÈDRE

Puisque Vénus le veut, de ce sang déplorable
Je péris la dernière et la plus misérable.

ŒNONE

Aimez-vous ?

PHÈDRE

De l'amour j'ai toutes les fureurs.

ŒNONE

Pour qui ?

PHÈDRE

Tu vas ouïr le comble des horreurs...
J'aime... A ce nom fatal, je tremble, je frissonne.
J'aime...

ŒNONE

Qui ?

PHÈDRE

Tu connais ce fils de l'Amazone,
Ce prince si longtemps par moi-même opprimé...

ŒNONE

Hippolyte! grands dieux!

PHÈDRE

C'est toi qui l'as nommé!

ŒNONE

Juste ciel! tout mon sang dans mes veines se glace!
Ô désespoir! ô crime! ô déplorable race!
Voyage infortuné! rivage malheureux,
Fallait-il approcher de tes bords dangereux!

PHÈDRE

Mon mal vient de plus loin. A peine au fils d'Égée
Sous les lois de l'hymen je m'étais engagée,
Mon repos, mon bonheur semblait être affermi;
Athènes me montra mon superbe ennemi:
Je le vis, je rougis, je pâlis à sa vue;
Un trouble s'éleva dans mon âme éperdue;
Mes yeux ne voyaient plus, je ne pouvais parler;
Je sentis tout mon corps et transir et brûler:
Je reconnus Vénus et ses feux redoutables,
D'un sang qu'elle poursuit tourments inévitables!
Par des vœux assidus je crus les détourner:
Je lui bâtis un temple, et pris soin de l'orner;
De victimes moi-même à toute heure entourée,
Je cherchais dans leurs flancs ma raison égarée:
D'un incurable amour remèdes impuissants!
En vain sur les autels ma main brûlait l'encens:
Quand ma bouche implorait le nom de la déesse,
J'adorais Hippolyte; et, le voyant sans cesse,
Même au pied des autels que je faisais fumer,
J'offrais tout à ce dieu que je n'osais nommer.
Je l'évitais partout. Ô comble de misère!
Mes yeux le retrouvaient dans les traits de son père.
Contre moi-même enfin j'osai me révolter:
J'excitai mon courage à le persécuter.

Pour bannir l'ennemi dont j'étais idolâtre,
J'affectai les chagrins d'une injuste marâtre;
Je pressai son exil; et mes cris éternels
L'arrachèrent du sein et des bras paternels.
Je respirais, Œnone; et, depuis son absence,
Mes jours moins agités coulaient dans l'innocence:
Soumise à mon époux, et cachant mes ennuis,
De son fatal hymen je cultivais les fruits.
Vaines précautions! Cruelle destinée!
Par mon époux lui-même à Trézène amenée,
J'ai revu l'ennemi que j'avais éloigné:
Ma blessure trop vive aussitôt a saigné.
Ce n'est plus une ardeur dans mes veines cachée:
C'est Vénus tout entière à sa proie attachée.
J'ai conçu pour mon crime une juste terreur:
J'ai pris la vie en haine, et ma flamme en horreur;
Je voulais en mourant prendre soin de ma gloire,
Et dérober au jour une flamme si noire:
Je n'ai pu soutenir tes larmes, tes combats;
Je t'ai tout avoué; je ne m'en repens pas,
Pourvu que, de ma mort respectant les approches,
Tu ne m'affliges plus par d'injustes reproches,
Et que tes vains secours cessent de rappeler
Un reste de chaleur tout prêt à s'exhaler.

ACTE II, SCÈNE 5

PHÈDRE

... Oui, prince, je languis, je brûle pour Thésée:
Je l'aime, non point tel que l'ont vu les enfers,
Volage adorateur de mille objets divers,
Qui va du dieu des morts déshonorer la couche;
Mais fidèle, mais fier, et même un peu farouche,
Charmant, jeune, traînant tous les cœurs après soi,
Tel qu'on dépeint nos dieux, ou tel que je vous voi.
Il avait votre port, vos yeux, votre langage;
Cette noble pudeur colorait son visage
Lorsque de notre Crète il traversa les flots,
Digne sujet des vœux des filles de Minos.
Que faisiez-vous alors? pourquoi, sans Hippolyte,
Des héros de la Grèce assembla-t-il l'élite?
Pourquoi, trop jeune encor, ne pûtes-vous alors
Entrer dans le vaisseau qui le mit sur nos bords?

Par vous aurait péri le monstre de la Crète,
Malgré tous les détours de sa vaste retraite:
Pour en développer l'embarras incertain,
Ma sœur du fil fatal eût armé votre main.
Mais non: dans ce dessein je l'aurais devancée;
L'amour m'en eût d'abord inspiré la pensée:
C'est moi, prince, c'est moi dont l'utile secours
Vous eût du labyrinthe enseigné les détours.
Que de soins m'eût coûtés cette tête charmante!
Un fil n'eût point assez rassuré votre amante:
Compagne du péril qu'il vous fallait chercher,
Moi-même devant vous j'aurais voulu marcher;
Et Phèdre au labyrinthe avec vous descendue
Se serait avec vous retrouvée ou perdue...

ACTE V, SCÈNE 6

THÉRAMÈNE

... A peine nous sortions des portes de Trézène,
Il était sur son char; les gardes affligés
Imitaient son silence, autour de lui rangés;
Il suivait tout pensif le chemin de Mycènes;
Sa main sur ses chevaux laissait flotter les rênes;
Ses superbes coursiers qu'on voyait autrefois
Pleins d'une ardeur si noble obéir à sa voix,
L'œil morne maintenant, et la tête baissée,
Semblaient se conformer à sa triste pensée.
Un effroyable cri, sorti du fond des flots,
Des airs en ce moment a troublé le repos;
Et du sein de la terre une voix formidable
Répond en gémissant à ce cri redoutable.
Jusqu'au fond de nos cœurs notre sang s'est glacé;
Des coursiers attentifs le crin s'est hérissé.
Cependant sur le dos de la plaine liquide,
S'élève à gros bouillons une montagne humide;
L'onde approche, se brise, et vomit à nos yeux,
Parmi des flots d'écume, un monstre furieux.
Son front large est armé de cornes menaçantes;
Tout son corps est couvert d'écailles jaunissantes;
Indomptable taureau, dragon impétueux,
Sa croupe se recourbe en replis tortueux;
Ses longs mugissements font trembler le rivage.
Le ciel avec horreur voit ce monstre sauvage;

La terre s'en émeut, l'air en est infecté;
Le flot qui l'apporta recule épouvanté.
Tout fuit; et, sans s'armer d'un courage inutile,
Dans le temple voisin chacun cherche un asile.
Hippolyte lui seul, digne fils d'un héros,
Arrête ses coursiers, saisit ses javelots,
Pousse au monstre, et d'un dard lancé d'une main sûre,
Il lui fait dans le flanc une large blessure.
De rage et de douleur le monstre bondissant
Vient aux pieds des chevaux tomber en mugissant,
Se roule, leur présente une gueule enflammée
Qui les couvre de feu, de sang et de fumée.
La frayeur les emporte; et, sourds à cette fois,
Ils ne connaissent plus ni le frein ni la voix;
En efforts impuissants leur maître se consume;
Ils rougissent le mors d'une sanglante écume.
On dit qu'on a vu même, en ce désordre affreux,
Un dieu qui d'aiguillons pressait leur flanc poudreux.
A travers des rochers la peur les précipite;
L'essieu crie et se rompt: l'intrépide Hippolyte
Voit voler en éclats tout son char fracassé;
Dans les rênes lui-même il tombe embarrassé.
Excusez ma douleur: cette image cruelle
Sera pour moi de pleurs une source éternelle.
J'ai vu, seigneur, j'ai vu votre malheureux fils
Traîné par les chevaux que sa main a nourris.
Il veut les rappeler, et sa voix les effraie;
Ils courent: tout son corps n'est bientôt qu'une plaie.
De nos cris douloureux la plaine retentit.
Leur fougue impétueuse enfin se ralentit:
Ils s'arrêtent non loin de ces tombeaux antiques
Où des rois ses aïeux sont les froides reliques.
J'y cours en soupirant, et sa garde me suit;
De son généreux sang la trace nous conduit;
Les rochers en sont teints; les ronces dégouttantes
Portent de ses cheveux les dépouilles sanglantes.
J'arrive, je l'appelle; et, me tendant la main,
Il ouvre un œil mourant qu'il referme soudain:
«Le ciel, dit-il, m'arrache une innocente vie.
Prends soin après ma mort de la triste Aricie.
Cher ami, si mon père un jour désabusé
Plaint le malheur d'un fils faussement accusé,
Pour apaiser mon sang et mon ombre plaintive,
Dis-lui qu'avec douceur il traite sa captive;

Qu'il lui rende...» A ce mot, ce héros expiré
N'a laissé dans mes bras qu'un corps défiguré:
Triste objet où des dieux triomphe la colère,
Et que méconnaîtrait l'œil même de son père...

ACTE V, SCÈNE 7

PHÈDRE

... Les moments me sont chers; écoutez-moi, Thésée:
C'est moi qui, sur ce fils chaste et respectueux,
Osai jeter un œil profane, incestueux.
Le ciel mit dans mon sein une flamme funeste:
La détestable Œnone a conduit tout le reste.
Elle a craint qu'Hippolyte, instruit de ma fureur,
Ne découvrît un feu qui lui faisait horreur:
La perfide, abusant de ma faiblesse extrême,
S'est hâtée à vos yeux de l'accuser lui-même.
Elle s'en est punie, et, fuyant mon courroux,
A cherché dans les flots un supplice trop doux.
Le fer aurait déjà tranché ma destinée;
Mais je laissais gémir la vertu soupçonnée:
J'ai voulu, devant vous exposant mes remords,
Par un chemin plus lent descendre chez les morts.
J'ai pris, j'ai fait couler dans mes brûlantes veines
Un poison que Médée apporta dans Athènes.
Déjà jusqu'à mon cœur le venin parvenu
Dans ce cœur expirant jette un froid inconnu;
Déjà je ne vois plus qu'à travers un nuage
Et le ciel et l'époux que ma présence outrage;
Et la mort, à mes yeux dérobant la clarté,
Rend au jour qu'ils souillaient toute sa pureté...

# ATHALIE

## ACTE II, SCÈNE 5

ATHALIE

... Prêtez-moi l'un et l'autre une oreille attentive.
Je ne veux point ici rappeler le passé,
Ni vous rendre raison du sang que j'ai versé:
Ce que j'ai fait, Abner, j'ai cru le devoir faire.
Je ne prends point pour juge un peuple téméraire:
Quoi que son insolence ait osé publier,
Le ciel même a pris soin de me justifier.
Sur d'éclatants succès ma puissance établie
A fait jusqu'aux deux mers respecter Athalie;
Par moi Jérusalem goûte un calme profond;
Le Jourdain ne voit plus l'Arabe vagabond,
Ni l'altier Philistin, par d'éternels ravages,
Comme au temps de vos rois, désoler ses rivages;
Le Syrien me traite et de reine et de sœur;
Enfin de ma maison le perfide oppresseur,
Qui devait jusqu'à moi pousser sa barbarie,
Jéhu, le fier Jéhu, tremble dans Samarie;
De toutes parts pressé par un puissant voisin,
Que j'ai su soulever contre cet assassin,
Il me laisse en ces lieux souveraine maîtresse.
Je jouissais en paix du fruit de ma sagesse;
Mais un trouble importun vient, depuis quelques jours,
De mes prospérités interrompre le cours.
Un songe (me devrais-je inquiéter d'un songe!)
Entretient dans mon cœur un chagrin qui le ronge:
Je l'évite partout, partout il me poursuit.
C'était pendant l'horreur d'une profonde nuit;
Ma mère Jézabel devant moi s'est montrée,
Comme au jour de sa mort pompeusement parée;
Ses malheurs n'avaient point abattu sa fierté;
Même elle avait encor cet éclat emprunté

Dont elle eut soin de peindre et d'orner son visage,
Pour réparer des ans l'irréparable outrage:
«Tremble, m'a-t-elle dit, fille digne de moi;
Le cruel Dieu des Juifs l'emporte aussi sur toi.
Je te plains de tomber dans ses mains redoutables,
Ma fille.» En achevant ces mots épouvantables,
Son ombre vers mon lit a paru se baisser;
Et moi je lui tendais les mains pour l'embrasser;
Mais je n'ai plus trouvé qu'un horrible mélange
D'os et de chair meurtris, et traînés dans la fange,
Des lambeaux pleins de sang, et des membres affreux
Que des chiens dévorants se disputaient entre eux...

ABNER

Grand Dieu!

ATHALIE

Dans ce désordre à mes yeux se présente
Un jeune enfant couvert d'une robe éclatante,
Tels qu'on voit des Hébreux les prêtres revêtus.
Sa vue a ranimé mes esprits abattus;
Mais lorsque, revenant de mon trouble funeste,
J'admirais sa douceur, son air noble et modeste,
J'ai senti tout à coup un homicide acier
Que le traître en mon sein a plongé tout entier.
De tant d'objets divers le bizarre assemblage
Peut-être du hasard vous paraît un ouvrage:
Moi-même quelque temps, honteuse de ma peur,
Je l'ai pris pour l'effet d'une sombre vapeur.
Mais de ce souvenir mon âme possédée
A deux fois en dormant revu la même idée;
Deux fois mes tristes yeux se sont vu retracer
Ce même enfant toujours tout prêt à me percer.
Lasse enfin des horreurs dont j'étais poursuivie,
J'allais prier Baal de veiller sur ma vie,
Et chercher du repos au pied de ses autels:
Que ne peut la frayeur sur l'esprit des mortels!
Dans le temple des Juifs un instinct m'a poussée,
Et d'apaiser leur Dieu j'ai conçu la pensée;
J'ai cru que des présents calmeraient son courroux,
Que ce Dieu, quel qu'il soit, en deviendrait plus doux.
Pontife de Baal, excusez ma faiblesse.
J'entre: le peuple fuit, le sacrifice cesse,
Le grand-prêtre vers moi s'avance avec fureur:

Pendant qu'il me parlait, ô surprise! ô terreur!
J'ai vu ce même enfant dont je suis menacée,
Tel qu'un songe effrayant l'a peint à ma pensée.
Je l'ai vu: son même air, son même habit de lin,
Sa démarche, ses yeux, et tous ses traits enfin,
C'est lui-même. Il marchait à côté du grand-prêtre;
Mais bientôt à ma vue on l'a fait disparaître.
Voilà quel trouble ici m'oblige à m'arrêter,
Et sur quoi j'ai voulu tous deux vous consulter...

# XVIII$^{e}$ siècle

# Voltaire

## A Mme du Châtelet

Si vous voulez que j'aime encore,
Rendez-moi l'âge des amours;
Au crépuscule de mes jours
Rejoignez, s'il se peut, l'aurore.

Des beaux lieux où le dieu du vin
Avec l'Amour tient son empire,
Le Temps, qui me prend par la main,
M'avertit que je me retire.

De son inflexible rigueur
Tirons au moins quelque avantage,
Qui n'a pas l'esprit de son âge,
De son âge a tout le malheur.

Laissons à la belle jeunesse
Ses folâtres emportements.
Nous ne vivons que deux moments:
Qu'il en soit un pour la sagesse.

Quoi! pour toujours vous me fuyez,
Tendresse, illusion, folie,
Dons du ciel, qui me consoliez
Des amertumes de la vie!

On meurt deux fois, je le vois bien:
Cesser d'aimer et d'être aimable,
C'est une mort insupportable;
Cesser de vivre, ce n'est rien.

Ainsi je déplorais la perte
Des erreurs de mes premiers ans;
Et mon âme, aux désirs ouverte,
Regrettait ses égarements,

Du ciel alors daignant descendre,
L'Amitié vint à mon secours;
Elle était peut-être aussi tendre,
Mais moins vive que les Amours.

Touché de sa beauté nouvelle,
Et de sa lumière éclairé,
Je la suivis; mais je pleurai
De ne pouvoir plus suivre qu'elle.

# Jean-François Ducis

*O beata solitudo*
*O sola beatitudo !*
SAINT BERNARD

Heureuse solitude,
Seule béatitude,
Que votre charme est doux !
De tous les biens du monde,
Dans ma grotte profonde,
Je ne veux plus que vous !

Qu'un vaste empire tombe,
Qu'est-ce au loin pour ma tombe
Qu'un vain bruit qui se perd ;
Et les rois qui s'assemblent,
Et leurs sceptres qui tremblent,
Que les joncs du désert ?

Mon Dieu ! la croix que j'aime,
En mourant à moi-même,
Me fait vivre pour toi.
Ta force est ma puissance,
Ta grâce ma défense,
Ta volonté ma loi.

Déchu de l'innocence,
Mais par la pénitence
Encor cher à tes yeux,
Triomphant par tes armes,
Baptisé par tes larmes,
J'ai reconquis les cieux.

Souffrant octogénaire,
Le jour pour ma paupière
N'est qu'un brouillard confus.
Dans l'ombre de mon être,
Je cherche à reconnaître
Ce qu'autrefois je fus.

Ô mon père ! ô mon guide !
Dans cette Thébaïde
Toi qui fixas mes pas,
Voici ma dernière heure ;
Fais, mon Dieu, que je meure
Couvert de ton trépas !

Paul, ton premier ermite,
Dans ton sein qu'il habite,
Exhala ses cent ans.
Je suis prêt ; frappe, immole.
Et qu'enfin je m'envole
Au séjour des vivants.

# Nicolas Gilbert

## Ode imitée de plusieurs psaumes

J'ai révélé mon cœur au Dieu de l'innocence;
Il a vu mes pleurs pénitens;
Il guérit mes remords, il m'arme de constance:
Les malheureux sont ses enfans.

Mes ennemis, riant, ont dit dans leur colère:
Qu'il meure et sa gloire avec lui!
Mais à mon cœur calmé le Seigneur dit en père:
Leur haine sera ton appui.

A tes plus chers amis ils ont prêté leur rage;
Tout trompe ta simplicité:
Celui que tu nourris court vendre ton image
Noire de sa méchanceté.

Mais Dieu t'entend gémir; Dieu vers qui te ramène
Un vrai remords né des douleurs;
Dieu qui pardonne enfin à la nature humaine
D'être faible dans les malheurs.

J'éveillerai pour toi la pitié, la justice
De l'incorruptible avenir;
Eux-mêmes épureront, par leur long artifice,
Ton bonheur qu'ils pensent ternir.

Soyez béni, mon Dieu! Vous qui daignez me rendre
L'innocence et son noble orgueil;
Vous qui, pour protéger le repos de ma cendre,
Veillerez près de mon cercueil!

Au banquet de la vie, infortuné convive,
J'apparus un jour, et je meurs;
Je meurs, et sur la tombe où lentement j'arrive,
Nul ne viendra verser des pleurs.

Salut, champs que j'aimais, et vous, douce verdure,
Et vous, riant exil des bois!
Ciel, pavillon de l'homme, admirable nature,
Salut pour la dernière fois!

Ah! puissent voir longtemps votre beauté sacrée
Tant d'amis sourds à mes adieux!
Qu'ils meurent pleins de jours, que leur mort soit pleurée,
Qu'un ami leur ferme les yeux!

# J.-P. Claris de Florian

## La carpe et les carpillons

Prenez garde, mes fils, côtoyez moins le bord,
Suivez le fond de la rivière;
Craignez la ligne meurtrière,
Ou l'épervier plus dangereux encor.
C'est ainsi que parlait une carpe de Seine
A de jeunes poissons qui l'écoutaient à peine.
C'était au mois d'avril: les neiges, les glaçons,
Fondus par les zéphyrs, descendaient des montagnes.
Le fleuve, enflé par eux, s'élève à gros bouillons,
Et déborde dans les campagnes.
Ah! ah! criaient les carpillons,
Qu'en dis-tu, carpe radoteuse?
Crains-tu pour nous les hameçons?
Nous voilà citoyens de la mer orageuse;
Regarde: on ne voit plus que les eaux et le ciel,
Les arbres sont cachés sous l'onde,
Nous sommes les maîtres du monde,
C'est le déluge universel.
Ne croyez pas cela, répond la vieille mère;
Pour que l'eau se retire il ne faut qu'un instant:
Ne vous éloignez point, et, de peur d'accident,
Suivez, suivez toujours le fond de la rivière.
Bah! disent les poissons, tu répètes toujours
Mêmes discours.
Adieu, nous allons voir notre nouveau domaine.
Parlant ainsi, nos étourdis
Sortent tous du lit de la Seine,
Et s'en vont dans les eaux qui couvrent le pays.
Qu'arriva-t-il? Les eaux se retirèrent,
Et les carpillons demeurèrent;
Bientôt ils furent pris,
Et frits.
Pourquoi quittaient-ils la rivière?
Pourquoi? je le sais trop, hélas!
C'est qu'on se croit toujours plus sage que sa mère,
C'est qu'on veut sortir de sa sphère,
C'est que... c'est que... Je ne finirais pas.

*Fables, Livre I*

## Le grillon

Un pauvre petit grillon
Caché dans l'herbe fleurie,
Regardait un papillon
Voltigeant dans la prairie.
L'insecte ailé brillait des plus vives couleurs;
L'azur, la pourpre et l'or éclataient sur ses ailes;
Jeune, beau, petit-maître, il court de fleurs en fleurs,
Prenant et quittant les plus belles.
Ah! disait le grillon, que son sort et le mien
Sont différents! Dame nature
Pour lui fit tout, et pour moi rien.
Je n'ai point de talent, encor moins de figure.
Nul ne prend garde à moi, l'on m'ignore ici-bas:
Autant vaudrait n'exister pas.
Comme il parlait, dans la prairie
Arrive une troupe d'enfants:
Aussitôt les voilà courants
Après ce papillon dont ils ont tous envie.
Chapeaux, mouchoirs, bonnets, servent à l'attraper;
L'insecte vainement cherche à leur échapper,
Il devient bientôt leur conquête.
L'un le saisit par l'aile, un autre par le corps;
Un troisième survient, et le prend par la tête:
Il ne fallait pas tant d'efforts
Pour déchirer la pauvre bête.
Oh! oh! dit le grillon, je ne suis plus fâché;
Il en coûte trop cher pour briller dans le monde.
Combien je vais aimer ma retraite profonde!
Pour vivre heureux, vivons caché.

*Fables, Livre II*

# André Chénier

Aujourd'hui qu'au tombeau je suis prêt à descendre,
Mes amis, dans vos mains je dépose ma cendre.
Je ne veux point, couvert d'un funèbre linceul,
Que les pontifes saints autour de mon cercueil,
Appelés aux accents de l'airain lent et sombre,
De leur chant lamentable accompagnent mon ombre,
Et sous des murs sacrés aillent ensevelir
Ma vie et ma dépouille, et tout mon souvenir.
Eh! qui peut sans horreur, à ses heures dernières,
Se voir au loin périr dans des mémoires chères?
L'espoir que des amis pleureront notre sort
Charme l'instant suprême et console la mort.
Vous-mêmes choisirez à mes jeunes reliques
Quelque bord fréquenté des pénates rustiques,
Des regards d'un beau ciel doucement animé,
Des fleurs et de l'ombrage, et tout ce que j'aimai.
C'est là, près d'une eau pure, au coin d'un bois tranquille,
Qu'à mes mânes éteints je demande un asile:
Afin que votre ami soit présent à vos yeux,
Afin qu'au voyageur amené dans ces lieux,
La pierre, par vos mains de ma fortune instruite,
Raconte en ce tombeau quel malheureux habite;
Quels maux ont abrégé ses rapides instants;
Qu'il fut bon, qu'il aima, qu'il dut vivre longtemps..

*Élégies*

## La jeune Tarentine

Pleurez, doux alcyons, ô vous, oiseaux sacrés,
Oiseaux chers à Thétis, doux alcyons, pleurez.
Elle a vécu, Myrto, la jeune Tarentine.
Un vaisseau la portait aux bords de Camarine:
Là, l'hymen, les chansons, les flûtes, lentement
Devaient la reconduire au seuil de son amant.
Une clef vigilante a pour cette journée
Dans le cèdre enfermé sa robe d'hyménée,
Et l'or dont au festin ses bras seraient parés,
Et pour ses blonds cheveux les parfums préparés.
Mais seule sur la proue invoquant les étoiles,
Le vent impétueux qui soufflait dans les voiles
L'enveloppe. Étonnée, et loin des matelots,
Elle crie, elle tombe, elle est au sein des flots.

Elle est au sein des flots, la jeune Tarentine:
Son beau corps a roulé sous la vague marine.
Thétis, les yeux en pleurs, dans le creux d'un rocher
Aux monstres dévorants eut soin de le cacher.
Par ses ordres bientôt les belles Néréides
L'élèvent au-dessus des demeures humides,
Le portent au rivage, et dans ce monument
L'ont au cap du Zéphyr déposé mollement.
Puis de loin à grands cris appelant leurs compagnes,
Et les Nymphes des bois, des sources, des montagnes,
Toutes, frappant leur sein, et traînant un long deuil,
Répétèrent *hélas* autour de son cercueil.
Hélas! chez ton amant tu n'es point ramenée.
Tu n'as point revêtu ta robe d'hyménée.
L'or autour de tes bras n'a point serré de nœuds.
Les doux parfums n'ont point coulé sur tes cheveux.

*Bucoliques*

## Ode à Versailles

...·Ah! malheureux! à ma jeunesse
Une oisive et morne paresse
Ne laisse plus goûter les studieux loisirs.
Mon âme, d'ennui consumée,
S'endort dans les langueurs. Louange et renommée
N'inquiètent plus mes désirs.

L'abandon, l'obscurité, l'ombre,
Une paix taciturne et sombre,
Voilà tous mes souhaits: cache mes tristes jours,
Et nourris, s'il faut que je vive,
De mon pâle flambeau la clarté fugitive,
Aux douces chimères d'amours...

*Odes*

## La jeune captive

... Est-ce à moi de mourir? Tranquille je m'endors,
Et tranquille je veille, et ma veille aux remords
Ni mon sommeil ne sont en proie.
Ma bienvenue au jour me rit dans tous les yeux;
Sur des fronts abattus, mon aspect dans ces lieux
Ranime presque de la joie.

Mon beau voyage encore est si loin de sa fin!
Je pars, et des ormeaux qui bordent le chemin
J'ai passé les premiers à peine.
Au banquet de la vie à peine commencé,
Un instant seulement mes lèvres ont pressé
La coupe en mes mains encor pleine.

Je ne suis qu'au printemps, je veux voir la moisson;
Et comme le soleil, de saison en saison,
Je veux achever mon année.
Brillante sur ma tige et l'honneur du jardin,
Je n'ai vu luire encor que les feux du matin;
Je veux achever ma journée.

O Mort! tu peux attendre; éloigne, éloigne-toi,
Va consoler les cœurs que la honte, l'effroi,
Le pâle désespoir dévore.
Pour moi Palès encore a des asiles verts,
Les Amours des baisers, les Muses des concerts;
Je ne veux pas mourir encore.

*Odes*

Comme un dernier rayon, comme un dernier zéphyre
Animé la fin d'un beau jour,
Au pied de l'échafaud j'essaye encor ma lyre.
Peut-être est-ce bientôt mon tour;
Peut-être avant que l'heure en cercle promenée
Ait posé sur l'émail brillant,
Dans les soixante pas où sa route est bornée,
Son pied sonore et vigilant,
Le sommeil du tombeau pressera ma paupière;
Avant que de ses deux moitiés
Ce vers que je commence ait atteint la dernière,
Peut-être en ces murs effrayés
Le messager de mort, noir recruteur des ombres,
Escorté d'infâmes soldats,
Ébranlant de mon nom ces longs corridors sombres,
Où seul dans la foule à grands pas
J'erre, aiguisant ces dards persécuteurs du crime,
Du juste trop faibles soutiens,
Sur mes lèvres soudain va suspendre la rime;
Et chargeant mes bras de liens,
Me traîner, amassant en foule à mon passage
Mes tristes compagnons reclus,
Qui me connaissaient tous avant l'affreux message,
Mais qui ne me connaissent plus...

*Iambes*

# XIXe siècle

# M. Desbordes-Valmore

## Qu'en avez-vous fait ?

Vous aviez mon cœur,
Moi, j'avais le vôtre :
Un cœur pour un cœur ;
Bonheur pour bonheur !

Le vôtre est rendu,
Je n'en ai plus d'autre,
Le vôtre est rendu,
Le mien est perdu !

La feuille et la fleur
Et le fruit lui-même,
La feuille et la fleur,
L'encens, la couleur :

Qu'en avez-vous fait,
Mon maître suprême ?
Qu'en avez-vous fait,
De ce doux bienfait ?

Comme un pauvre enfant
Quitté par sa mère,
Comme un pauvre enfant
Que rien ne défend,

Vous me laissez là,
Dans ma vie amère ;
Vous me laissez là,
Et Dieu voit cela !

*Élégies et poésies nouvelles*

## L'absence

Quand je me sens mourir du poids de ma pensée,
Quand sur moi tout mon sort assemble sa rigueur,
D'un courage inutile affranchie et lassée,
Je me sauve avec toi dans le fond de mon cœur!
Je ne sais; mais je crois qu'à tes regrets rendue,
Dans ces seuls entretiens tu m'as bien entendue.
Tu ne dis pas: «Ce soir!» Tu ne dis pas: «Demain!»
Non! mais tu dis: «Toujours!» en pleurant sur ma main...

## L'oreiller d'un enfant

Cher petit oreiller, doux et chaud sous ma tête,
Plein de plume choisie, et blanc, et fait pour moi!
Quand on a peur du vent, des loups, de la tempête,
Cher petit oreiller, que je dors bien sur toi!

Beaucoup, beaucoup d'enfants, pauvres et nus, sans mère,
Sans maison, n'ont jamais d'oreiller pour dormir;
Ils ont toujours sommeil, ô destinée amère!
Maman! douce maman! cela me fait gémir...

## Les roses de Saadi

J'ai voulu ce matin te rapporter des roses;
Mais j'en avais tant pris dans mes ceintures closes
Que les nœuds trop serrés n'ont pu les contenir.

Les nœuds ont éclaté. Les roses envolées
Dans le vent, à la mer s'en sont toutes allées.
Elles ont suivi l'eau pour ne plus revenir;

La vague en a paru rouge et comme enflammée.
Ce soir, ma robe encore en est tout embaumée...
Respires-en sur moi l'odorant souvenir.

*Poésies posthumes*

# Alphonse de Lamartine

## L'isolement

Souvent sur la montagne, à l'ombre du vieux chêne,
Au coucher du soleil, tristement je m'assieds;
Je promène au hasard mes regards sur la plaine,
Dont le tableau changeant se déroule à mes pieds.

Ici, gronde le fleuve aux vagues écumantes,
Il serpente, et s'enfonce en un lointain obscur;
Là, le lac immobile étend ses eaux dormantes
Où l'étoile du soir se lève dans l'azur.

Au sommet de ces monts couronnés de bois sombres,
Le crépuscule encor jette un dernier rayon,
Et le char vaporeux de la reine des ombres
Monte, et blanchit déjà les bords de l'horizon.

Cependant, s'élançant de la flèche gothique,
Un son religieux se répand dans les airs,
Le voyageur s'arrête, et la cloche rustique
Aux derniers bruits du jour mêle de saints concerts.

Mais à ces doux tableaux mon âme indifférente
N'éprouve devant eux ni charme, ni transports,
Je contemple la terre, ainsi qu'une ombre errante:
Le soleil des vivants n'échauffe plus les morts.

De colline en colline en vain portant ma vue,
Du sud à l'aquilon, de l'aurore au couchant,
Je parcours tous les points de l'immense étendue,
Et je dis: Nulle part le bonheur ne m'attend.

Que me font ces vallons, ces palais, ces chaumières?
Vains objets dont pour moi le charme est envolé;
Fleuves, rochers, forêts, solitudes si chères,
Un seul être vous manque, et tout est dépeuplé.

Que le tour du soleil ou commence ou s'achève,
D'un œil indifférent je le suis dans son cours;
En un ciel sombre ou pur qu'il se couche ou se lève,
Qu'importe le soleil? je n'attends rien des jours.

Quand je pourrais le suivre en sa vaste carrière,
Mes yeux verraient partout le vide et les déserts;
Je ne désire rien de tout ce qu'il éclaire,
Je ne demande rien à l'immense univers.

Mais peut-être au-delà des bornes de sa sphère,
Lieux où le vrai soleil éclaire d'autres cieux,
Si je pouvais laisser ma dépouille à la terre,
Ce que j'ai tant rêvé paraîtrait à mes yeux?

Là, je m'enivrerais à la source où j'aspire,
Là, je retrouverais et l'espoir et l'amour,
Et ce bien idéal que toute âme désire,
Et qui n'a pas de nom au terrestre séjour!

Que ne puis-je, porté sur le char de l'aurore,
Vague objet de mes vœux, m'élancer jusqu'à toi,
Sur la terre d'exil pourquoi resté-je encore?
Il n'est rien de commun entre la terre et moi.

Quand la feuille des bois tombe dans la prairie,
Le vent du soir s'élève et l'arrache aux vallons;
Et moi, je suis semblable à la feuille flétrie:
Emportez-moi comme elle, orageux aquilons!

*Méditations poétiques*

## Le soir

Le soir ramène le silence.
Assis sur ces rochers déserts,
Je suis dans le vague des airs
Le char de la nuit qui s'avance.

Vénus se lève à l'horizon ;
A mes pieds l'étoile amoureuse
De sa lueur mystérieuse
Blanchit les tapis de gazon.

De ce hêtre au feuillage sombre
J'entends frissonner les rameaux :
On dirait autour des tombeaux
Qu'on entend voltiger une ombre.

Tout à coup détaché des cieux,
Un rayon de l'astre nocturne,
Glissant sur mon front taciturne,
Vient mollement toucher mes yeux.

Doux reflet d'un globe de flamme,
Charmant rayon, que me veux-tu ?
Viens-tu dans mon sein abattu
Porter la lumière à mon âme ?

Descends-tu pour me révéler
Des mondes le divin mystère ?
Ces secrets cachés dans la sphère
Où le jour va te rappeler ?

Une secrète intelligence
T'adresse-t-elle aux malheureux ?
Viens-tu la nuit briller sur eux
Comme un rayon de l'espérance ?

Viens-tu dévoiler l'avenir
Au cœur fatigué qui t'implore ?
Rayon divin, es-tu l'aurore
Du jour qui ne doit pas finir ?

Mon cœur à ta clarté s'enflamme,
Je sens des transports inconnus,
Je songe à ceux qui ne sont plus:
Douce lumière, es-tu leur âme?

Peut-être ces mânes heureux
Glissent ainsi sur le bocage?
Enveloppé de leur image,
Je crois me sentir plus près d'eux!

Ah! si c'est vous, ombres chéries!
Loin de la foule et loin du bruit,
Revenez ainsi chaque nuit
Vous mêler à mes rêveries.

Ramenez la paix et l'amour
Au sein de mon âme épuisée,
Comme la nocturne rosée
Qui tombe après les feux du jour.

Venez!... mais des vapeurs funèbres
Montent des bords de l'horizon:
Elles voilent le doux rayon,
Et tout rentre dans les ténèbres.

*Méditations poétiques*

# Le vallon

Mon cœur, lassé de tout, même de l'espérance,
N'ira plus de ses vœux importuner le sort;
Prêtez-moi seulement, vallons de mon enfance,
Un asile d'un jour pour attendre la mort.

Voici l'étroit sentier de l'obscure vallée:
Du flanc de ces coteaux pendent des bois épais
Qui, courbant sur mon front leur ombre entremêlée,
Me couvrent tout entier de silence et de paix.

Là, deux ruisseaux cachés sous des ponts de verdure
Tracent en serpentant les contours du vallon;
Ils mêlent un moment leur onde et leur murmure,
Et non loin de leur source ils se perdent sans nom.

La source de mes jours comme eux s'est écoulée,
Elle a passé sans bruit, sans nom, et sans retour:
Mais leur onde est limpide, et mon âme troublée
N'aura pas réfléchi les clartés d'un beau jour.

La fraîcheur de leurs lits, l'ombre qui les couronne,
M'enchaînent tout le jour sur les bords des ruisseaux;
Comme un enfant bercé par un chant monotone,
Mon âme s'assoupit au murmure des eaux.

Ah! c'est là qu'entouré d'un rempart de verdure,
D'un horizon borné qui suffit à mes yeux,
J'aime à fixer mes pas, et, seul dans la nature,
A n'entendre que l'onde, à ne voir que les cieux.

J'ai trop vu, trop senti, trop aimé dans ma vie,
Je viens chercher vivant le calme du Léthé;
Beaux lieux, soyez pour moi ces bords où l'on oublie:
L'oubli seul désormais est ma félicité.

Mon cœur est en repos, mon âme est en silence!
Le bruit lointain du monde expire en arrivant,
Comme un son éloigné qu'affaiblit la distance,
A l'oreille incertaine apporté par le vent.

D'ici je vois la vie, à travers un nuage,
S'évanouir pour moi dans l'ombre du passé;
L'amour seul est resté: comme une grande image
Survit seule au réveil dans un songe effacé.

Repose-toi, mon âme, en ce dernier asile,
Ainsi qu'un voyageur, qui, le cœur plein d'espoir,
S'assied avant d'entrer aux portes de la ville,
Et respire un moment l'air embaumé du soir.

Comme lui, de nos pieds secouons la poussière;
L'homme par ce chemin ne repasse jamais:
Comme lui, respirons au bout de la carrière
Ce calme avant-coureur de l'éternelle paix.

Tes jours, sombres et courts comme des jours d'automne,
Déclinent comme l'ombre au penchant des coteaux;
L'amitié te trahit, la pitié t'abandonne,
Et, seule, tu descends le sentier des tombeaux.

Mais la nature est là qui t'invite et qui t'aime;
Plonge-toi dans son sein qu'elle t'ouvre toujours;
Quand tout change pour toi, la nature est la même,
Et le même soleil se lève sur tes jours.

De lumière et d'ombrage elle t'entoure encore;
Détache ton amour des faux biens que tu perds;
Adore ici l'écho qu'adorait Pythagore,
Prête avec lui l'oreille aux célestes concerts.

Suis le jour dans le ciel, suis l'ombre sur la terre,
Dans les plaines de l'air vole avec l'aquilon,
Avec les doux rayons de l'astre du mystère
Glisse à travers les bois dans l'ombre du vallon.

Dieu, pour le concevoir, a fait l'intelligence;
Sous la nature enfin découvre son auteur!
Une voix à l'esprit parle dans son silence,
Qui n'a pas entendu cette voix dans son cœur?

*Méditations poétiques*

---

## Le lac

Ainsi, toujours poussés vers de nouveaux rivages,
Dans la nuit éternelle emportés sans retour,
Ne pourrons-nous jamais sur l'océan des âges
Jeter l'ancre un seul jour?

Ô lac! l'année à peine a fini sa carrière,
Et près des flots chéris qu'elle devait revoir,
Regarde! je viens seul m'asseoir sur cette pierre
Où tu la vis s'asseoir!

Tu mugissais ainsi sous ces roches profondes,
Ainsi tu te brisais sur leurs flancs déchirés,
Ainsi le vent jetait l'écume de tes ondes
Sur ses pieds adorés.

Un soir, t'en souvient-il? nous voguions en silence;
On n'entendait au loin, sur l'onde et sous les cieux,
Que le bruit des rameurs qui frappaient en cadence
Tes flots harmonieux.

Tout à coup des accents inconnus à la terre
Du rivage charmé frappèrent les échos:
Le flot fut attentif, et la voix qui m'est chère
Laissa tomber ces mots:

«Ô temps! suspends ton vol, et vous, heures propices!
Suspendez votre cours:
Laissez-nous savourer les rapides délices
Des plus beaux de nos jours!

«Assez de malheureux ici-bas vous implorent,
Coulez, coulez pour eux;
Prenez avec leurs jours les soins qui les dévorent,
Oubliez les heureux.

«Mais je demande en vain quelques moments encore,
Le temps m'échappe et fuit;
Je dis à cette nuit: Sois plus lente; et l'aurore
Va dissiper la nuit.

«Aimons donc, aimons donc! de l'heure fugitive,
Hâtons-nous, jouissons!
L'homme n'a point de port, le temps n'a point de rive;
Il coule, et nous passons!»

Temps jaloux, se peut-il que ces moments d'ivresse,
Où l'amour à longs flots nous verse le bonheur,
S'envolent loin de nous de la même vitesse
Que les jours de malheur?

Eh quoi! n'en pourrons-nous fixer au moins la trace?
Quoi! passés pour jamais! quoi! tout entiers perdus!
Ce temps qui les donna, ce temps qui les efface,
Ne nous les rendra plus!

Éternité, néant, passé, sombres abîmes,
Que faites-vous des jours que vous engloutissez?
Parlez: nous rendrez-vous ces extases sublimes
Que vous nous ravissez?

Ô lac! rochers muets! grottes! forêt obscure!
Vous, que le temps épargne ou qu'il peut rajeunir,
Gardez de cette nuit, gardez, belle nature,
Au moins le souvenir!

Qu'il soit dans ton repos, qu'il soit dans tes orages,
Beau lac, et dans l'aspect de tes riants coteaux,
Et dans ces noirs sapins, et dans ces rocs sauvages
Qui pendent sur tes eaux.

Qu'il soit dans le zéphyr qui frémit et qui passe,
Dans les bruits de tes bords par tes bords répétés,
Dans l'astre au front d'argent qui blanchit ta surface
De ses molles clartés.

Que le vent qui gémit, le roseau qui soupire,
Que les parfums légers de ton air embaumé,
Que tout ce qu'on entend, l'on voit ou l'on respire,
Tout dise : Ils ont aimé !

*Méditations poétiques*

## L'automne

Salut! bois couronnés d'un reste de verdure!
Feuillages jaunissants sur les gazons épars!
Salut, derniers beaux jours! le deuil de la nature
Convient à la douleur et plaît à mes regards!

Je suis d'un pas rêveur le sentier solitaire,
J'aime à revoir encor, pour la dernière fois,
Ce soleil pâlissant, dont la faible lumière
Perce à peine à mes pieds l'obscurité des bois!

Oui, dans ces jours d'automne où la nature expire,
A ses regards voilés, je trouve plus d'attraits,
C'est l'adieu d'un ami, c'est le dernier sourire
Des lèvres que la mort va fermer pour jamais!

Ainsi, prêt à quitter l'horizon de la vie,
Pleurant de mes longs jours l'espoir évanoui,
Je me retourne encore, et d'un regard d'envie
Je contemple ses biens dont je n'ai pas joui!

Terre, soleil, vallons, belle et douce nature,
Je vous dois une larme aux bords de mon tombeau;
L'air est si parfumé! la lumière est si pure!
Aux regards d'un mourant le soleil est si beau!

Je voudrais maintenant vider jusqu'à la lie
Ce calice mêlé de nectar et de fiel!
Au fond de cette coupe où je buvais la vie,
Peut-être restait-il une goutte de miel?

Peut-être l'avenir me gardait-il encore
Un retour de bonheur dont l'espoir est perdu?
Peut-être dans la foule, une âme que j'ignore
Aurait compris mon âme, et m'aurait répondu?...

La fleur tombe en livrant ses parfums au zéphire;
A la vie, au soleil, ce sont là ses adieux;
Moi, je meurs; et mon âme, au moment qu'elle expire,
S'exhale comme un son triste et mélodieux.

*Méditations poétiques*

## Stances

Et j'ai dit dans mon cœur : Que faire de la vie ?
Irai-je encor, suivant ceux qui m'ont devancé,
Comme l'agneau qui passe où sa mère a passé,
Imiter des mortels l'immortelle folie ?

L'un cherche sur les mers les trésors de Memnom,
Et la vague engloutit ses vœux et son navire ;
Dans le sein de la gloire où son génie aspire,
L'autre meurt enivré par l'écho d'un vain nom.

Avec nos passions formant sa vaste trame,
Celui-là fonde un trône, et monte pour tomber ;
Dans des pièges plus doux aimant à succomber,
Celui-ci lit son sort dans les yeux d'une femme.

Le paresseux s'endort dans les bras de la faim ;
Le laboureur conduit sa fertile charrue ;
Le savant pense et lit, le guerrier frappe et tue ;
Le mendiant s'assied sur les bords du chemin.

Où vont-ils cependant ? Ils vont où va la feuille
Que chasse devant lui le souffle des hivers.
Ainsi vont se flétrir dans leurs travaux divers
Ces générations que le temps sème et cueille !

Ils luttaient contre lui, mais le temps a vaincu ;
Comme un fleuve engloutit le sable de ses rives,
Je l'ai vu dévorer leurs ombres fugitives.
Ils sont nés, ils sont morts : Seigneur, ont-ils vécu ?

Pour moi, je chanterai le maître que j'adore,
Dans le bruit des cités, dans la paix des déserts,
Couché sur le rivage, ou flottant sur les mers,
Au déclin du soleil, au réveil de l'aurore.

La terre m'a crié : Qui donc est le Seigneur ?
Celui dont l'âme immense est partout répandue,
Celui dont un seul pas mesure l'étendue,
Celui dont le soleil emprunte sa splendeur ;

Celui qui du néant a tiré la matière,
Celui qui sur le vide a fondé l'univers,
Celui qui sans rivage a renfermé les mers,
Celui qui d'un regard a lancé la lumière;

Celui qui ne connaît ni jour ni lendemain,
Celui qui de tout temps de soi-même s'enfante,
Qui vit dans l'avenir comme à l'heure présente,
Et rappelle les temps échappés de sa main:

C'est lui! c'est le Seigneur: que ma langue redise
Les cent noms de sa gloire aux enfants des mortels.
Comme la harpe d'or pendue à ses autels,
Je chanterai pour lui, jusqu'à ce qu'il me brise...

*Nouvelles Méditations*

## Milly ou la terre natale

... Voilà le banc rustique où s'asseyait mon père,
La salle où résonnait sa voix mâle et sévère,
Quand les pasteurs assis sur leurs socs renversés
Lui comptaient les sillons par chaque heure tracés,
Ou qu'encor palpitant des scènes de sa gloire,
De l'échafaud des rois il nous disait l'histoire,
Et, plein du grand combat qu'il avait combattu,
En racontant sa vie enseignait la vertu!
Voilà la place vide où ma mère à toute heure
Au plus léger soupir sortait de sa demeure,
Et, nous faisant porter ou la laine ou le pain,
Vêtissait l'indigence ou nourrissait la faim;
Voilà les toits de chaume où sa main attentive
Versait sur la blessure ou le miel ou l'olive,
Ouvrait près du chevet des vieillards expirants
Ce livre où l'espérance est permise aux mourants,
Recueillait leurs soupirs sur leur bouche oppressée,
Faisait tourner vers Dieu leur dernière pensée,
Et tenant par la main les plus jeunes de nous,
A la veuve, à l'enfant, qui tombaient à genoux,
Disait, en essuyant les pleurs de leurs paupières:
Je vous donne un peu d'or, rendez-leur vos prières!

Voilà le seuil, à l'ombre, où son pied nous berçait,
La branche du figuier que sa main abaissait,
Voici l'étroit sentier où, quand l'airain sonore
Dans le temple lointain vibrait avec l'aurore,
Nous montions sur sa trace à l'autel du Seigneur
Offrir deux purs encens, innocence et bonheur!
C'est ici que sa voix pieuse et solennelle
Nous expliquait un Dieu que nous sentions en elle,
Et nous montrant l'épi dans son germe enfermé,
La grappe distillant son breuvage embaumé,
La génisse en lait pur changeant le suc des plantes,
Le rocher qui s'entr'ouvre aux sources ruisselantes,
La laine des brebis dérobée aux rameaux
Servant à tapisser les doux nids des oiseaux,
Et le soleil exact à ses douze demeures,
Partageant aux climats les saisons et les heures,
Et ces astres des nuits que Dieu seul peut compter,
Mondes où la pensée ose à peine monter,
Nous enseignait la foi par la reconnaissance,
Et faisait admirer à notre simple enfance
Comment l'astre et l'insecte invisible à nos yeux
Avaient, ainsi que nous, leur père dans les cieux!
Ces bruyères, ces champs, ces vignes, ces prairies,
Ont tous leurs souvenirs et leurs ombres chéries.
Là, mes sœurs folâtraient, et le vent dans leurs jeux

Les suivait en jouant avec leurs blonds cheveux!
Là, guidant les bergers aux sommets des collines,
J'allumais des bûchers de bois mort et d'épines,
Et mes yeux, suspendus aux flammes du foyer,
Passaient heure après heure à les voir ondoyer.
Là, contre la fureur de l'aquilon rapide
Le saule caverneux nous prêtait son tronc vide,
Et j'écoutais siffler dans son feuillage mort
Des brises dont mon âme a retenu l'accord.
Voilà le peuplier qui, penché sur l'abîme,
Dans la saison des nids nous berçait sur sa cime,
Le ruisseau dans les prés dont les dormantes eaux
Submergeaient lentement nos barques de roseaux,
Le chêne, le rocher, le moulin monotone,
Et le mur au soleil où, dans les jours d'automne,
Je venais sur la pierre, assis près des vieillards,
Suivre le jour qui meurt de mes derniers regards!
Tout est encor debout; tout renaît à sa place:
De nos pas sur le sable on suit encor la trace;
Rien ne manque à ces lieux qu'un cœur pour en jouir,
Mais, hélas! l'heure baisse et va s'évanouir.

La vie a dispersé, comme l'épi sur l'aire,
Loin du champ paternel les enfants et la mère,
Et ce foyer chéri ressemble aux nids déserts
D'où l'hirondelle a fui pendant de longs hivers!
Déjà l'herbe qui croît sur les dalles antiques
Efface autour des murs les sentiers domestiques
Et le lierre, flottant comme un manteau de deuil,
Couvre à demi la porte et rampe sur le seuil;
Bientôt peut-être...! écarte, ô mon Dieu! ce présage!
Bientôt un étranger, inconnu du village,
Viendra, l'or à la main, s'emparer de ces lieux
Qu'habite encor pour nous l'ombre de nos aïeux,
Et d'où nos souvenirs des berceaux et des tombes
S'enfuiront à sa voix, comme un nid de colombes
Dont la hache a fauché l'arbre dans les forêts,
Et qui ne savent plus où se poser après!...

*Harmonies poétiques et religieuses*

## La retraite
### Réponse à M. Victor Hugo

... Je sais sur la colline
Une blanche maison;
Un rocher la domine,
Un buisson d'aubépine
Est tout son horizon.

Là jamais ne s'élève
Bruit qui fasse penser;
Jusqu'à ce qu'il s'achève
On peut mener son rêve
Et le recommencer.

Le clocher du village
Surmonte ce séjour,
Sa voix comme un hommage
Monte au premier nuage
Que colore le jour!

Signal de la prière,
Elle part du saint lieu,
Appelant la première
L'enfant de la chaumière
A la maison de Dieu.

Aux sons que l'écho roule
Le long des églantiers,
Vous voyez l'humble foule
Qui serpente et s'écoule
Dans les pieux sentiers;

C'est la pauvre orpheline
Pour qui le jour est court,
Qui déroule et termine
Pendant qu'elle chemine
Son fuseau déjà lourd;

C'est l'aveugle que guide
Le mur accoutumé,
Le mendiant timide
Et dont la main dévide
Son rosaire enfumé;

C'est l'enfant qui caresse
En passant chaque fleur,
Le vieillard qui se presse:
L'enfance et la vieillesse
Sont amis du Seigneur!

La fenêtre est tournée
Vers le champ des tombeaux,
Où l'herbe moutonnée
Couvre, après la journée,
Le sommeil des hameaux.

Plus d'une fleur nuance
Ce voile du sommeil;
Là tout fut innocence,
Là tout dit: Espérance!
Tout parle de réveil!

Mon œil, quand il y tombe,
Voit l'amoureux oiseau
Voler de tombe en tombe,
Ainsi que la colombe
Qui porta le rameau,

Ou quelque pauvre veuve
Aux longs rayons du soir
Sur une pierre neuve,
Signe de son épreuve,
S'agenouiller, s'asseoir;

Et l'espoir sur la bouche,
Contempler du tombeau,
Sous les cyprès qu'il touche,
Le soleil qui se couche
Pour se lever plus beau.

Paix et mélancolie
Veillent là près des morts,
Et l'âme recueillie
Des vagues de la vie
Croit y toucher les bords!

*Harmonies poétiques et religieuses*

## La tristesse

L'âme triste est pareille
Au doux ciel de la nuit,
Quand l'astre qui sommeille
De la voûte vermeille
A fait tomber le bruit ;

Plus pure et plus sonore,
On y voit sur ses pas
Mille étoiles éclore,
Qu'à l'éclatante aurore
On n'y soupçonnait pas !

Des îles de lumière
Plus brillante qu'ici,
Et des mondes derrière,
Et des flots de poussière
Qui sont mondes aussi !

On entend dans l'espace
Les chœurs mystérieux
Ou du ciel qui rend grâce,
Ou de l'ange qui passe,
Ou de l'homme pieux!

Et pures étincelles
De nos âmes de feu,
Les prières mortelles
Sur leurs brûlantes ailes
Nous soulèvent un peu!

Tristesse qui m'inonde,
Coule donc de mes yeux,
Coule comme cette onde
Où la terre féconde
Voit un présent des cieux!

Et n'accuse point l'heure
Qui te ramène à Dieu!
Soit qu'il naisse ou qu'il meure,
Il faut que l'homme pleure
Ou l'exil, ou l'adieu!

*Harmonies poétiques et religieuses*

## La vigne et la maison

Le mur est gris, la tuile est rousse,
L'hiver a rongé le ciment;
Des pierres disjointes la mousse
Verdit l'humide fondement;
Les gouttières, que rien n'essuie,
Laissent, en rigoles de suie,
S'égoutter le ciel pluvieux,
Traçant sur la vide demeure
Ces noirs sillons par où l'on pleure,
Que les veuves ont sous les yeux;

La porte où file l'araignée,
Qui n'entend plus le doux accueil,
Reste immobile et dédaignée
Et ne tourne plus sur son seuil;
Les volets que le moineau souille,
Détachés de leurs gonds de rouille,
Battent nuit et jour le granit;
Les vitraux brisés par les grêles
Livrent aux vieilles hirondelles
Un libre passage à leur nid!

Leur gazouillement sur les dalles
Couvertes de duvets flottants
Est la seule voix de ces salles
Pleines des silences du temps.
De la solitaire demeure
Une ombre lourde d'heure en heure
Se détache sur le gazon:
Et cette ombre, couchée et morte,
Est la seule chose qui sorte
Tout le jour de cette maison!

Efface ce séjour, ô Dieu! de ma paupière,
Ou rends-le-moi semblable à celui d'autrefois,
Quand la maison vibrait comme un grand cœur de pierre
De tous ces cœurs joyeux qui battaient sous ses toits.

A l'heure où la rosée au soleil s'évapore
Tous ces volets fermés s'ouvraient à sa chaleur,
Pour y laisser entrer, avec la tiède aurore,
Les nocturnes parfums de nos vignes en fleur.

On eût dit que ces murs respiraient comme un être
Des pampres réjouis la jeune exhalaison;
La vie apparaissait rose, à chaque fenêtre,
Sous les beaux traits d'enfants nichés dans la maison.

Leurs blonds cheveux, épars au vent de la montagne,
Les filles se passant leurs deux mains sur les yeux,
Jetaient des cris de joie à l'écho des montagnes,
Ou sur leurs seins naissants croisaient leurs doigts pieux.

La mère, de sa couche à ces doux bruits levée,
Sur ces fronts inégaux se penchait tour à tour,
Comme la poule heureuse assemble sa couvée,
Leur apprenant les mots qui bénissent le jour.

Moins de balbutiements sortent du nid sonore,
Quand, au rayon d'été qui vient la réveiller,
L'hirondelle au plafond qui les abrite encore,
A ses petits sans plume apprend à gazouiller.

Et les bruits du foyer que l'aube fait renaître,
Les pas des serviteurs sur les degrés de bois,
Les aboiements du chien qui voit sortir son maître,
Le mendiant plaintif qui fait pleurer sa voix,

Montaient avec le jour; et, dans les intervalles,
Sous des doigts de quinze ans répétant leur leçon,
Les claviers résonnaient ainsi que des cigales
Qui font tinter l'oreille au temps de la moisson!...

*Cours familier de littérature*

# Casimir Delavigne

## Trois jours de Christophe Colomb

«En Europe! en Europe! — Espérez! — Plus d'espoir!
— Trois jours, leur dit Colomb, et je vous donne un monde.»
Et son doigt le montrait, et son œil, pour le voir,
Perçait de l'horizon l'immensité profonde.
Il marche, et des trois jours le premier jour a lui;
Il marche, et l'horizon recule devant lui;
Il marche, et le jour baisse. Avec l'azur de l'onde
L'azur d'un ciel sans borne à ses yeux se confond.
Il marche, il marche encore, et toujours; et la sonde
Plonge et replonge en vain dans une mer sans fond.

Le pilote, en silence, appuyé tristement
Sur la barre qui crie au milieu des ténèbres,
Écoute du roulis le sourd mugissement,
Et des mâts fatigués les craquements funèbres.
Les astres de l'Europe ont disparu des cieux;
L'ardente Croix du Sud épouvante ses yeux.
Enfin l'aube attendue, et trop lente à paraître,
Blanchit le pavillon de sa douce clarté.
«Colomb, voici le jour! le jour vient de renaître!
— Le jour! et que vois-tu? — Je vois l'immensité.»

Qu'importe! il est tranquille... Ah! l'avez-vous pensé?
Une main sur son cœur, si sa gloire vous tente,
Comptez les battements de ce cœur oppressé
Qui s'élève et retombe, et languit dans l'attente...

Le second jour a fui. Que fait Colomb? il dort;
La fatigue l'accable, et dans l'ombre on conspire.
«Périra-t-il? Aux voix: — La mort! — la mort! — la mort!
— Qu'il triomphe demain, ou, parjure, il expire.»
Les ingrats! quoi! demain il aura pour tombeau
Les mers où son audace ouvre un chemin nouveau!
Et peut-être demain leurs flots impitoyables,
Le poussant vers ces bords que cherchait son regard,
Les lui feront toucher, en roulant sur les sables
L'aventurier Colomb, grand homme un jour plus tard!...

Soudain, du haut des mâts descendit une voix:
«Terre! s'écriait-on, terre! terre!...» Il s'éveille;
Il court. Oui, la voilà! c'est elle, tu la vois!
La terre!... Ô doux spectacle! ô transports! ô merveille!
Ô généreux sanglot qu'il ne peut retenir!
Que dira Ferdinand, l'Europe, l'avenir?
Il la donne à son roi, cette terre féconde;
Son roi va le payer des maux qu'il a soufferts:
Des trésors, des honneurs en échange d'un monde,
Un trône, ah! c'était peu!... Que reçut-il? Des fers.

*Les Messéniennes*

# Alfred de Vigny

## Moïse

... Et, debout devant Dieu, Moïse ayant pris place,
Dans le nuage obscur lui parlait face à face.

Il disait au Seigneur: «Ne finirai-je pas?
Où voulez-vous encor que je porte mes pas?
Je vivrai donc toujours puissant et solitaire?
Laissez-moi m'endormir du sommeil de la terre!
Que vous ai-je donc fait pour être votre élu?
J'ai conduit votre peuple où vous avez voulu.
Voilà que son pied touche à la terre promise,
De vous à lui qu'un autre accepte l'entremise,
Au coursier d'Israël qu'il attache le frein;
Je lui lègue mon livre et la verge d'airain.

«Pourquoi vous fallut-il tarir mes espérances,
Ne pas me laisser homme avec mes ignorances,
Puisque du mont Horeb jusques au mont Nébo
Je n'ai pas pu trouver le lieu de mon tombeau?
Hélas! vous m'avez fait sage parmi les sages!
Mon doigt du peuple errant a guidé les passages.
J'ai fait pleuvoir le feu sur la tête des rois;
L'avenir à genoux adorera mes lois;
Des tombes des humains j'ouvre la plus antique,
La mort trouve à ma voix une voix prophétique,
Je suis très grand, mes pieds sont sur les nations,
Ma main fait et défait les générations.
Hélas! je suis, Seigneur, puissant et solitaire,
Laissez-moi m'endormir du sommeil de la terre!

«Hélas! je sais aussi tous les secrets des cieux,
Et vous m'avez prêté la force de vos yeux.
Je commande à la nuit de déchirer ses voiles;
Ma bouche par leur nom a compté les étoiles,
Et, dès qu'au firmament mon geste l'appela,
Chacune s'est hâtée en disant: «Me voilà.»
J'impose mes deux mains sur le front des nuages
Pour tarir dans leurs flancs la source des orages;
J'engloutis les cités sous les sables mouvants;
Je renverse les monts sous les ailes des vents;
Mon pied infatigable est plus fort que l'espace;

Le fleuve aux grandes eaux se range quand je passe,
Et la voix de la mer se tait devant ma voix.
Lorsque mon peuple souffre, ou qu'il lui faut des lois,
J'élève mes regards, votre esprit me visite;
La terre alors chancelle, et le soleil hésite;
Vos anges sont jaloux et m'admirent entre eux. —
Et cependant, Seigneur, je ne suis pas heureux;
Vous m'avez fait vieillir puissant et solitaire,
Laissez-moi m'endormir du sommeil de la terre!

«Sitôt que votre souffle a rempli le berger,
Les hommes se sont dit: «Il nous est étranger»;
Et leurs yeux se baissaient devant mes yeux de flamme,
Car ils venaient, hélas! d'y voir plus que mon âme.
J'ai vu l'amour s'éteindre et l'amitié tarir,
Les vierges se voilaient et craignaient de mourir.

M'enveloppant alors de la colonne noire,
J'ai marché devant tous, triste et seul dans ma gloire,
Et j'ai dit dans mon cœur: Que vouloir à présent?
Pour dormir sur un sein mon front est trop pesant,
Ma main laisse l'effroi sur la main qu'elle touche,
L'orage est dans ma voix, l'éclair est sur ma bouche;
Aussi, loin de m'aimer, voilà qu'ils tremblent tous,
Et, quand j'ouvre les bras, on tombe à mes genoux.
Ô Seigneur! j'ai vécu puissant et solitaire,
Laissez-moi m'endormir du sommeil de la terre!»

Or, le peuple attendait, et, craignant son courroux,
Priait sans regarder le mont du Dieu jaloux;
Car s'il levait les yeux, les flancs noirs du nuage
Roulaient et redoublaient les foudres de l'orage,
Et le feu des éclairs, aveuglant les regards,
Enchaînait tous les fronts courbés de toutes parts.

Bientôt le haut du mont reparut sans Moïse. —
Il fut pleuré. — Marchant vers la terre promise,
Josué s'avançait pensif et pâlissant,
Car il était déjà l'élu du Tout-Puissant.

*Poèmes antiques et modernes*

## Le Cor

I

J'aime le son du Cor, le soir, au fond des bois,
Soit qu'il chante les pleurs de la biche aux abois,
Ou l'adieu du chasseur que l'écho faible accueille
Et que le vent du nord porte de feuille en feuille.

Que de fois, seul dans l'ombre à minuit demeuré,
J'ai souri de l'entendre, et plus souvent pleuré!
Car je croyais ouïr de ces bruits prophétiques
Qui précédaient la mort des Paladins antiques.

Ô montagnes d'azur! ô pays adoré!
Rocs de la Frazona, cirque du Marboré,
Cascades qui tombez des neiges entraînées,
Sources, gaves, ruisseaux, torrents des Pyrénées;

Monts gelés et fleuris, trône des deux saisons,
Dont le front est de glace et le pied de gazons!
C'est là qu'il faut s'asseoir, c'est là qu'il faut entendre
Les airs lointains d'un Cor mélancolique et tendre.

Souvent un voyageur, lorsque l'air est sans bruit,
De cette voix d'airain fait retentir la nuit;
A ses chants cadencés autour de lui se mêle
L'harmonieux grelot du jeune agneau qui bêle.

Une biche attentive, au lieu de se cacher,
Se suspend immobile au sommet du rocher,
Et la cascade unit, dans une chute immense,
Son éternelle plainte au chant de la romance.

Ames des Chevaliers, revenez-vous encor?
Est-ce vous qui parlez avec la voix du Cor?
Roncevaux! Roncevaux! dans ta sombre vallée
L'ombre du grand Roland n'est donc pas consolée!

## II

Tous les preux étaient morts, mais aucun n'avait fui.
Il reste seul debout, Olivier près de lui;
L'Afrique sur les monts l'entoure et tremble encore.
«Roland, tu vas mourir, rends-toi, criait le More;

«Tous tes Pairs sont couchés dans les eaux des torrents.»
Il rugit comme un tigre, et dit: «Si je me rends,
Africain, ce sera lorsque les Pyrénées
Sur l'onde avec leurs corps rouleront entraînées.

— Rends-toi donc, répond-il, ou meurs, car les voilà.»
Et du plus haut des monts un grand rocher roula.
Il bondit, il roula jusqu'au fond de l'abîme,
Et de ses pins, dans l'onde, il vint briser la cime.

«Merci, cria Roland; tu m'as fait un chemin.»
Et jusqu'au pied des monts le roulant d'une main,
Sur le roc affermi comme un géant s'élance,
Et, prête à fuir, l'armée à ce seul pas balance.

## III

Tranquilles cependant, Charlemagne et ses preux
Descendaient la montagne et se parlaient entre eux.
A l'horizon déjà, par leurs eaux signalées,
De Luz et d'Argelès se montraient les vallées.

L'armée applaudissait. Le luth du troubadour
S'accordait pour chanter les saules de l'Adour;
Le vin français coulait dans la coupe étrangère;
Le soldat, en riant, parlait à la bergère.

Roland gardait les monts; tous passaient sans effroi.
Assis nonchalamment sur un noir palefroi
Qui marchait revêtu de housses violettes,
Turpin disait, tenant les saintes amulettes:

«Sire, on voit dans le ciel des nuages de feu;
Suspendez votre marche; il ne faut tenter Dieu.
Par monsieur saint Denis, certes ce sont des âmes
Qui passent dans les airs sur ces vapeurs de flammes.

«Deux éclairs ont relui, puis deux autres encor.»
Ici l'on entendit le son lointain du Cor.
L'Empereur étonné, se jetant en arrière,
Suspend du destrier la marche aventurière.

«Entendez-vous? dit-il. — Oui, ce sont des pasteurs
Rappelant les troupeaux épars sur les hauteurs,
Répondit l'archevêque, ou la voix étouffée
Du nain vert Obéron qui parle avec sa fée.»

Et l'Empereur poursuit; mais son front soucieux
Est plus sombre et plus noir que l'orage des cieux.
Il craint la trahison, et, tandis qu'il y songe,
Le Cor éclate et meurt, renaît et se prolonge.

«Malheur! c'est mon neveu! malheur! car si Roland
Appelle à son secours, ce doit être en mourant.
Arrière! chevaliers, repassons la montagne!
Tremble encor sous nos pieds, sol trompeur de l'Espagne!»

IV

Sur le plus haut des monts s'arrêtent les chevaux;
L'écume les blanchit; sous leurs pieds, Roncevaux
Des feux mourants du jour à peine se colore.
A l'horizon lointain fuit l'étendard du More.

«Turpin, n'as-tu rien vu dans le fond du torrent?
— J'y vois deux chevaliers: l'un mort, l'autre expirant.
Tous deux sont écrasés sous une roche noire;
Le plus fort dans sa main élève un Cor d'ivoire,
Son âme en s'exhalant nous appela deux fois.»

Dieu! que le son du Cor est triste au fond des bois!

*Poèmes antiques et modernes*

## La Maison du berger

### Lettre à Éva

Si ton cœur, gémissant du poids de notre vie,
Se traîne et se débat comme un aigle blessé,
Portant comme le mien, sur son aile asservie,
Tout un monde fatal, écrasant et glacé;
S'il ne bat qu'en saignant par sa plaie immortelle,
S'il ne voit plus l'amour, son étoile fidèle,
Éclairer pour lui seul l'horizon effacé;

Si ton âme enchaînée, ainsi que l'est mon âme,
Lasse de son boulet et de son pain amer,
Sur sa galère en deuil laisse tomber la rame,
Penche sa tête pâle et pleure sur la mer,
Et, cherchant dans les flots une route inconnue,
Y voit, en frissonnant, sur son épaule nue
La lettre sociale écrite avec le fer;

Si ton corps, frémissant des passions secrètes,
S'indigne des regards, timide et palpitant;
S'il cherche à sa beauté de profondes retraites
Pour la mieux dérober au profane insultant;
Si ta lèvre se sèche au poison des mensonges,
Si ton beau front rougit de passer dans les songes
D'un impur inconnu qui te voit et t'entend:

Pars courageusement, laisse toutes les villes;
Ne ternis plus tes pieds aux poudres du chemin;
Du haut de nos pensers vois les cités serviles
Comme les rocs fatals de l'esclavage humain.
Les grands bois et les champs sont de vastes asiles,
Libres comme la mer autour des sombres îles.
Marche à travers les champs une fleur à la main.

La Nature t'attend dans un silence austère;
L'herbe élève à tes pieds son nuage des soirs,
Et le soupir d'adieu du soleil à la terre
Balance les beaux lys comme des encensoirs.
La forêt a voilé ses colonnes profondes,
La montagne se cache, et sur les pâles ondes
Le saule a suspendu ses chastes reposoirs.

Le crépuscule ami s'endort dans la vallée
Sur l'herbe d'émeraude et sur l'or du gazon,
Sous les timides joncs de la source isolée
Et sous le bois rêveur qui tremble à l'horizon,
Se balance en fuyant dans les grappes sauvages,
Jette son manteau gris sur le bord des rivages,
Et des fleurs de la nuit entr'ouvre la prison.

Il est sur ma montagne une épaisse bruyère
Où les pas du chasseur ont peine à se plonger,
Qui plus haut que nos fronts lève sa tête altière,
Et garde dans la nuit le pâtre et l'étranger.
Viens y cacher l'amour et ta divine faute;
Si l'herbe est agitée ou n'est pas assez haute,
J'y roulerai pour toi la Maison du berger.

Elle va doucement avec ses quatre roues,
Son toit n'est pas plus haut que ton front et tes yeux;
La couleur du corail et celle de tes joues
Teignent le char nocturne et ses muets essieux.
Le seuil est parfumé, l'alcôve est large et sombre,
Et là, parmi les fleurs, nous trouverons dans l'ombre,
Pour nos cheveux unis, un lit silencieux.

Je verrai, si tu veux, les pays de la neige,
Ceux où l'astre amoureux dévore et resplendit,
Ceux que heurtent les vents, ceux que la neige assiège,
Ceux où le pôle obscur sous sa glace est maudit.
Nous suivrons du hasard la course vagabonde.
Que m'importe le jour? que m'importe le monde?
Je dirai qu'ils sont beaux quand tes yeux l'auront dit...

... Éva, qui donc es-tu? Sais-tu bien ta nature?
Sais-tu quel est ici ton but et ton devoir?
Sais-tu que, pour punir l'homme, sa créature,
D'avoir porté la main sur l'arbre du savoir,
Dieu permit qu'avant tout, de l'amour de soi-même
En tout temps, à tout âge, il fît son bien suprême,
Tourmenté de s'aimer, tourmenté de se voir?

Mais si Dieu près de lui t'a voulu mettre, ô femme!
Compagne délicate! Éva! sais-tu pourquoi?
C'est pour qu'il se regarde au miroir d'une autre âme,
Qu'il entende ce chant qui ne vient que de toi:
— L'enthousiasme pur dans une voix suave.
C'est afin que tu sois son juge et son esclave
Et règnes sur sa vie en vivant sous sa loi.

Ta parole joyeuse a des mots despotiques;
Tes yeux sont si puissants, ton aspect est si fort,
Que les rois d'Orient ont dit dans leurs cantiques
Ton regard redoutable à l'égal de la mort;
Chacun cherche à fléchir tes jugements rapides...
— Mais ton cœur, qui dément tes formes intrépides,
Cède sans coup férir aux rudesses du sort.

Ta pensée a des bonds comme ceux des gazelles,
Mais ne saurait marcher sans guide et sans appui.
Le sol meurtrit ses pieds, l'air fatigue ses ailes,
Son œil se ferme au jour dès que le jour a lui;
Parfois sur les hauts lieux d'un seul élan posée,
Troublée au bruit des vents, ta mobile pensée
Ne peut seule y veiller sans crainte et sans ennui.

Mais aussi tu n'as rien de nos lâches prudences,
Ton cœur vibre et résonne au cri de l'opprimé,
Comme dans une église aux austères silences.
L'orgue entend un soupir et soupire alarmé.
Tes paroles de feu meuvent les multitudes,
Tes pleurs lavent l'injure et les ingratitudes,
Tu pousses par le bras l'homme... Il se lève armé.

C'est à toi qu'il convient d'ouïr les grandes plaintes
Que l'humanité triste exhale sourdement.
Quand le cœur est gonflé d'indignations saintes,
L'air des cités l'étouffe à chaque battement.

Mais de loin les soupirs des tourmentes civiles,
S'unissant au-dessus du charbon noir des villes,
Ne forment qu'un grand mot qu'on entend clairement.

Viens donc! le ciel pour moi n'est plus qu'une auréole
Qui t'entoure d'azur, t'éclaire et te défend;
La montagne est ton temple et le bois sa coupole,
L'oiseau n'est sur la fleur balancé par le vent,
Et la fleur ne parfume et l'oiseau ne soupire
Que pour mieux enchanter l'air que ton sein respire;
La terre est le tapis de tes beaux pieds d'enfant.

Éva, j'aimerai tout dans les choses créées,
Je les contemplerai dans ton regard rêveur
Qui partout répandra ses flammes colorées,
Son repos gracieux, sa magique saveur:
Sur mon cœur déchiré viens poser ta main pure,
Ne me laisse jamais seul avec la Nature,
Car je la connais trop pour n'en pas avoir peur.

Elle me dit: «Je suis l'impassible théâtre
Que ne peut remuer le pied de ses acteurs;
Mes marches d'émeraude et mes parvis d'albâtre,
Mes colonnes de marbre ont les dieux pour sculpteurs.
Je n'entends ni vos cris ni vos soupirs; à peine
Je sens passer sur moi la comédie humaine
Qui cherche en vain au ciel ses muets spectateurs,

«Je roule avec dédain, sans voir et sans entendre,
A côté des fourmis les populations;
Je ne distingue pas leur terrier de leur cendre,
J'ignore en les portant les noms des nations.
On me dit une mère et je suis une tombe.
Mon hiver prend vos morts comme son hécatombe,
Mon printemps ne sent pas vos adorations.

«Avant vous, j'étais belle et toujours parfumée,
J'abandonnais au vent mes cheveux tout entiers,
Je suivais dans les cieux ma route accoutumée
Sur l'axe harmonieux des divins balanciers.
Après vous, traversant l'espace où tout s'élance,
J'irai seule et sereine, en un chaste silence
Je fendrai l'air du front et de mes seins altiers.»

C'est là ce que me dit sa voix triste et superbe,
Et dans mon cœur alors je la hais, et je vois
Notre sang dans son onde et nos morts sous son herbe
Nourrissant de leurs sucs la racine des bois.
Et je dis à mes yeux qui lui trouvaient des charmes :
« Ailleurs tous vos regards, ailleurs toutes vos larmes,
Aimez ce que jamais on ne verra deux fois. »

Oh ! qui verra deux fois ta grâce et ta tendresse,
Ange doux et plaintif qui parle en soupirant ?
Qui naîtra comme toi portant une caresse
Dans chaque éclair tombé de ton regard mourant,
Dans les balancements de ta tête penchée,
Dans ta taille dolente et mollement couchée
Et dans ton pur sourire amoureux et souffrant ?

Vivez, froide Nature, et revivez sans cesse
Sous nos pieds, sur nos fronts, puisque c'est votre loi ;
Vivez, et dédaignez, si vous êtes déesse,
L'Homme, humble passager, qui dut vous être un Roi ;
Plus que tout votre règne et que ses splendeurs vaines
J'aime la majesté des souffrances humaines :
Vous ne recevrez pas un cri d'amour de moi.

Mais toi, ne veux-tu pas, voyageuse indolente,
Rêver sur mon épaule, en y posant ton front ?
Viens du paisible seuil de la maison roulante
Voir ceux qui sont passés et ceux qui passeront.
Tous les tableaux humains qu'un Esprit pur m'apporte
S'animeront pour toi, quand devant notre porte
Les grands pays muets longuement s'étendront.

Nous marcherons ainsi, ne laissant que notre ombre
Sur cette terre ingrate où les morts ont passé ;
Nous nous parlerons d'eux à l'heure où tout est sombre,
Où tu te plais à suivre un chemin effacé,
A rêver, appuyée aux branches incertaines,
Pleurant, comme Diane au bord de ses fontaines,
Ton amour taciturne et toujours menacé.

*Les Destinées*

## La mort du Loup

I

Les nuages couraient sur la lune enflammée
Comme sur l'incendie on voit fuir la fumée,
Et les bois étaient noirs jusques à l'horizon.
— Nous marchions, sans parler, dans l'humide gazon,
Dans la bruyère épaisse et dans les hautes brandes,
Lorsque, sous des sapins pareils à ceux des Landes,
Nous avons aperçu les grands ongles marqués
Par les Loups voyageurs que nous avions traqués.

Nous avons écouté, retenant notre haleine
Et le pas suspendu. — Ni le bois ni la plaine
Ne poussaient un soupir dans les airs; seulement
La girouette en deuil criait au firmament;
Car le vent, élevé bien au-dessus des terres,
N'effleurait de ses pieds que les tours solitaires,
Et les chênes d'en bas, contre les rocs penchés,
Sur leurs coudes semblaient endormis et couchés.
— Rien ne bruissait donc, lorsque, baissant la tête,
Le plus vieux des chasseurs qui s'étaient mis en quête
A regardé le sable en s'y couchant; bientôt,
Lui que jamais ici l'on ne vit en défaut,
A déclaré tout bas que ces marques récentes
Annonçaient la démarche et les griffes puissantes
De deux grands Loups-cerviers et de deux louveteaux.
Nous avons tous alors préparé nos couteaux
Et, cachant nos fusils et leurs lueurs trop blanches,
Nous allions, pas à pas, en écartant les branches.
Trois s'arrêtent, et moi, cherchant ce qu'ils voyaient,
J'aperçois tout à coup deux yeux qui flamboyaient,
Et je vois au-delà quatre formes légères
Qui dansaient sous la lune au milieu des bruyères,
Comme font chaque jour, à grand bruit, sous nos yeux,
Quand le maître revient, les lévriers joyeux.
Leur forme était semblable et semblable la danse;
Mais les enfants du Loup se jouaient en silence,
Sachant bien qu'à deux pas, ne dormant qu'à demi,
Se couche dans ses murs l'homme, leur ennemi.
Le père était debout, et plus loin, contre un arbre,
Sa Louve reposait comme celle de marbre
Qu'adoraient les Romains, et dont les flancs velus
Couvaient les demi-dieux Remus et Romulus.
Le Loup vient et s'assied, les deux jambes dressées
Par leurs ongles crochus dans le sable enfoncées.
Il s'est jugé perdu, puisqu'il était surpris,
Sa retraite coupée et tous ses chemins pris;
Alors il a saisi, dans sa gueule brûlante,
Du chien le plus hardi la gorge pantelante
Et n'a pas desserré ses mâchoires de fer,
Malgré nos coups de feu qui traversaient sa chair
Et nos couteaux aigus qui, comme des tenailles,
Se croisaient en plongeant dans ses larges entrailles,
Jusqu'au dernier moment où le chien étranglé,
Mort longtemps avant lui, sous ses pieds a roulé.

Le Loup le quitte alors et puis il nous regarde.
Les couteaux lui restaient au flanc jusqu'à la garde,
Le clouaient au gazon tout baigné dans son sang;
Nos fusils l'entouraient en sinistre croissant.
— Il nous regarde encore, ensuite il se recouche
Tout en léchant le sang répandu sur sa bouche,
Et, sans daigner savoir comment il a péri,
Refermant ses grands yeux, meurt sans jeter un cri.

II

J'ai reposé mon front sur mon fusil sans poudre,
Me prenant à penser, et n'ai pu me résoudre
A poursuivre sa Louve et ses fils qui, tous trois,
Avaient voulu l'attendre, et, comme je le crois,
Sans ses deux Louveteaux la belle et sombre veuve
Ne l'eût pas laissé seul subir la grande épreuve;
Mais son devoir était de les sauver, afin
De pouvoir leur apprendre à bien souffrir la faim,
A ne jamais entrer dans le pacte des villes
Que l'homme a fait avec les animaux serviles
Qui chassent devant lui, pour avoir le coucher,
Les premiers possesseurs du bois et du rocher.

III

Hélas! ai-je pensé, malgré ce grand nom d'Hommes,
Que j'ai honte de nous, débiles que nous sommes!
Comment on doit quitter la vie et tous ses maux,
C'est vous qui le savez, sublimes animaux!
A voir ce que l'on fut sur terre et ce qu'on laisse,
Seul le silence est grand; tout le reste est faiblesse.
— Ah! je t'ai bien compris, sauvage voyageur,
Et ton dernier regard m'est allé jusqu'au cœur!
Il disait: «Si tu peux, fais que ton âme arrive,
A force de rester studieuse et pensive,
Jusqu'à ce haut degré de stoïque fierté
Où, naissant dans les bois, j'ai tout d'abord monté.
Gémir, pleurer, prier est également lâche.
Fais énergiquement ta longue et lourde tâche
Dans la voie où le Sort a voulu t'appeler.
Puis, après, comme moi, souffre et meurs sans parler.»

*Les Destinées*

## Le mont des Oliviers

Alors il était nuit, et Jésus marchait seul,
Vêtu de blanc ainsi qu'un mort de son linceul;
Les disciples dormaient au pied de la colline.
Parmi les oliviers, qu'un vent sinistre incline,
Jésus marche à grands pas en frissonnant comme eux;
Triste jusqu'à la mort, l'œil sombre et ténébreux,
Le front baissé, croisant les deux bras sur sa robe
Comme un voleur de nuit cachant ce qu'il dérobe;
Connaissant les rochers mieux qu'un sentier uni,
Il s'arrête en un lieu nommé Gethsémani.
Il se courbe, à genoux, le front contre la terre;
Puis regarde le ciel en appelant: «Mon Père!»
— Mais le ciel reste noir, et Dieu ne répond pas.
Il se lève étonné, marche encore à grands pas,
Froissant les oliviers qui tremblent. Froide et lente
Découle de sa tête une sueur sanglante.
Il recule, il descend, il crie avec effroi:
«Ne pouviez-vous prier et veiller avec moi?»
Mais un sommeil de mort accable les apôtres.
Pierre à la voix du maître est sourd comme les autres.
Le Fils de l'homme alors remonte lentement;
Comme un pasteur d'Égypte, il cherche au firmament
Si l'Ange ne luit pas au fond de quelque étoile.
Mais un nuage en deuil s'étend comme le voile
D'une veuve, et ses plis entourent le désert.
Jésus, se rappelant ce qu'il avait souffert
Depuis trente-trois ans, devint homme, et la crainte
Serra son cœur mortel d'une invincible étreinte.
Il eut froid. Vainement il appela trois fois:
«Mon Père!» Le vent seul répondit à sa voix.
Il tomba sur le sable assis et, dans sa peine,
Eut sur le monde et l'homme une pensée humaine.
— Et la Terre trembla, sentant la pesanteur
Du Sauveur qui tombait aux pieds du Créateur.

Jésus disait: «Ô Père, encor laisse-moi vivre!
Avant le dernier mot ne ferme pas mon livre!
Ne sens-tu pas le monde et tout le genre humain
Qui souffre avec ma chair et frémit dans ta main?

C'est que la Terre a peur de rester seule et veuve,
Quand meurt celui qui dit une parole neuve;
Et que tu n'as laissé dans son sein desséché
Tomber qu'un mot du ciel par ma bouche épanché...»

## Le silence

... S'il est vrai qu'au Jardin sacré des Écritures,
Le Fils de l'homme ait dit ce qu'on voit rapporté;
Muet, aveugle et sourd au cri des créatures,
Si le Ciel nous laissa comme un monde avorté,
Le juste opposera le dédain à l'absence
Et ne répondra plus que par un froid silence
Au silence éternel de la Divinité.

*Les Destinées*

# Victor Hugo

## Les Djinns

Murs, ville,
Et port,
Asile
De mort,
Mer grise
Où brise
La brise,
Tout dort.

Dans la plaine
Naît un bruit.
C'est l'haleine
De la nuit.
Elle brame
Comme une âme
Qu'une flamme
Toujours suit.

La voix plus haute
Semble un grelot.
D'un nain qui saute
C'est le galop.
Il fuit, s'élance,
Puis en cadence
Sur un pied danse
Au bout d'un flot.

La rumeur approche,
L'écho la redit.
C'est comme la cloche
D'un couvent maudit,
Comme un bruit de foule
Qui tonne et qui roule,
Et tantôt s'écroule,
Et tantôt grandit.

Dieu! la voix sépulcrale
Des Djinns!... — Quel bruit ils font!
Fuyons sous la spirale
De l'escalier profond!
Déjà s'éteint ma lampe,
Et l'ombre de la rampe,
Qui le long du mur rampe
Monte jusqu'au plafond.

C'est l'essaim des Djinns qui passe
Et tourbillonne en sifflant.
Les ifs, que leur vol fracasse,
Craquent comme un pin brûlant.
Leur troupeau lourd et rapide,
Volant dans l'espace vide,
Semble un nuage livide
Qui porte un éclair au flanc.

Ils sont tout près! — Tenons fermée
Cette salle, où nous les narguons.
Quel bruit dehors! Hideuse armée
De vampires et de dragons!
La poutre du toit descellée
Ploie ainsi qu'une herbe mouillée,
Et la vieille porte rouillée
Tremble à déraciner ses gonds!

Cris de l'enfer! voix qui hurle et qui pleure!
L'horrible essaim, poussé par l'aquilon,
Sans doute, ô ciel! s'abat sur ma demeure.
Le mur fléchit sous le noir bataillon.
La maison crie et chancelle penchée,
Et l'on dirait que, du sol arrachée,
Ainsi qu'il chasse une feuille séchée,
Le vent la roule avec leur tourbillon!

Prophète! si ta main me sauve
De ces impurs démons des soirs,
J'irai prosterner mon front chauve
Devant tes sacrés encensoirs!
Fais que sur ces portes fidèles
Meure leur souffle d'étincelles,
Et qu'en vain l'ongle de leurs ailes
Grince et crie à ces vitraux noirs!

Ils sont passés! — Leur cohorte
S'envole et fuit, et leurs pieds
Cessent de battre ma porte
De leurs coups multipliés.
L'air est plein d'un bruit de chaînes,
Et dans les forêts prochaines
Frissonnent tous les grands chênes,
Sous leur vol de feu pliés!

De leurs ailes lointaines
Le battement décroît,
Si confus dans les plaines,
Si faible, que l'on croit
Ouïr la sauterelle
Crier d'une voix grêle,
Ou pétiller la grêle
Sur le plomb d'un vieux toit.

D'étranges syllabes
Nous viennent encor;
Ainsi des Arabes
Quand sonne le cor,
Un chant sur la grève
Par instants s'élève,
Et l'enfant qui rêve
Fait des rêves d'or.

Les Djinns funèbres,
Fils du trépas,
Dans les ténèbres
Pressent leurs pas;
Leur essaim gronde:
Ainsi, profonde,
Murmure une onde
Qu'on ne voit pas.

Ce bruit vague
Qui s'endort,
C'est la vague
Sur le bord;
C'est la plainte,
Presque éteinte,
D'une sainte
Pour un mort.

On doute
La nuit...
J'écoute: —
Tout fuit,
Tout passe;
L'espace
Efface
Le bruit.

*Les Orientales*

---

Ce siècle avait deux ans! Rome remplaçait Sparte,
Déjà Napoléon perçait sous Bonaparte,
Et du premier consul, déjà, par maint endroit,
Le front de l'empereur brisait le masque étroit.
Alors dans Besançon, vieille ville espagnole,
Jeté comme la graine au gré de l'air qui vole,
Naquit d'un sang breton et lorrain à la fois
Un enfant sans couleur, sans regard et sans voix;
Si débile qu'il fut, ainsi qu'une chimère,
Abandonné de tous, excepté de sa mère,
Et que son cou ployé comme un frêle roseau
Fit faire en même temps sa bière et son berceau.
Cet enfant que la vie effaçait de son livre,
Et qui n'avait pas même un lendemain à vivre,
C'est moi. —

Je vous dirai peut-être quelque jour
Quel lait pur, que de soins, que de vœux, que d'amour,
Prodigués pour ma vie en naissant condamnée,
M'ont fait deux fois l'enfant de ma mère obstinée,
Ange qui sur trois fils attachés à ses pas
Épandait son amour et ne mesurait pas!

Ô l'amour d'une mère! amour que nul n'oublie!
Pain merveilleux qu'un dieu partage et multiplie!
Table toujours servie au paternel foyer!
Chacun en a sa part et tous l'ont tout entier!

Je pourrai dire un jour, lorsque la nuit douteuse
Fera parler les soirs ma vieillesse conteuse,
Comment ce haut destin de gloire et de terreur
Qui remuait le monde aux pas de l'empereur,
Dans son souffle orageux m'emportant sans défense,
A tous les vents de l'air fit flotter mon enfance.
Car, lorsque l'aquilon bat ses flots palpitants,
L'océan convulsif tourmente en même temps
Le navire à trois ponts qui tonne avec l'orage,
Et la feuille échappée aux arbres du rivage!

Maintenant, jeune encore et souvent éprouvé,
J'ai plus d'un souvenir profondément gravé,
Et l'on peut distinguer bien des choses passées
Dans ces plis de mon front que creusent mes pensées.
Certes, plus d'un vieillard sans flamme et sans cheveux,
Tombé de lassitude au bout de tous ses vœux,
Pâlirait s'il voyait, comme un gouffre dans l'onde,
Mon âme où ma pensée habite comme un monde,
Tout ce que j'ai souffert, tout ce que j'ai tenté,
Tout ce qui m'a menti comme un fruit avorté,
Mon plus beau temps passé sans espoir qu'il renaisse,
Les amours, les travaux, les deuils de ma jeunesse,
Et quoique encore à l'âge où l'avenir sourit,
Le livre de mon cœur à toute page écrit!

Si parfois de mon sein s'envolent mes pensées,
Mes chansons par le monde en lambeaux dispersées;
S'il me plaît de cacher l'amour et la douleur
Dans le coin d'un roman ironique et railleur;
Si j'ébranle la scène avec ma fantaisie,
Si j'entre-choque aux yeux d'une foule choisie

D'autres hommes comme eux, vivant tous à la fois
De mon souffle et parlant au peuple avec ma voix;
Si ma tête, fournaise où mon esprit s'allume,
Jette le vers d'airain qui bouillonne et qui fume
Dans le rhythme profond, moule mystérieux
D'où sort la strophe ouvrant ses ailes dans les cieux;
C'est que l'amour, la tombe, et la gloire, et la vie,
L'onde qui fuit, par l'onde incessamment suivie,
Tout souffle, tout rayon, ou propice ou fatal,
Fait reluire et vibrer mon âme de cristal,
Mon âme aux mille voix, que le Dieu que j'adore
Mit au centre de tout comme un écho sonore!

D'ailleurs j'ai purement passé les jours mauvais,
Et je sais d'où je viens, si j'ignore où je vais.
L'orage des partis avec son vent de flamme
Sans en altérer l'onde a remué mon âme.
Rien d'immonde en mon cœur, pas de limon impur
Qui n'attendît qu'un vent pour en troubler l'azur!

Après avoir chanté, j'écoute et je contemple,
A l'empereur tombé dressant dans l'ombre un temple,
Aimant la liberté pour ses fruits, pour ses fleurs,
Le trône pour son droit, le roi pour ses malheurs;
Fidèle enfin au sang qu'ont versé dans ma veine
Mon père vieux soldat, ma mère vendéenne!

*Les Feuilles d'automne*

---

Lorsque l'enfant paraît, le cercle de famille
Applaudit à grands cris. Son doux regard qui brille
Fait briller tous les yeux,
Et les plus tristes fronts, les plus souillés peut-être,
Se dérident soudain à voir l'enfant paraître,
Innocent et joyeux.

Soit que juin ait verdi mon seuil, ou que novembre
Fasse autour d'un grand feu vacillant dans la chambre
Les chaises se toucher,
Quand l'enfant vient, la joie arrive et nous éclaire.
On rit, on se récrie, on l'appelle, et sa mère
Tremble à le voir marcher.

La nuit, quand l'homme dort, quand l'esprit rêve, à l'heure
Où l'on entend gémir, comme une voix qui pleure,
L'onde entre les roseaux,
Si l'aube tout à coup là-bas luit comme un phare,
Sa clarté dans les champs éveille une fanfare
De cloches et d'oiseaux.

Enfant, vous êtes l'aube et mon âme est la plaine
Qui des plus douces fleurs embaume son haleine
Quand vous la respirez;
Mon âme est la forêt dont les sombres ramures
S'emplissent pour vous seul de suaves murmures
Et de rayons dorés!

Car vos beaux yeux sont pleins de douceurs infinies,
Car vos petites mains, joyeuses et bénies,
N'ont point mal fait encor;
Jamais vos jeunes pas n'ont touché notre fange,
Tête sacrée! enfant aux cheveux blonds! bel ange
A l'auréole d'or!

Vous êtes parmi nous la colombe de l'arche.
Vos pieds tendres et purs n'ont point l'âge où l'on marche,
Vos ailes sont d'azur.
Sans le comprendre encor vous regardez le monde.
Double virginité! corps où rien n'est immonde,
Ame où rien n'est impur!

Il est si beau, l'enfant, avec son doux sourire,
Sa douce bonne foi, sa voix qui veut tout dire,
Ses pleurs vite apaisés,
Laissant errer sa vue étonnée et ravie,
Offrant de toutes parts sa jeune âme à la vie
Et sa bouche aux baisers!

Seigneur! préservez-moi, préservez ceux que j'aime,
Frères, parents, amis, et mes ennemis même
Dans le mal triomphants,
De jamais voir, Seigneur! l'été sans fleurs vermeilles,
La cage sans oiseaux, la ruche sans abeilles,
La maison sans enfants!

*Les Feuilles d'automne*

## Hymne

Ceux qui pieusement sont morts pour la patrie
Ont droit qu'à leur cercueil la foule vienne et prie.
Entre les plus beaux noms leur nom est le plus beau.
Toute gloire près d'eux passe et tombe éphémère;
Et, comme ferait une mère,
La voix d'un peuple entier les berce en leur tombeau.

Gloire à notre France éternelle!
Gloire à ceux qui sont morts pour elle!
Aux martyrs! aux vaillants! aux forts!
A ceux qu'enflamme leur exemple,
Qui veulent place dans le temple,
Et qui mourront comme ils sont morts!

C'est pour ces morts, dont l'ombre est ici bienvenue,
Que le haut Panthéon élève dans la nue,
Au-dessus de Paris, la ville aux mille tours,
La reine de nos Tyrs et de nos Babylones,
Cette couronne de colonnes
Que le soleil levant redore tous les jours!

Gloire à notre France éternelle!
Gloire à ceux qui sont morts pour elle!
Aux martyrs! aux vaillants! aux forts!
A ceux qu'enflamme leur exemple,
Qui veulent place dans le temple,
Et qui mourront comme ils sont morts!

Ainsi, quand de tels morts sont couchés dans la tombe,
En vain l'oubli, nuit sombre où va tout ce qui tombe,
Passe sur leur sépulcre où nous nous inclinons;
Chaque jour, pour eux seuls se levant plus fidèle,
La gloire, aube toujours nouvelle,
Fait luire leur mémoire et redore leurs noms!

Gloire à notre France éternelle!
Gloire à ceux qui sont morts pour elle!
Aux martyrs! aux vaillants! aux forts!
A ceux qu'enflamme leur exemple,
Qui veulent place dans le temple,
Et qui mourront comme ils sont morts!

*Les Chants du crépuscule*

# RUY BLAS

## ACTE III, SCÈNE 2

RUY BLAS, *survenant*

Bon appétit, messieurs ! —
Ô ministres intègres !
Conseillers vertueux ! voilà votre façon
De servir, serviteurs qui pillez la maison !
Donc vous n'avez pas honte et vous choisissez l'heure,
L'heure sombre où l'Espagne agonisante pleure !
Donc vous n'avez ici pas d'autres intérêts
Que remplir votre poche et vous enfuir après !
Soyez flétris, devant votre pays qui tombe,
Fossoyeurs qui venez le voler dans sa tombe !
— Mais voyez, regardez, ayez quelque pudeur.
L'Espagne et sa vertu, l'Espagne et sa grandeur,
Tout s'en va. — Nous avons, depuis Philippe Quatre,
Perdu le Portugal, le Brésil, sans combattre ;
En Alsace Brisach, Steinfort en Luxembourg ;
Et toute la Comté jusqu'au dernier faubourg ;
Le Roussillon, Ormuz, Goa, cinq mille lieues
De côte, et Fernambouc, et les Montagnes Bleues !
Mais voyez. — Du ponant jusques à l'orient,
L'Europe, qui vous hait, vous regarde en riant.
Comme si votre roi n'était plus qu'un fantôme,
La Hollande et l'Anglais partagent ce royaume ;
Rome vous trompe ; il faut ne risquer qu'à demi
Une armée en Piémont, quoique pays ami ;
La Savoie et son duc sont pleins de précipices.
La France pour vous prendre attend des jours propices.
L'Autriche aussi vous guette. Et l'infant bavarois
Se meurt, vous le savez. — Quant à vos vice-rois,
Médina, fou d'amour, emplit Naples d'esclandres,
Vaudémont vend Milan, Legañez perd les Flandres.
Quel remède à cela ? — L'État est indigent,
L'État est épuisé de troupes et d'argent ;
Nous avons sur la mer, où Dieu met ses colères,
Perdu trois cents vaisseaux, sans compter les galères.
Et vous osez !... — Messieurs, en vingt ans, songez-y,
Le peuple, — j'en ai fait le compte, et c'est ainsi ! —

Portant sa charge énorme et sous laquelle il ploie,
Pour vous, pour vos plaisirs, pour vos filles de joie,
Le peuple misérable, et qu'on pressure encor,
A sué quatre cent trente millions d'or!
Et ce n'est pas assez! et vous voulez, mes maîtres!... —
Ah! j'ai honte pour vous! — Au dedans, routiers, reîtres,
Vont battant le pays et brûlant la moisson.
L'escopette est braquée au coin de tout buisson.
Comme si c'était peu de la guerre des princes,
Guerre entre les couvents, guerre entre les provinces,
Tous voulant dévorer leur voisin éperdu,
Morsures d'affamés sur un vaisseau perdu!
Notre église en ruine est pleine de couleuvres;
L'herbe y croît. Quant aux grands, des aïeux, mais pas
Tout se fait par intrigue et rien par loyauté. [d'œuvres.
L'Espagne est un égout où vient l'impureté
De toute nation. — Tout seigneur à ses gages
A cent coupe-jarrets qui parlent cent langages.
Génois, Sardes, Flamands. Babel est dans Madrid.

L'alguazil, dur au pauvre, au riche s'attendrit.
La nuit on assassine, et chacun crie: A l'aide!
— Hier on m'a volé, moi, près du pont de Tolède! —
La moitié de Madrid pille l'autre moitié.
Tous les juges vendus. Pas un soldat payé.
Anciens vainqueurs du monde, Espagnols que nous sommes,
Quelle armée avons-nous? A peine six mille hommes,
Qui vont pieds nus. Des gueux, des juifs, des montagnards,
S'habillant d'une loque et s'armant de poignards.
Aussi d'un régiment toute bande se double.
Sitôt que la nuit tombe, il est une heure trouble
Où le soldat douteux se transforme en larron.
Matalobos a plus de troupes qu'un baron.
Un voleur fait chez lui la guerre au roi d'Espagne.
Hélas! les paysans qui sont dans la campagne
Insultent en passant la voiture du roi.
Et lui, votre seigneur, plein de deuil et d'effroi,
Seul, dans l'Escurial, avec les morts qu'il foule,
Courbe son front pensif sur qui l'empire croule!...

## Tristesse d'Olympio

Les champs n'étaient point noirs, les cieux n'étaient pas
Non, le jour rayonnait dans un azur sans bornes [mornes.
Sur la terre étendu,
L'air était plein d'encens et les prés de verdures
Quand il revit ces lieux où par tant de blessures
Son cœur s'est répandu!

L'automne souriait; les coteaux vers la plaine
Penchaient leurs bois charmants qui jaunissaient à peine;
Le ciel était doré;
Et les oiseaux, tournés vers celui que tout nomme,
Disant peut-être à Dieu quelque chose de l'homme,
Chantaient leur chant sacré!

Il voulut tout revoir, l'étang près de la source,
La masure où l'aumône avait vidé leur bourse,
Le vieux frêne plié,
Les retraites d'amour au fond des bois perdues,
L'arbre où dans les baisers leurs âmes confondues
Avaient tout oublié!

Il chercha le jardin, la maison isolée,
La grille d'où l'œil plonge en une oblique allée,
Les vergers en talus.
Pâle, il marchait. — Au bruit de son pas grave et sombre,
Il voyait à chaque arbre, hélas! se dresser l'ombre
Des jours qui ne sont plus!

Il entendait frémir dans la forêt qu'il aime
Ce doux vent qui, faisant tout vibrer en nous-même,
Y réveille l'amour,
Et, remuant le chêne ou balançant la rose,
Semble l'âme de tout qui va sur chaque chose
Se poser tour à tour!

Les feuilles qui gisaient dans le bois solitaire,
S'efforçant sous ses pas de s'élever de terre,
Couraient dans le jardin;
Ainsi, parfois, quand l'âme est triste, nos pensées
S'envolent un moment sur leurs ailes blessées,
Puis retombent soudain.

Il contempla longtemps les formes magnifiques
Que la nature prend dans les champs pacifiques;
Il rêva jusqu'au soir;
Tout le jour, il erra le long de la ravine,
Admirant tour à tour le ciel, face divine,
Le lac, divin miroir!

Hélas! se rappelant ses douces aventures,
Regardant, sans entrer, par-dessus les clôtures,
Ainsi qu'un paria,
Il erra tout le jour. Vers l'heure où la nuit tombe,
Il se sentit le cœur triste comme une tombe,
Alors il s'écria:

«Ô douleur! j'ai voulu, moi dont l'âme est troublée,
Savoir si l'urne encor conservait la liqueur,
Et voir ce qu'avait fait cette heureuse vallée
De tout ce que j'avais laissé là de mon cœur!

«Que peu de temps suffit pour changer toutes choses!
Nature au front serein, comme vous oubliez!
Et comme vous brisez dans vos métamorphoses
Les fils mystérieux où nos cœurs sont liés!

«Nos chambres de feuillage en halliers sont changées;
L'arbre où fut notre chiffre est mort ou renversé;
Nos roses dans l'enclos ont été ravagées
Par les petits enfants qui sautent le fossé.

«Un mur clôt la fontaine où, par l'heure échauffée,
Folâtre, elle buvait en descendant des bois;
Elle prenait de l'eau dans sa main, douce fée,
Et laissait retomber des perles de ses doigts!

«On a pavé la route âpre et mal aplanie,
Où, dans le sable pur se dessinant si bien,
Et de sa petitesse étalant l'ironie,
Son pied charmant semblait rire à côté du mien!

«La borne du chemin, qui vit des jours sans nombre,
Où jadis pour m'attendre elle aimait à s'asseoir,
S'est usée en heurtant, lorsque la route est sombre,
Les grands chars gémissants qui reviennent le soir.

«La forêt ici manque et là s'est agrandie.
De tout ce qui fut nous presque rien n'est vivant;
Et, comme un tas de cendre éteinte et refroidie,
L'amas des souvenirs se disperse à tout vent!

«N'existons-nous donc plus? Avons-nous eu notre heure?
Rien ne la rendra-t-il à nos cris superflus?
L'air joue avec la branche au moment où je pleure;
Ma maison me regarde et ne me connaît plus.

«D'autres vont maintenant passer où nous passâmes.
Nous y sommes venus, d'autres vont y venir;
Et le songe qu'avaient ébauché nos deux âmes,
Ils le continueront sans pouvoir le finir!

«Car personne ici-bas ne termine et n'achève;
Les pires des humains sont comme les meilleurs;
Nous nous réveillons tous au même endroit du rêve.
Tout commence en ce monde et tout finit ailleurs.

«Oui, d'autres à leur tour viendront, couples sans tache,
Puiser dans cet asile heureux, calme, enchanté,
Tout ce que la nature à l'amour qui se cache
Mêle de rêverie et de solennité!

«D'autres auront nos champs, nos sentiers, nos retraites,
Ton bois, ma bien-aimée, est à des inconnus.
D'autres femmes viendront, baigneuses indiscrètes,
Troubler le flot sacré qu'ont touché tes pieds nus!

«Quoi donc! c'est vainement qu'ici nous nous aimâmes!
Rien ne nous restera de ces coteaux fleuris
Où nous fondions notre être en y mêlant nos flammes!
L'impassible nature a déjà tout repris...

*Les Rayons et les Ombres*

## Oceano nox

Oh! combien de marins, combien de capitaines
Qui sont partis joyeux pour des courses lointaines,
Dans ce morne horizon se sont évanouis!
Combien ont disparu, dure et triste fortune!
Dans une mer sans fond, par une nuit sans lune,
Sous l'aveugle océan à jamais enfouis!

Combien de patrons morts avec leurs équipages!
L'ouragan de leur vie a pris toutes les pages
Et d'un souffle il a tout dispersé sur les flots!
Nul ne saura leur fin dans l'abîme plongée.
Chaque vague en passant d'un butin s'est chargée;
L'une a saisi l'esquif, l'autre les matelots!

Nul ne sait votre sort, pauvres têtes perdues!
Vous roulez à travers les sombres étendues,
Heurtant de vos fronts morts des écueils inconnus.
Oh! que de vieux parents, qui n'avaient plus qu'un rêve,
Sont morts en attendant tous les jours sur la grève
Ceux qui ne sont pas revenus!

On s'entretient de vous parfois dans les veillées.
Maint joyeux cercle, assis sur des ancres rouillées,
Mêle encor quelque temps vos noms d'ombre couverts,
Aux rires, aux refrains, aux récits d'aventures,
Aux baisers qu'on dérobe à vos belles futures,
Tandis que vous dormez dans les goëmons verts!

On demande: «Où sont-ils? Sont-ils rois dans quelque île?
Nous ont-ils délaissés pour un bord plus fertile?»
Puis votre souvenir même est enseveli.
Le corps se perd dans l'eau, le nom dans la mémoire.
Le temps, qui sur toute ombre en verse une plus noire,
Sur le sombre océan jette le sombre oubli.

Bientôt des yeux de tous votre ombre est disparue.
L'un n'a-t-il pas sa barque et l'autre sa charrue?
Seules, durant ces nuits où l'orage est vainqueur,
Vos veuves aux fronts blancs, lasses de vous attendre,
Parlent encor de vous en remuant la cendre
De leur foyer et de leur cœur!

Et quand la tombe enfin a fermé leur paupière,
Rien ne sait plus vos noms, pas même une humble pierre
Dans l'étroit cimetière où l'écho nous répond,
Pas même un saule vert qui s'effeuille à l'automne,
Pas même la chanson naïve et monotone
Que chante un mendiant à l'angle d'un vieux pont!

Où sont-ils, les marins sombrés dans les nuits noires?
Ô flots, que vous savez de lugubres histoires!
Flots profonds redoutés des mères à genoux!
Vous vous les racontez en montant les marées,
Et c'est ce qui vous fait ces voix désespérées
Que vous avez le soir quand vous venez vers nous!

*Les Rayons et les Ombres*

## A l'obéissance passive

Ô soldats de l'an deux! ô guerres! épopées!
Contre les rois tirant ensemble leurs épées,
Prussiens, Autrichiens,
Contre toutes les Tyrs et toutes les Sodomes,
Contre le czar du nord, contre ce chasseur d'hommes
Suivi de tous ses chiens,

Contre toute l'Europe avec ses capitaines,
Avec ses fantassins couvrant au loin les plaines,
Avec ses cavaliers,
Tout entière debout comme une hydre vivante,
Ils chantaient, ils allaient, l'âme sans épouvante
Et les pieds sans souliers!

Au levant, au couchant, partout, au sud, au pôle,
Avec de vieux fusils sonnant sur leur épaule,
Passant torrents et monts,
Sans repos, sans sommeil, coudes percés, sans vivres,
Ils allaient, fiers, joyeux, et soufflant dans des cuivres,
Ainsi que des démons!

La liberté sublime emplissait leurs pensées.
Flottes prises d'assaut frontières effacées
Sous leur pas souverain,
Ô France, tous les jours c'était quelque prodige,
Chocs, rencontres, combats: et Joubert sur l'Adige,
Et Marceau sur le Rhin!

On battait l'avant-garde, on culbutait le centre;
Dans la pluie et la neige et de l'eau jusqu'au ventre,
On allait! en avant!
Et l'un offrait la paix, et l'autre ouvrait ses portes,
Et les trônes, roulant comme des feuilles mortes,
Se dispersaient au vent!

Oh! que vous étiez grands au milieu des mêlées,
Soldats! L'œil plein d'éclairs, faces échevelées
Dans le noir tourbillon,
Ils rayonnaient, debout, ardents, dressant la tête;
Et comme les lions aspirent la tempête
Quand souffle l'aquilon,

Eux, dans l'emportement de leurs luttes épiques,
Ivres, ils savouraient tous les bruits héroïques,
Le fer heurtant le fer,
La Marseillaise ailée et volant dans les balles,
Les tambours, les obus, les bombes, les cymbales,
Et ton rire, ô Kléber!

La Révolution leur criait: — Volontaires,
Mourez pour délivrer tous les peuples vos frères! —
Contents, ils disaient oui.
— Allez, mes vieux soldats, mes généraux imberbes! —
Et l'on voyait marcher ces va-nu-pieds superbes
Sur le monde ébloui!

La tristesse et la peur leur étaient inconnues;
Ils eussent, sans nul doute, escaladé les nues,
Si ces audacieux,
En retournant les yeux dans leur course olympique,
Avaient vu derrière eux la grande République
Montrant du doigt les cieux...

*Les Châtiments*

## L'expiation

Il neigeait. On était vaincu par sa conquête.
Pour la première fois l'aigle baissait la tête.
Sombres jours ! l'empereur revenait lentement,
Laissant derrière lui brûler Moscou fumant.
Il neigeait. L'âpre hiver fondait en avalanche.
Après la plaine blanche une autre plaine blanche.
On ne connaissait plus les chefs ni le drapeau.
Hier la grande armée, et maintenant troupeau.
On ne distinguait plus les ailes ni le centre.
Il neigeait. Les blessés s'abritaient dans le ventre
Des chevaux morts ; au seuil des bivouacs désolés
On voyait des clairons à leur poste gelés
Restés debout, en selle et muets, blancs de givre,
Collant leur bouche en pierre aux trompettes de cuivre.
Boulets, mitraille, obus, mêlés aux flocons blancs,
Pleuvaient ; les grenadiers, surpris d'être tremblants,
Marchaient pensifs, la glace à leur moustache grise.
Il neigeait, il neigeait toujours ! La froide bise
Sifflait ; sur le verglas, dans des lieux inconnus,
On n'avait pas de pain et l'on allait pieds nus.
Ce n'étaient plus des cœurs vivants, des gens de guerre,
C'était un rêve errant dans la brume, un mystère,
Une procession d'ombres sous le ciel noir.
La solitude vaste, épouvantable à voir,
Partout apparaissait, muette vengeresse.
Le ciel faisait sans bruit avec la neige épaisse
Pour cette immense armée un immense linceul ;
Et, chacun se sentant mourir, on était seul.
— Sortira-t-on jamais de ce funeste empire ?
Deux ennemis ! le czar, le nord. Le nord est pire.
On jetait les canons pour brûler les affûts.
Qui se couchait, mourait. Groupe morne et confus,
Ils fuyaient ; le désert dévorait le cortège.
On pouvait, à des plis qui soulevaient la neige,
Voir que des régiments s'étaient endormis là.
Ô chutes d'Annibal ! lendemains d'Attila !
Fuyards, blessés, mourants, caissons, brancards, civières,
On s'écrasait aux ponts pour passer les rivières.

On s'endormait dix mille, on se réveillait cent.
Ney, que suivait naguère une armée, à présent
S'évadait, disputant sa montre à trois cosaques.
Toutes les nuits, qui vive ! alerte ! assauts ! attaques !
Ces fantômes prenaient leurs fusils, et sur eux
Ils voyaient se ruer, effrayants, ténébreux,
Avec des cris pareils aux voix des vautours chauves,
D'horribles escadrons, tourbillons d'hommes fauves.
Toute une armée ainsi dans la nuit se perdait.
L'empereur était là, debout, qui regardait.
Il était comme un arbre en proie à la cognée.
Sur ce géant, grandeur jusqu'alors épargnée,
Le malheur, bûcheron sinistre, était monté ;
Et lui, chêne vivant, par la hache insulté,
Tressaillant sous le spectre aux lugubres revanches,
Il regardait tomber autour de lui ses branches.
Chefs, soldats, tous mouraient. Chacun avait son tour.
Tandis qu'environnant sa tente avec amour,
Voyant son ombre aller et venir sur la toile,
Ceux qui restaient, croyant toujours à son étoile,
Accusaient le destin de lèse-majesté,
Lui se sentit soudain dans l'âme épouvanté.
Stupéfait du désastre et ne sachant que croire,
L'empereur se tourna vers Dieu ; l'homme de gloire
Trembla ; Napoléon comprit qu'il expiait
Quelque chose peut-être, et, livide, inquiet,
Devant ses légions sur la neige semées :
— Est-ce le châtiment, dit-il, Dieu des armées ? —
Alors il s'entendit appeler par son nom
Et quelqu'un qui parlait dans l'ombre lui dit : Non.

---

Waterloo ! Waterloo ! Waterloo ! morne plaine !
Comme une onde qui bout dans une urne trop pleine,
Dans ton cirque de bois, de coteaux, de vallons,
La pâle mort mêlait les sombres bataillons.
D'un côté c'est l'Europe et de l'autre la France.
Choc sanglant ! des héros Dieu trompait l'espérance ;
Tu désertais, victoire, et le sort était las.
Ô Waterloo ! je pleure et je m'arrête, hélas !
Car ces derniers soldats de la dernière guerre
Furent grands ; ils avaient vaincu toute la terre,
Chassé vingt rois, passé les Alpes et le Rhin,
Et leur âme chantait dans les clairons d'airain !

Le soir tombait; la lutte était ardente et noire.
Il avait l'offensive et presque la victoire;
Il tenait Wellington acculé sur un bois.
Sa lunette à la main, il observait parfois
Le centre du combat, point obscur où tressaille
La mêlée, effroyable et vivante broussaille,
Et parfois l'horizon, sombre comme la mer.
Soudain, joyeux, il dit: Grouchy! — C'était Blücher!
L'espoir changea de camp, le combat changea d'âme,
La mêlée en hurlant grandit comme une flamme.
La batterie anglaise écrasa nos carrés.
La plaine, où frissonnaient les drapeaux déchirés,
Ne fut plus, dans les cris des mourants qu'on égorge,
Qu'un gouffre flamboyant, rouge comme une forge;
Gouffre où les régiments, comme des pans de murs,
Tombaient, où se couchaient comme des épis mûrs
Les hauts tambours-majors aux panaches énormes,
Où l'on entrevoyait des blessures difformes!

Carnage affreux! moment fatal! L'homme inquiet
Sentit que la bataille entre ses mains pliait.
Derrière un mamelon la garde était massée.
La garde, espoir suprême et suprême pensée!
— Allons! faites donner la garde! — cria-t-il.
Et, lanciers, grenadiers aux guêtres de coutil,
Dragons que Rome eût pris pour des légionnaires,
Cuirassiers, canonniers qui traînaient des tonnerres,
Portant le noir colback ou le casque poli,
Tous, ceux de Friedland et ceux de Rivoli,
Comprenant qu'ils allaient mourir dans cette fête,
Saluèrent leur dieu, debout dans la tempête.
Leur bouche, d'un seul cri, dit: vive l'empereur!
Puis, à pas lents, musique en tête, sans fureur,
Tranquille, souriant à la mitraille anglaise,
La garde impériale entra dans la fournaise.
Hélas! Napoléon, sur sa garde penché,
Regardait, et, sitôt qu'ils avaient débouché

Sous les sombres canons crachant des jets de soufre,
Voyait, l'un après l'autre, en cet horrible gouffre,
Fondre ces régiments de granit et d'acier
Comme fond une cire au souffle d'un brasier.
Ils allaient, l'arme au bras, front haut, graves, stoïques,
Pas un ne recula. Dormez, morts héroïques!
Le reste de l'armée hésitait sur leurs corps
Et regardait mourir la garde. — C'est alors
Qu'élevant tout à coup sa voix désespérée,
La Déroute, géante à la face effarée,
Qui, pâle, épouvantant les plus fiers bataillons,
Changeant subitement les drapeaux en haillons,
A de certains moments, spectre fait de fumées,
Se lève grandissante au milieu des armées,
La Déroute apparut au soldat qui s'émeut,
Et, se tordant les bras, cria: Sauve qui peut!
Sauve qui peut! affront! horreur! toutes les bouches
Criaient; à travers champs, fous, éperdus, farouches,
Comme si quelque souffle avait passé sur eux,
Parmi les lourds caissons et les fourgons poudreux,
Roulant dans les fossés, se cachant dans les seigles,
Jetant shakos, manteaux, fusils, jetant les aigles,
Sous les sabres prussiens, ces vétérans, ô deuil!
Tremblaient, hurlaient, pleuraient, couraient. — En un clin [d'œil,
Comme s'envole au vent une paille enflammée,
S'évanouit ce bruit qui fut la grande armée,
Et cette plaine, hélas! où l'on rêve aujourd'hui,
Vit fuir ceux devant qui l'univers avait fui!
Quarante ans sont passés, et ce coin de la terre,
Waterloo, ce plateau funèbre et solitaire,
Ce champ sinistre où Dieu mêla tant de néants,
Tremble encor d'avoir vu la fuite des géants!

Napoléon les vit s'écouler comme un fleuve;
Hommes, chevaux, tambours, drapeaux; — et dans l'épreuve,
Sentant confusément revenir son remords,
Levant les mains au ciel, il dit: — Mes soldats morts,
Moi vaincu! mon empire est brisé comme verre.
Est-ce le châtiment cette fois, Dieu sévère? —
Alors parmi les cris, les rumeurs, le canon,
Il entendit la voix qui lui répondait: Non!

*Les Châtiments*

## Pauca meae

Elle avait pris ce pli dans son âge enfantin
De venir dans ma chambre un peu chaque matin.
Je l'attendais ainsi qu'un rayon qu'on espère.
Elle entrait, et disait : Bonjour, mon petit père,
Prenait ma plume, ouvrait mes livres, s'asseyait
Sur mon lit, dérangeait mes papiers, et riait,
Puis soudain s'en allait comme un oiseau qui passe.
Alors, je reprenais, la tête un peu moins lasse,
Mon œuvre interrompue, et, tout en écrivant,
Parmi mes manuscrits je rencontrais souvent
Quelque arabesque folle et qu'elle avait tracée,
Et mainte page blanche entre ses mains froissée,
Où, je ne sais comment, venaient mes plus doux vers.
Elle aimait Dieu, les fleurs, les astres, les prés verts,
Et c'était un esprit avant d'être une femme.
Son regard reflétait la clarté de son âme,
Elle me consultait sur tout à tous moments.
Oh ! que de soirs d'hiver radieux et charmants
Passés à raisonner langue, histoire et grammaire,
Mes quatre enfants groupés sur mes genoux, leur mère
Tout près, quelques amis causant au coin du feu !
J'appelais cette vie être content de peu !
Et dire qu'elle est morte ! Hélas ! que Dieu m'assiste !
Je n'étais jamais gai quand je la sentais triste ;
J'étais morne au milieu du bal le plus joyeux
Si j'avais, en partant, vu quelque ombre en ses yeux.

*Les Contemplations*

## Demain, dès l'aube

Demain, dès l'aube, à l'heure où blanchit la campagne,
Je partirai. Vois-tu, je sais que tu m'attends.
J'irai par la forêt, j'irai par la montagne.
Je ne puis demeurer loin de toi plus longtemps.

Je marcherai les yeux fixés sur mes pensées,
Sans rien voir au dehors, sans entendre aucun bruit,
Seul, inconnu, le dos courbé, les mains croisées,
Triste, et le jour pour moi sera comme la nuit.

Je ne regarderai ni l'or du soir qui tombe,
Ni les voiles au loin descendant vers Harfleur,
Et quand j'arriverai, je mettrai sur ta tombe
Un bouquet de houx vert et de bruyère en fleur.

*Les Contemplations*

## Paroles sur la dune

Maintenant que mon temps décroît comme un flambeau,
Que mes tâches sont terminées;
Maintenant que voici que je touche au tombeau
Par les deuils et par les années,

Et qu'au fond de ce ciel que mon essor rêva,
Je vois fuir, vers l'ombre entraînées,
Comme le tourbillon du passé qui s'en va,
Tant de belles heures sonnées;

Maintenant que je dis: — Un jour, nous triomphons,
Le lendemain tout est mensonge! —
Je suis triste et je marche au bord des flots profonds,
Courbé comme celui qui songe.

Je regarde, au-dessus du mont et du vallon,
Et des mers sans fin remuées,
S'envoler sous le bec du vautour aquilon,
Toute la toison des nuées;

J'entends le vent dans l'air, la mer sur le récif,
L'homme liant la gerbe mûre;
J'écoute, et je confronte en mon esprit pensif
Ce qui parle à ce qui murmure;

Et je reste parfois couché sans me lever
Sur l'herbe rare de la dune,
Jusqu'à l'heure où l'on voit apparaître et rêver
Les yeux sinistres de la lune.

Elle monte, elle jette un long rayon dormant
A l'espace, au mystère, au gouffre;
Et nous nous regardons tous les deux fixement,
Elle qui brille et moi qui souffre.

Où donc s'en sont allés mes jours évanouis?
Est-il quelqu'un qui me connaisse?
Ai-je encor quelque chose en mes yeux éblouis,
De la clarté de ma jeunesse?

Tout s'est-il envolé? Je suis seul, je suis las;
J'appelle sans qu'on me réponde;
Ô vents! ô flots! ne suis-je aussi qu'un souffle, hélas!
Hélas! ne suis-je aussi qu'une onde?

Ne verrai-je plus rien de tout ce que j'aimais?
Au dedans de moi le soir tombe.
Ô terre, dont la brume efface les sommets,
Suis-je le spectre, et toi la tombe?

Ai-je donc vidé tout, vie, amour, joie, espoir?
J'attends, je demande, j'implore;
Je penche tour à tour mes urnes pour avoir
De chacune une goutte encore.

Comme le souvenir est voisin du remord!
Comme à pleurer tout nous ramène!
Et que je te sens froide en te touchant, ô mort,
Noir verrou de la porte humaine!

Et je pense, écoutant gémir le vent amer,
Et l'onde aux plis infranchissables;
L'été rit, et l'on voit sur le bord de la mer
Fleurir le chardon bleu des sables.

*Les Contemplations*

## Mugitusque boum

Mugissement des bœufs, au temps du doux Virgile,
Comme aujourd'hui, le soir, quand fuit la nuit agile,
Ou, le matin, quand l'aube aux champs extasiés
Verse à flots la rosée et le jour, vous disiez :

Mûrissez, blés mouvants ! prés, emplissez-vous d'herbes !
Que la terre, agitant son panache de gerbes,
Chante dans l'onde d'or d'une riche moisson !
Vis, bête ; vis, caillou ; vis, homme ; vis, buisson !

A l'heure où le soleil se couche, où l'herbe est pleine
Des grands fantômes noirs des arbres de la plaine
Jusqu'aux lointains coteaux rampant et grandissant,
Quand le brun laboureur des collines descend
Et retourne à son toit d'où sort une fumée,
Que la soif de revoir sa femme bien-aimée
Et l'enfant qu'en ses bras hier il réchauffait,
Que ce désir, croissant à chaque pas qu'il fait,
Imite dans son cœur l'allongement de l'ombre!
Êtres! choses! vivez! sans peur, sans deuil, sans nombre!
Que tout s'épanouisse en sourire vermeil!
Que l'homme ait le repos et le bœuf le sommeil!

Vivez! croissez! semez le grain à l'aventure!
Qu'on sente frissonner dans toute la nature,
Sous la feuille des nids, au seuil blanc des maisons,
Dans l'obscur tremblement des profonds horizons,
Un vaste emportement d'aimer, dans l'herbe verte,
Dans l'antre, dans l'étang, dans la clairière ouverte,
D'aimer sans fin, d'aimer toujours, d'aimer encor,
Sous la sérénité des sombres astres d'or!
Faites tressaillir l'air, le flot, l'aile, la bouche,
Ô palpitations du grand amour farouche!
Qu'on sente le baiser de l'être illimité!
Et paix, vertu, bonheur, espérance, bonté,
Ô fruits divins, tombez des branches éternelles! —

Ainsi vous parliez, voix, grandes voix solennelles;
Et Virgile écoutait comme j'écoute, et l'eau
Voyait passer le cygne auguste, et le bouleau
Le vent, et le rocher l'écume, et le ciel sombre
L'homme... — Ô nature! abîme! immensité de l'ombre!

*Les Contemplations*

## La conscience

Lorsque avec ses enfants vêtus de peaux de bêtes,
Échevelé, livide, au milieu des tempêtes,
Caïn se fut enfui de devant Jéhovah,
Comme le soir tombait, l'homme sombre arriva
Au bas d'une montagne en une grande plaine;
Sa femme fatiguée et ses fils hors d'haleine
Lui dirent: — Couchons-nous sur la terre et dormons.
Caïn, ne dormant pas, songeait au pied des monts.
Ayant levé la tête, au fond des cieux funèbres,
Il vit un œil, tout grand ouvert dans les ténèbres,
Et qui le regardait dans l'ombre fixement.
— Je suis trop près, dit-il avec un tremblement.
Il réveilla ses fils dormant, sa femme lasse,
Et se remit à fuir sinistre dans l'espace.
Il marcha trente jours, il marcha trente nuits.
Il allait, muet, pâle et frémissant aux bruits,
Furtif, sans regarder derrière lui, sans trêve,
Sans repos, sans sommeil; il atteignit la grève
Des mers dans le pays qui fut depuis Assur.
— Arrêtons-nous, dit-il, car cet asile est sûr.
Restons-y. Nous avons du monde atteint les bornes. —
Et, comme il s'asseyait, il vit dans les cieux mornes
L'œil à la même place au fond de l'horizon.
Alors il tressaillit en proie au noir frisson.
— Cachez-moi, cria-t-il; et, le doigt sur la bouche,
Tous ses fils regardaient trembler l'aïeul farouche.
Caïn dit à Jabel, père de ceux qui vont
Sous des tentes de poil dans le désert profond:
— Étends de ce côté la toile de la tente. —
Et l'on développa la muraille flottante;
Et, quand on l'eut fixée avec des poids de plomb:
— Vous ne voyez plus rien? dit Tsilla, l'enfant blond,
La fille de ses fils, douce comme l'aurore;
Et Caïn répondit: — Je vois cet œil encore! —
Jubal, père de ceux qui passent dans les bourgs
Soufflant dans des clairons et frappant des tambours,
Cria: — Je saurai bien construire une barrière. —
Il fit un mur de bronze et mit Caïn derrière.
Et Caïn dit: — Cet œil me regarde toujours!
Hénoch dit: — Il faut faire une enceinte de tours

Si terrible, que rien ne puisse approcher d'elle.
Bâtissons une ville avec sa citadelle,
Bâtissons une ville, et nous la fermerons. —
Alors Tubalcaïn, père des forgerons,
Construisit une ville énorme et surhumaine.
Pendant qu'il travaillait, ses frères, dans la plaine,
Chassaient les fils d'Énos et les enfants de Seth;
Et l'on crevait les yeux à quiconque passait;
Et, le soir, on lançait des flèches aux étoiles.
Le granit remplaça la tente aux murs de toiles,
On lia chaque bloc avec des nœuds de fer,
Et la ville semblait une ville d'enfer;
L'ombre des tours faisait la nuit dans les campagnes;
Ils donnèrent aux murs l'épaisseur des montagnes;
Sur la porte on grava: « Défense à Dieu d'entrer. »
Quand ils eurent fini de clore et de murer,
On mit l'aïeul au centre en une tour de pierre;
Et lui restait lugubre et hagard. — Ô mon père!
L'œil a-t-il disparu? dit en tremblant Tsilla.
Et Caïn répondit: — Non, il est toujours là.
Alors il dit: — Je veux habiter sous la terre
Comme dans son sépulcre un homme solitaire;
Rien ne me verra plus, je ne verrai plus rien. —
On fit donc une fosse, et Caïn dit: — C'est bien!
Puis il descendit seul sous cette voûte sombre;
Quand il se fut assis sur sa chaise dans l'ombre
Et qu'on eut sur son front fermé le souterrain,
L'œil était dans la tombe et regardait Caïn.

*La Légende des siècles*

## Booz endormi

Booz s'était couché de fatigue accablé;
Il avait tout le jour travaillé dans son aire,
Puis avait fait son lit à sa place ordinaire;
Booz dormait auprès des boisseaux pleins de blé.

Ce vieillard possédait des champs de blés et d'orge,
Il était, quoique riche, à la justice enclin;
Il n'avait pas de fange en l'eau de son moulin,
Il n'avait pas d'enfer dans le feu de sa forge.

Sa barbe était d'argent comme un ruisseau d'avril.
Sa gerbe n'était point avare ni haineuse;
Quand il voyait passer quelque pauvre glaneuse:
— Laissez tomber exprès des épis, disait-il.

Cet homme marchait pur loin des sentiers obliques,
Vêtu de probité candide et de lin blanc;
Et, toujours du côté des pauvres ruisselant,
Ses sacs de grains semblaient des fontaines publiques.

Booz était bon maître et fidèle parent;
Il était généreux, quoiqu'il fût économe;
Les femmes regardaient Booz plus qu'un jeune homme,
Car le jeune homme est beau, mais le vieillard est grand.

Le vieillard, qui revient vers la source première,
Entre aux jours éternels et sort des jours changeants;
Et l'on voit de la flamme aux yeux des jeunes gens,
Mais dans l'œil du vieillard on voit de la lumière.

Donc, Booz dans la nuit dormait parmi les siens;
Près des meules, qu'on eût prises pour des décombres,
Les moissonneurs couchés faisaient des groupes sombres,
Et ceci se passait dans des temps très anciens.

Les tribus d'Israël avaient pour chef un juge;
La terre, où l'homme errait sous la tente, inquiet
Des empreintes de pieds de géants qu'il voyait,
Était encor mouillée et molle du déluge.

Comme dormait Jacob, comme dormait Judith,
Booz, les yeux fermés, gisait sous la feuillée;
Or, la porte du ciel s'étant entre-bâillée
Au-dessus de sa tête, un songe en descendit.

Et ce songe était tel, que Booz vit un chêne
Qui, sorti de son ventre, allait jusqu'au ciel bleu;
Une race y montait comme une longue chaîne;
Un roi chantait en bas, en haut mourait un Dieu.

Et Booz murmurait avec la voix de l'âme:
«Comment se pourrait-il que de moi ceci vînt?
Le chiffre de mes ans a passé quatre-vingt,
Et je n'ai pas de fils, et je n'ai plus de femme.

«Voilà longtemps que celle avec qui j'ai dormi,
Ô Seigneur! a quitté ma couche pour la vôtre;
Et nous sommes encor tout mêlés l'un à l'autre,
Elle à demi vivante et moi mort à demi.

«Une race naîtrait de moi! Comment le croire?
Comment se pourrait-il que j'eusse des enfants?
Quand on est jeune, on a des matins triomphants;
Le jour sort de la nuit comme d'une victoire;

«Mais, vieux, on tremble ainsi qu'à l'hiver le bouleau;
Je suis veuf, je suis seul, et sur moi le soir tombe,
Et je courbe, ô mon Dieu! mon âme vers la tombe,
Comme un bœuf ayant soif penche son front vers l'eau.»

Ainsi parlait Booz dans le rêve et l'extase,
Tournant vers Dieu ses yeux par le sommeil noyés;
Le cèdre ne sent pas une rose à sa base,
Et lui ne sentait pas une femme à ses pieds.

Pendant qu'il sommeillait, Ruth, une Moabite,
S'était couchée aux pieds de Booz, le sein nu,
Espérant on ne sait quel rayon inconnu,
Quand viendrait du réveil la lumière subite.

Booz ne savait point qu'une femme était là,
Et Ruth ne savait point ce que Dieu voulait d'elle.
Un frais parfum sortait des touffes d'asphodèle;
Les souffles de la nuit flottaient sur Galgala.

L'ombre était nuptiale, auguste et solennelle ;
Les anges y volaient sans doute obscurément,
Car on voyait passer dans la nuit, par moment,
Quelque chose de bleu qui paraissait une aile.

La respiration de Booz qui dormait
Se mêlait au bruit sourd des ruisseaux sur la mousse.
On était dans le mois où la nature est douce,
Les collines ayant des lys sur leur sommet.

Ruth songeait et Booz dormait ; l'herbe était noire ;
Les grelots des troupeaux palpitaient vaguement ;
Une immense bonté tombait du firmament ;
C'était l'heure tranquille où les lions vont boire.

Tout reposait dans Ur et dans Jérimadeth ;
Les astres émaillaient le ciel profond et sombre ;
Le croissant fin et clair parmi ces fleurs de l'ombre
Brillait à l'occident, et Ruth se demandait,

Immobile, ouvrant l'œil à moitié sous ses voiles,
Quel dieu, quel moissonneur de l'éternel été,
Avait, en s'en allant, négligemment jeté
Cette faucille d'or dans le champ des étoiles.

*La Légende des siècles*

## Après la bataille

Mon père, ce héros au sourire si doux,
Suivi d'un seul housard qu'il aimait entre tous
Pour sa grande bravoure et pour sa haute taille,
Parcourait à cheval, le soir d'une bataille,
Le champ couvert de morts sur qui tombait la nuit.
Il lui sembla dans l'ombre entendre un faible bruit.
C'était un Espagnol de l'armée en déroute
Qui se traînait sanglant sur le bord de la route,
Râlant, brisé, livide, et mort plus qu'à moitié,
Et qui disait : — A boire, à boire, par pitié ! —
Mon père, ému, tendit à son housard fidèle
Une gourde de rhum qui pendait à sa selle,
Et dit : — Tiens, donne à boire à ce pauvre blessé. —
Tout à coup, au moment où le housard baissé
Se penchait vers lui, l'homme, une espèce de Maure,
Saisit un pistolet qu'il étreignait encore,
Et vise au front mon père en criant : Caramba !
Le coup passa si près que le chapeau tomba
Et que le cheval fit un écart en arrière.
— Donne-lui tout de même à boire, dit mon père.

*La Légende des siècles*

---

## Jour de fête aux environs de Paris

Midi chauffe et sème la mousse ;
Les champs sont pleins de tambourins ;
On voit dans une lueur douce
Des groupes vagues et sereins.

Là-bas, à l'horizon, poudroie
Le vieux donjon de saint Louis ;
Le soleil dans toute sa joie
Accable les champs éblouis.

L'air brûlant fait, sous ses haleines
Sans murmures et sans échos,
Luire en la fournaise des plaines
La braise des coquelicots.

Les brebis paissent inégales;
Le jour est splendide et dormant;
Presque pas d'ombre; les cigales
Chantent sous le bleu flamboiement.

Voilà les avoines rentrées.
Trêve au travail. Amis, du vin!
Des larges tonnes éventrées
Sort l'éclat de rire divin.

Le buveur chancelle à la table
Qui boite fraternellement.
L'ivrogne se sent véritable;
Il oublie, ô clair firmament,

Tout, la ligne droite, la gêne,
La loi, le gendarme, l'effroi,
L'ordre; et l'échalas de Surène
Raille le poteau de l'octroi.

L'âne broute, vieux philosophe;
L'oreille est longue, l'âne en rit,
Peu troublé d'un excès d'étoffe,
Et content si le pré fleurit.

Les enfants courent par volée.
Clichy montre, honneur aux anciens!
Sa grande muraille étoilée
Par la mitraille des Prussiens.

La charrette roule et cahote;
Paris élève au loin sa voix,
Noir chiffonnier qui dans sa hotte
Porte le sombre tas des rois.

On voit au loin les cheminées
Et les dômes d'azur voilés;
Des filles passent, couronnées
De joie et de fleurs, dans les blés.

*Les Chansons des rues et des bois*

## Saison des semailles, le soir

C'est le moment crépusculaire.
J'admire, assis sous un portail,
Ce reste de jour dont s'éclaire
La dernière heure du travail.

Dans les terres, de nuit baignées,
Je contemple, ému, les haillons
D'un vieillard qui jette à poignées
La moisson future aux sillons.

Sa haute silhouette noire
Domine les profonds labours.
On sent à quel point il doit croire
A la fuite utile des jours.

Il marche dans la plaine immense,
Va, vient, lance la graine au loin,
Rouvre sa main, et recommence,
Et je médite, obscur témoin,

Pendant que, déployant ses voiles,
L'ombre, où se mêle une rumeur,
Semble élargir jusqu'aux étoiles
Le geste auguste du semeur.

*Les Chansons des rues et des bois*

## A Théophile Gautier

... Je te salue au seuil sévère du tombeau.
Va chercher le vrai, toi qui sus trouver le beau.
Monte l'âpre escalier. Du haut des sombres marches,
Du noir pont de l'abîme on entrevoit les arches;
Va! meurs! la dernière heure est le dernier degré.
Pars, aigle, tu vas voir des gouffres à ton gré;
Tu vas voir l'absolu, le réel, le sublime.
Tu vas sentir le vent sinistre de la cime
Et l'éblouissement du prodige éternel.
Ton olympe, tu vas le voir du haut du ciel,
Tu vas, du haut du vrai, voir l'humaine chimère,
Même celle de Job, même celle d'Homère,
Ame, et du haut de Dieu tu vas voir Jéhovah.
Monte! esprit! Grandis, plane, ouvre tes ailes, va!

Lorsqu'un vivant nous quitte, ému, je le contemple;
Car entrer dans la mort, c'est entrer dans le temple;
Et quand un homme meurt, je vois distinctement
Dans son ascension mon propre avènement.
Ami, je sens du sort la sombre plénitude;
J'ai commencé la mort par de la solitude;
Je vois mon profond soir vaguement s'étoiler;
Voici l'heure où je vais aussi, moi, m'en aller,
Mon fil, trop long, frissonne et touche presque au glaive;
Le vent qui t'emporta doucement me soulève,
Et je vais suivre ceux qui m'aimaient, moi banni.
Leur œil fixe m'attire au fond de l'infini.
J'y cours. Ne fermez pas la porte funéraire.

Passons, car c'est la loi; nul ne peut s'y soustraire;
Tout penche et ce grand siècle, avec tous ses rayons,
Entre en cette ombre immense où pâles nous fuyons.
Oh! quel farouche bruit font dans le crépuscule
Les chênes qu'on abat pour le bûcher d'Hercule!
Les chevaux de la mort se mettent à hennir,
Et sont joyeux, car l'âge éclatant va finir;

Ce siècle altier, qui sut dompter le vent contraire,
Expire... — Ô Gautier! toi, leur égal et leur frère,
Tu pars après Dumas, Lamartine et Musset.
L'onde antique est tarie où l'on rajeunissait;
Comme il n'est plus de Styx, il n'est plus de Jouvence.
Le dur faucheur avec sa large lame avance
Pensif et pas à pas vers le reste du blé;
C'est mon tour; et la nuit emplit mon œil troublé
Qui, devinant, hélas, l'avenir des colombes,
Pleure sur des berceaux et sourit à des tombes.

*Toute la lyre*

## Jeanne au pain sec

Jeanne était au pain sec dans le cabinet noir,
Pour un crime quelconque, et, manquant au devoir,
J'allai voir la proscrite en pleine forfaiture,
Et lui glissai dans l'ombre un pot de confiture
Contraire aux lois. Tous ceux sur qui, dans ma cité,
Repose le salut de la société,
S'indignèrent, et Jeanne a dit d'une voix douce:
— Je ne toucherai plus mon nez avec mon pouce,
Je ne me ferai plus griffer par le minet. —
Mais on s'est récrié: — Cette enfant vous connaît;
Elle sait à quel point vous êtes faible et lâche.
Elle vous voit toujours rire quand on se fâche.
Pas de gouvernement possible. A chaque instant
L'ordre est troublé par vous; le pouvoir se détend;
Plus de règle. L'enfant n'a plus rien qui l'arrête.
Vous démolissez tout. — Et j'ai baissé la tête,
Et j'ai dit: — Je n'ai rien à répondre à cela,
J'ai tort. Oui, c'est avec ces indulgences-là
Qu'on a toujours conduit les peuples à leur perte.
Qu'on me mette au pain sec. — Vous le méritez, certes.
On vous y mettra. — Jeanne alors, dans son coin noir,
M'a dit tout bas, levant ses yeux si beaux à voir,
Pleins de l'autorité des douces créatures:
— Eh bien, moi, je t'irai porter des confitures.

*L'Art d'être grand-père*

## Et nox facta est

Depuis quatre mille ans il tombait dans l'abîme.

Il n'avait pas encor pu saisir une cime,
Ni lever une fois son front démesuré.
Il s'enfonçait dans l'ombre et la brume, effaré,
Seul, et derrière lui, dans les nuits éternelles,
Tombaient plus lentement les plumes de ses ailes.
Il tombait foudroyé, morne, silencieux,
Triste, la bouche ouverte et les pieds vers les cieux,
L'horreur du gouffre empreinte à sa face livide.
Il cria : Mort ! — les poings tendus vers l'ombre vide.
Ce mot plus tard fut homme et s'appela Caïn.

Il tombait. Tout à coup un roc heurta sa main ;
Il l'étreignit, ainsi qu'un mort étreint sa tombe
Et s'arrêta. Quelqu'un d'en haut lui cria : — Tombe !
Les soleils s'éteindront autour de toi, maudit ! —
Et la voix dans l'horreur immense se perdit.
Et pâle, il regarda vers l'éternelle aurore.
Les soleils étaient loin, mais ils brillaient encore.
Satan dressa la tête et dit, levant ses bras :
— Tu mens ! — Ce mot plus tard fut l'âme de Judas.

Pareil aux dieux d'airain debout sur leurs pilastres
Il attendit mille ans, l'œil fixé sur les astres.
Les soleils étaient loin, mais ils brillaient toujours.
La foudre alors gronda dans les cieux froids et sourds,
Satan rit, et cracha du côté du tonnerre.
L'immensité qu'emplit l'ombre visionnaire,
Frissonna. Ce crachat fut plus tard Barabbas.

Un souffle qui passait le fit tomber plus bas...

*La Fin de Satan*

la Tourgue
en 1835
V.H.

# Auguste Barbier

## L'Idole

... Ô Corse à cheveux plats! que ta France était belle
Au grand soleil de messidor!
C'était une cavale indomptable et rebelle,
Sans frein d'acier ni rênes d'or;
Une jument sauvage à la croupe rustique,
Fumante encor du sang des rois,
Mais fière, et d'un pied fort heurtant le sol antique,
Libre pour la première fois.
Jamais aucune main n'avait passé sur elle
Pour la flétrir et l'outrager;
Jamais ses larges flancs n'avaient porté la selle
Et le harnais de l'étranger;
Tout son poil était vierge, et, belle vagabonde,
L'œil haut, la croupe en mouvement,
Sur ses jarrets dressée, elle effrayait le monde
Du bruit de son hennissement.
Tu parus, et sitôt que tu vis son allure,
Ses reins si souples et dispos,
Dompteur audacieux, tu pris sa chevelure,
Tu montas botté sur son dos.
Alors, comme elle aimait les rumeurs de la guerre,
La poudre, les tambours battants,
Pour champ de course, alors tu lui donnas la terre
Et les combats pour passe-temps:
Alors, plus de repos, plus de nuits, plus de sommes,
Toujours l'air, toujours le travail,
Toujours comme du sable écraser des corps d'hommes,
Toujours du sang jusqu'au poitrail.
Quinze ans son dur sabot, dans sa course rapide,
Broya les générations;
Quinze ans elle passa, fumante, à toute bride,
Sur le ventre des nations;
Enfin, lasse d'aller sans finir sa carrière,
D'aller sans user son chemin,
De pétrir l'univers, et comme une poussière
De soulever le genre humain;
Les jarrets épuisés, haletante, sans force
Et fléchissant à chaque pas,
Elle demanda grâce à son cavalier corse;
Mais, bourreau, tu n'écoutas pas!

Tu la pressas plus fort de ta cuisse nerveuse,
        Pour étouffer ses cris ardents,
Tu retournas le mors dans sa bouche baveuse,
        De fureur tu brisas ses dents;
Elle se releva; mais un jour de bataille,
        Ne pouvant plus mordre ses freins,
Mourante, elle tomba sur un lit de mitraille
        Et du coup te cassa les reins...

*Iambes*

# Félix Arvers

Mon âme a son secret, ma vie a son mystère,
Un amour éternel en un moment conçu :
Le mal est sans espoir, aussi j'ai dû le taire,
Et celle qui l'a fait n'en a jamais rien su.

Hélas ! j'aurai passé près d'elle inaperçu,
Toujours à ses côtés, et pourtant solitaire ;
Et j'aurai jusqu'au bout fait mon temps sur la terre,
N'osant rien demander et n'ayant rien reçu.

Pour elle, quoique Dieu l'ait faite douce et tendre,
Elle suit son chemin, distraite et sans entendre
Ce murmure d'amour élevé sur ses pas.

A l'austère devoir pieusement fidèle,
Elle dira, lisant ces vers tout remplis d'elle :
« Quelle est donc cette femme ? » et ne comprendra pas.

*Mes heures perdues*

# Gérard de Nerval

## El Desdichado

Je suis le Ténébreux, — le Veuf, — l'Inconsolé,
Le Prince d'Aquitaine à la Tour abolie:
Ma seule *Étoile* est morte, — et mon luth constellé
Porte le *Soleil noir* de la *Mélancolie*.

Dans la nuit du Tombeau, Toi qui m'as consolé,
Rends-moi le Pausilippe et la mer d'Italie,
La *fleur* qui plaisait tant à mon cœur désolé,
Et la treille où le Pampre à la Rose s'allie.

Suis-je Amour ou Phœbus?... Lusignan ou Biron?
Mon front est rouge encor du baiser de la Reine;
J'ai rêvé dans la Grotte où nage la Syrène...

Et j'ai deux fois vainqueur traversé l'Achéron:
Modulant tour à tour sur la lyre d'Orphée
Les soupirs de la Sainte et les cris de la Fée.

*Les Chimères*

## Delfica

La connais-tu, Dafné, cette ancienne romance,
Au pied du sycomore, ou sous les lauriers blancs,
Sous l'olivier, le myrte, ou les saules tremblants,
Cette chanson d'amour... qui toujours recommence?...

Reconnais-tu le Temple au péristyle immense,
Et les citrons amers où s'imprimaient tes dents,
Et la grotte, fatale aux hôtes imprudents,
Où du dragon vaincu dort l'antique semence?...

Ils reviendront, ces Dieux que tu pleures toujours!
Le temps va ramener l'ordre des anciens jours;
La terre a tressailli d'un souffle prophétique...

Cependant la sibylle au visage latin
Est endormie encor sous l'arc de Constantin:
— Et rien n'a dérangé le sévère portique.

*Les Chimères*

---

## Artémis

La Treizième revient... C'est encor la première;
Et c'est toujours la Seule, — ou c'est le seul moment:
Car es-tu Reine, ô Toi! la première ou dernière?
Es-tu Roi, toi le Seul ou le dernier amant?...

Aimez qui vous aima du berceau dans la bière;
Celle que j'aimai seul m'aime encor tendrement:
C'est la Mort — ou la Morte... Ô délice! ô tourment!
La rose qu'elle tient, c'est la *Rose trémière.*

Sainte napolitaine aux mains pleines de feux,
Rose au cœur violet, fleur de sainte Gudule:
As-tu trouvé ta Croix dans le désert des Cieux?

Roses blanches, tombez! vous insultez nos Dieux,
Tombez, fantômes blancs, de votre ciel qui brûle:
— La Sainte de l'Abîme est plus sainte à mes yeux!

*Les Chimères*

## Le Christ aux oliviers

Dieu est mort! le ciel est vide...
Pleurez! enfants, vous n'avez plus de père!
JEAN-PAUL

I

Quand le Seigneur, levant au ciel ses maigres bras
Sous les arbres sacrés, comme font les poëtes,
Se fut longtemps perdu dans ses douleurs muettes,
Et se jugea trahi par des amis ingrats;

Il se tourna vers ceux qui l'attendaient en bas
Rêvant d'être des rois, des sages, des prophètes...
Mais engourdis, perdus dans le sommeil des bêtes,
Et se prit à crier: «Non, Dieu n'existe pas!»

Ils dormaient. «Mes amis, savez-vous *la nouvelle?*
J'ai touché de mon front à la voûte éternelle;
Je suis sanglant, brisé, souffrant pour bien des jours!

» Frères, je vous trompais: Abîme! abîme! abîme!
Le dieu manque à l'autel où je suis la victime...
Dieu n'est pas! Dieu n'est plus!» Mais ils dormaient
[toujours!...

II

Il reprit: «Tout est mort! J'ai parcouru les mondes;
Et j'ai perdu mon vol dans leurs chemins lactés,
Aussi loin que la vie, en ses veines fécondes,
Répand des sables d'or et des flots argentés:

» Partout le sol désert côtoyé par des ondes,
Des tourbillons confus d'océans agités...
Un souffle vague émeut les sphères vagabondes,
Mais nul esprit n'existe en ces immensités.

» En cherchant l'œil de Dieu, je n'ai vu qu'une orbite
Vaste, noire et sans fond, d'où la nuit qui l'habite
Rayonne sur le monde et s'épaissit toujours;

» Un arc-en-ciel étrange entoure ce puits sombre,
Seuil de l'ancien chaos dont le néant est l'ombre,
Spirale engloutissant les Mondes et les Jours!

## III

» Immobile Destin, muette sentinelle,
Froide Nécessité!... Hasard qui t'avançant
Parmi les mondes morts sous la neige éternelle,
Refroidis, par degrés, l'univers pâlissant,

» Sais-tu ce que tu fais, puissance originelle,
De tes soleils éteints, l'un l'autre se froissant...
Es-tu sûr de transmettre une haleine immortelle,
Entre un monde qui meurt et l'autre renaissant?...

» Ô mon père! est-ce toi que je sens en moi-même?
As-tu pouvoir de vivre et de vaincre la mort?
Aurais-tu succombé sous un dernier effort

» De cet ange des nuits que frappa l'anathème?...
Car je me sens tout seul à pleurer et souffrir,
Hélas! et, si je meurs, c'est que tout va mourir!»

## IV

Nul n'entendait gémir l'éternelle victime,
Livrant au monde en vain tout son cœur épanché;
Mais prêt à défaillir et sans force penché,
Il appela le *seul* — éveillé dans Solyme:

« Judas! lui cria-t-il, tu sais ce qu'on m'estime,
Hâte-toi de me vendre, et finis ce marché:
Je suis souffrant, ami! sur la terre couché...
Viens! ô toi qui, du moins, as la force du crime!»

Mais Judas s'en allait, mécontent et pensif,
Se trouvant mal payé, plein d'un remords si vif
Qu'il lisait ses noirceurs sur tous les murs écrites...

Enfin Pilate seul, qui veillait pour César,
Sentant quelque pitié, se tourna par hasard:
« Allez chercher ce fou!» dit-il aux satellites.

V

C'était bien lui, ce fou, cet insensé sublime...
Cet Icare oublié qui remontait les cieux,
Ce Phaéton perdu sous la foudre des dieux,
Ce bel Atys meurtri que Cybèle ranime!

L'augure interrogeait le flanc de la victime,
La terre s'enivrait de ce sang précieux...
L'univers étourdi penchait sur ses essieux,
Et l'Olympe un instant chancela vers l'abîme.

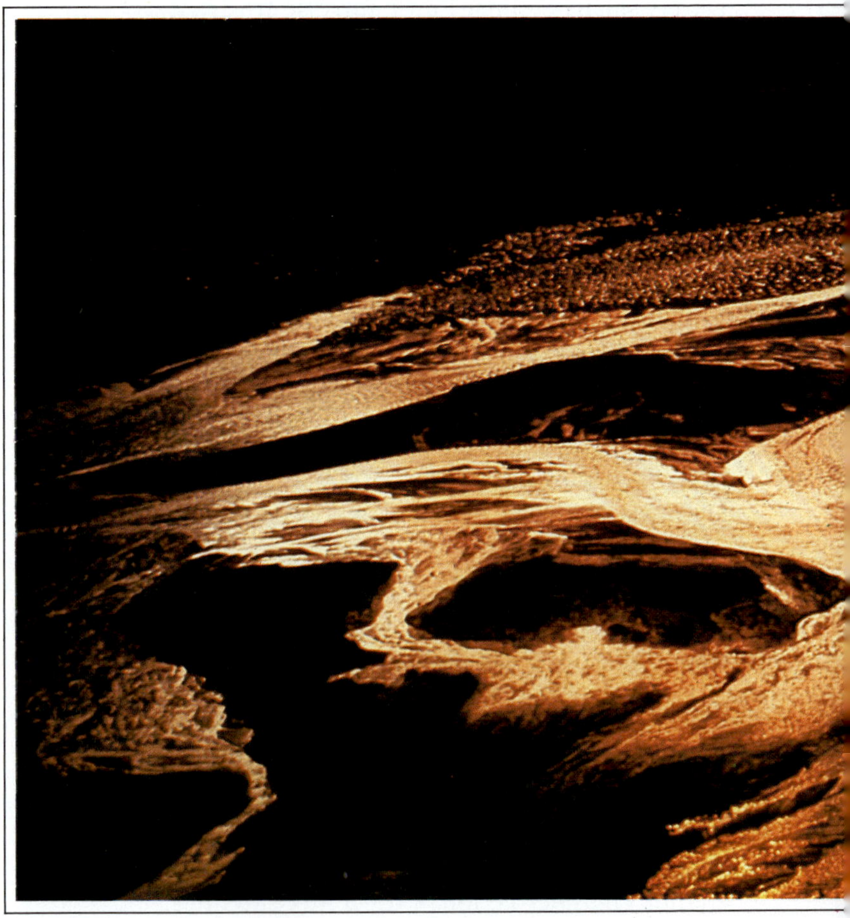

«Réponds! criait César à Jupiter Ammon,
Quel est ce nouveau dieu qu'on impose à la terre?
Et si ce n'est un dieu, c'est au moins un démon...»

Mais l'oracle invoqué pour jamais dut se taire;
Un seul pouvait au monde expliquer ce mystère:
— Celui qui donna l'âme aux enfants du limon.

*Les Chimères*

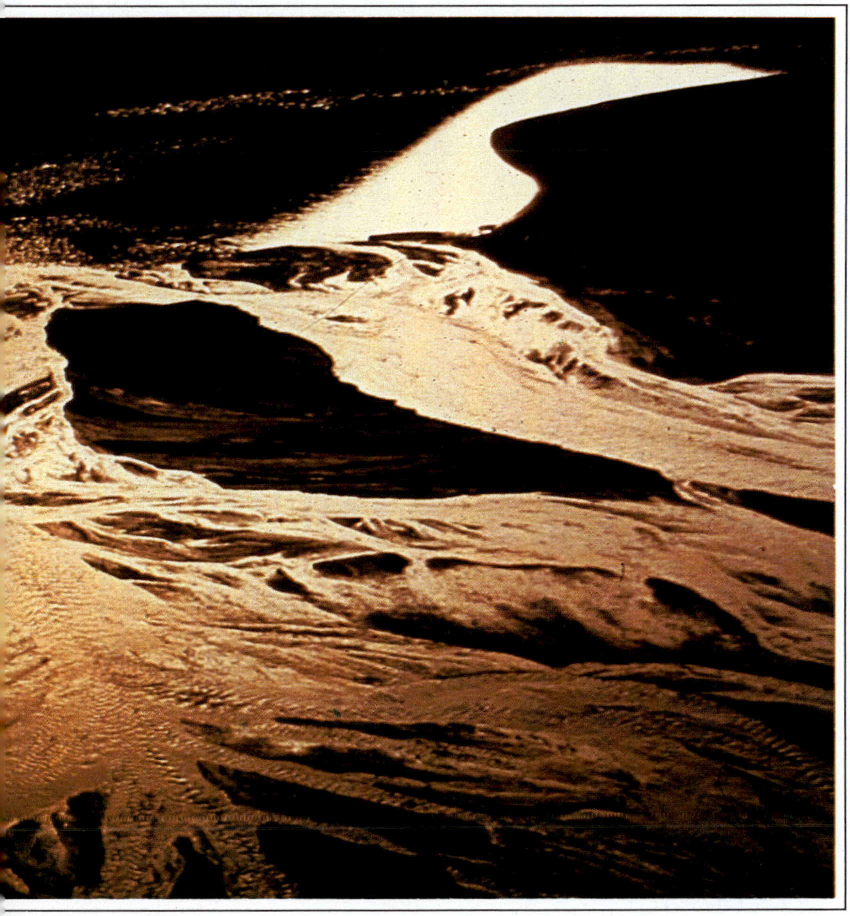

## Vers dorés

Eh quoi! tout est sensible!
PYTHAGORE

Homme! libre penseur — te crois-tu seul pensant
Dans ce monde où la vie éclate en toute chose:
Des forces que tu tiens ta liberté dispose,
Mais de tous tes conseils l'univers est absent.

Respecte dans la bête un esprit agissant: ...
Chaque fleur est une âme à la Nature éclose;
Un mystère d'amour dans le métal repose:
«Tout est sensible!» — Et tout sur ton être est puissant!

Crains dans le mur aveugle un regard qui t'épie:
A la matière même un verbe est attaché...
Ne la fais pas servir à quelque usage impie!

Souvent dans l'être obscur habite un Dieu caché;
Et comme un œil naissant couvert par ses paupières,
Un pur esprit s'accroît sous l'écorce des pierres!

*Les Chimères*

## Une allée du Luxembourg

Elle a passé, la jeune fille
Vive et preste comme un oiseau:
A la main une fleur qui brille,
A la bouche un refrain nouveau.

C'est peut-être la seule au monde
Dont le cœur au mien répondrait,
Qui venant dans ma nuit profonde
D'un seul regard! l'éclaircirait!

Mais non, — ma jeunesse est finie...
Adieu, doux rayon qui m'as lui, —
Parfum, jeune fille, harmonie...
Le bonheur passait, — il a fui!

*Odelettes*

## Fantaisie

Il est un air pour qui je donnerais
Tout Rossini, tout Mozart et tout Weber,
Un air très vieux, languissant et funèbre,
Qui pour moi seul a des charmes secrets !

Or, chaque fois que je viens à l'entendre,
De deux cents ans mon âme rajeunit...
C'est sous Louis treize; et je crois voir s'étendre
Un coteau vert, que le couchant jaunit.

Puis un château de brique à coins de pierre,
Aux vitraux teints de rougeâtres couleurs,
Ceint de grands parcs, avec une rivière
Baignant ses pieds, qui coule entre des fleurs;

Puis une dame, à sa haute fenêtre,
Blonde aux yeux noirs, en ses habits anciens,
Que, dans une autre existence peut-être,
J'ai déjà vue... et dont je me souviens !

*Odelettes*

## Les Cydalises

Où sont nos amoureuses?
Elles sont au tombeau:
Elles sont plus heureuses,
Dans un séjour plus beau!

Elles sont près des anges,
Dans le fond du ciel bleu,
Et chantent les louanges
De la mère de Dieu!

Ô blanche fiancée!
Ô jeune vierge en fleur!
Amante délaissée,
Que flétrit la douleur!

L'éternité profonde
Souriait dans vos yeux...
Flambeaux éteints du monde,
Rallumez-vous aux cieux!

*Odelettes*

## Le roi de Thulé

Il était un roi de Thulé
A qui son amante fidèle
Légua, comme souvenir d'elle,
Une coupe d'or ciselé.

C'était un trésor plein de charmes
Où son amour se conservait :
A chaque fois qu'il y buvait
Ses yeux se remplissaient de larmes.

Voyant ses derniers jours venir,
Il divisa son héritage,
Mais il excepta du partage
La coupe, son cher souvenir.

Il fit à la table royale
Asseoir les barons dans sa tour ;
Debout et rangée alentour,
Brillait sa noblesse loyale.

Sous le balcon grondait la mer.
Le vieux roi se lève en silence,
Il boit, — frissonne, et sa main lance
La coupe d'or au flot amer !

Il la vit tourner dans l'eau noire,
La vague en s'ouvrant fit un pli,
Le roi pencha son front pâli...
Jamais on ne le vit plus boire.

*Petits Châteaux de Bohême*

# Alfred de Musset

## Venise

Dans Venise la rouge,
Pas un bateau qui bouge,
Pas un pêcheur dans l'eau,
    Pas un falot.

Seul, assis à la Grève,
Le grand lion soulève,
Sur l'horizon serein,
    Son pied d'airain.

Autour de lui, par groupes,
Navires et chaloupes,
Pareils à des hérons
    Couchés en ronds,

Dorment sur l'eau qui fume,
Et croisent dans la brume,
En légers tourbillons,
    Leurs pavillons.

La lune qui s'efface
Couvre son front, qui passe
D'un nuage étoilé
    Demi-voilé.

Ainsi la dame abbesse
De Sainte-Croix rabaisse
Sa cape aux larges plis
    Sur son surplis.

Et les palais antiques,
Et les graves portiques,
Et les blancs escaliers
    Des chevaliers,

Et les ponts, et les rues,
Et les mornes statues,
Et le golfe mouvant
    Qui tremble au vent,

Tout se tait, fors les gardes
Aux longues hallebardes,
Qui veillent aux créneaux
    Des arsenaux...

*Contes d'Espagne et d'Italie*

## Ballade à la lune

C'était, dans la nuit brune,
Sur le clocher jauni,
La lune,
Comme un point sur un i.

Lune, quel esprit sombre
Promène au bout d'un fil,
Dans l'ombre,
Ta face et ton profil?

Es-tu l'œil du ciel borgne?
Quel chérubin cafard
Nous lorgne
Sous ton masque blafard?

N'es-tu rien qu'une boule?
Qu'un gros faucheux bien gras
Qui roule
Sans pattes et sans bras?

Es-tu, je t'en soupçonne,
Le vieux cadran de fer
Qui sonne
L'heure aux damnés d'enfer?

Sur ton front qui voyage,
Ce soir, ont-ils compté
Quel âge
A leur éternité?

Est-ce un ver qui te ronge,
Quand ton disque noirci
S'allonge
En croissant rétréci?

Qui t'avait éborgnée
L'autre nuit? T'étais-tu
Cognée
A quelque arbre pointu?

Car tu vins, pâle et morne,
Coller sur mes carreaux
Ta corne
A travers les barreaux.

Va, lune moribonde,
Le beau corps de Phœbé
La blonde
Dans la mer est tombé...

*Contes d'Espagne et d'Italie*

---

## Chanson

A Saint-Blaise, à la Zuecca,
Vous étiez, vous étiez bien aise
A Saint-Blaise.
A Saint-Blaise, à la Zuecca,
Nous étions bien là.

Mais de vous en souvenir
Prendrez-vous la peine?
Mais de vous en souvenir
Et d'y revenir.

A Saint-Blaise, à la Zuecca,
Dans les prés fleuris cueillir la verveine,
A Saint-Blaise, à la Zuecca,
Vivre et mourir là!

*Poésies nouvelles*

## Nuit de mai

LA MUSE

Poète, prends ton luth et me donne un baiser;
La fleur de l'églantier sent ses bourgeons éclore.
Le printemps naît ce soir; les vents vont s'embraser;
Et la bergeronnette, en attendant l'aurore,
Aux premiers buissons verts commence à se poser.
Poète, prends ton luth, et me donne un baiser.

LE POÈTE

Comme il fait noir dans la vallée!
J'ai cru qu'une forme voilée
Flottait là-bas sur la forêt.
Elle sortait de la prairie;
Son pied rasait l'herbe fleurie;
C'est une étrange rêverie;
Elle s'efface et disparaît.

LA MUSE

Poète, prends ton luth; la nuit, sur la pelouse,
Balance le zéphyr dans son voile odorant.
La rose, vierge encor, se referme jalouse
Sur le frelon nacré qu'elle enivre en mourant.
Écoute! tout se tait; songe à ta bien-aimée.
Ce soir, sous les tilleuls, à la sombre ramée
Le rayon du couchant laisse un adieu plus doux.
Ce soir, tout va fleurir: l'immortelle nature
Se remplit de parfums, d'amour et de murmure,
Comme le lit joyeux de deux jeunes époux.

LE POÈTE

Pourquoi mon cœur bat-il si vite?
Qu'ai-je donc en moi qui s'agite
Dont je me sens épouvanté?
Ne frappe-t-on pas à ma porte?
Pourquoi ma lampe à demi morte
M'éblouit-elle de clarté?
Dieu puissant! tout mon corps frissonne.
Qui vient? qui m'appelle? — Personne.
Je suis seul; c'est l'heure qui sonne;
Ô solitude! ô pauvreté!

LA MUSE

Poète, prends ton luth; le vin de la jeunesse
Fermente cette nuit dans les veines de Dieu.
Mon sein est inquiet; la volupté l'oppresse,
Et les vents altérés m'ont mis la lèvre en feu.
Ô paresseux enfant! regarde, je suis belle.
Notre premier baiser, ne t'en souviens-tu pas,
Quand je te vis si pâle au toucher de mon aile,
Et que, les yeux en pleurs, tu tombas dans mes bras?
Ah! je t'ai consolé d'une amère souffrance!
Hélas! bien jeune encor, tu te mourais d'amour.
Console-moi ce soir, je me meurs d'espérance;
J'ai besoin de prier pour vivre jusqu'au jour.

LE POÈTE

Est-ce toi dont la voix m'appelle,
Ô ma pauvre Muse! est-ce toi?
Ô ma fleur! ô mon immortelle!
Seul être pudique et fidèle
Où vive encor l'amour de moi!
Oui, te voilà, c'est toi, ma blonde,
C'est toi, ma maîtresse et ma sœur!
Et je sens, dans la nuit profonde,
De ta robe d'or qui m'inonde
Les rayons glisser dans mon cœur.

LA MUSE

Poète, prends ton luth; c'est moi, ton immortelle,
Qui t'ai vu cette nuit triste et silencieux,
Et qui, comme un oiseau que sa couvée appelle,
Pour pleurer avec toi descends du haut des cieux.
Viens, tu souffres, ami. Quelque ennui solitaire
Te ronge, quelque chose a gémi dans ton cœur;
Quelque amour t'est venu, comme on en voit sur terre,
Une ombre de plaisir, un semblant de bonheur.
Viens, chantons devant Dieu; chantons dans tes pensées,
Dans tes plaisirs perdus, dans tes peines passées;
Partons, dans un baiser, pour un monde inconnu.
Éveillons au hasard les échos de ta vie,
Parlons-nous de bonheur, de gloire et de folie,
Et que ce soit un rêve, et le premier venu.
Inventons quelque part des lieux où l'on oublie;
Partons, nous sommes seuls, l'univers est à nous.

Voici la verte Écosse et la brune Italie,
Et la Grèce, ma mère, où le miel est si doux,
Argos et Ptéléon, ville des hécatombes,
Et Messa, la divine, agréable aux colombes;
Et le front chevelu du Pélion changeant;
Et le bleu Titarèse, et le golfe d'argent
Qui montre dans ses eaux, où le cygne se mire,
La blanche Oloossone à la blanche Camyre.
Dis-moi, quel songe d'or nos chants vont-ils bercer?
D'où vont venir les pleurs que nous allons verser?
Ce matin, quand le jour a frappé ta paupière,
Quel séraphin pensif, courbé sur ton chevet,
Secouait des lilas dans sa robe légère,
Et te contait tout bas les amours qu'il rêvait?
Chanterons-nous l'espoir, la tristesse ou la joie?
Tremperons-nous de sang les bataillons d'acier?
Suspendrons-nous l'amant sur l'échelle de soie?
Jetterons-nous au vent l'écume du coursier?
Dirons-nous quelle main, dans les lampes sans nombre
De la maison céleste, allume nuit et jour
L'huile sainte de vie et d'éternel amour?
Crierons-nous à Tarquin: «Il est temps, voici l'ombre!»
Descendrons-nous cueillir la perle au fond des mers?
Mènerons-nous la chèvre aux ébéniers amers?
Montrerons-nous le ciel à la Mélancolie?
Suivrons-nous le chasseur sur les monts escarpés?
La biche le regarde; elle pleure et supplie;
Sa bruyère l'attend: ses faons sont nouveau-nés;
Il se baisse, il l'égorge, il jette à la curée
Sur les chiens en sueur son cœur encor vivant.
Peindrons-nous une vierge à la joue empourprée,
S'en allant à la messe, un page la suivant,
Et d'un regard distrait, à côté de sa mère,
Sur sa lèvre entr'ouverte oubliant sa prière?
Elle écoute en tremblant, dans l'écho du pilier,
Résonner l'éperon d'un hardi cavalier.
Dirons-nous aux héros des vieux temps de la France
De monter tout armés aux créneaux de leurs tours,
Et de ressusciter la naïve romance
Que leur gloire oubliée apprit aux troubadours?
Vêtirons-nous de blanc une molle élégie?
L'homme de Waterloo nous dira-t-il sa vie,
Et ce qu'il a fauché du troupeau des humains
Avant que l'envoyé de la nuit éternelle

Vînt sur son tertre vert l'abattre d'un coup d'aile,
Et sur son cœur de fer lui croiser les deux mains?
Clouerons-nous au poteau d'une satire altière
Le nom sept fois vendu d'un pâle pamphlétaire,
Qui, poussé par la faim, du fond de son oubli,
S'en vient, tout grelottant d'envie et d'impuissance,
Sur le front du génie insulter l'espérance,
Et mordre le laurier que son souffle a sali?
Prends ton luth! prends ton luth! Je ne peux plus me taire,
Mon aile me soulève au souffle du printemps.
Le vent va m'emporter; je vais quitter la terre.
Une larme de toi! Dieu m'écoute; il est temps.

LE POÈTE

S'il ne te faut, ma sœur chérie,
Qu'un baiser d'une lèvre amie
Et qu'une larme de mes yeux,
Je te les donnerai sans peine;
De nos amours qu'il te souvienne,
Si tu remontes dans les cieux.
Je ne chante ni l'espérance,
Ni la gloire, ni le bonheur,
Hélas! pas même la souffrance.
La bouche garde le silence
Pour écouter parler le cœur.

LA MUSE

Crois-tu donc que je sois comme le vent d'automne,
Qui se nourrit de pleurs jusque sur un tombeau,
Et pour qui la douleur n'est qu'une goutte d'eau?
Ô poète! un baiser, c'est moi qui te le donne.
L'herbe que je voulais arracher de ce lieu,
C'est ton oisiveté; ta douleur est à Dieu.
Quel que soit le souci que ta jeunesse endure,
Laisse-la s'élargir, cette sainte blessure
Que les noirs séraphins t'ont faite au fond du cœur;
Rien ne nous rend si grands qu'une grande douleur.
Mais, pour en être atteint, ne crois pas, ô poète!
Que ta voix ici-bas doive rester muette.
Les plus désespérés sont les chants les plus beaux,
Et j'en sais d'immortels qui sont de purs sanglots.
Lorsque le pélican, lassé d'un long voyage,
Dans les brouillards du soir retourne à ses roseaux,
Ses petits affamés courent sur le rivage

En le voyant au loin s'abattre sur les eaux.
Déjà, croyant saisir et partager leur proie,
Ils courent à leur père avec des cris de joie
En secouant leurs becs sur leurs goitres hideux.
Lui, gagnant à pas lents une roche élevée,
De son aile pendante abritant sa couvée,
Pêcheur mélancolique, il regarde les cieux.

Le sang coule à longs flots de sa poitrine ouverte;
En vain il a des mers fouillé la profondeur:
L'Océan était vide et la plage déserte;
Pour toute nourriture il apporte son cœur.
Sombre et silencieux, étendu sur la pierre,
Partageant à ses fils ses entrailles de père,
Dans son amour sublime il berce sa douleur,
Et, regardant couler sa sanglante mamelle,
Sur son festin de mort il s'affaisse et chancelle,
Ivre de volupté, de tendresse et d'horreur.
Mais parfois, au milieu du divin sacrifice,
Fatigué de mourir dans un trop long supplice,
Il craint que ses enfants ne le laissent vivant;
Alors il se soulève, ouvre son aile au vent,
Et, se frappant le cœur avec un cri sauvage,
Il pousse dans la nuit un si funèbre adieu,
Que les oiseaux des mers désertent le rivage,
Et que le voyageur attardé sur la plage,
Sentant passer la mort, se recommande à Dieu.
Poète, c'est ainsi que font les grands poètes.
Ils laissent s'égayer ceux qui vivent un temps;
Mais les festins humains qu'ils servent à leurs fêtes
Ressemblent la plupart à ceux des pélicans.
Quand ils parlent ainsi d'espérances trompées,
De tristesse et d'oubli, d'amour et de malheur,
Ce n'est pas un concert à dilater le cœur.
Leurs déclamations sont comme des épées;
Elles tracent dans l'air un cercle éblouissant,
Mais il y pend toujours quelque goutte de sang.

LE POÈTE

Ô Muse! spectre insatiable,
Ne m'en demande pas si long.
L'homme n'écrit rien sur le sable
A l'heure où passe l'aquilon.
J'ai vu le temps où ma jeunesse
Sur mes lèvres était sans cesse
Prête à chanter comme un oiseau;
Mais j'ai souffert un dur martyre,
Et le moins que j'en pourrais dire,
Si je l'essayais sur ma lyre,
La briserait comme un roseau.

*Poésies nouvelles*

## Nuit de décembre

LE POÈTE

Du temps que j'étais écolier,
Je restais un soir à veiller
Dans notre salle solitaire.
Devant ma table vint s'asseoir
Un pauvre enfant vêtu de noir,
Qui me ressemblait comme un frère.

Son visage était triste et beau :
A la lueur de mon flambeau,
Dans mon livre ouvert il vint lire.
Il pencha son front sur sa main,
Et resta jusqu'au lendemain,
Pensif, avec un doux sourire.

Comme j'allais avoir quinze ans,
Je marchais un jour, à pas lents,
Dans un bois, sur une bruyère.
Au pied d'un arbre vint s'asseoir
Un jeune homme vêtu de noir,
Qui me ressemblait comme un frère.

Je lui demandai mon chemin;
Il tenait un luth d'une main,
De l'autre un bouquet d'églantine.
Il me fit un salut d'ami,
Et, se détournant à demi,
Me montra du doigt la colline.

A l'âge où l'on croit à l'amour,
J'étais seul dans ma chambre un jour,
Pleurant ma première misère.
Au coin de mon feu vint s'asseoir
Un étranger vêtu de noir,
Qui me ressemblait comme un frère.

Il était morne et soucieux;
D'une main il montrait les cieux,
Et de l'autre il tenait un glaive.
De ma peine il semblait souffrir,
Mais il ne poussa qu'un soupir,
Et s'évanouit comme un rêve.

A l'âge où l'on est libertin,
Pour boire un toast en un festin
Un jour je soulevai mon verre.
En face de moi vint s'asseoir
Un convive vêtu de noir,
Qui me ressemblait comme un frère.

Il secouait sous son manteau
Un haillon de pourpre en lambeau,
Sur sa tête un myrte stérile.
Son bras maigre cherchait le mien,
Et mon verre, en touchant le sien,
Se brisa dans ma main débile.

Un an après, il était nuit,
J'étais à genoux près du lit
Où venait de mourir mon père.
Au chevet du lit vint s'asseoir
Un orphelin vêtu de noir,
Qui me ressemblait comme un frère...

*Poésies nouvelles*

## Chanson de Fortunio

Si vous croyez que je vais dire,
Qui j'ose aimer,
Je ne saurais, pour un empire,
Vous la nommer.

Nous allons chanter à la ronde,
Si vous voulez,
Que je l'adore et qu'elle est blonde,
Comme les blés.

Je fais ce que sa fantaisie
Veut m'ordonner,
Et je puis, s'il lui faut ma vie,
La lui donner.

Du mal qu'une amour ignorée
Nous fait souffrir,
J'en porte l'âme déchirée
Jusqu'à mourir.

Mais j'aime trop pour que je die
Qui j'ose aimer,
Et je veux mourir pour ma mie
Sans la nommer.

*Poésies nouvelles*

## Tristesse

J'ai perdu ma force et ma vie,
Et mes amis et ma gaîté;
J'ai perdu jusqu'à la fierté
Qui faisait croire à mon génie.

Quand j'ai connu la Vérité,
J'ai cru que c'était une amie;
Quand je l'ai comprise et sentie,
J'en étais déjà dégoûté.

Et pourtant elle est éternelle,
Et ceux qui se sont passés d'elle
Ici-bas ont tout ignoré.

Dieu parle, il faut qu'on lui réponde.
Le seul bien qui me reste au monde
Est d'avoir quelquefois pleuré.

*Poésies nouvelles*

## Une soirée perdue

J'étais seul, l'autre soir, au Théâtre-Français,
Ou presque seul; l'auteur n'avait pas grand succès.
Ce n'était que Molière, et nous savons de reste
Que ce grand maladroit, qui fit un jour *Alceste,*
Ignora le bel art de chatouiller l'esprit
Et de servir à point un dénoûment bien cuit.
Grâce à Dieu, nos auteurs ont changé de méthode,
Et nous aimons bien mieux quelque drame à la mode,
Où l'intrigue, enlacée et roulée en feston,
Tourne comme un rébus autour d'un mirliton.

J'écoutais cependant cette simple harmonie,
Et comme le bon sens fait parler le génie.
J'admirais quel amour pour l'âpre vérité
Eut cet homme si fier en sa naïveté,
Quel grand et vrai savoir des choses de ce monde,
Quelle mâle gaîté si triste et si profonde
Que, lorsqu'on vient d'en rire, on devrait en pleurer!
Et je me demandais: Est-ce assez d'admirer?
Est-ce assez de venir, un soir, par aventure,
D'entendre au fond de l'âme un cri de la nature,
D'essuyer une larme, et de partir ainsi,
Quoi qu'on fasse d'ailleurs, sans en prendre souci?
Enfoncé que j'étais dans cette rêverie,
Çà et là, toutefois, lorgnant la galerie,
Je vis que, devant moi, se balançait gaîment
Sous une tresse noire un cou svelte et charmant;
Et, voyant cet ébène enchâssé dans l'ivoire,
Un vers d'André Chénier chanta dans ma mémoire,
Un vers presque inconnu, refrain inachevé,
Frais comme le hasard, moins écrit que rêvé.
J'osai m'en souvenir, même devant Molière;
Sa grande ombre, à coup sûr, ne s'en offensa pas;
Et, tout en écoutant, je murmurais tout bas,
Regardant cette enfant, qui ne s'en doutait guère:
«Sous votre aimable tête, un cou blanc, délicat,
Se plie, et de la neige effacerait l'éclat.»

Puis je songeais encore (ainsi va la pensée)
Que l'antique franchise, à ce point délaissée,
Avec notre finesse et notre esprit moqueur,
Ferait croire, après tout, que nous manquons de cœur;
Que c'était une triste et honteuse misère,
Que cette solitude à l'entour de Molière,
Et qu'il est *pourtant temps*, comme dit la chanson,
De sortir de ce siècle ou d'en avoir raison;
Car à quoi comparer cette scène embourbée,
Et l'effroyable honte où la muse est tombée?
La lâcheté nous bride, et les sots vont disant
Que, sous ce vieux soleil, tout est fait à présent;
Comme si les travers de la famille humaine
Ne rajeunissaient pas chaque an, chaque semaine.
Notre siècle a ses mœurs, partant, sa vérité;
Celui qui l'ose dire est toujours écouté.

Ah! j'oserais parler, si je croyais bien dire.
J'oserais ramasser le fouet de la satire,
Et l'habiller de noir, cet homme aux rubans verts,
Qui se fâchait jadis pour quelques mauvais vers.
S'il rentrait aujourd'hui dans Paris, la grand'ville,
Il y trouverait mieux pour émouvoir sa bile
Qu'une méchante femme et qu'un méchant sonnet;
Nous avons autre chose à mettre au cabinet.
Ô notre maître à tous! si ta tombe est fermée,
Laisse-moi dans ta cendre, un instant ranimée,
Trouver une étincelle, et je vais t'imiter!
J'en aurai fait assez si je puis le tenter.
Apprends-moi de quel ton, dans ta bouche hardie,
Parlait la vérité, ta seule passion,
Et, pour me faire entendre, à défaut du génie,
J'en aurai le courage et l'indignation!...

*Poésies nouvelles*

## Le Rhin allemand
### Réponse à la chanson de Becker

Nous l'avons eu, votre Rhin allemand,
Il a tenu dans notre verre.
Un couplet qu'on s'en va chantant
Efface-t-il la trace altière
Du pied de nos chevaux marqué dans votre sang?

Nous l'avons eu, votre Rhin allemand.
Son sein porte une plaie ouverte,
Du jour où Condé triomphant
A déchiré sa robe verte.
Où le père a passé, passera bien l'enfant.

Nous l'avons eu, votre Rhin allemand.
Que faisaient vos vertus germaines,
Quand notre César tout-puissant
De son ombre couvrait vos plaines?
Où donc est-il tombé, ce dernier ossement?

Nous l'avons eu, votre Rhin allemand.
Si vous oubliez votre histoire,
Vos jeunes filles, sûrement,
Ont mieux gardé notre mémoire;
Elles nous ont versé votre petit vin blanc.

S'il est à vous, votre Rhin allemand,
Lavez-y donc votre livrée;
Mais parlez-en moins fièrement.
Combien, au jour de la curée,
Étiez-vous de corbeaux contre l'aigle expirant?

Qu'il coule en paix, votre Rhin allemand;
Que vos cathédrales gothiques
S'y reflètent modestement;
Mais craignez que vos airs bachiques
Ne réveillent les morts de leur repos sanglant.

*Poésies nouvelles*

# Théophile Gautier

## Carmen

Carmen est maigre, — un trait de bistre
Cerne son œil de gitana;
Ses cheveux sont d'un noir sinistre;
Sa peau, le diable la tanna.

Les femmes disent qu'elle est laide,
Mais tous les hommes en sont fous;
Et l'archevêque de Tolède
Chante la messe à ses genoux;

Car sur sa nuque d'ambre fauve
Se tord un énorme chignon
Qui, dénoué, fait dans l'alcôve
Une mante à son corps mignon,

Et, parmi sa pâleur, éclate
Une bouche aux rires vainqueurs,
Piment rouge, fleur écarlate,
Qui prend sa pourpre au sang des cœurs.

Ainsi faite, la moricaude
Bat les plus altières beautés,
Et de ses yeux la lueur chaude
Rend la flamme aux satiétés;

Elle a, dans sa laideur piquante,
Un grain de sel de cette mer
D'où jaillit, nue et provocante,
L'âcre Vénus du gouffre amer.

*España*

---

## Le pot de fleurs

Parfois un enfant trouve une petite graine,
Et tout d'abord, charmé de ses vives couleurs,
Pour la planter il prend un pot de porcelaine
Orné de dragons bleus et de bizarres fleurs.

Il s'en va. La racine en couleuvres s'allonge,
Sort de terre, fleurit et devient arbrisseau;
Chaque jour, plus avant, son pied chevelu plonge,
Tant qu'il fasse éclater le ventre du vaisseau.

L'enfant revient; surpris, il voit la plante grasse
Sur les débris du pot brandir ses verts poignards;
Il la veut arracher, mais la tige est tenace;
Il s'obstine, et ses doigts s'ensanglantent aux dards.

Ainsi germa l'amour dans mon âme surprise;
Je croyais ne semer qu'une fleur de printemps:
C'est un grand aloès dont la racine brise
Le pot de porcelaine aux dessins éclatants.

*Poésies*

## L'art

Oui, l'œuvre sort plus belle
D'une forme au travail
        Rebelle,
Vers, marbre, onyx, émail.

Point de contraintes fausses!
Mais que pour marcher droit
        Tu chausses,
Muse, un cothurne étroit.

Fi du rythme commode,
Comme un soulier trop grand,
        Du mode
Que tout pied quitte et prend!

Statuaire, repousse
L'argile que pétrit
        Le pouce,
Quand flotte ailleurs l'esprit;

Lutte avec le carrare,
Avec le paros dur
        Et rare,
Gardiens du contour pur;

Emprunte à Syracuse
Son bronze où fermement
        S'accuse
Le trait fier et charmant;

D'une main délicate
Poursuis dans un filon
        D'agate
Le profil d'Apollon.

Peintre, fuis l'aquarelle,
Et fixe la couleur
        Trop frêle
Au four de l'émailleur.

Fais les sirènes bleues,
Tordant de cent façons
Leurs queues,
Les monstres des blasons;

Dans son nimbe trilobe,
La Vierge et son Jésus,
Le globe
Avec la croix dessus.

Tout passe. — L'art robuste
Seul a l'éternité.
Le buste
Survit à la cité,

Et la médaille austère
Que trouve un laboureur
Sous terre
Révèle un empereur.

Les dieux eux-mêmes meurent;
Mais les vers souverains
Demeurent
Plus forts que les airains.

Sculpte, lime, cisèle;
Que ton rêve flottant
Se scelle
Dans le bloc résistant!

*Émaux et Camées*

# Leconte de Lisle

## Midi

Midi, roi des étés, épandu sur la plaine,
Tombe en nappes d'argent des hauteurs du ciel bleu.
Tout se tait. L'air flamboie et brûle sans haleine;
La terre est assoupie en sa robe de feu.

L'étendue est immense, et les champs n'ont point d'ombre,
Et la source est tarie où buvaient les troupeaux;
La lointaine forêt, dont la lisière est sombre,
Dort là-bas, immobile, en un pesant repos.

Seuls, les grands blés mûris, tels qu'une mer dorée,
Se déroulent au loin, dédaigneux du sommeil;
Pacifiques enfants de la terre sacrée,
Ils épuisent sans peur la coupe du soleil.

Parfois, comme un soupir de leur âme brûlante,
Du sein des épis lourds qui murmurent entre eux,
Une ondulation majestueuse et lente
S'éveille, et va mourir à l'horizon poudreux.

Non loin, quelques bœufs blancs, couchés parmi les herbes,
Bavent avec lenteur sur leurs fanons épais,
Et suivent de leurs yeux languissants et superbes
Le songe intérieur qu'ils n'achèvent jamais.

Homme, si, le cœur plein de joie ou d'amertume,
Tu passais vers midi dans les champs radieux,
Fuis! la nature est vide et le soleil consume:
Rien n'est vivant ici, rien n'est triste ou joyeux.

Mais si, désabusé des larmes et du rire,
Altéré de l'oubli de ce monde agité,
Tu veux, ne sachant plus pardonner ou maudire,
Goûter une suprême et morne volupté,

Viens! Le soleil te parle en paroles sublimes;
Dans sa flamme implacable absorbe-toi sans fin;
Et retourne à pas lents vers les cités infimes,
Le cœur trempé sept fois dans le néant divin.

*Poèmes antiques*

# Nox

Sur la pente des monts les brises apaisées
Inclinent au sommeil les arbres onduleux,
L'oiseau silencieux s'endort dans les rosées,
Et l'étoile a doré l'écume des flots bleus.

Au contour des ravins, sur les hauteurs sauvages,
Une molle vapeur efface les chemins,
La lune tristement baigne les noirs feuillages,
L'oreille n'entend plus les murmures humains.

Mais sur le sable au loin chante la mer divine,
Et des hautes forêts gémit la grande voix,
Et l'air sonore, aux cieux que la nuit illumine,
Porte le chant des mers et le soupir des bois.

Montez, saintes rumeurs, paroles surhumaines,
Entretien lent et doux de la terre et du ciel!
Montez, et demandez aux étoiles sereines
S'il est pour les atteindre un chemin éternel.

Ô mers, ô bois songeurs, voix pieuses du monde,
Vous m'avez répondu durant mes jours mauvais;
Vous avez apaisé ma tristesse inféconde,
Et dans mon cœur aussi vous chantez à jamais.

*Poèmes antiques*

Jean Picart le Doux

## Le sommeil du condor

Par delà l'escalier des roides Cordillières,
Par delà les brouillards hantés des aigles noirs,
Plus haut que les sommets creusés en entonnoirs
Où bout le flux sanglant des laves familières,
L'envergure pendante et rouge par endroits,
Le vaste Oiseau, tout plein d'une morne indolence,
Regarde l'Amérique et l'espace en silence,
Et le sombre soleil qui meurt dans ses yeux froids.
La nuit roule de l'Est, où les pampas sauvages
Sous les monts étagés s'élargissent sans fin;
Elle endort le Chili, les villes, les rivages,
Et la mer Pacifique, et l'horizon divin;
Du continent muet elle s'est emparée:
Des sables aux coteaux, des gorges aux versants,
De cime en cime, elle enfle, en tourbillons croissants,
Le lourd débordement de sa haute marée.
Lui, comme un spectre, seul, au front du pic altier,
Baigné d'une lueur qui saigne sur la neige,
Il attend cette mer sinistre qui l'assiège:
Elle arrive, déferle, et le couvre en entier.
Dans l'abîme sans fond la Croix australe allume
Sur les côtes du ciel son phare constellé.
Il râle de plaisir, il agite sa plume,
Il érige son cou musculeux et pelé,
Il s'enlève en fouettant l'âpre neige des Andes,
Dans un cri rauque il monte où n'atteint pas le vent,
Et, loin du globe noir, loin de l'astre vivant,
Il dort dans l'air glacé, les ailes toutes grandes.

*Poèmes barbares*

## Les éléphants

Le sable rouge est comme une mer sans limite
Et qui flambe, muette, affaissée en son lit.
Une ondulation immobile remplit
L'horizon aux vapeurs de cuivre où l'homme habite.

Nulle vie et nul bruit. Tous les lions repus
Dorment au fond de l'antre éloigné de cent lieues;
Et la girafe boit dans les fontaines bleues,
Là-bas, sous les dattiers des panthères connus.

Pas un oiseau ne passe en fouettant de son aile
L'air épais où circule un immense soleil.
Parfois quelque boa, chauffé dans son sommeil,
Fait onduler son dos dont l'écaille étincelle.

Tel l'espace enflammé brûle sous les cieux clairs.
Mais, tandis que tout dort aux mornes solitudes,
Les éléphants rugueux, voyageurs lents et rudes,
Vont au pays natal à travers les déserts.

D'un point de l'horizon, comme des masses brunes,
Ils viennent, soulevant la poussière; et l'on voit,
Pour ne pas dévier du chemin le plus droit,
Sous leur pied large et sûr crouler au loin les dunes.

Celui qui tient la tête est un vieux chef. Son corps
Est gercé comme un tronc que le temps ronge et mine;
Sa tête est comme un roc, et l'arc de son échine
Se voûte puissamment à ses moindres efforts.

Sans ralentir jamais et sans hâter sa marche,
Il guide au but certain ses compagnons poudreux;
Et, creusant par derrière un sillon sablonneux,
Les pèlerins massifs suivent leur patriarche.

L'oreille en éventail, la trompe entre les dents,
Ils cheminent, l'œil clos. Leur ventre bat et fume,
Et leur sueur dans l'air embrasé monte en brume;
Et bourdonnent autour mille insectes ardents.

Mais qu'importent la soif et la mouche vorace,
Et le soleil cuisant leur dos noir et plissé?
Ils rêvent en marchant du pays délaissé,
Des forêts de figuiers où s'abrita leur race.

Ils reverront le fleuve échappé des grands monts,
Où nage en mugissant l'hippopotame énorme,
Où, blanchis par la lune et projetant leur forme,
Ils descendaient pour boire en écrasant les joncs.

Aussi, pleins de courage et de lenteur, ils passent
Comme une ligne noire, au sable illimité;
Et le désert reprend son immobilité
Quand les lourds voyageurs à l'horizon s'effacent.

*Poèmes barbares*

# Charles Baudelaire

## L'albatros

Souvent, pour s'amuser, les hommes d'équipage
Prennent des albatros, vastes oiscaux des mers,
Qui suivent, indolents compagnons de voyage,
Le navire glissant sur les gouffres amers.

A peine les ont-ils déposés sur les planches,
Que ces rois de l'azur, maladroits et honteux,
Laissent piteusement leurs grandes ailes blanches
Comme des avirons traîner à côté d'eux.

Ce voyageur ailé, comme il est gauche et veule!
Lui, naguère si beau, qu'il est comique et laid!
L'un agace son bec avec un brûle-gueule,
L'autre mime, en boitant, l'infirme qui volait!

Le Poète est semblable au prince des nuées
Qui hante la tempête et se rit de l'archer;
Exilé sur le sol au milieu des huées,
Ses ailes de géant l'empêchent de marcher.

*Les Fleurs du mal*

## Correspondances

La Nature est un temple où de vivants piliers
Laissent parfois sortir de confuses paroles;
L'homme y passe à travers des forêts de symboles
Qui l'observent avec des regards familiers.

Comme de longs échos qui de loin se confondent
Dans une ténébreuse et profonde unité,
Vaste comme la nuit et comme la clarté,
Les parfums, les couleurs et les sons se répondent.

Il est des parfums frais comme des chairs d'enfants,
Doux comme les hautbois, verts comme les prairies,
— Et d'autres, corrompus, riches et triomphants,

Ayant l'expansion des choses infinies,
Comme l'ambre, le musc, le benjoin et l'encens,
Qui chantent les transports de l'esprit et des sens.

*Les Fleurs du mal*

## Les phares

Rubens, fleuve d'oubli, jardin de la paresse,
Oreiller de chair fraîche où l'on ne peut aimer,
Mais où la vie afflue et s'agite sans cesse,
Comme l'air dans le ciel et la mer dans la mer;

Léonard de Vinci, miroir profond et sombre,
Où des anges charmants, avec un doux souris
Tout chargé de mystère, apparaissent à l'ombre
Des glaciers et des pins qui ferment leur pays;

Rembrandt, triste hôpital tout rempli de murmures,
Et d'un grand crucifix décoré seulement,
Où la prière en pleurs s'exhale des ordures,
Et d'un rayon d'hiver traversé brusquement;

Michel-Ange, lieu vague où l'on voit des Hercules
Se mêler à des Christs, et se lever tout droits
Des fantômes puissants qui dans les crépuscules
Déchirent leur suaire en étirant leurs doigts;

Colères de boxeur, impudences de faune,
Toi qui sus ramasser la beauté des goujats,
Grand cœur gonflé d'orgueil, homme débile et jaune,
Puget, mélancolique empereur des forçats;

Watteau, ce carnaval où bien des cœurs illustres,
Comme des papillons, errent en flamboyant,
Décors frais et légers éclairés par des lustres
Qui versent la folie à ce bal tournoyant;

Goya, cauchemar plein de choses inconnues,
De fœtus qu'on fait cuire au milieu des sabbats,
De vieilles au miroir et d'enfants toutes nues,
Pour tenter les démons ajustant bien leurs bas;

Delacroix, lac de sang hanté des mauvais anges,
Ombragé par un bois de sapins toujours vert,
Où, sous un ciel chagrin, des fanfares étranges
Passent, comme un soupir étouffé de Weber;

Ces malédictions, ces blasphèmes, ces plaintes,
Ces extases, ces cris, ces pleurs, ces *Te Deum,*
Sont un écho redit par mille labyrinthes;
C'est pour les cœurs mortels un divin opium!

C'est un cri répété par mille sentinelles,
Un ordre renvoyé par mille porte-voix;
C'est un phare allumé sur mille citadelles,
Un appel de chasseurs perdus dans les grands bois!

Car c'est vraiment, Seigneur, le meilleur témoignage
Que nous puissions donner de notre dignité
Que cet ardent sanglot qui roule d'âge en âge
Et vient mourir au bord de votre éternité!

*Les Fleurs du mal*

## L'Ennemi

Ma jeunesse ne fut qu'un ténébreux orage,
Traversé çà et là par de brillants soleils;
Le tonnerre et la pluie ont fait un tel ravage,
Qu'il reste en mon jardin bien peu de fruits vermeils.

Voilà que j'ai touché l'automne des idées,
Et qu'il faut employer la pelle et les râteaux
Pour rassembler à neuf les terres inondées,
Où l'eau creuse des trous grands comme des tombeaux.

Et qui sait si les fleurs nouvelles que je rêve
Trouveront dans ce sol lavé comme une grève
Le mystique aliment qui ferait leur vigueur?

— Ô douleur! ô douleur! Le Temps mange la vie,
Et l'obscur Ennemi qui nous ronge le cœur
Du sang que nous perdons croît et se fortifie!

*Les Fleurs du mal*

## La vie antérieure

J'ai longtemps habité sous de vastes portiques
Que les soleils marins teignaient de mille feux,
Et que leurs grands piliers, droits et majestueux,
Rendaient pareils, le soir, aux grottes basaltiques.

Les houles, en roulant les images des cieux,
Mêlaient d'une façon solennelle et mystique
Les tout-puissants accords de leur riche musique
Aux couleurs du couchant reflété par mes yeux.

C'est là que j'ai vécu dans les voluptés calmes,
Au milieu de l'azur, des vagues, des splendeurs
Et des esclaves nus, tout imprégnés d'odeurs,

Qui me rafraîchissaient le front avec des palmes,
Et dont l'unique soin était d'approfondir
Le secret douloureux qui me faisait languir.

*Les Fleurs du mal*

## L'homme et la mer

Homme libre, toujours tu chériras la mer!
La mer est ton miroir; tu contemples ton âme
Dans le déroulement infini de sa lame,
Et ton esprit n'est pas un gouffre moins amer.

Tu te plais à plonger au sein de ton image;
Tu l'embrasses des yeux et des bras, et ton cœur
Se distrait quelquefois de sa propre rumeur
Au bruit de cette plainte indomptable et sauvage.

Vous êtes tous les deux ténébreux et discrets :
Homme, nul n'a sondé le fond de tes abîmes ;
Ô mer, nul ne connaît tes richesses intimes,
Tant vous êtes jaloux de garder vos secrets !

Et cependant voilà des siècles innombrables
Que vous vous combattez sans pitié ni remord,
Tellement vous aimez le carnage et la mort,
Ô lutteurs éternels, ô frères implacables !

*Les Fleurs du mal*

## La beauté

Je suis belle, ô mortels! comme un rêve de pierre,
Et mon sein, où chacun s'est meurtri tour à tour,
Est fait pour inspirer au poète un amour
Éternel et muet ainsi que la matière.

Je trône dans l'azur comme un sphinx incompris;
J'unis un cœur de neige à la blancheur des cygnes;
Je hais le mouvement qui déplace les lignes,
Et jamais je ne pleure et jamais je ne ris.

Les poètes, devant mes grandes attitudes,
Que j'ai l'air d'emprunter aux plus fiers monuments,
Consumeront leurs jours en d'austères études;

Car j'ai, pour fasciner ces dociles amants,
De purs miroirs qui font toutes choses plus belles:
Mes yeux, mes larges yeux aux clartés éternelles!

*Les Fleurs du mal*

## Réversibilité

Ange plein de gaieté, connaissez-vous l'angoisse,
La honte, les remords, les sanglots, les ennuis,
Et les vagues terreurs de ces affreuses nuits
Qui compriment le cœur comme un papier qu'on froisse?
Ange plein de gaieté, connaissez-vous l'angoisse?

Ange plein de bonté, connaissez-vous la haine,
Les poings crispés dans l'ombre et les larmes de fiel,
Quand la Vengeance bat son infernal rappel,
Et de nos facultés se fait le capitaine?
Ange plein de bonté, connaissez-vous la haine?

Ange plein de santé, connaissez-vous les Fièvres,
Qui, le long des grands murs de l'hospice blafard,
Comme des exilés, s'en vont d'un pied traînard,
Cherchant le soleil rare et remuant les lèvres?
Ange plein de santé, connaissez-vous les Fièvres?

Ange plein de beauté, connaissez-vous les rides,
Et la peur de vieillir, et ce hideux tourment
De lire la secrète horreur du dévouement
Dans des yeux où longtemps burent nos yeux avides?
Ange plein de beauté, connaissez-vous les rides?

Ange plein de bonheur, de joie et de lumières,
David mourant aurait demandé la santé
Aux émanations de ton corps enchanté;
Mais de toi je n'implore, ange, que tes prières,
Ange plein de bonheur, de joie et de lumières!

*Les Fleurs du mal*

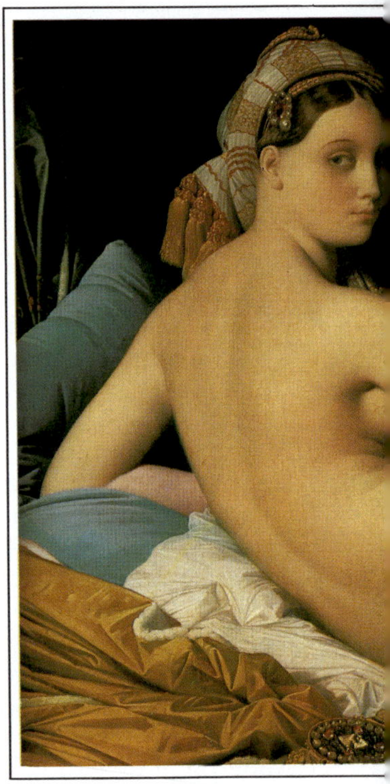

## L'invitation au voyage

Mon enfant, ma sœur,
Songe à la douceur
D'aller là-bas vivre ensemble!
Aimer à loisir,
Aimer et mourir
Au pays qui te ressemble!
Les soleils mouillés
De ces ciels brouillés
Pour mon esprit ont les charmes
Si mystérieux
De tes traîtres yeux,
Brillant à travers leurs larmes.

Là, tout n'est qu'ordre et beauté,
Luxe, calme et volupté.

Des meubles luisants,
Polis par les ans,
Décoreraient notre chambre;
Les plus rares fleurs
Mêlant leurs odeurs
Aux vagues senteurs de l'ambre,
Les riches plafonds,
Les miroirs profonds,
La splendeur orientale,
Tout y parlerait
A l'âme en secret
Sa douce langue natale.

Là, tout n'est qu'ordre et beauté,
Luxe, calme et volupté.

Vois sur ces canaux
Dormir ces vaisseaux
Dont l'humeur est vagabonde;
C'est pour assouvir
Ton moindre désir
Qu'ils viennent du bout du monde.
— Les soleils couchants
Revêtent les champs,
Les canaux, la ville entière,
D'hyacinthe et d'or;
Le monde s'endort
Dans une chaude lumière.

Là, tout n'est qu'ordre et beauté,
Luxe, calme et volupté.

*Les Fleurs du mal*

## Chant d'automne

I

Bientôt nous plongerons dans les froides ténèbres;
Adieu, vive clarté de nos étés trop courts!
J'entends déjà tomber avec des chocs funèbres
Le bois retentissant sur le pavé des cours.

Tout l'hiver va rentrer dans mon être: colère,
Haine, frissons, horreur, labeur dur et forcé,
Et, comme le soleil dans son enfer polaire,
Mon cœur ne sera plus qu'un bloc rouge et glacé.

J'écoute en frémissant chaque bûche qui tombe;
L'échafaud qu'on bâtit n'a pas d'écho plus sourd.
Mon esprit est pareil à la tour qui succombe
Sous les coups du bélier infatigable et lourd.

Il me semble, bercé par ce choc monotone,
Qu'on cloue en grande hâte un cercueil quelque part.
Pour qui? — C'était hier l'été; voici l'automne!
Ce bruit mystérieux sonne comme un départ.

II

J'aime de vos longs yeux la lumière verdâtre,
Douce beauté, mais tout aujourd'hui m'est amer,
Et rien, ni votre amour, ni le boudoir, ni l'âtre,
Ne me vaut le soleil rayonnant sur la mer.

Et pourtant aimez-moi, tendre cœur! soyez mère,
Même pour un ingrat, même pour un méchant;
Amante ou sœur, soyez la douceur éphémère
D'un glorieux automne ou d'un soleil couchant.

Courte tâche! La tombe attend; elle est avide!
Ah! Laissez-moi, mon front posé sur vos genoux,
Goûter, en regrettant l'été blanc et torride,
De l'arrière-saison le rayon jaune et doux!

*Les Fleurs du mal*

---

## Harmonie du soir

Voici venir les temps où vibrant sur sa tige
Chaque fleur s'évapore ainsi qu'un encensoir;
Les sons et les parfums tournent dans l'air du soir;
Valse mélancolique et langoureux vertige!

Chaque fleur s'évapore ainsi qu'un encensoir;
Le violon frémit comme un cœur qu'on afflige;
Valse mélancolique et langoureux vertige!
Le ciel est triste et beau comme un grand reposoir.

Le violon frémit comme un cœur qu'on afflige,
Un cœur tendre, qui hait le néant vaste et noir!
Le ciel est triste et beau comme un grand reposoir;
Le soleil s'est noyé dans son sang qui se fige.

Un cœur tendre, qui hait le néant vaste et noir,
Du passé lumineux recueille tout vestige!
Le soleil s'est noyé dans son sang qui se fige...
Ton souvenir en moi luit comme un ostensoir!

*Les Fleurs du mal*

## Les chats

Les amoureux fervents et les savants austères
Aiment également, dans leur mûre saison,
Les chats puissants et doux, orgueil de la maison,
Qui comme eux sont frileux et comme eux sédentaires.

Amis de la science et de la volupté,
Ils cherchent le silence et l'horreur des ténèbres;
L'Érèbe les eût pris pour ses coursiers funèbres,
S'ils pouvaient au servage incliner leur fierté.

Ils prennent en songeant les nobles attitudes
Des grands sphinx allongés au fond des solitudes,
Qui semblent s'endormir dans un rêve sans fin;

Leurs reins féconds sont pleins d'étincelles magiques,
Et des parcelles d'or, ainsi qu'un sable fin,
Étoilent vaguement leurs prunelles mystiques.

*Les Fleurs du mal*

# Les hiboux

Sous les ifs noirs qui les abritent,
Les hiboux se tiennent rangés,
Ainsi que des dieux étrangers,
Dardant leur œil rouge. Ils méditent.

Sans remuer ils se tiendront
Jusqu'à l'heure mélancolique
Où, poussant le soleil oblique,
Les ténèbres s'établiront.

Leur attitude au sage enseigne
Qu'il faut en ce monde qu'il craigne
Le tumulte et le mouvement;

L'homme ivre d'une ombre qui passe
Porte toujours le châtiment
D'avoir voulu changer de place.

*Les Fleurs du mal*

## La musique

La musique souvent me prend comme une mer!
Vers ma pâle étoile,
Sous un plafond de brume ou dans un vaste éther,
Je mets à la voile;

La poitrine en avant et les poumons gonflés
Comme de la toile,
J'escalade le dos des flots amoncelés
Que la nuit me voile;

Je sens vibrer en moi toutes les passions
D'un vaisseau qui souffre;
Le bon vent, la tempête et ses convulsions

Sur l'immense gouffre
Me bercent. D'autres fois, calme plat, grand miroir
De mon désespoir!

*Les Fleurs du mal*

---

## Spleen

Quand le ciel bas et lourd pèse comme un couvercle
Sur l'esprit gémissant en proie aux longs ennuis,
Et que de l'horizon embrassant tout le cercle
Il nous verse un jour noir plus triste que les nuits;

Quand la terre est changée en un cachot humide,
Où l'Espérance, comme une chauve-souris,
S'en va battant les murs de son aile timide
Et se cognant la tête à des plafonds pourris;

Quand la pluie étalant ses immenses traînées
D'une vaste prison imite les barreaux,
Et qu'un peuple muet d'infâmes araignées
Vient tendre ses filets au fond de nos cerveaux,

Des cloches tout à coup sautent avec furie
Et lancent vers le ciel un affreux hurlement,
Ainsi que des esprits errants et sans patrie
Qui se mettent à geindre opiniâtrement.

— Et de longs corbillards, sans tambours ni musique,
Défilent lentement dans mon âme; l'Espoir,
Vaincu, pleure, et l'Angoisse atroce, despotique,
Sur mon crâne incliné plante son drapeau noir.

*Les Fleurs du mal*

## Le cygne

*À Victor Hugo*

I

Andromaque, je pense à vous! Ce petit fleuve,
Pauvre et triste miroir où jadis resplendit
L'immense majesté de vos douleurs de veuve,
Ce Simoïs menteur qui par vos pleurs grandit,

A fécondé soudain ma mémoire fertile,
Comme je traversais le nouveau Carrousel.
Le vieux Paris n'est plus (la forme d'une ville
Change plus vite, hélas! que le cœur d'un mortel);

Je ne vois qu'en esprit tout ce camp de baraques,
Ces tas de chapiteaux ébauchés et de fûts,
Les herbes, les gros blocs verdis par l'eau des flaques,
Et, brillant aux carreaux, le bric-à-brac confus.

Là s'étalait jadis une ménagerie;
Là je vis, un matin, à l'heure où sous les cieux
Froids et clairs le Travail s'éveille, où la voirie
Pousse un sombre ouragan dans l'air silencieux,

Un cygne qui s'était évadé de sa cage,
Et, de ses pieds palmés frottant le pavé sec,
Sur le sol raboteux traînait son blanc plumage.
Près d'un ruisseau sans eau la bête ouvrant le bec

Baignait nerveusement ses ailes dans la poudre,
Et disait, le cœur plein de son beau lac natal:
«Eau, quand donc pleuvras-tu? quand tonneras-tu, foudre?»
Je vois ce malheureux, mythe étrange et fatal,

Vers le ciel quelquefois, comme l'homme d'Ovide,
Vers le ciel ironique et cruellement bleu,
Sur son cou convulsif tendant sa tête avide,
Comme s'il adressait des reproches à Dieu!

II

Paris change! mais rien dans ma mélancolie
N'a bougé! palais neufs, échafaudages, blocs,
Vieux faubourgs, tout pour moi devient allégorie,
Et mes chers souvenirs sont plus lourds que des rocs.

Aussi devant ce Louvre une image m'opprime:
Je pense à mon grand cygne, avec ses gestes fous,
Comme les exilés, ridicule et sublime,
Et rongé d'un désir sans trêve! et puis à vous,

Andromaque, des bras d'un grand époux tombée,
Vil bétail, sous la main du superbe Pyrrhus,
Auprès d'un tombeau vide en extase courbée;
Veuve d'Hector, hélas! et femme d'Hélénus!

Je pense à la négresse, amaigrie et phtisique,
Piétinant dans la boue, et cherchant, l'œil hagard,
Les cocotiers absents de la superbe Afrique
Derrière la muraille immense du brouillard;

A quiconque a perdu ce qui ne se retrouve
Jamais, jamais! à ceux qui s'abreuvent de pleurs
Et tètent la Douleur comme une bonne louve!
Aux maigres orphelins séchant comme des fleurs!

Ainsi dans la forêt où mon esprit s'exile
Un vieux Souvenir sonne à plein souffle du cor!
Je pense aux matelots oubliés dans une île,
Aux captifs, aux vaincus!... à bien d'autres encor!

*Les Fleurs du mal*

## Les aveugles

Contemple-les, mon âme; ils sont vraiment affreux!
Pareils aux mannequins; vaguement ridicules;
Terribles, singuliers comme les somnambules;
Dardant on ne sait où leurs globes ténébreux.

Leurs yeux, d'où la divine étincelle est partie,
Comme s'ils regardaient au loin, restent levés
Au ciel; on ne les voit jamais vers les pavés
Pencher rêveusement leur tête appesantie.

Ils traversent ainsi le noir illimité,
Ce frère du silence éternel. Ô cité!
Pendant qu'autour de nous tu chantes, ris et beugles,

Éprise du plaisir jusqu'à l'atrocité,
Vois! je me traîne aussi! mais, plus qu'eux hébété,
Je dis: Que cherchent-ils au Ciel, tous ces aveugles?

*Les Fleurs du mal*

La servante au grand cœur dont vous étiez jalouse,
Et qui dort son sommeil sous une humble pelouse,
Nous devrions pourtant lui porter quelques fleurs.
Les morts, les pauvres morts, ont de grandes douleurs,
Et quand Octobre souffle, émondeur des vieux arbres,
Son vent mélancolique à l'entour de leurs marbres,
Certe, ils doivent trouver les vivants bien ingrats,
A dormir, comme ils font, chaudement dans leurs draps,
Tandis que, dévorés de noires songeries,
Sans compagnon de lit, sans bonnes causeries,
Vieux squelettes gelés travaillés par le ver,
Ils sentent s'égoutter les neiges de l'hiver
Et le siècle couler, sans qu'amis ni famille
Remplacent les lambeaux qui pendent à leur grille.

Lorsque la bûche siffle et chante, si le soir,
Calme, dans le fauteuil je la voyais s'asseoir,
Si, par une nuit bleue et froide de décembre,
Je la trouvais tapie en un coin de ma chambre,
Grave, et venant du fond de son lit éternel
Couver l'enfant grandi de son œil maternel,
Que pourrais-je répondre à cette âme pieuse,
Voyant tomber des pleurs de sa paupière creuse?

*Les Fleurs du mal*

## Le crépuscule du matin

La diane chantait dans les cours des casernes,
Et le vent du matin soufflait sur les lanternes.

C'était l'heure où l'essaim des rêves malfaisants
Tord sur leurs oreillers les bruns adolescents;
Où, comme un œil sanglant qui palpite et qui bouge,
La lampe sur le jour fait une tache rouge;
Où l'âme, sous le poids du corps revêche et lourd,
Imite les combats de la lampe et du jour.
Comme un visage en pleurs que les brises essuient,
L'air est plein du frisson des choses qui s'enfuient,
Et l'homme est las d'écrire et la femme d'aimer.

Les maisons çà et là commençaient à fumer.
Les femmes de plaisir, la paupière livide,
Bouche ouverte, dormaient de leur sommeil stupide;
Les pauvresses, traînant leurs seins maigres et froids,
Soufflaient sur leurs tisons et soufflaient sur leurs doigts.
C'était l'heure où parmi le froid et la lésine
S'aggravent les douleurs des femmes en gésine;
Comme un sanglot coupé par un sang écumeux
Le chant du coq au loin déchirait l'air brumeux;
Une mer de brouillards baignait les édifices,
Et les agonisants dans le fond des hospices
Poussaient leur dernier râle en hoquets inégaux.
Les débauchés rentraient, brisés par leurs travaux.

L'aurore grelottante en robe rose et verte
S'avançait lentement sur la Seine déserte,
Et le sombre Paris, en se frottant les yeux,
Empoignait ses outils, vieillard laborieux.

*Les Fleurs du mal*

## La mort des amants

Nous aurons des lits pleins d'odeurs légères,
Des divans profonds comme des tombeaux,
Et d'étranges fleurs sur des étagères,
Écloses pour nous sous des cieux plus beaux.

Usant à l'envi leurs chaleurs dernières,
Nos deux cœurs seront deux vastes flambeaux,
Qui réfléchiront leurs doubles lumières
Dans nos deux esprits, ces miroirs jumeaux.

Un soir fait de rose et de bleu mystique,
Nous échangerons un éclair unique,
Comme un long sanglot, tout chargé d'adieux;

Et plus tard un Ange, entrouvrant les portes,
Viendra ranimer, fidèle et joyeux,
Les miroirs ternis et les flammes mortes.

*Les Fleurs du mal*

---

## Le voyage

*A Maxime Du Camp*

Pour l'enfant, amoureux de cartes et d'estampes,
L'univers est égal à son vaste appétit.
Ah! que le monde est grand à la clarté des lampes!
Aux yeux du souvenir que le monde est petit!

Un matin nous partons, le cerveau plein de flamme,
Le cœur gros de rancune et de désirs amers,
Et nous allons, suivant le rythme de la lame,
Berçant notre infini sur le fini des mers:

Les uns, joyeux de fuir une patrie infâme;
D'autres, l'horreur de leurs berceaux, et quelques-uns,
Astrologues noyés dans les yeux d'une femme,
La Circé tyrannique aux dangereux parfums.

Pour n'être pas changés en bêtes, ils s'enivrent
D'espace et de lumière et de cieux embrasés;
La glace qui les mord, les soleils qui les cuivrent,
Effacent lentement la marque des baisers.

Mais les vrais voyageurs sont ceux-là seuls qui partent
Pour partir; cœurs légers, semblables aux ballons,
De leur fatalité jamais ils ne s'écartent,
Et, sans savoir pourquoi, disent toujours: Allons!

Ceux-là dont les désirs ont la forme des nues,
Et qui rêvent, ainsi qu'un conscrit le canon,
De vastes voluptés, changeantes, inconnues,
Et dont l'esprit humain n'a jamais su le nom!

---

Nous imitons, horreur! la toupie et la boule
Dans leur valse et leurs bonds; même dans nos sommeils
La curiosité nous tourmente et nous roule,
Comme un Ange cruel qui fouette des soleils.

Singulière fortune où le but se déplace,
Et, n'étant nulle part, peut être n'importe où!
Où l'Homme, dont jamais l'espérance n'est lasse,
Pour trouver le repos court toujours comme un fou.

Notre âme est un trois-mâts cherchant son Icarie;
Une voix retentit sur le pont: «Ouvre l'œil!»
Une voix de la hune, ardente et folle, crie:
«Amour... gloire... bonheur!» Enfer! c'est un écueil.

Chaque îlot signalé par l'homme de vigie
Est un Eldorado promis par le Destin;
L'Imagination qui dresse son orgie
Ne trouve qu'un récif aux clartés du matin.

Ô le pauvre amoureux des pays chimériques!
Faut-il le mettre aux fers, le jeter à la mer,
Ce matelot ivrogne, inventeur d'Amériques
Dont le mirage rend le gouffre plus amer?...

---

... Amer savoir, celui qu'on tire du voyage!
Le monde, monotone et petit, aujourd'hui,
Hier, demain, toujours, nous fait voir notre image:
Une oasis d'horreur dans un désert d'ennui!

Faut-il partir? rester? Si tu peux rester, reste;
Pars, s'il le faut. L'un court, et l'autre se tapit
Pour tromper l'ennemi vigilant et funeste,
Le Temps! Il est, hélas! des coureurs sans répit,

Comme le Juif errant et comme les apôtres,
A qui rien ne suffit, ni wagon ni vaisseau,
Pour fuir ce rétiaire infâme; il en est d'autres
Qui savent le tuer sans quitter leur berceau.

Lorsque enfin il mettra le pied sur notre échine,
Nous pourrons espérer et crier: En avant!
De même qu'autrefois nous partions pour la Chine,
Les yeux fixés au large et les cheveux au vent,

Nous nous embarquerons sur la mer des Ténèbres
Avec le cœur joyeux d'un jeune passager.
Entendez-vous ces voix, charmantes et funèbres,
Qui chantent: «Par ici! vous qui voulez manger

Le Lotus parfumé! c'est ici qu'on vendange
Les fruits miraculeux dont votre cœur a faim;
Venez vous enivrer de la douceur étrange
De cette après-midi qui n'a jamais de fin!»

A l'accent familier nous devinons le spectre;
Nos Pylades là-bas tendent leurs bras vers nous.
« Pour rafraîchir ton cœur nage vers ton Électre! »
Dit celle dont jadis nous baisions les genoux.

———

Ô Mort, vieux capitaine, il est temps! levons l'ancre!
Ce pays nous ennuie, ô Mort! Appareillons!
Si le ciel et la mer sont noirs comme de l'encre,
Nos cœurs que tu connais sont remplis de rayons!

Verse-nous ton poison pour qu'il nous réconforte!
Nous voulons, tant ce feu nous brûle le cerveau,
Plonger au fond du gouffre, Enfer ou Ciel, qu'importe?
Au fond de l'Inconnu pour trouver du *nouveau!*

*Les Fleurs du mal*

## Recueillement

Sois sage, ô ma Douleur, et tiens-toi plus tranquille.
Tu réclamais le Soir; il descend; le voici:
Une atmosphère obscure enveloppe la ville,
Aux uns portant la paix, aux autres le souci.

Pendant que des mortels la multitude vile,
Sous le fouet du Plaisir, ce bourreau sans merci,
Va cueillir des remords dans la fête servile,
Ma Douleur, donne-moi la main; viens par ici,

Loin d'eux. Vois se pencher les défuntes Années,
Sur les balcons du ciel, en robes surannées;
Surgir du fond des eaux le Regret souriant;

Le Soleil moribond s'endormir sous une arche,
Et, comme un long linceul traînant à l'Orient,
Entends, ma chère, entends la douce Nuit qui marche.

*Les Fleurs du mal*

# Théodore de Banville

Sculpteur, cherche avec soin, en attendant l'extase,
Un marbre sans défaut pour en faire un beau vase;
Cherche longtemps sa forme et n'y retrace pas
D'amours mystérieux ni de divins combats.
Pas d'Héraklès vainqueur du monstre de Némée,
Ni de Cypris naissant sur la mer embaumée;
Pas de Titans vaincus dans leurs rébellions,
Ni de riant Bacchus attelant les lions
Avec un frein tressé de pampres et de vignes;
Pas de Léda jouant dans la troupe des cygnes
Sous l'ombre des lauriers en fleurs, ni d'Artémis
Surprise au sein des eaux dans sa blancheur de lys.
Qu'autour du vase pur, trop beau pour la Bacchante,
La verveine mêlée à des feuilles d'acanthe
Fleurisse, et que plus bas des vierges lentement
S'avancent deux à deux, d'un pas sûr et charmant,
Les bras pendant le long de leurs tuniques droites
Et les cheveux tressés sur leurs têtes étroites.

*Les Stalactites*

---

Nous n'irons plus au bois, les lauriers sont coupés.
Les Amours des bassins, les Naïades en groupe
Voient reluire au soleil en cristaux découpés
Les flots silencieux qui coulaient de leur coupe.
Les lauriers sont coupés, et le cerf aux abois
Tressaille au son du cor; nous n'irons plus au bois,
Où des enfants joueurs riait la folle troupe
Parmi les lys d'argent aux pleurs du ciel trempés;
Voici l'herbe qu'on fauche et les lauriers qu'on coupe.
Nous n'irons plus au bois, les lauriers sont coupés.

# Sully Prudhomme

## Les yeux

Bleus ou noirs, tous aimés, tous beaux,
Des yeux sans nombre ont vu l'aurore;
Ils dorment au fond des tombeaux,
Et le soleil se lève encore.

Les nuits plus douces que les jours
Ont enchanté des yeux sans nombre;
Les étoiles brillent toujours
Et les yeux se sont remplis d'ombre.

Oh! qu'ils aient perdu le regard,
Non, non, cela n'est pas possible!
Ils se sont tournés quelque part
Vers ce qu'on nomme l'invisible;

Et comme les astres penchants
Nous quittent, mais au ciel demeurent,
Les prunelles ont leurs couchants,
Mais il n'est pas vrai qu'elles meurent:

Bleus ou noirs, tous aimés, tous beaux,
Ouverts à quelque immense aurore,
De l'autre côté des tombeaux
Les yeux qu'on ferme voient encore.

*La Vie intérieure*

---

## Le vase brisé

Le vase où meurt cette verveine
D'un coup d'éventail fut fêlé;
Le coup dut l'effleurer à peine:
Aucun bruit ne l'a révélé.

Mais la légère meurtrissure,
Mordant le cristal chaque jour,
D'une marche invisible et sûre,
En a fait lentement le tour.

Son eau fraîche a fui goutte à goutte,
Le suc des fleurs s'est épuisé;
Personne encore ne s'en doute,
N'y touchez pas, il est brisé.

Souvent aussi la main qu'on aime,
Effleurant le cœur, le meurtrit;
Puis le cœur se fend de lui-même,
La fleur de son amour périt;

Toujours intact aux yeux du monde,
Il sent croître et pleurer tout bas
Sa blessure fine et profonde;
Il est brisé, n'y touchez pas.

*Les Solitudes*

## Le cygne

Sans bruit, sous le miroir des lacs profonds et calmes,
Le cygne chasse l'ombre avec ses larges palmes,
Et glisse. Le duvet de ses flancs est pareil
A des neiges d'avril qui croulent au soleil;
Mais, ferme et d'un blanc mat, vibrant sous le zéphyre,
Sa grande aile l'entraîne ainsi qu'un lent navire.
Il dresse son beau col au-dessus des roseaux,
Le plonge, le promène allongé sur les eaux,
Le courbe gracieux comme un profil d'acanthe,
Et cache son bec noir dans sa gorge éclatante.
Tantôt le long des pins, séjour d'ombre et de paix,
Il serpente, et, laissant les herbages épais
Traîner derrière lui comme une chevelure,
Il va d'une tardive et languissante allure.
La grotte où le poète écoute ce qu'il sent,
Et la source qui pleure un éternel absent,
Lui plaisent; il y rôde; une feuille de saule
En silence tombée effleure son épaule.
Tantôt il pousse au large, et, loin du bois obscur,
Superbe, gouvernant du côté de l'azur,
Il choisit, pour fêter sa blancheur qu'il admire,
La place éblouissante où le soleil se mire.
Puis, quand les bords de l'eau ne se distinguent plus,
A l'heure où toute forme est un spectre confus,
Où l'horizon brunit rayé d'un long trait rouge,
Alors que pas un jonc, pas un glaïeul ne bouge,
Que les rainettes font dans l'air serein leur bruit,
Et que la luciole au clair de lune luit,
L'oiseau, dans le lac sombre où sous lui se reflète
La splendeur d'une nuit lactée et violette,
Comme un vase d'argent parmi des diamants,
Dort, la tête sous l'aile, entre deux firmaments.

*Les Solitudes*

# Charles Cros

## La vie idéale

*A May*

Une salle avec du feu, des bougies,
Des soupers toujours servis, des guitares,
Des fleurets, des fleurs, tous les tabacs rares,
Où l'on causerait pourtant sans orgies.

Au printemps lilas, roses et muguets,
En été jasmins, œillets et tilleuls
Rempliraient la nuit du grand parc où, seuls
Parfois, les rêveurs fuiraient les bruits gais.

Les hommes seraient tous de bonne race,
Dompteurs familiers des Muses hautaines,
Et les femmes, sans cancans et sans haines,
Illumineraient les soirs de leur grâce.

Et l'on songerait, parmi ces parfums
De bras, d'éventails, de fleurs, de peignoirs,
De fins cheveux blonds, de lourds cheveux noirs,
Aux pays lointains, aux siècles défunts.

*Le Coffret de santal*

# Conclusion

*A Maurice Rollinat*

J'ai rêvé les amours divins,
L'ivresse des bras et des vins,
L'or, l'argent, les royaumes vains,

Moi, dix-huit ans, Elle, seize ans.
Parmi les sentiers amusants
Nous irions sur nos alezans.

Il est loin le temps des aveux
Naïfs, des téméraires vœux!
Je n'ai d'argent qu'en mes cheveux.

Les âmes dont j'aurais besoin
Et les étoiles sont trop loin.
Je vais mourir soûl, dans un coin.

*Le Coffret de santal*

## Le hareng saur

*A Guy*

Il était un grand mur blanc — nu, nu, nu,
Contre le mur une échelle — haute, haute, haute,
Et, par terre, un hareng saur — sec, sec, sec.

Il vient, tenant dans ses mains — sales, sales, sales,
Un marteau lourd, un grand clou — pointu, pointu, pointu,
Un peloton de ficelle — gros, gros, gros.

Alors il monte à l'échelle — haute, haute, haute,
Et plante le clou pointu — toc, toc, toc,
Tout en haut du grand mur blanc — nu, nu, nu.

Il laisse aller le marteau — qui tombe, qui tombe, qui tombe,
Attache au clou la ficelle — longue, longue, longue,
Et, au bout, le hareng saur — sec, sec, sec.

Il redescend de l'échelle — haute, haute, haute,
L'emporte avec le marteau — lourd, lourd, lourd,
Et puis, il s'en va ailleurs — loin, loin, loin.

Et, depuis, le hareng saur — sec, sec, sec,
Au bout de cette ficelle — longue, longue, longue,
Très lentement se balance — toujours, toujours, toujours.

J'ai composé cette histoire — simple, simple, simple,
Pour mettre en fureur les gens — graves, graves, graves,
Et amuser les enfants — petits, petits, petits.

*Le Coffret de santal*

## A une chatte

Chatte blanche, chatte sans tache,
Je te demande, dans ces vers,
Quel secret dort dans tes yeux verts,
Quel sarcasme sous ta moustache.

Tu nous lorgnes, pensant tout bas
Que nos fronts pâles, que nos lèvres
Déteintes en de folles fièvres,
Que nos yeux creux ne valent pas

Ton museau que ton nez termine,
Rose comme un bouton de sein,
Tes oreilles dont le dessin
Couronne fièrement ta mine.

Pourquoi cette sérénité?
Aurais-tu la clé des problèmes
Qui nous font, frissonnants et blêmes,
Passer le printemps et l'été?

Devant la mort qui nous menace,
Chats et gens, ton flair, plus subtil
Que notre savoir, te dit-il
Où va la beauté qui s'efface,

Où va la pensée, où s'en vont
Les défuntes splendeurs charnelles?
Chatte, détourne tes prunelles;
J'y trouve trop de noir au fond.

*Le Coffret de santal*

## Ballade du dernier amour

Mes souvenirs sont si nombreux
Que ma raison n'y peut suffire.
Pourtant je ne vis que par eux,
Eux seuls me font pleurer et rire.
Le présent est sanglant et noir ;
Dans l'avenir qu'ai-je à poursuivre ?
Calme frais des tombeaux, le soir !...
Je me suis trop hâté de vivre.

Amours heureux ou malheureux,
Lourds regrets, satiété pire,
Yeux noirs veloutés, clairs yeux bleus,
Aux regards qu'on ne peut pas dire,
Cheveux noyant le démêloir
Couleur d'or, d'ébène ou de cuivre,
J'ai voulu tout voir, tout avoir.
Je me suis trop hâté de vivre.

Je suis las. Plus d'amour. Je veux
Vivre seul, pour moi seul décrire
Jusqu'à l'odeur de tes cheveux,
Jusqu'à l'éclair de ton sourire,
Dire ton royal nonchaloir,
T'évoquer entière en un livre
Pur et vrai comme ton miroir.
Je me suis trop hâté de vivre.

*ENVOI*

Ma chanson, vapeur d'encensoir,
Chère envolée, ira te suivre.
En tes bras j'espérais pouvoir
Attendre l'heure qui délivre ;
Tu m'as pris mon tour. Au revoir.
Je me suis trop hâté de vivre.

*Le Coffret de santal*

# José Maria de Heredia

## Les bergers

Viens. Le sentier s'enfonce aux gorges de Cyllène.
Voici l'antre et la source, et c'est là qu'il se plaît
A dormir sur un lit d'herbe et de serpolet
A l'ombre du grand pin où chante son haleine.

Attache à ce vieux tronc moussu la brebis pleine.
Sait-tu qu'avant un mois, avec son agnelet,
Elle lui donnera des fromages, du lait?
Les Nymphes fileront un manteau de sa laine.

Sois-nous propice, Pan! Ô Chèvre-pied, gardien
Des troupeaux que nourrit le mont Arcadien,
Je t'invoque... Il entend! J'ai vu tressaillir l'arbre.

Partons. Le soleil plonge au couchant radieux.
Le don du pauvre, ami, vaut un autel de marbre,
Si d'un cœur simple et pur l'offrande est faite aux Dieux.

*Les Trophées*

## Les conquérants

Comme un vol de gerfauts hors du charnier natal,
Fatigués de porter leurs misères hautaines,
De Palos, de Moguer, routiers et capitaines
Partaient, ivres d'un rêve héroïque et brutal.

Ils allaient conquérir le fabuleux métal
Que Cipango mûrit dans ses mines lointaines,
Et les vents alizés inclinaient leurs antennes
Aux bords mystérieux du monde occidental.

Chaque soir, espérant des lendemains épiques,
L'azur phosphorescent de la mer des Tropiques
Enchantait leur sommeil d'un mirage doré;

Ou, penchés à l'avant des blanches caravelles,
Ils regardaient monter en un ciel ignoré
Du fond de l'Océan des étoiles nouvelles.

*Les Trophées*

## La Trebbia

L'aube d'un jour sinistre a blanchi les hauteurs.
Le camp s'éveille. En bas roule et gronde le fleuve
Où l'escadron léger des Numides s'abreuve.
Partout sonne l'appel clair des buccinateurs.

Car malgré Scipion, les augures menteurs,
La Trebbia débordée, et qu'il vente et qu'il pleuve,
Sempronius Consul, fier de sa gloire neuve,
A fait lever la hache et marcher les licteurs.

Rougissant le ciel noir de flamboîments lugubres,
A l'horizon, brûlaient les villages Insubres;
On entendait au loin barrir un éléphant.

Et là-bas, sous le pont, adossé contre une arche,
Hannibal écoutait, pensif et triomphant,
Le piétinement sourd des légions en marche.

*Les Trophées*

# François Coppée

## La mort des oiseaux

Le soir, au coin du feu, j'ai pensé bien des fois
A la mort d'un oiseau, quelque part, dans les bois.
Pendant les tristes jours de l'hiver monotone,
Les pauvres nids déserts, les nids qu'on abandonne,
Se balancent au vent sur le ciel gris de fer.
Oh! comme les oiseaux doivent mourir l'hiver!
Pourtant, lorsque viendra le temps des violettes,
Nous ne trouverons pas leurs délicats squelettes
Dans le gazon d'avril où nous irons courir.
Est-ce que les oiseaux se cachent pour mourir?

*Promenades et Intérieurs*

# Stéphane Mallarmé

## Salut

Rien, cette écume, vierge vers
A ne désigner que la coupe;
Telle loin se noie une troupe
De sirènes mainte à l'envers.

Nous naviguons, ô mes divers
Amis, moi déjà sur la poupe
Vous l'avant fastueux qui coupe
Le flot de foudres et d'hivers;

Une ivresse belle m'engage
Sans craindre même son tangage
De porter debout ce salut

Solitude, récif, étoile
A n'importe ce qui valut
Le blanc souci de notre toile.

*Poésies*

## L'azur

De l'éternel azur la sereine ironie
Accable, belle indolemment comme les fleurs,
Le poëte impuissant qui maudit son génie
A travers un désert stérile de Douleurs.

Fuyant, les yeux fermés, je le sens qui regarde
Avec l'intensité d'un remords atterrant,
Mon âme vide. Où fuir? Et quelle nuit hagarde
Jeter, lambeaux, jeter sur ce mépris navrant?

Brouillards, montez! Versez vos cendres monotones
Avec de longs haillons de brume dans les cieux
Qui noiera le marais livide des automnes
Et bâtissez un grand plafond silencieux!

Et toi, sors des étangs léthéens et ramasse
En t'en venant la vase et les pâles roseaux,
Cher Ennui, pour boucher d'une main jamais lasse
Les grands trous bleus que font méchamment les oiseaux.

Encor! que sans répit les tristes cheminées
Fument, et que de suie une errante prison
Éteigne dans l'horreur de ses noires traînées
Le soleil se mourant jaunâtre à l'horizon!

— Le Ciel est mort. — Vers toi, j'accours! donne, ô matière,
L'oubli de l'Idéal cruel et du Péché
A ce martyr qui vient partager la litière
Où le bétail heureux des hommes est couché,

Car j'y veux, puisque enfin ma cervelle, vidée
Comme le pot de fard gisant au pied d'un mur,
N'a plus l'art d'attifer la sanglotante idée,
Lugubrement bâiller vers un trépas obscur...

En vain! l'Azur triomphe, et je l'entends qui chante
Dans les cloches. Mon âme, il se fait voix pour plus
Nous faire peur avec sa victoire méchante,
Et du métal vivant sort en bleus angélus!

Il roule par la brume, ancien et traverse
Ta native agonie ainsi qu'un glaive sûr;
Où fuir dans la révolte inutile et perverse?
*Je suis hanté*. L'Azur! l'Azur! l'Azur! l'Azur!

*Poésies*

## Brise marine

La chair est triste, hélas! et j'ai lu tous les livres.
Fuir! là-bas fuir! Je sens que des oiseaux sont ivres
D'être parmi l'écume inconnue et les cieux!
Rien, ni les vieux jardins reflétés par les yeux
Ne retiendra ce cœur qui dans la mer se trempe
Ô nuits! ni la clarté déserte de ma lampe
Sur le vide papier que la blancheur défend
Et ni la jeune femme allaitant son enfant.
Je partirai! Steamer balançant ta mâture,
Lève l'ancre pour une exotique nature!

Un Ennui, désolé par les cruels espoirs,
Croit encore à l'adieu suprême des mouchoirs!
Et, peut-être, les mâts, invitant les orages
Sont-ils de ceux qu'un vent penche sur les naufrages
Perdus, sans mâts, sans mâts, ni fertiles îlots...
Mais, ô mon cœur, entends le chant des matelots!

*Poésies*

---

## Don du poëme

Je t'apporte l'enfant d'une nuit d'Idumée!
Noire, à l'aile saignante et pâle, déplumée,
Par le verre brûlé d'aromates et d'or,
Par les carreaux glacés, hélas! mornes encor,
L'aurore se jeta sur la lampe angélique.
Palmes! et quand elle a montré cette relique
A ce père essayant un sourire ennemi,
La solitude bleue et stérile a frémi.
Ô la berceuse, avec ta fille et l'innocence
De vos pieds froids, accueille une horrible naissance:
Et ta voix rappelant viole et clavecin,
Avec le doigt fané presseras-tu le sein
Par qui coule en blancheur sibylline la femme
Pour les lèvres que l'air du vierge azur affame?

*Poésies*

## Cantique de saint Jean

Le soleil que sa halte
Surnaturelle exalte
Aussitôt redescend
    Incandescent

Je sens comme aux vertèbres
S'éployer des ténèbres
Toutes dans un frisson
    A l'unisson

Et ma tête surgie
Solitaire vigie
Dans les vols triomphaux
    De cette faux

Comme rupture franche
Plutôt refoule ou tranche
Les anciens désaccords
    Avec le corps

Qu'elle de jeûnes ivre
S'opiniâtre à suivre
En quelque bond hagard
    Son pur regard

Là-haut où la froidure
Éternelle n'endure
Que vous le surpassiez
    Tous ô glaciers

Mais selon un baptême
Illuminée au même
Principe qui m'élut
    Penche un salut.

*Poésies*

## Sainte

A la fenêtre recélant
Le santal vieux qui se dédore
De sa viole étincelant
Jadis avec flûte ou mandore,

Est la Sainte pâle, étalant
Le livre vieux qui se déplie
Du Magnificat ruisselant
Jadis selon vêpre et complie:

A ce vitrage d'ostensoir
Que frôle une harpe par l'Ange
Formée avec son vol du soir
Pour la délicate phalange

Du doigt que, sans le vieux santal
Ni le vieux livre, elle balance
Sur le plumage instrumental,
Musicienne du silence.

*Poésies*

## Toast funèbre

Ô de notre bonheur, toi, le fatal emblème!

Salut de la démence et libation blême,
Ne crois pas qu'au magique espoir du corridor
J'offre ma coupe vide où souffre un monstre d'or!
Ton apparition ne va pas me suffire:
Car je t'ai mis, moi-même, en un lieu de porphyre.
Le rite est pour les mains d'éteindre le flambeau
Contre le fer épais des portes du tombeau:
Et l'on ignore mal, élu pour notre fête
Très simple de chanter l'absence du poète,
Que ce beau monument l'enferme tout entier.
Si ce n'est que la gloire ardente du métier,
Jusqu'à l'heure commune et vile de la cendre,
Par le carreau qu'allume un soir fier d'y descendre,
Retourne vers les feux du pur soleil mortel!

Magnifique, total et solitaire, tel
Tremble de s'exhaler le faux orgueil des hommes.
Cette foule hagarde! elle annonce: Nous sommes
La triste opacité de nos spectres futurs.
Mais le blason des deuils épars sur de vains murs
J'ai méprisé l'horreur lucide d'une larme,
Quand, sourd même à mon vers sacré qui ne l'alarme
Quelqu'un de ces passants, fier, aveugle et muet,
Hôte de son linceul vague, se transmuait
En le vierge héros de l'attente posthume.
Vaste gouffre apporté dans l'amas de la brume
Par l'irascible vent des mots qu'il n'a pas dits,
Le néant à cet Homme aboli de jadis:
«Souvenirs d'horizons, qu'est-ce, ô toi, que la Terre?»
Hurle ce songe; et, voix dont la clarté s'altère,
L'espace a pour jouet le cri: «Je ne sais pas!»

Le Maître, par un œil profond, a, sur ses pas,
Apaisé de l'éden l'inquiète merveille
Dont le frisson final, dans sa voix seule, éveille
Pour la Rose et le Lys le mystère d'un nom.
Est-il de ce destin rien qui demeure, non?
Ô vous tous, oubliez une croyance sombre.

Le splendide génie éternel n'a pas d'ombre.
Moi, de votre désir soucieux, je veux voir,
A qui s'évanouit, hier, dans le devoir
Idéal que nous font les jardins de cet astre,
Survivre pour l'honneur du tranquille désastre
Une agitation solennelle par l'air
De paroles, pourpre ivre et grand calice clair,
Que, pluie et diamant, le regard diaphane
Resté là sur ces fleurs dont nulle ne se fane,
Isole parmi l'heure et le rayon du jour!

C'est de nos vrais bosquets déjà tout le séjour,
Où le poëte pur a pour geste humble et large
De l'interdire au rêve, ennemi de sa charge:
Afin que le matin de son repos altier,
Quand la mort ancienne est comme pour Gautier
De n'ouvrir pas les yeux sacrés et de se taire,
Surgisse, de l'allée ornement tributaire,
Le sépulcre solide où gît tout ce qui nuit,
Et l'avare silence et la massive nuit.

*Poésies*

## Autre éventail

*de Mademoiselle Mallarmé*

Ô rêveuse, pour que je plonge
Au pur délice sans chemin,
Sache, par un subtil mensonge,
Garder mon aile dans ta main.

Une fraîcheur de crépuscule
Te vient à chaque battement
Dont le coup prisonnier recule
L'horizon délicatement.

Vertige! voici que frissonne
L'espace comme un grand baiser
Qui, fou de naître pour personne,
Ne peut jaillir ni s'apaiser.

Sens-tu le paradis farouche
Ainsi qu'un rire enseveli
Se couler du coin de ta bouche
Au fond de l'unanime pli!

Le sceptre des rivages roses
Stagnants sur les soirs d'or, ce l'est,
Ce blanc vol fermé que tu poses
Contre le feu d'un bracelet.

*Poésies*

1874 . COROT

## Rondels

I

Rien au réveil que vous n'ayez
Envisagé de quelque moue
Pire si le rire secoue
Votre aile sur les oreillers

Indifféremment sommeillez
Sans crainte qu'une haleine avoue
Rien au réveil que vous n'ayez
Envisagé de quelque moue

Tous les rêves émerveillés
Quand cette beauté les déjoue
Ne produisent fleur sur la joue
Dans l'œil diamants impayés
Rien au réveil que vous n'ayez.

II

Si tu veux nous nous aimerons
Avec tes lèvres sans le dire
Cette rose ne l'interromps
Qu'à verser un silence pire

Jamais de chants ne lancent prompts
Le scintillement du sourire
Si tu veux nous nous aimerons
Avec tes lèvres sans le dire

Muet muet entre les ronds
Sylphe dans la pourpre d'empire
Un baiser flambant se déchire
Jusqu'aux pointes des ailerons
Si tu veux nous nous aimerons.

*Poésies*

## Plusieurs sonnets

I

Quand l'ombre menaça de la fatale loi
Tel vieux Rêve, désir et mal de mes vertèbres,
Affligé de périr sous les plafonds funèbres
Il a ployé son aile indubitable en moi.

Luxe, ô salle d'ébène où, pour séduire un roi
Se tordent dans leur mort des guirlandes célèbres,
Vous n'êtes qu'un orgueil menti par les ténèbres
Aux yeux du solitaire ébloui de sa foi.

Oui, je sais qu'au lointain de cette nuit, la Terre
Jette d'un grand éclat l'insolite mystère,
Sous les siècles hideux qui l'obscurcissent moins.

L'espace à soi pareil qu'il s'accroisse ou se nie
Roule dans cet ennui des feux vils pour témoins
Que s'est d'un astre en fête allumé le génie.

II

Le vierge, le vivace et le bel aujourd'hui
Va-t-il nous déchirer avec un coup d'aile ivre
Ce lac dur oublié que hante sous le givre
Le transparent glacier des vols qui n'ont pas fui!

Un cygne d'autrefois se souvient que c'est lui
Magnifique mais qui sans espoir se délivre
Pour n'avoir pas chanté la région où vivre
Quand du stérile hiver a resplendi l'ennui.

Tout son col secouera cette blanche agonie
Par l'espace infligée à l'oiseau qui le nie,
Mais non l'horreur du sol où le plumage est pris.

Fantôme qu'à ce lieu son pur éclat assigne,
Il s'immobilise au songe froid de mépris
Que vêt parmi l'exil inutile le Cygne.

III

Victorieusement fui le suicide beau
Tison de gloire, sang par écume, or, tempête!
Ô rire si là-bas une pourpre s'apprête
A ne tendre royal que mon absent tombeau.

Quoi! de tout cet éclat pas même le lambeau
S'attarde, il est minuit, à l'ombre qui nous fête
Excepté qu'un trésor présomptueux de tête
Verse son caressé nonchaloir sans flambeau,

La tienne si toujours le délice! la tienne
Oui seule qui du ciel évanoui retienne
Un peu de puéril triomphe en t'en coiffant

Avec clarté quand sur les coussins tu la poses
Comme un casque guerrier d'impératrice enfant
Dont pour te figurer il tomberait des roses.

IV

Ses purs ongles très haut dédiant leur onyx,
L'Angoisse, ce minuit, soutient, lampadophore,
Maint rêve vespéral brûlé par le Phénix
Que ne recueille pas de cinéraire amphore

Sur les crédences, au salon vide: nul ptyx,
Aboli bibelot d'inanité sonore,
(Car le Maître est allé puiser des pleurs au Styx
Avec ce seul objet dont le Néant s'honore).

Mais proche la croisée au nord vacante, un or
Agonise selon peut-être le décor
Des licornes ruant du feu contre une nixe,

Elle, défunte nue en le miroir, encor
Que, dans l'oubli fermé par le cadre, se fixe
De scintillations sitôt le septuor.

*Poésies*

## Le tombeau d'Edgar Poe

Tel qu'en Lui-même enfin l'éternité le change,
Le Poëte suscite avec un glaive nu
Son siècle épouvanté de n'avoir pas connu
Que la mort triomphait dans cette voix étrange!

Eux, comme un vil sursaut d'hydre oyant jadis l'ange
Donner un sens plus pur aux mots de la tribu
Proclamèrent très haut le sortilège bu
Dans le flot sans honneur de quelque noir mélange.

Du sol et de la nue hostiles, ô grief!
Si notre idée avec ne sculpte un bas-relief
Dont la tombe de Poe éblouissante s'orne,

Calme bloc ici-bas chu d'un désastre obscur,
Que ce granit du moins montre à jamais sa borne
Aux noirs vols du Blasphème épars dans le futur.

*Poésies*

## Autres poëmes et sonnets

### I

Tout Orgueil fume-t-il du soir,
Torche dans un branle étouffée
Sans que l'immortelle bouffée
Ne puisse à l'abandon surseoir !

La chambre ancienne de l'hoir
De maint riche mais chu trophée
Ne serait pas même chauffée
S'il survenait par le couloir.

Affres du passé nécessaires
Agrippant comme avec des serres
Le sépulcre de désaveu,

Sous un marbre lourd qu'elle isole
Ne s'allume pas d'autre feu
Que la fulgurante console.

### II

Surgi de la croupe et du bond
D'une verrerie éphémère
Sans fleurir la veillée amère
Le col ignoré s'interrompt.

Je crois bien que deux bouches n'ont
Bu, ni son amant ni ma mère,
Jamais à la même Chimère,
Moi, sylphe de ce froid plafond !

Le pur vase d'aucun breuvage
Que l'inexhaustible veuvage
Agonise mais ne consent,

Naïf baiser des plus funèbres !
A rien expirer annonçant
Une rose dans les ténèbres.

III

Une dentelle s'abolit
Dans le doute du Jeu suprême
A n'entr'ouvrir comme un blasphème
Qu'absence éternelle de lit.

Cet unanime blanc conflit
D'une guirlande avec la même,
Enfui contre la vitre blême
Flotte plus qu'il n'ensevelit.

Mais, chez qui du rêve se dore
Tristement dort une mandore
Au creux néant musicien

Telle que vers quelque fenêtre
Selon nul ventre que le sien,
Filial on aurait pu naître.

*Poésies*

# Paul Verlaine

## Nevermore

Souvenir, souvenir, que me veux-tu? L'automne
Faisait voler la grive à travers l'air atone,
Et le soleil dardait un rayon monotone
Sur le bois jaunissant où la bise détone.

Nous étions seul à seule et marchions en rêvant,
Elle et moi, les cheveux et la pensée au vent.
Soudain, tournant vers moi son regard émouvant:
«Quel fut ton plus beau jour?» fit sa voix d'or vivant,

Sa voix douce et sonore, au frais timbre angélique.
Un sourire discret lui donna la réplique,
Et je baisai sa main blanche, dévotement.

— Ah! les premières fleurs, qu'elles sont parfumées!
Et qu'il bruit avec un murmure charmant
Le premier *oui* qui sort de lèvres bien-aimées!

*Poèmes saturniens*

## Mon rêve familier

Je fais souvent ce rêve étrange et pénétrant
D'une femme inconnue, et que j'aime, et qui m'aime
Et qui n'est, chaque fois, ni tout à fait la même
Ni tout à fait une autre, et m'aime et me comprend.

Car elle me comprend, et mon cœur, transparent
Pour elle seule, hélas! cesse d'être un problème
Pour elle seule, et les moiteurs de mon front blême,
Elle seule les sait rafraîchir, en pleurant.

Est-elle brune, blonde ou rousse? — Je l'ignore.
Son nom? Je me souviens qu'il est doux et sonore
Comme ceux des aimés que la Vie exila.

Son regard est pareil au regard des statues,
Et, pour sa voix, lointaine, et calme, et grave, elle a
L'inflexion des voix chères qui se sont tues.

*Poèmes saturniens*

## Chanson d'automne

Les sanglots longs
Des violons
  De l'automne
Blessent mon cœur
D'une langueur
  Monotone.

Tout suffocant
Et blême, quand
  Sonne l'heure,
Je me souviens
Des jours anciens
  Et je pleure;

Et je m'en vais
Au vent mauvais
  Qui m'emporte
Deçà, delà,
Pareil à la
  Feuille morte.

*Poèmes saturniens*

## La chanson des ingénues

Nous sommes les Ingénues
Aux bandeaux plats, à l'œil bleu,
Qui vivons, presque inconnues,
Dans les romans qu'on lit peu.

Nous allons entrelacées,
Et le jour n'est pas plus pur
Que le fond de nos pensées,
Et nos rêves sont d'azur;

Et nous courons par les prés
Et rions et babillons
Des aubes jusqu'aux vesprées,
Et chassons aux papillons;

Et des chapeaux de bergères
Défendent notre fraîcheur,
Et nos robes — si légères —
Sont d'une extrême blancheur;

Les Richelieux, les Caussades
Et les chevaliers Faublas
Nous prodiguent les œillades,
Les saluts et les «hélas!»

Mais en vain, et leurs mimiques
Se viennent casser le nez
Devant les plis ironiques
De nos jupons détournés;

Et notre candeur se raille
Des imaginations
De ces raseurs de muraille,
Bien que parfois nous sentions

Battre nos cœurs sous nos mantes
A des pensers clandestins,
En nous sachant les amantes
Futures des libertins.

*Poèmes saturniens*

## Clair de lune

Votre âme est un paysage choisi
Que vont charmant masques et bergamasques
Jouant du luth et dansant et quasi
Tristes sous leurs déguisements fantasques.

Tout en chantant sur le mode mineur
L'amour vainqueur et la vie opportune,
Ils n'ont pas l'air de croire à leur bonheur
Et leur chanson se mêle au clair de lune,

Au calme clair de lune triste et beau,
Qui fait rêver les oiseaux dans les arbres
Et sangloter d'extase les jets d'eau,
Les grands jets d'eau sveltes parmi les marbres.

*Fêtes galantes*

## Pantomime

Pierrot, qui n'a rien d'un Clitandre,
Vide un flacon sans plus attendre,
Et, pratique, entame un pâté.

Cassandre, au fond de l'avenue,
Verse une larme méconnue
Sur son neveu déshérité.

Ce faquin d'Arlequin combine
L'enlèvement de Colombine
Et pirouette quatre fois.

Colombine rêve, surprise
De sentir un cœur dans la brise
Et d'entendre en son cœur des voix.

*Fêtes galantes*

## Colloque sentimental

Dans le vieux parc solitaire et glacé,
Deux formes ont tout à l'heure passé.

Leurs yeux sont morts et leurs lèvres sont molles,
Et l'on entend à peine leurs paroles.

Dans le vieux parc solitaire et glacé,
Deux spectres ont évoqué le passé.

— Te souvient-il de notre extase ancienne?
— Pourquoi voulez-vous donc qu'il m'en souvienne?

— Ton cœur bat-il toujours à mon seul nom?
Toujours vois-tu mon âme en rêve? — Non.

— Ah ! les beaux jours de bonheur indicible
Où nous joignions nos bouches ! — C'est possible.

— Qu'il était bleu, le ciel, et grand, l'espoir !
— L'espoir a fui, vaincu, vers le ciel noir.

Tels ils marchaient dans les avoines folles,
Et la nuit seule entendit leurs paroles.

*Fêtes galantes*

La lune blanche
Luit dans les bois;
De chaque branche
Part une voix
Sous la ramée...

Ô bien-aimée.

L'étang reflète,
Profond miroir,
La silhouette
Du saule noir
Où le vent pleure...

Rêvons, c'est l'heure.

Un vaste et tendre
Apaisement
Semble descendre
Du firmament
Que l'astre irise...

C'est l'heure exquise.

*La Bonne Chanson*

Il pleut doucement sur la ville.
ARTHUR RIMBAUD

Il pleure dans mon cœur
Comme il pleut sur la ville;
Quelle est cette langueur
Qui pénètre mon cœur?

Ô bruit doux de la pluie
Par terre et sur les toits!
Pour un cœur qui s'ennuie
Ô le chant de la pluie!

Il pleure sans raison
Dans ce cœur qui s'écœure.
Quoi! nulle trahison?...
Ce deuil est sans raison.

C'est bien la pire peine
De ne savoir pourquoi
Sans amour et sans haine
Mon cœur a tant de peine!

*Romances sans paroles*

Ô triste, triste était mon âme
A cause, à cause d'une femme.

Je ne me suis pas consolé,
Bien que mon cœur s'en soit allé,

Bien que mon cœur, bien que mon âme
Eussent fui loin de cette femme.

Je ne me suis pas consolé,
Bien que mon cœur s'en soit allé.

Et mon cœur, mon cœur trop sensible
Dit à mon âme: Est-il possible,

Est-il possible, — le fût-il, —
Ce fier exil, ce triste exil?

Mon âme dit à mon cœur: Sais-je
Moi même que nous veut ce piège

D'être présents bien qu'exilés,
Encore que loin en allés?

*Romances sans paroles*

## Green

Voici des fruits, des fleurs, des feuilles et des branches
Et puis voici mon cœur qui ne bat que pour vous.
Ne le déchirez pas avec vos deux mains blanches
Et qu'à vos yeux si beaux l'humble présent soit doux.

J'arrive tout couvert encore de rosée
Que le vent du matin vient glacer à mon front.
Souffrez que ma fatigue à vos pieds reposée
Rêve des chers instants qui la délasseront.

Sur votre jeune sein laissez rouler ma tête
Toute sonore encor de vos derniers baisers ;
Laissez-la s'apaiser de la bonne tempête,
Et que je dorme un peu puisque vous reposez.

*Romances sans paroles*

## A poor young shepherd

J'ai peur d'un baiser
Comme d'une abeille.
Je souffre et je veille
Sans me reposer:
J'ai peur d'un baiser!

Pourtant j'aime Kate
Et ses yeux jolis.
Elle est délicate,
Aux longs traits pâlis.
Oh! que j'aime Kate!

C'est Saint-Valentin!
Je dois et je n'ose
Lui dire au matin...
La terrible chose
Que Saint-Valentin!

Elle m'est promise,
Fort heureusement!
Mais quelle entreprise
Que d'être un amant
Près d'une promise!

J'ai peur d'un baiser
Comme d'une abeille.
Je souffre et je veille
Sans me reposer:
J'ai peur d'un baiser!

*Romances sans paroles*

Les faux beaux jours ont lui tout le jour, ma pauvre âme,
Et les voici vibrer aux cuivres du couchant.
Ferme les yeux, pauvre âme, et rentre sur-le-champ:
Une tentation des pires. Fuis l'Infâme.

Ils ont lui tout le jour en longs grêlons de flamme,
Battant toute vendange aux collines, couchant
Toute moisson de la vallée, et ravageant
Le ciel tout bleu, le ciel chanteur qui te réclame.

Ô pâlis, et va-t'en, lente et joignant les mains.
Si ces hiers allaient manger nos beaux demains?
Si la vieille folie était encore en route?

Ces souvenirs, va-t-il falloir les retuer?
Un assaut furieux, le suprême sans doute!
Ô, va prier contre l'orage, va prier.

*Sagesse*

La vie humble aux travaux ennuyeux et faciles
Est une œuvre de choix qui veut beaucoup d'amour.
Rester gai quand le jour, triste, succède au jour,
Être fort, et s'user en circonstances viles,

N'entendre, n'écouter aux bruits des grandes villes
Que l'appel, ô mon Dieu, des cloches dans la tour,
Et faire un de ces bruits soi-même, cela pour
L'accomplissement vil de tâches puériles,

Dormir chez les pécheurs étant un pénitent,
N'aimer que le silence et converser pourtant;
Le temps si long dans la patience si grande,

Le scrupule naïf aux repentirs têtus,
Et tous ces soins autour de ces pauvres vertus!
— Fi, dit l'Ange gardien, de l'orgueil qui marchande!

*Sagesse*

Écoutez la chanson bien douce
Qui ne pleure que pour vous plaire.
Elle est discrète, elle est légère:
Un frisson d'eau sur de la mousse!

La voix vous fut connue (et chère?),
Mais à présent elle est voilée
Comme une veuve désolée,
Pourtant comme elle encore fière,

Et dans les longs plis de son voile
Qui palpite aux brises d'automne,
Cache et montre au cœur qui s'étonne
La vérité comme une étoile.

Elle dit, la voix reconnue,
Que la bonté c'est notre vie,
Que de la haine et de l'envie
Rien ne reste, la mort venue.

Elle parle aussi de la gloire
D'être simple sans plus attendre,
Et de noces d'or et du tendre
Bonheur d'une paix sans victoire.

Accueillez la voix qui persiste
Dans son naïf épithalame.
Allez, rien n'est meilleur à l'âme
Que de faire une âme moins triste!

Elle est *en peine* et *de passage,*
L'âme qui souffre sans colère,
Et comme sa morale est claire!...
Écoutez la chanson bien sage.

*Sagesse*

Je ne veux plus aimer que ma mère Marie.
Tous les autres amours sont de commandement.
Nécessaires qu'ils sont, ma mère seulement
Pourra les allumer aux cœurs qui l'ont chérie.

C'est pour Elle qu'il faut chérir mes ennemis,
C'est par Elle que j'ai voué ce sacrifice,
Et la douceur de cœur et le zèle au service,
Comme je la priais, Elle les a permis.

Et comme j'étais faible et bien méchant encore,
Aux mains lâches, les yeux éblouis des chemins,
Elle baissa mes yeux et me joignit les mains,
Et m'enseigna les mots par lesquels on adore.

C'est par Elle que j'ai voulu de ces chagrins,
C'est pour Elle que j'ai mon cœur dans les Cinq Plaies,
Et tous ces bons efforts vers les croix et les claies,
Comme je l'invoquais, Elle en ceignit mes reins.

Je ne veux plus penser qu'à ma mère Marie,
Siège de la Sagesse et source des pardons,
Mère de France aussi, de qui nous attendons
Inébranlablement l'honneur de la patrie.

Marie Immaculée, amour essentiel,
Logique de la foi cordiale et vivace,
En vous aimant qu'est-il de bon que je ne fasse,
En vous aimant du seul amour, Porte du ciel ?

*Sagesse*

Mon Dieu m'a dit: Mon fils, il faut m'aimer. Tu vois
Mon flanc percé, mon cœur qui rayonne et qui saigne,
Et mes pieds offensés que Madeleine baigne
De larmes, et mes bras douloureux sous le poids

De tes péchés, et mes mains! Et tu vois la croix,
Tu vois les clous, le fiel, l'éponge, et tout t'enseigne
A n'aimer, en ce monde amer où la chair règne,
Que ma Chair et mon Sang, ma parole et ma voix.

Ne t'ai-je pas aimé jusqu'à la mort moi-même,
Ô mon frère en mon Père, ô mon fils en l'Esprit,
Et n'ai-je pas souffert, comme c'était écrit?

N'ai-je pas sangloté ton angoisse suprême
Et n'ai-je pas sué la sueur de tes nuits,
Lamentable ami qui me cherches où je suis?...

*Sagesse*

L'espoir luit comme un brin de paille dans l'étable.
Que crains-tu de la guêpe ivre de son vol fou?
Vois, le soleil toujours poudroie à quelque trou.
Que ne t'endormais-tu, le coude sur la table?

Pauvre âme pâle, au moins cette eau du puits glacé,
Bois-la. Puis dors après. Allons, tu vois, je reste,
Et je dorloterai les rêves de ta sieste,
Et tu chantonneras comme un enfant bercé.

Midi sonne. De grâce, éloignez-vous, madame.
Il dort. C'est étonnant comme les pas de femme
Résonnent au cerveau des pauvres malheureux.

Midi sonne. J'ai fait arroser dans la chambre.
Va, dors! L'espoir luit comme un caillou dans un creux.
Ah, quand refleuriront les roses de septembre!

*Sagesse*

*Gaspard Hauser chante:*

Je suis venu, calme orphelin,
Riche de mes seuls yeux tranquilles,
Vers les hommes des grandes villes:
Ils ne m'ont pas trouvé malin.

A vingt ans un trouble nouveau,
Sous le nom d'amoureuses flammes,
M'a fait trouver belles les femmes:
Elles ne m'ont pas trouvé beau.

Bien que sans patrie et sans roi
Et très brave ne l'étant guère,
J'ai voulu mourir à la guerre:
La mort n'a pas voulu de moi.

Suis-je né trop tôt ou trop tard?
Qu'est-ce que je fais en ce monde?
O vous tous, ma peine est profonde:
Priez pour le pauvre Gaspard!

*Sagesse*

Le ciel est, par-dessus le toit,
Si bleu, si calme!
Un arbre, par-dessus le toit,
Berce sa palme.

La cloche, dans le ciel qu'on voit,
Doucement tinte.
Un oiseau sur l'arbre qu'on voit
Chante sa plainte.

Mon Dieu, mon Dieu, la vie est là,
Simple et tranquille.
Cette paisible rumeur-là
Vient de la ville.

— Qu'as-tu fait, ô toi que voilà
Pleurant sans cesse,
Dis, qu'as-tu fait, toi que voilà,
De ta jeunesse?

*Sagesse*

Je ne sais pourquoi
Mon esprit amer
D'une aile inquiète et folle vole sur la mer.
Tout ce qui m'est cher,
D'une aile d'effroi
Mon amour le couve au ras des flots. Pourquoi, pourquoi?

Mouette à l'essor mélancolique,
Elle suit la vague, ma pensée,
A tous les vents du ciel balancée,
Et biaisant quand la marée oblique,
Mouette à l'essor mélancolique.

Ivre de soleil
Et de liberté,
Un instinct la guide à travers cette immensité.
La brise d'été
Sur le flot vermeil
Doucement la porte en un tiède demi-sommeil.

Parfois si tristement elle crie
Qu'elle alarme au lointain le pilote,
Puis au gré du vent se livre et flotte
Et plonge, et l'aile toute meurtrie
Revole, et puis si tristement crie!

Je ne sais pourquoi
Mon esprit amer
D'une aile inquiète et folle vole sur la mer.
Tout ce qui m'est cher,
D'une aile d'effroi
Mon amour le couve au ras des flots. Pourquoi, pourquoi?

*Sagesse*

## Pantoum négligé

Trois petits pâtés, ma chemise brûle.
Monsieur le Curé n'aime pas les os.
Ma cousine est blonde, elle a nom Ursule,
Que n'émigrons-nous vers les Palaiseaux!

Ma cousine est blonde, elle a nom Ursule,
On dirait d'un cher glaïeul sur les eaux.
Vivent le muguet et la campanule!
Dodo, l'enfant do, chantez, doux fuseaux.

Que n'émigrons-nous vers les Palaiseaux!
Trois petits pâtés, un point et virgule;
On dirait d'un cher glaïeul sur les eaux.
Vivent le muguet et la campanule!

Trois petits pâtés, un point et virgule;
Dodo, l'enfant do, chantez, doux fuseaux.
La libellule erre emmi les roseaux.
Monsieur le Curé, ma chemise brûle!

*Jadis et Naguère*

## Art poétique

*A Charles Morice*

De la musique avant toute chose,
Et pour cela préfère l'Impair
Plus vague et plus soluble dans l'air,
Sans rien en lui qui pèse ou qui pose.

Il faut aussi que tu n'ailles point
Choisir tes mots sans quelque méprise:
Rien de plus cher que la chanson grise
Où l'Indécis au Précis se joint.

C'est des beaux yeux derrière des voiles,
C'est le grand jour tremblant de midi,
C'est, par un ciel d'automne attiédi,
Le bleu fouillis des claires étoiles ;

Car nous voulons la Nuance encor,
Pas la Couleur, rien que la nuance !
Oh ! la nuance seule fiance
Le rêve au rêve et la flûte au cor !

Fuis du plus loin la Pointe assassine,
L'Esprit cruel et le Rire impur,
Qui font pleurer les yeux de l'Azur,
Et tout cet ail de basse cuisine !

Prends l'éloquence et tords-lui son cou !
Tu feras bien, en train d'énergie,
De rendre un peu la Rime assagie.
Si l'on n'y veille, elle ira jusqu'où ?

Ô qui dira les torts de la Rime ?
Quel enfant sourd ou quel nègre fou
Nous a forgé ce bijou d'un sou
Qui sonne creux et faux sous la lime ?

De la musique encore et toujours !
Que ton vers soit la chose envolée
Qu'on sent qui fuit d'une âme en allée
Vers d'autres cieux à d'autres amours.

Que ton vers soit la bonne aventure
Éparse au vent crispé du matin
Qui va fleurant la menthe et le thym...
Et tout le reste est littérature.

*Jadis et Naguère*

## Impression fausse

Dame souris trotte,
Noire dans le gris du soir,
Dame souris trotte
Grise dans le noir.

On sonne la cloche,
Dormez, les bons prisonniers!
On sonne la cloche:
Faut que vous dormiez.

Pas de mauvais rêve,
Ne pensez qu'à vos amours.
Pas de mauvais rêve:
Les belles toujours!

Le grand clair de lune!
On ronfle ferme à côté.
Le grand clair de lune
En réalité!

Un nuage passe,
Il fait noir comme en un four.
Un nuage passe.
Tiens, le petit jour!

Dame souris trotte,
Rose dans les rayons bleus.
Dame souris trotte:
Debout, paresseux!

*Parallèlement*

Es-tu brune ou blonde?
Sont-ils noirs ou bleus,
Tes yeux?
Je n'en sais rien mais j'aime leur clarté profonde,
Mais j'adore le désordre de tes cheveux.

Es-tu douce ou dure?
Est-il sensible ou moqueur,
Ton cœur?
Je n'en sais rien mais je rends grâce à la nature
D'avoir fait de ton cœur mon maître et mon vainqueur.

Fidèle, infidèle?
Qu'est-ce que ça fait,
Au fait
Puisque toujours dispose à couronner mon zèle
Ta beauté sert de gage à mon plus cher souhait.

*Chansons pour Elle*

# Tristan Corbière

## Épitaphe

Il se tua d'ardeur, ou mourut de paresse.
S'il vit, c'est par oubli ; voici ce qu'il se laisse :

— Son seul regret fut de n'être pas sa maîtresse. —

Il ne naquit par aucun bout,
Fut toujours poussé vent-de-bout,
Et fut un arlequin-ragoût,
Mélange adultère de tout.

Du *je-ne-sais-quoi*. — Mais ne sachant où ;
De l'or, — mais avec pas le sou ;
Des nerfs, — sans nerf. Vigueur sans force ;
De l'élan, — avec une entorse ;
De l'âme, — et pas de violon ;
De l'amour, — mais pire étalon.
— Trop de noms pour avoir un nom. —

Coureur d'idéal, — sans idée ;
Rime riche, — et jamais rimée ;
Sans avoir été, — revenu ;
Se retrouvant partout perdu.

Poète, en dépit de ses vers ;
Artiste sans art, — à l'envers,
Philosophe, — à tort à travers.

Un drôle sérieux, — pas drôle.
Acteur, il ne sut pas son rôle ;
Peintre : il jouait de la musette ;
Et musicien : de la palette.

Une tête ! — mais pas de tête ;
Trop fou pour savoir être bête ;
Prenant pour un trait le mot *très*.
— Ses vers faux furent ses seuls vrais.

Oiseau rare — et de pacotille;
Très mâle... et quelquefois très *fille*;
Capable de tout, — bon à rien;
Gâchant bien le mal, mal le bien.
Prodigue comme était l'enfant
Du Testament, — sans testament.
Brave, et souvent, par peur du plat,
Mettant ses deux pieds dans le plat.

Coloriste enragé, — mais blême;
Incompris... — surtout de lui-même;
Il pleura, chanta juste faux;
— Et fut un défaut sans défauts.

Ne fut *quelqu'un*, ni quelque chose
Son naturel était la *pose*.
Pas poseur, — posant pour *l'unique*;
Trop naïf, étant trop cynique;
Ne croyant à rien, croyant tout.
— Son goût était dans le dégoût.

Trop cru, — parce qu'il fut trop cuit,
Ressemblant à rien moins qu'à lui,
Il s'amusa de son ennui,
Jusqu'à s'en réveiller la nuit.
Flâneur au large, — à la dérive,
Épave qui jamais n'arrive...

Trop *Soi* pour se pouvoir souffrir,
L'esprit à sec et la tête ivre,
Fini, mais ne sachant finir,
Il mourut en s'attendant vivre
Et vécut, s'attendant mourir.

Ci-gît, — cœur sans cœur, mal planté,
Trop réussi, — comme *raté*.

*Les Amours jaunes*

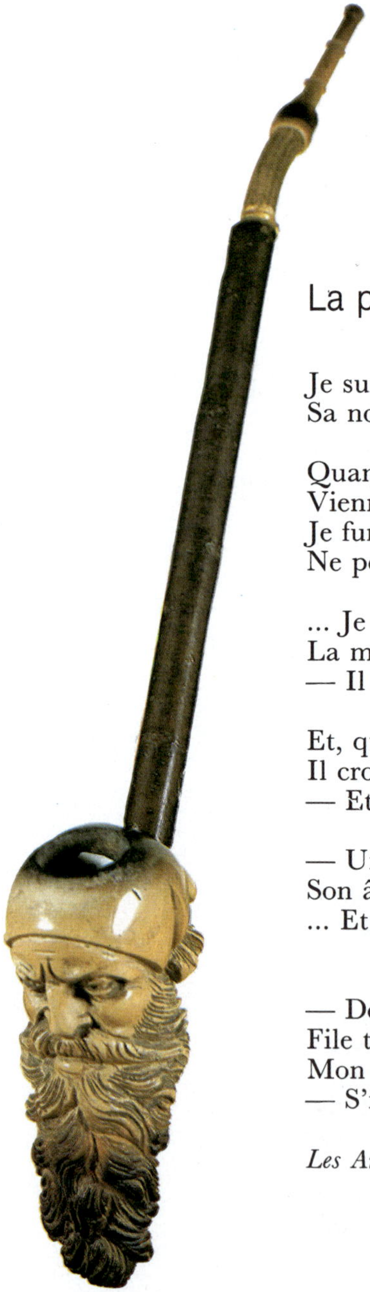

## La pipe au poète

Je suis la Pipe d'un poète,
Sa nourrice, et: j'endors *sa Bête.*

Quand ses chimères éborgnées
Viennent se heurter à son front,
Je fume... Et lui, dans son plafond,
Ne peut plus voir les araignées.

... Je lui fais un ciel, des nuages,
La mer, le désert, des mirages;
— Il laisse errer là son œil mort...

Et, quand lourde devient la nue,
Il croit voir une ombre connue,
— Et je sens mon tuyau qu'il mord...

— Un autre tourbillon délie
Son âme, son carcan, sa vie!
... Et je me sens m'éteindre. — Il dort —

— Dors encor: la *Bête* est calmée,
File ton rêve jusqu'au bout...
Mon Pauvre!... la fumée est tout.
— S'il est vrai que tout est fumée...

*Les Amours jaunes*

## Le mousse

Mousse: il est donc marin, ton père?...
— Pêcheur. Perdu depuis longtemps.
En découchant d'avec ma mère,
Il a couché dans les brisants...

Maman lui garde au cimetière
Une tombe — et rien dedans —
C'est moi son mari sur la terre,
Pour gagner du pain aux enfants.

Deux petits. — Alors, sur la plage,
Rien n'est revenu du naufrage?...
— Son garde-pipe et son sabot...

La mère pleure, le dimanche,
Pour repos... Moi: j'ai ma revanche
Quand je serai grand — matelot! —

*Les Amours jaunes*

## Rondel

Il fait noir, enfant, voleur d'étincelles!
Il n'est plus de nuits, il n'est plus de jours;
Dors... en attendant venir toutes celles
Qui disaient: Jamais! Qui disaient: Toujours!

Entends-tu leurs pas?... Ils ne sont pas lourds:
Oh! les pieds légers! — l'Amour a des ailes...
Il fait noir, enfant, voleur d'étincelles!

Entends-tu leurs voix?... Les caveaux sont sourds.
Dors: Il pèse peu, ton faix d'immortelles;
Ils ne viendront pas, tes amis les ours,
Jeter leur pavé sur tes demoiselles...
Il fait noir, enfant, voleur d'étincelles.

*Les Amours jaunes*

---

## Petit mort pour rire

Va vite, léger peigneur de comètes!
Les herbes au vent seront tes cheveux;
De ton œil béant jailliront les feux
Follets, prisonniers dans les pauvres têtes...

Les fleurs de tombeau qu'on nomme Amourettes
Foisonneront plein ton rire terreux...
Et les myosotis, ces fleurs d'oubliettes...

Ne fais pas le lourd: cercueils de poètes
Pour les croque-morts sont de simples jeux,
Boîtes à violon qui sonnent le creux...
Ils te croiront mort — Les bourgeois sont bêtes
Va vite, léger peigneur de comètes!

*Les Amours jaunes*

# Paul Déroulède

## Le Clairon

L'air est pur, la route est large,
Le Clairon sonne la charge,
Les Zouaves vont chantant,
Et là-haut sur la colline,
Dans la forêt qui domine,
Le Prussien les attend.

Le Clairon est un vieux brave,
Et lorsque la lutte est grave,
C'est un rude compagnon;
Il a vu mainte bataille
Et porte plus d'une entaille,
Depuis les pieds jusqu'au front.

C'est lui qui guide la fête.
Jamais sa fière trompette
N'eut un accent plus vainqueur,
Et de son souffle de flamme,
L'espérance vient à l'âme,
Le courage monte au cœur.

On grimpe, on court, on arrive,
Et la fusillade est vive,
Et les Prussiens sont adroits,
Quand enfin le cri se jette:
«En marche! A la baïonnette!»
Et l'on entre sous le bois.

A la première décharge,
Le Clairon sonnant la charge,
Tombe frappé sans recours;
Mais, par un effort suprême,
Menant le combat quand même,
Le Clairon sonne toujours.

Et cependant le sang coule,
Mais sa main, qui le refoule,
Suspend un instant la mort,
Et de sa note affolée
Précipitant la mêlée,
Le vieux Clairon sonne encor.

Il est là, couché sur l'herbe,
Dédaignant, blessé superbe,
Tout espoir et tout secours;
Et sur sa lèvre sanglante,
Gardant sa trompette ardente,
Il sonne, il sonne toujours.

Puis, dans la forêt pressée,
Voyant la charge lancée,
Et les Zouaves bondir,
Alors le Clairon s'arrête,
Sa dernière tâche est faite,
Il achève de mourir.

*Chants du soldat*

# Germain Nouveau

## Sonnet d'été

Nous habiterons un discret boudoir,
Toujours saturé d'une odeur divine,
Ne laissant entrer, comme on le devine,
Qu'un jour faible et doux ressemblant au soir.

Une blonde frêle en mignon peignoir
Tirera des sons d'une mandoline,
Et les blancs rideaux tout en mousseline
Seront réfléchis par un grand miroir.

Quand nous aurons faim, pour toute cuisine
Nous grignoterons des fruits de la Chine,
Et nous ne boirons que dans du vermeil;

Pour nous endormir, ainsi que des chattes
Nous nous étendrons sur de fraîches nattes;
Nous oublîrons tout, — même le soleil!

*Premiers Poèmes*

---

## Le baiser

Comme une ville qui s'allume
Et que le vent vient d'embraser,
Tout mon cœur brûle et se consume,
J'ai soif, oh! j'ai soif d'un baiser.

Baiser de la bouche et des lèvres
Où notre amour vient se poser,
Plein de délices et de fièvres,
Ah! j'ai soif, j'ai soif d'un baiser!

Baiser multiplié que l'homme
Ne pourra jamais épuiser,
Ô toi, que tout mon être nomme,
J'ai soif, oui, j'ai soif d'un baiser.

Fruit doux où la lèvre s'amuse,
Beau fruit qui rit de s'écraser,
Qu'il se donne ou qu'il se refuse,
Je veux vivre pour ce baiser.

Baiser d'amour qui règne et sonne
Au cœur battant à se briser,
Qu'il se refuse ou qu'il se donne,
Je veux mourir de ce baiser.

*Valentines*

## Amour

Je ne crains pas les coups du sort,
Je ne crains rien, ni les supplices,
Ni la dent du serpent qui mord,
Ni le poison dans les calices,
Ni les voleurs qui fuient le jour,
Ni les sbires ni leurs complices,
Si je suis avec mon Amour.

Je me ris du bras le plus fort,
Je me moque bien des malices,
De la haine en fleur qui se tord,
Plus caressante que les lices;
Je pourrais faire mes délices
De la guerre au bruit du tambour,
De l'épée aux froids artifices,
Si je suis avec mon Amour.

Haine qui guette et chat qui dort
N'ont point pour moi de maléfices;
Je regarde en face la mort,
Les malheurs, les maux, les sévices;
Je braverais, étant sans vices,
Les rois, au milieu de leur cour,
Les chefs, au front de leurs milices,
Si je suis avec mon Amour.

ENVOI

Blanche Amie aux noirs cheveux lisses,
Nul Dieu n'est assez puissant pour
Me dire: « Il faut que tu pâlisses »,
Si je suis avec mon Amour.

*Valentines*

## Poison perdu

Des nuits du blond et de la brune
Pas un souvenir n'est resté
Pas une dentelle d'été,
Pas une cravate commune;

Et sur le balcon où le thé
Se prend aux heures de la lune
Il n'est resté de trace, aucune,
Pas un souvenir n'est resté.

Seule au coin d'un rideau piquée,
Brille une épingle à tête d'or
Comme un gros insecte qui dort.

Pointe d'un fin poison trempée,
Je te prends, sois-moi préparée
Aux heures des désirs de mort.

# Arthur Rimbaud

## Sensation

Par les soirs bleus d'été, j'irai dans les sentiers,
Picoté par les blés, fouler l'herbe menue:
Rêveur, j'en sentirai la fraîcheur à mes pieds.
Je laisserai le vent baigner ma tête nue.

Je ne parlerai pas, je ne penserai rien:
Mais l'amour infini me montera dans l'âme,
Et j'irai loin, bien loin, comme un bohémien,
Par la Nature, — heureux comme avec une femme.

*Poésies*

## Ophélie

I

Sur l'onde calme et noire où dorment les étoiles
La blanche Ophélia flotte comme un grand lys,
Flotte très lentement, couchée en ses longs voiles...
— On entend dans les bois lointains des hallalis.

Voici plus de mille ans que la triste Ophélie
Passe, fantôme blanc, sur le long fleuve noir;
Voici plus de mille ans que sa douce folie
Murmure sa romance à la brise du soir.

Le vent baise ses seins et déploie en corolle
Ses grands voiles bercés mollement par les eaux;
Les saules frissonnants pleurent sur son épaule,
Sur son grand front rêveur s'inclinent les roseaux.

Les nénuphars froissés soupirent autour d'elle;
Elle éveille parfois, dans un aune qui dort,
Quelque nid, d'où s'échappe un petit frisson d'aile:
— Un chant mystérieux tombe des astres d'or.

II

Ô pâle Ophélia! belle comme la neige!
Oui tu mourus, enfant, par un fleuve emporté!
— C'est que les vents tombant des grands monts de Norwège
T'avaient parlé tout bas de l'âpre liberté;

C'est qu'un souffle, tordant ta grande chevelure,
A ton esprit rêveur portait d'étranges bruits;
Que ton cœur écoutait le chant de la Nature
Dans les plaintes de l'arbre et les soupirs des nuits;

C'est que la voix des mers folles, immense râle,
Brisait ton sein d'enfant, trop humain et trop doux;
C'est qu'un matin d'avril, un beau cavalier pâle,
Un pauvre fou, s'assit muet à tes genoux!

Ciel! Amour! Liberté! Quel rêve, ô pauvre Folle!
Tu te fondais à lui comme une neige au feu:
Tes grandes visions étranglaient ta parole
— Et l'Infini terrible effara ton œil bleu!

III

— Et le Poète dit qu'aux rayons des étoiles
Tu viens chercher, la nuit, les fleurs que tu cueillis,
Et qu'il a vu sur l'eau, couchée en ses longs voiles,
La blanche Ophélia flotter, comme un grand lys.

*Poésies*

## Première soirée

— Elle était fort déshabillée
Et de grands arbres indiscrets
Aux vitres jetaient leur feuillée
Malinement, tout près, tout près.

Assise sur ma grande chaise,
Mi-nue, elle joignait les mains.
Sur le plancher frissonnaient d'aise
Ses petits pieds si fins, si fins.

— Je regardai, couleur de cire,
Un petit rayon buissonnier
Papillonner dans son sourire
Et sur son sein, — mouche au rosier.

— Je baisai ses fines chevilles.
Elle eut un doux rire brutal
Qui s'égrenait en claires trilles,
Un joli rire de cristal.

Les petits pieds sous la chemise
Se sauvèrent: «Veux-tu finir!»
— La première audace permise,
Le rire feignait de punir!

— Pauvrets palpitants sous ma lèvre,
Je baisai doucement ses yeux:
— Elle jeta sa tête mièvre
En arrière: «Oh! c'est encor mieux!...

Monsieur, j'ai deux mots à te dire...»
— Je lui jetai le reste au sein
Dans un baiser, qui la fit rire
D'un bon rire qui voulait bien...

— Elle était fort déshabillée
Et de grands arbres indiscrets
Aux vitres jetaient leur feuillée
Malinement, tout près, tout près.

*Poésies*

## Le dormeur du val

C'est un trou de verdure où chante une rivière
Accrochant follement aux herbes des haillons
D'argent; où le soleil, de la montagne fière,
Luit: c'est un petit val qui mousse de rayons.

Un soldat jeune, bouche ouverte, tête nue,
Et la nuque baignant dans le frais cresson bleu,
Dort; il est étendu dans l'herbe, sous la nue,
Pâle dans son lit vert où la lumière pleut.

Les pieds dans les glaïeuls, il dort. Souriant comme
Sourirait un enfant malade, il fait un somme:
Nature, berce-le chaudement: il a froid.

Les parfums ne font pas frissonner sa narine;
Il dort dans le soleil, la main sur sa poitrine
Tranquille. Il a deux trous rouges au côté droit.

*Poésies*

## Ma bohème
(Fantaisie)

Je m'en allais, les poings dans mes poches crevées;
Mon paletot aussi devenait idéal;
J'allais sous le ciel, Muse! et j'étais ton féal;
Oh! là! là! que d'amours splendides j'ai rêvées!

Mon unique culotte avait un large trou.
— Petit-Poucet rêveur, j'égrenais dans ma course
Des rimes. Mon auberge était à la Grande-Ourse.
— Mes étoiles au ciel avaient un doux frou-frou

Et je les écoutais, assis au bord des routes,
Ces bons soirs de septembre où je sentais des gouttes
De rosée à mon front, comme un vin de vigueur;

Où, rimant au milieu des ombres fantastiques,
Comme des lyres, je tirais les élastiques
De mes souliers blessés, un pied près de mon cœur!

*Poésies*

## Les chercheuses de poux

Quand le front de l'enfant, plein de rouges tourmentes,
Implore l'essaim blanc des rêves indistincts,
Il vient près de son lit deux grandes sœurs charmantes
Avec de frêles doigts aux ongles argentins.

Elles assoient l'enfant devant une croisée
Grande ouverte où l'air bleu baigne un fouillis de fleurs,
Et dans ses lourds cheveux où tombe la rosée
Promènent leurs doigts fins, terribles et charmeurs.

Il écoute chanter leurs haleines craintives
Qui fleurent de longs miels végétaux et rosés,
Et qu'interrompt parfois un sifflement, salives
Reprises sur la lèvre ou désirs de baisers.

Il entend leurs cils noirs battant sous les silences
Parfumés; et leurs doigts électriques et doux
Font crépiter parmi ses grises indolences
Sous leurs ongles royaux la mort des petits poux.

Voilà que monte en lui le vin de la Paresse,
Soupir d'harmonica qui pourrait délirer;
L'enfant se sent, selon la lenteur des caresses,
Sourdre et mourir sans cesse un désir de pleurer.

*Poésies*

---

## Voyelles

A noir, E blanc, I rouge, U vert, O bleu: voyelles,
Je dirai quelque jour vos naissances latentes:
A, noir corset velu des mouches éclatantes
Qui bombinent autour des puanteurs cruelles,

Golfes d'ombre; E, candeurs des vapeurs et des tentes,
Lances des glaciers fiers, rois blancs, frissons d'ombelles;
I, pourpres, sang craché, rire des lèvres belles
Dans la colère ou les ivresses pénitentes;

U, cycles, vibrements divins des mers virides,
Paix des pâtis semés d'animaux, paix des rides
Que l'alchimie imprime aux grands fronts studieux;

O, suprême Clairon plein des strideurs étranges,
Silences traversés des Mondes et des Anges:
— O l'Oméga, rayon violet de Ses Yeux!

*Poésies*

## Le bateau ivre

Comme je descendais des Fleuves impassibles,
Je ne me sentis plus guidé par les haleurs:
Des Peaux-Rouges criards les avaient pris pour cibles
Les ayant cloués nus aux poteaux de couleurs.

J'étais insoucieux de tous les équipages,
Porteur de blés flamands ou de cotons anglais.
Quand avec mes haleurs ont fini ces tapages
Les Fleuves m'ont laissé descendre où je voulais.

Dans les clapotements furieux des marées,
Moi, l'autre hiver, plus sourd que les cerveaux d'enfants,
Je courus! Et les Péninsules démarrées
N'ont pas subi tohu-bohu plus triomphants.

La tempête a béni mes éveils maritimes.
Plus léger qu'un bouchon j'ai dansé sur les flots
Qu'on appelle rouleurs éternels de victimes,
Dix nuits, sans regretter l'œil niais des falots!

Plus douce qu'aux enfants la chair des pommes sûres,
L'eau verte pénétra ma coque de sapin
Et des taches de vins bleus et des vomissures
Me lava, dispersant gouvernail et grappin.

Et dès lors, je me suis baigné dans le Poème
De la Mer, infusé d'astres, et lactescent,
Dévorant les azurs verts; où, flottaison blême
Et ravie, un noyé pensif parfois descend;

Où, teignant tout à coup les bleuités, délires
Et rhythmes lents sous les rutilements du jour,
Plus fortes que l'alcool, plus vastes que nos lyres,
Fermentent les rousseurs amères de l'amour!

Je sais les cieux crevant en éclairs, et les trombes
Et les ressacs et les courants: je sais le soir,
L'Aube exaltée ainsi qu'un peuple de colombes,
Et j'ai vu quelquefois ce que l'homme a cru voir!

J'ai vu le soleil bas, taché d'horreurs mystiques,
Illuminant de longs figements violets,
Pareils à des acteurs de drames très antiques
Les flots roulant au loin leurs frissons de volets!

J'ai rêvé la nuit verte aux neiges éblouies,
Baiser montant aux yeux des mers avec lenteurs,
La circulation des sèves inouïes,
Et l'éveil jaune et bleu des phosphores chanteurs!

J'ai suivi, des mois pleins, pareille aux vacheries
Hystériques, la houle à l'assaut des récifs,
Sans songer que les pieds lumineux des Maries
Pussent forcer le mufle aux Océans poussifs!

J'ai heurté, savez-vous, d'incroyables Florides
Mêlant aux fleurs des yeux de panthères à peaux
D'hommes! Des arcs-en-ciel tendus comme des brides
Sous l'horizon des mers, à de glauques troupeaux!

J'ai vu fermenter les marais énormes, nasses
Où pourrit dans les joncs tout un Léviathan!
Des écroulements d'eaux au milieu des bonaces,
Et les lointains vers les gouffres cataractant!

Glaciers, soleils d'argent, flots nacreux, cieux de braises!
Échouages hideux au fond des golfes bruns
Où les serpents géants dévorés des punaises
Choient, des arbres tordus, avec de noirs parfums!

J'aurais voulu montrer aux enfants ces dorades
Du flot bleu, ces poissons d'or, ces poissons chantants.
— Des écumes de fleurs ont bercé mes dérades
Et d'ineffables vents m'ont ailé par instants.

Parfois, martyr lassé des pôles et des zones,
La mer dont le sanglot faisait mon roulis doux
Montait vers moi ses fleurs d'ombre aux ventouses jaunes
Et je restais, ainsi qu'une femme à genoux...

Presque île, ballottant sur mes bords les querelles
Et les fientes d'oiseaux clabaudeurs aux yeux blonds.
Et je voguais, lorsqu'à travers mes liens frêles
Des noyés descendaient dormir, à reculons!

Or moi, bateau perdu sous les cheveux des anses,
Jeté par l'ouragan dans l'éther sans oiseau,
Moi dont les Monitors et les voiliers des Hanses
N'auraient pas repêché la carcasse ivre d'eau;

Libre, fumant, monté de brumes violettes,
Moi qui trouais le ciel rougeoyant comme un mur
Qui porte, confiture exquise aux bons poètes,
Des lichens de soleil et des morves d'azur,

Qui courais, taché de lunules électriques,
Planche folle, escorté des hippocampes noirs,
Quand les juillets faisaient crouler à coups de triques
Les cieux ultramarins aux ardents entonnoirs;

Moi qui tremblais, sentant geindre à cinquante lieues
Le rut des Béhémots et les Maelstroms épais,
Fileur éternel des immobilités bleues,
Je regrette l'Europe aux anciens parapets!

J'ai vu des archipels sidéraux! et des îles
Dont les cieux délirants sont ouverts au vogueur:
— Est-ce en ces nuits sans fonds que tu dors et t'exiles,
Million d'oiseaux d'or, ô future Vigueur? —

Mais, vrai, j'ai trop pleuré! Les Aubes sont navrantes.
Toute lune est atroce et tout soleil amer:
L'âcre amour m'a gonflé de torpeurs enivrantes.
Ô que ma quille éclate! Ô que j'aille à la mer!

Si je désire une eau d'Europe, c'est la flache
Noire et froide où vers le crépuscule embaumé
Un enfant accroupi plein de tristesses, lâche
Un bateau frêle comme un papillon de mai.

Je ne puis plus, baigné de vos langueurs, ô lames,
Enlever leur sillage aux porteurs de cotons,
Ni traverser l'orgueil des drapeaux et des flammes,
Ni nager sous les yeux horribles des pontons.

*Poésies*

## Comédie de la soif

### Les parents

Nous sommes tes Grands-Parents,
Les Grands!
Couverts des froides sueurs
De la lune et des verdures.
Nos vins secs avaient du cœur!
Au soleil sans imposture
Que faut-il à l'homme? boire.

MOI. — Mourir aux fleuves barbares.

Nous sommes tes Grands-Parents
Des champs.
L'eau est au fond des osiers:
Vois le courant du fossé
Autour du château mouillé.
Descendons en nos celliers;
Après, le cidre et le lait.

MOI. — Aller où boivent les vaches.

Nous sommes tes Grands-Parents;
Tiens, prends
Les liqueurs dans nos armoires.
Le Thé, le Café, si rares,
Frémissent dans les bouilloires.
— Vois les images, les fleurs.
Nous rentrons du cimetière.

MOI. — Ah! tarir toutes les urnes!...

Le pauvre songe

... Peut-être un Soir m'attend
Où je boirai tranquille
En quelque vieille Ville,
Et mourrai plus content:
Puisque je suis patient!

Si mon mal se résigne,
Si j'ai jamais quelque or,
Choisirai-je le Nord
Ou le Pays des Vignes?...
— Ah! songer est indigne

Puisque c'est pure perte!
Et si je redeviens
Le voyageur ancien,
Jamais l'auberge verte
Ne peut bien m'être ouverte...

*Vers nouveaux et Chansons*

## Bonne pensée du matin

A quatre heures du matin, l'été,
Le sommeil d'amour dure encore.
Sous les bosquets l'aube évapore
L'odeur du soir fêté.

Mais là-bas dans l'immense chantier
Vers le soleil des Hespérides,
En bras de chemise, les charpentiers
Déjà s'agitent.

Dans leur désert de mousse, tranquilles,
Ils préparent les lambris précieux
Où la richesse de la ville
Rira sous de faux cieux.

Ah ! pour ces Ouvriers charmants
Sujets d'un roi de Babylone,
Vénus ! laisse un peu les Amants,
Dont l'âme est en couronne.

Ô Reine des Bergers !
Porte aux travailleurs l'eau-de-vie,
Pour que leurs forces soient en paix
En attendant le bain dans la mer, à midi.

*Vers nouveaux et Chansons*

## Bannières de mai

Aux branches claires des tilleuls
Meurt un maladif hallali.
Mais des chansons spirituelles
Voltigent parmi les groseilles.
Que notre sang rie en nos veines,
Voici s'enchevêtrer les vignes.
Le ciel est joli comme un ange.
L'azur et l'onde communient.
Je sors. Si un rayon me blesse
Je succomberai sur la mousse.

Qu'on patiente et qu'on s'ennuie
C'est trop simple. Fi de mes peines.
Je veux que l'été dramatique
Me lie à son char de fortune.
Que par toi beaucoup, ô Nature,
— Ah moins seul et moins nul ! — je meure.
Au lieu que les Bergers, c'est drôle,
Meurent à peu près par le monde.

Je veux bien que les saisons m'usent.
A toi, Nature, je me rends ;
Et ma faim et toute ma soif.
Et, s'il te plaît, nourris, abreuve.
Rien de rien ne m'illusionne ;
C'est rire aux parents, qu'au soleil,
Mais moi je ne veux rire à rien,
Et libre soit cette infortune.

*Vers nouveaux et Chansons*

## Chanson de la plus haute tour

Oisive jeunesse
A tout asservie,
Par délicatesse
J'ai perdu ma vie.
Ah! Que le temps vienne
Où les cœurs s'éprennent.

Je me suis dit: laisse,
Et qu'on ne te voie:
Et sans la promesse
De plus hautes joies.
Que rien ne t'arrête
Auguste retraite.

J'ai tant fait patience
Qu'à jamais j'oublie;
Craintes et souffrances
Aux cieux sont parties.
Et la soif malsaine
Obscurcit mes veines.

Ainsi la Prairie
A l'oubli livrée,
Grandie, et fleurie
D'encens et d'ivraies
Au bourdon farouche
De cent sales mouches.

Ah! Mille veuvages
De la si pauvre âme
Qui n'a que l'image
De la Notre-Dame!
Est-ce que l'on prie
La Vierge Marie?

Oisive jeunesse
A tout asservie,
Par délicatesse
J'ai perdu ma vie.
Ah! Que le temps vienne
Où les cœurs s'éprennent!

*Vers nouveaux et Chansons*

## L'Éternité

Elle est retrouvée.
Quoi? — L'Éternité.
C'est la mer allée
Avec le soleil.

Ame sentinelle,
Murmurons l'aveu
De la nuit si nulle
Et du jour en feu.

Des humains suffrages,
Des communs élans
Là tu te dégages
Et voles selon.

Puisque de vous seules,
Braises de satin,
Le Devoir s'exhale
Sans qu'on dise: enfin.

Là pas d'espérance,
Nul orietur.
Science avec patience,
Le supplice est sûr.

Elle est retrouvée.
Quoi? — L'Éternité.
C'est la mer allée
Avec le soleil.

*Vers nouveaux et Chansons*

## Michel et Christine

Zut alors si le soleil quitte ces bords!
Fuis, clair déluge! Voici l'ombre des routes.
Dans les saules, dans la vieille cour d'honneur
L'orage d'abord jette ses larges gouttes.

Ô cent agneaux, de l'idylle soldats blonds,
Des aqueducs, des bruyères amaigries,
Fuyez! plaine, déserts, prairie, horizons
Sont à la toilette rouge de l'orage!

Chien noir, brun pasteur dont le manteau s'engouffre,
Fuyez l'heure des éclairs supérieurs;
Blond troupeau, quand voici nager ombre et soufre,
Tâchez de descendre à des retraits meilleurs.

Mais moi, Seigneur! voici que mon Esprit vole,
Après les cieux glacés de rouge, sous les
Nuages célestes qui courent et volent
Sur cent Solognes longues comme un railway.

Voilà mille loups, mille graines sauvages
Qu'emporte, non sans aimer les liserons,
Cette religieuse après-midi d'orage
Sur l'Europe ancienne où cent hordes iront!

Après, le clair de lune! partout la lande,
Rougis et leurs fronts aux cieux noirs, les guerriers
Chevauchent lentement leurs pâles coursiers!
Les cailloux sonnent sous cette fière bande!

— Et verrai-je le bois jaune et le val clair,
L'Épouse aux yeux bleus, l'homme au front rouge, — ô Gaule,
Et le blanc agneau Pascal, à leurs pieds chers,
— Michel et Christine, — et Christ! — fin de l'Idylle.

*Vers nouveaux et Chansons*

Ô saisons, ô châteaux
Quelle âme est sans défauts?

Ô saisons, ô châteaux,

J'ai fait la magique étude
Du Bonheur, que nul n'élude.

Ô vive lui, chaque fois
Que chante son coq gaulois.

Mais! je n'aurai plus d'envie,
Il s'est chargé de ma vie.

Ce Charme! il prit âme et corps,
Et dispersa tous efforts.

Que comprendre à ma parole?
Il fait qu'elle fuie et vole!

Ô saisons, ô châteaux!

Et, si le malheur m'entraîne,
Sa disgrâce m'est certaine.

Il faut que son dédain, las!
Me livre au plus prompt trépas!

— Ô Saisons, ô Châteaux!

*Vers nouveaux et Chansons*

# Georges Rodenbach

## Béguinage flamand

Au loin, le béguinage avec ses clochers noirs,
Avec son rouge enclos, ses toits d'ardoises bleues
Reflétant tout le ciel comme de grands miroirs,
S'étend dans la verdure et la paix des banlieues.

Les pignons dentelés étagent leurs gradins
Par où montent le Rêve aux lointains qui brunissent,
Et des branches parfois, sur les murs des jardins,
Ont le geste très doux des prêtres qui bénissent.

En fines lettres d'or chaque nom des couvents
Sur les portes s'enroule autour des banderoles,
Noms charmants chuchotés par la lèvre des vents;
La maison de l'Amour, la maison des Corolles,

Les fenêtres surtout sont comme des autels
Où fleurissent toujours des géraniums roses,
Qui mettent, combinant leurs couleurs de pastels,
Comme un rêve de fleurs dans les fenêtres closes.

Fenêtres des couvents! attirantes le soir
Avec leurs rideaux blancs, voiles de mariées,
Qu'on voudrait soulever dans un bruit d'encensoir
Pour goûter vos baisers, lèvres appariées!

Mais ces femmes sont là, le cœur pacifié,
La chair morte, cousant dans l'exil de leurs chambres;
Elles n'aiment que toi, pâle crucifié,
Et regardent le Ciel par les trous de tes membres!

Oh! le silence heureux de l'ouvroir aux grands murs,
Où l'on entend à peine un bruit de banc qui bouge,
Tandis qu'elles sont là, suivant de leurs yeux purs
Le sable en ruisseaux blonds sur le pavement rouge.

Oh! le bonheur muet des vierges s'assemblant,
Et comme si leurs mains étaient de candeur telle
Qu'elles ne peuvent plus manier que du blanc,
Elles brodent du linge ou font de la dentelle.

C'est un charme imprévu de leur dire «ma sœur»
Et de voir la pâleur de leur teint diaphane
Avec un pointillé de taches de rousseur
Comme un camélia d'un blanc mat qui se fane.

Rien d'impur n'a flétri leurs flancs immaculés,
Car la source de vie est enfermée en elles
Comme un vin rare et doux dans des vases scellés
Qui veulent, pour s'ouvrir, des lèvres éternelles!

II

Cependant quand le soir douloureux est défunt,
La cloche lentement les appelle à complies
Comme si leur prière était le seul parfum
Qui pût consoler Dieu dans ses mélancolies!

Tout est doux, tout est calme au milieu de l'enclos;
Aux offices du soir la cloche les exhorte,
Et chacune s'y rend, mains jointes, les yeux clos,
Avec des glissements de cygne dans l'eau morte.

Elles mettent un voile à longs plis; le secret
De leur âme s'épanche à la lueur des cierges,
Et, quand passe un vieux prêtre en étole, on croirait
Voir le Seigneur marcher dans un Jardin de Vierges!

III

Et l'élan de l'extase est si contagieux,
Et le cœur à prier si bien se tranquillise,
Que plus d'une, pendant les soirs religieux,
L'été répète encor les Ave de l'Église;

Debout à sa fenêtre ouverte au vent joyeux,
Plus d'une, sans ôter sa cornette et ses voiles,
Bien avant dans la nuit, égrène avec ses yeux
Le rosaire aux grains d'or des priantes étoiles!

*La Jeunesse blanche*

## Douceur du soir!...

Douceur du soir! Douceur de la chambre sans lampe!
Le crépuscule est doux comme une bonne mort
Et l'ombre lentement qui s'insinue et rampe
Se déroule en pensée au plafond. Tout s'endort.

Comme une bonne mort sourit le crépuscule,
Et dans le miroir terne, en un geste d'adieu,
Il semble doucement que soi-même on recule,
Qu'on s'en aille plus pâle et qu'on y meure un peu.

Sur les tableaux pendus aux murs, dans la mémoire
Où sont les souvenirs en leurs cadres déteints,
Paysages de l'âme et paysages peints,
On croit sentir tomber comme une neige noire.

Douceur du soir! Douceur qui fait qu'on s'habitue
A la sourdine, aux sons de viole assoupis;
L'amant entend songer l'amante qui s'est tue.
Et leurs yeux sont ensemble aux dessins du tapis.

Et langoureusement la clarté se retire;
Douceur! ne plus se voir distincts! N'être plus qu'un!
Silence! deux senteurs en un même parfum:
Penser la même chose et ne pas se le dire.

*Le Règne du silence*

# Émile Verhaeren

## L'abreuvoir

En un creux de terrain aussi profond qu'un antre,
Les étangs s'étalaient dans leur sommeil moiré,
Et servaient d'abreuvoir au bétail bigarré,
Qui s'y baignait, le corps dans l'eau jusqu'à mi-ventre.

Les troupeaux descendaient, par des chemins penchants:
Vaches à pas très lents, chevaux menés à l'amble,
Et les bœufs noirs et roux qui souvent, tous ensemble,
Beuglaient, le cou tendu, vers les soleils couchants.

Tout s'anéantissait dans la mort coutumière,
Dans la chute du jour : couleurs, parfums, lumière,
Explosions de sève et splendeurs d'horizons ;

Des brouillards s'étendaient en linceuls aux moissons,
Des routes s'enfonçaient dans le soir — infinies,
Et les grands bœufs semblaient râler ces agonies.

*Les Flamandes*

# Les paysans

Ces hommes de labour, que Greuze affadissait
Dans les molles couleurs de paysanneries,
Si proprets dans leur mise et si roses, que c'est
Motif gai de les voir, parmi les sucreries
D'un salon Louis-Quinze animer des pastels,
Les voici noirs, grossiers, bestiaux — ils sont tels.

Entre eux, ils sont parqués par villages : en somme,
Les gens des bourgs voisins sont déjà l'étranger,
L'intrus qu'on doit haïr, l'ennemi fatal, l'homme
Qu'il faut tromper, qu'il faut leurrer, qu'il faut gruger.
La patrie ? Allons donc ! Qui d'entre eux croit en elle ?
Elle leur prend des gars pour les armer soldats,
Elle ne leur est point la terre maternelle,
La terre fécondée au travail de leurs bras.
La patrie ! on l'ignore au fond de leur campagne.
Ce qu'ils voient vaguement dans un coin de cerveau,
C'est le roi, l'homme en or, fait comme Charlemagne
Assis dans le velours frangé de son manteau ;
C'est tout un apparat de glaives, de couronnes,
Écussonnant les murs de palais lambrissés.
Que gardent des soldats avec sabre à dragonnes.
Ils ne savent que ça du pouvoir. — C'est assez.
Au reste, leur esprit, balourd en toute chose,
Marcherait en sabots à travers droit, devoir,
Justice et liberté — l'instinct les ankylose ;
Un almanach crasseux, voilà tout leur savoir ;
Et s'ils ont entendu rugir, au loin, les villes,
Les révolutions les ont tant effrayés,
Que, dans la lutte humaine, ils restent les serviles,
De peur, s'ils se cabraient, d'être un jour les broyés.

*Les Flamandes*

## Les hôtes

— Ouvrez, les gens, ouvrez la porte,
je frappe au seuil et à l'auvent,
ouvrez, les gens, je suis le vent
qui s'habille de feuilles mortes.

— Entrez, monsieur, entrez le vent,
voici pour vous la cheminée
et sa niche badigeonnée;
entrez chez nous, monsieur le vent.

— Ouvrez, les gens, je suis la pluie,
je suis la veuve en robe grise
dont la trame s'indéfinise,
dans un brouillard couleur de suie.

— Entrez, la veuve, entrez chez nous,
entrez la froide et la livide,
les lézardes du mur humide
s'ouvrent pour vous loger chez nous.

— Levez, les gens, la barre en fer,
ouvrez, les gens, je suis la neige;
mon manteau blanc se désagrège
sur les routes du vieil hiver.

— Entrez, la neige, entrez, la dame,
avec vos pétales de lys,
et semez-les par le taudis
jusque dans l'âtre où vit la flamme.

Car nous sommes les gens inquiétants
qui habitons le nord des régions désertes,
qui vous aimons — dites, depuis quels temps?
pour les peines que nous avons par vous souffertes.

*Les Visages de la vie*

## Novembre

Les grand'routes tracent des croix
A l'infini, à travers bois;
Les grand'routes tracent des croix lointaines
A l'infini, à travers plaines;
Les grand'routes tracent des croix
Dans l'air livide et froid,
Où voyagent les vents déchevelés
A l'infini, par les allées.

Arbres et vents pareils aux pèlerins,
Arbres tristes et fous où l'orage s'accroche,
Arbres pareils au défilé de tous les saints,
Au défilé de tous les morts
Au son des cloches,

Arbres qui combattez au Nord
Et vents qui déchirez le monde,
Ô vos luttes et vos sanglots et vos remords
Se débattant et s'engouffrant dans les âmes profondes!

Voici novembre assis auprès de l'âtre,
Avec ses maigres doigts chauffés au feu;
Oh! tous ces morts là-bas, sans feu ni lieu,
Oh! tous ces vents cognant les murs opiniâtres
Et repoussés et rejetés
Vers l'inconnu, de tous côtés.

Oh! tous ces noms de saints semés en litanies,
Tous ces arbres, là-bas,
Ces vocables de saints dont la monotonie
S'allonge infiniment dans la mémoire;
Oh! tous ces bras invocatoires
Tous ces rameaux éperdument tendus
Vers on ne sait quel christ aux horizons pendu.

Voici novembre en son manteau grisâtre
Qui se blottit de peur au fond de l'âtre
Et dont les yeux soudain regardent,
Par les carreaux cassés de la croisée,
Les vents et les arbres se convulser
Dans l'étendue effarante et blafarde,

Les saints, les morts, les arbres et le vent,
Oh l'identique et affolant cortège
Qui tourne et tourne, au long des soirs de neige;
Les saints, les morts, les arbres et le vent,
Dites comme ils se confondent dans la mémoire
Quand les marteaux battants
A coups de bonds dans les bourdons,
Écartèlent leur deuil aux horizons,
Du haut des tours imprécatoires.

Et novembre, près de l'âtre qui flambe,
Allume, avec des mains d'espoir, la lampe
Qui brûlera, combien de soirs, l'hiver;
Et novembre si humblement supplie et pleure
Pour attendrir le cœur mécanique des heures!

Mais au dehors, voici toujours le ciel, couleur de fer,
Voici les vents, les saints, les morts
Et la procession profonde
Des arbres fous et des branchages tords
Qui voyagent de l'un à l'autre bout du monde.
Voici les grand'routes comme des croix
A l'infini parmi les plaines
Les grand'routes et puis leurs croix lointaines
A l'infini, sur les vallons et dans les bois!

*Les Vignes de ma muraille*

# Jean Moréas

Les roses que j'aimais s'effeuillent chaque jour,
Toute saison n'est pas aux blondes pousses neuves;
Le zéphir a soufflé trop longtemps; c'est le tour
Du cruel Aquilon qui condense les fleuves.

Vous faut-il, Allégresse, enfler ainsi la voix
Et ne savez-vous point que c'est grande folie,
Quand vous venez sans cause agacer sous mes doigts
Une corde vouée à la Mélancolie?

*Les Stances*

Ne dites pas: la vie est un joyeux festin;
Ou c'est d'un esprit sot ou c'est d'une âme basse.
Surtout ne dites point: elle est malheur sans fin,
C'est d'un mauvais courage et qui trop tôt se lasse.

Riez comme au printemps s'agitent les rameaux,
Pleurez comme la bise ou le flot sur la grève,
Goûtez tous les plaisirs et souffrez tous les maux;
Et dites: c'est beaucoup et c'est l'ombre d'un rêve.

*Les Stances*

Les morts m'écoutent seuls, j'habite les tombeaux.
Jusqu'au bout je serai l'ennemi de moi-même.
Ma gloire est aux ingrats, mon grain est aux corbeaux,
Sans récolter jamais je laboure et je sème.

Je ne me plaindrai pas. Qu'importe l'Aquilon,
L'opprobre et le mépris, la face de l'injure!
Puisque quand je te touche, ô lyre d'Apollon,
Tu sonnes chaque fois plus savante et plus pure?

*Les Stances*

Rompant soudain le deuil de ces jours pluvieux,
Sur les grands marronniers qui perdent leur couronne,
Sur l'eau, sur le tardif parterre et dans mes yeux
Tu verses ta douceur, pâle soleil d'Automne.

Soleil, que nous veux-tu? Laisse tomber la fleur,
Que la feuille pourrisse et que le vent l'emporte!
Laisse l'eau s'assombrir, laisse-moi ma douleur
Qui nourrit ma pensée et me fait l'âme forte.

*Les Stances*

Je songe aux ciels marins, à leurs couchants si doux,
A l'écumante horreur d'une mer démontée,
Au pêcheur dans sa barque, aux crabes dans leurs trous,
A Néere aux yeux bleus, à Glaucus, à Protée.

Je songe au vagabond supputant son chemin,
Au vieillard sur le seuil de la cabane ancienne,
Au bûcheron courbé, sa cognée à la main,
A la ville, à ses bruits, à mon âme, à sa peine.

*Les Stances*

Quand pourrai-je, quittant tous les soins inutiles
Et le vulgaire ennui de l'affreuse cité,
Me reconnaître enfin, dans les bois, frais asiles,
Et sur les calmes bords d'un lac plein de clarté?

Mais plutôt, je voudrais songer sur tes rivages,
Mer, de mes premiers jours berceau délicieux;
J'écouterai gémir tes mouettes sauvages,
L'écume de tes flots rafraîchira mes yeux.

Ah, le précoce hiver a-t-il rien qui m'étonne?
Tous les présents d'avril, je les ai dissipés,
Et je n'ai pas cueilli la grappe de l'automne,
Et mes riches épis, d'autres les ont coupés.

*Les Stances*

# Albert Samain

## L'infante

Mon âme est une infante en robe de parade,
Dont l'exil se reflète, éternel et royal,
Aux grands miroirs déserts d'un vieil Escurial,
Ainsi qu'une galère oubliée en la rade.

Aux pieds de son fauteuil, allongés noblement,
Deux lévriers d'Écosse aux yeux mélancoliques
Chassent, quand il lui plaît, les bêtes symboliques
Dans la forêt du Rêve et de l'Enchantement.

Son page favori, qui s'appelle Naguère,
Lui lit d'ensorcelants poèmes à mi-voix,
Cependant qu'immobile, une tulipe aux doigts,
Elle écoute mourir en elle leur mystère...

Le parc alentour d'elle étend ses frondaisons,
Ses marbres, ses bassins, ses rampes à balustres;
Et, grave, elle s'enivre à ces songes illustres
Que recèlent pour nous les nobles horizons.

Elle est là résignée, et douce, et sans surprise,
Sachant trop pour lutter comme tout est fatal,
Et se sentant, malgré quelque dédain natal,
Sensible à la pitié comme l'onde à la brise.

Elle est là résignée, et douce en ses sanglots,
Plus sombre seulement quand elle évoque en songe,
Quelque Armada sombrée à l'éternel mensonge,
Et tant de beaux espoirs endormis sous les flots.

Des soirs trop lourds de pourpre où sa fierté soupire,
Les portraits de Van Dyck aux beaux doigts longs et purs,
Pâles en velours noirs sur l'or vieilli des murs,
En leurs grands airs défunts la font rêver d'empire.

Les vieux mirages d'or ont dissipé son deuil,
Et dans les visions où son ennui s'échappe,
Soudain — gloire ou soleil — un rayon qui la frappe
Allume en elle tous les rubis de l'orgueil.

Mais d'un sourire triste elle apaise ces fièvres ;
Et, redoutant la foule aux tumultes de fer,
Elle écoute la vie — au loin — comme la mer...
Et le secret se fait plus profond sur ses lèvres.

Rien n'émeut d'un frisson l'eau pâle de ses yeux,
Où s'est assis l'Esprit voilé des Villes mortes ;
Et par les salles, où sans bruit tournent les portes,
Elle va, s'enchantant de mots mystérieux.

L'eau vaine des jets d'eau là-bas tombe en cascade,
Et, pâle à la croisée, une tulipe aux doigts,
Elle est là, reflétée aux miroirs d'autrefois,
Ainsi qu'une galère oubliée en la rade.

Mon Ame est une infante en robe de parade.

*Au jardin de l'infante*

---

Je rêve de vers doux et d'intimes ramages,
De vers à frôler l'âme ainsi que des plumages,

De vers blonds où le sens fluide se délie
Comme sous l'eau la chevelure d'Ophélie,

De vers silencieux, et sans rythme et sans trame
Où la rime sans bruit glisse comme une rame,

De vers d'une ancienne étoffe, exténuée,
Impalpable comme le son et la nuée,

De vers de soir d'automne ensorcelant les heures
Au rite féminin des syllabes mineures.

Je rêve de vers doux mourant comme des roses.

*Au jardin de l'infante*

# Jules Laforgue

## Complainte de la Lune en province

Ah! la belle pleine Lune,
Grosse comme une fortune!

La retraite sonne au loin,
Un passant, monsieur l'adjoint;

Un clavecin joue en face,
Un chat traverse la place:

La province qui s'endort!
Plaquant un dernier accord,

Le piano clôt sa fenêtre.
Quelle heure peut-il bien être?

Calme Lune, quel exil!
Faut-il dire: ainsi soit-il?

Lune, ô dilettante Lune,
A tous les climats commune,

Tu vis hier le Missouri,
Et les remparts de Paris,

Les fiords bleus de la Norwège,
Les pôles, les mers, que sais-je?

Lune heureuse! ainsi tu vois,
A cette heure, le convoi

De son voyage de noce!
Ils sont partis pour l'Écosse.

Quel panneau, si, cet hiver,
Elle eût pris au mot mes vers!

Lune, vagabonde Lune,
Faisons cause et mœurs communes?

Ô riches nuits! je me meurs,
La province dans le cœur!

Et la lune a, bonne vieille,
Du coton dans les oreilles.

*Complaintes*

## Complainte de lord Pierrot

Au clair de la lune,
Mon ami Pierrot,
Filons, en costume,
Présider là-haut!
Ma cervelle est morte.
Que le Christ l'emporte!
Béons à la Lune,
La bouche en zéro.

Inconscient, descendez en nous par réflexes;
Brouillez les cartes, les dictionnaires, les sexes.

Tournons d'abord sur nous-même, comme un fakir!
(Agiter le pauvre être, avant de s'en servir.)

J'ai le cœur chaste et vrai comme une bonne lampe;
Oui, je suis en taille-douce, comme une estampe.

Vénus, énorme comme le Régent,
Déjà se pâme à l'horizon des grèves;
Et c'est l'heure, ô gens nés casés, bonnes gens,
De s'étourdir en longs trilles de rêves!
Corybanthe, aux quatre vents tous les draps!
Disloque tes pudeurs, à bas les lignes!

En costume blanc, je ferai le cygne,
Après nous le Déluge, ô ma Léda!
Jusqu'à ce que tournent tes yeux vitreux,
Que tu grelottes en rires affreux,
Hop! enlevons sur les horizons fades
Les menuets de nos pantalonnades!
Tiens! l'Univers
Est à l'envers...

— Tout cela vous honore,
Lord Pierrot, mais encore?

— Ah! qu'une, d'elle-même, un beau soir sût venir,
Ne voyant que boire à mes lèvres, ou mourir!

Je serais, savez-vous, la plus noble conquête
Que femme, au plus ravi du Rêve, eût jamais faite!

D'ici là, qu'il me soit permis
De vivre de vieux compromis.

Où commence, où finit l'humaine
Ou la divine dignité?
Jonglons avec les entités,
Pierrot s'agite et Tout le mène!
Laissez faire, laissez passer;
Laissez passer, et laissez faire:
Le semblable, c'est le contraire,

Et l'univers, c'est pas assez!
Et je me sens, ayant pour cible
Adopté la vie impossible,
De moins en moins localisé!

— Tout cela vous honore,
Lord Pierrot, mais encore?

— Il faisait, ah! si chaud si sec.
Voici qu'il pleut, qu'il pleut, bergères!
Les pauvres Vénus bocagères
Ont la roupie à leur nez grec!

— Oh! de moins en moins drôle;
Pierrot sait mal son rôle?

— J'ai le cœur triste comme un lampion forain...
Bah! j'irai passer la nuit dans le premier train;

Sûr d'aller, ma vie entière,
Malheureux comme les pierres. *(Bis.)*

*Complaintes*

## Complainte de l'oubli des morts

Mesdames et Messieurs,
Vous dont la mère est morte,
C'est le bon fossoyeux
Qui gratte à votre porte.

Les morts
C'est sous terre;
Ça n'en sort
Guère.

Vous fumez dans vos bocks,
Vous soldez quelque idylle,
Là-bas chante le coq,
Pauvres morts hors des villes!

Grand-papa se penchait,
Là, le doigt sur la tempe,
Sœur faisait du crochet,
Mère montait la lampe.

Les morts
C'est discret,
Ça dort
Trop au frais.

Vous avez bien dîné,
Comment va cette affaire?
Ah! les petits mort-nés
Ne se dorlotent guère!

Notez, d'un trait égal,
Au livre de la caisse,
Entre deux frais de bal:
Entretien tombe et messe.

C'est gai,
Cette vie;
Hein, ma mie,
Ô gué?

Mesdames et Messieurs,
Vous dont la sœur est morte,
Ouvrez au fossoyeux
Qui claque à votre porte;

Si vous n'avez pitié,
Il viendra (sans rancune)
Vous tirer par les pieds,
Une nuit de grand'lune!

Importun
Vent qui rage!
Les défunts?
Ça voyage...

*Complaintes*

## Complainte des débats mélancoliques et littéraires

*On peut encore aimer, mais confier toute son âme*
*est un bonheur qu'on ne retrouvera plus.*
CORINNE OU L'ITALIE

Le long d'un ciel crépusculâtre,
Une cloche angéluse en paix
L'air exilescent et marâtre
Qui ne pardonnera jamais.

Paissant des débris de vaisselle,
Là-bas, au talus des remparts,
Se profile une haridelle
Convalescente; il se fait tard.

Qui m'aima jamais? Je m'entête
Sur ce refrain bien impuissant,
Sans songer que je suis bien bête
De me faire du mauvais sang.

Je possède un propre physique,
Un cœur d'enfant bien élevé,
Et pour un cerveau magnifique
Le mien n'est pas mal, vous savez!

Eh bien, ayant pleuré l'Histoire,
J'ai voulu vivre un brin heureux;
C'était trop demander, faut croire;
J'avais l'air de parler hébreu.

Ah! tiens, mon cœur, de grâce, laisse!
Lorsque j'y songe, en vérité,
J'en ai des sueurs de faiblesse,
A choir dans la malpropreté.

Le cœur me piaffe de génie
Éperdûment pourtant, mon Dieu!
Et si quelqu'une veut ma vie,
Moi je ne demande pas mieux!

Eh va, pauvre âme véhémente!
Plonge, être, en leurs Jourdains blasés,
Deux frictions de vie courante
T'auront bien vite exorcisé.

Hélas, qui peut m'en répondre!
Tenez, peut-être savez-vous
Ce que c'est qu'une âme hypocondre?
J'en suis une dans les prix doux.

Ô Hélène, j'erre en ma chambre;
Et tandis que tu prends le thé,
Là-bas, dans l'or d'un fier septembre,
Je frissonne de tous mes membres,
En m'inquiétant de ta santé.

Tandis que, d'un autre côté...

*Complaintes*

# Charles Van Lerberghe

## L'attente

Du monde invisible et d'aurore
Où me guidaient mes anges pieux,
Qui viendra me rouvrir les yeux?
Voici le jour. Je rêve encore.

Le doux enchantement des airs
Qui passent sur les roseraies,
Dans mes prunelles azurées
Vient comme une aube au fond des mers.

Heures et choses incertaines;
Au loin, dans des bosquets de fleurs,
Me chantent mes divines sœurs,
Et j'écoute leurs voix lointaines.

Je tremble et de joie et d'effroi.
Nue, en ma chevelure blonde,
J'attends que le soleil m'inonde,
Et qu'une ombre tombe de moi.

*Entrevisions*

---

Vers le soleil s'en vont ensemble
Mes pensées, divines sœurs.
Elles chantent; l'air pâle en tremble,
Comme s'il y tombait des fleurs.

Une s'attarde la dernière,
Tristement, au bord du chemin
D'où monte l'âme du matin
Et la rosée à la lumière.

Celle-là qui s'évanouit,
Au fond de ses larmes mortelles,
Ne chante pas, mais c'est par elles
Que le soleil l'attire à lui.

*La Chanson d'Ève*

Picasso
25

# XX<sup>e</sup> siècle

# Saint-Pol Roux

## Golgotha

Le ciel enténébré de ses plus tristes hardes
S'accroupit sur le drame universel du pic.
Le violent triangle de l'arme des gardes
A l'air au bout du bois d'une langue d'aspic.

Parmi des clous, entre deux loups à face humaine,
Pantelant ainsi qu'un quartier de venaison
Agonise l'Agneau déchiré par la haine,
Celui-là qui donnait son âme et sa maison.

Jésus bêle un pardon suprême en la tempête
Où ses os tracassés crissent comme un essieu,
Cependant que le sang qui pleure de sa tête
Emperle de corail sa souffrance de Dieu.

Dans le ravin, Judas, crapaud drapé de toiles,
Balance ses remords sous un arbre indulgent,
— Et l'on dit que là-haut sont mortes les étoiles
Pour ne plus ressembler à des pièces d'argent.

*Anciennetés*

---

## Seul et la Flamme

C'était au temps abstrait de Seul: futur, l'objet
S'essayait vers la ligne où le vœu sera chose;
L'âme aux ailes de plan ouvertes pour le jet
Aspirait à l'argile en le gré de la Cause.

Or, Seul, hanté par l'odorance du Jardin
Prêt à jaillir des hauts sillons de sa pensée,
Vit se cabrer devant son mystère, soudain,
Le saisissable éclat d'une Flamme avancée.

«Ton nom, s'écria Seul, feu que n'a pas conçu
Mon enseallissime et tranquille génie?
Je ne t'ai pas pensé, tu n'es pas mon issu.
Ô Seul, serais-je Deux dans ma vierge harmonie?

Oui, j'émettrai l'azur et ses ardents raisins,
Je gonflerai des monts et je suerai des fleuves,
Aux flots je donnerai les chênes pour voisins,
Je créerai l'olivier pour les colombes neuves.

Sublime apothéose offerte au devenir
Sans perdre le triomphe entier de sa corolle,
Me voici, grandiose au seuil de l'avenir
Car je vais m'effeuiller avec une parole.

Mais mon poème n'est encore qu'en zéros
Divinement couvés par ma caresse énorme;
De ces œufs, prometteurs de nombres au chaos
Rien n'émana déjà dans l'arrêt d'une forme.

Espace pour l'oiseau, glèbe pour les moissons
De mon front chaque chose est toujours à descendre,
Les océans prochains ne sont que des frissons,
Les soleils imminents des tisons sous la cendre.

L'absolu récusant à jamais le sommeil,
Tu n'es donc pas l'inconscient effet d'un songe,
De l'ombre vaste où se pavane mon éveil
Non plus ne saurait sourdre une œuvre de mensonge.

Tu t'agrippes pourtant, ô pieuvre de lueur,
A même la prunelle interdite de l'Être,
Et ma science attend sous sa tempe en sueur
Le rayon divulguant ta raison d'apparaître.

Hypothèse d'un corps que Seul exprimera,
Il faut que son foyer soit géant dans le proche
Pour transsuder ainsi de ce qui germera
Et dès lors s'affirmer par l'éclat qui m'accroche.

Je crois donc, avenir d'une réalité,
Que tu viens, devançant l'Age des Créatures,
Ouraganer la paix de mon éternité
Afin que je m'apprête aux tempêtes futures.

Vite déchiffre-moi cette énigme de feu
Qu'alimentent, bizarre amas d'allégories,
Des fanfares, des paons, des blasphèmes à Dieu,
Des serments tronçonnés et des chocs de patries.

Oh dis, spectre à rebours, la Force de demain
Que tu fais pressentir par une telle emprise
Que ma barbe si blonde a blanchi de surprise!»
Et la Flamme lança: «Je suis l'Orgueil Humain.»

*Anciennetés*

# Maurice Maeterlinck

Et s'il revenait un jour
   Que faut-il lui dire?
— Dites-lui qu'on l'attendit
   Jusqu'à s'en mourir...

Et s'il m'interroge encore
   Sans me reconnaître?
— Parlez-lui comme une sœur
   Il souffre peut-être...

Et s'il demande où vous êtes
   Que faut-il répondre?
— Donnez-lui mon anneau d'or
   Sans rien lui répondre...

Et s'il veut savoir pourquoi
   La salle est déserte?
— Montrez-lui la lampe éteinte
   Et la porte ouverte...

Et s'il m'interroge alors
   Sur la dernière heure?
— Dites-lui que j'ai souri
   De peur qu'il ne pleure...

*Douze Chansons*

---

Elle est venue vers le palais
— Le soleil se levait à peine —
Elle est venue vers le palais,
Les chevaliers se regardaient
Toutes les femmes se taisaient.

Elle s'arrêta devant la porte
— Le soleil se levait à peine —
Elle s'arrêta devant la porte
On entendit marcher la reine
Et son époux l'interrogeait.

Où allez-vous, où allez-vous?
— Prenez garde, on y voit à peine —
Où allez-vous, où allez-vous?
Quelqu'un vous attend-il là-bas?
Mais elle ne répondait pas.

Elle descendit vers l'inconnue
— Prenez garde, on y voit à peine —
Elle descendit vers l'inconnue,
L'inconnue embrassa la reine,
Elles ne dirent pas un mot
Et s'éloignèrent aussitôt.

Son époux pleurait sur le seuil
— Prenez garde, on y voit à peine —
Son époux pleurait sur le seuil
On entendait marcher la reine
On entendait tomber les feuilles.

*Douze Chansons*

Les trois sœurs ont voulu mourir
Elles ont mis leurs couronnes d'or
Et sont allées chercher leur mort.

S'en sont allées vers la forêt :
« Forêt, donnez-nous notre mort,
Voici nos trois couronnes d'or. »

La forêt se mit à sourire
Et leur donna douze baisers
Qui leur montrèrent l'avenir.

Les trois sœurs ont voulu mourir
S'en sont allées chercher la mer
Trois ans après la rencontrèrent :

« Ô mer, donnez-nous notre mort,
Voici nos trois couronnes d'or. »

Et la mer se mit à pleurer
Et leur donna trois cents baisers,
Qui leur montrèrent le passé.

Les trois sœurs ont voulu mourir
S'en sont allées chercher la ville
La trouvèrent au milieu d'une île :

« Ô ville, donnez-nous notre mort,
Voici nos trois couronnes d'or. »

Et la ville s'ouvrant à l'instant
Les couvrit de baisers ardents,
Qui leur montrèrent le présent.

*Douze Chansons*

---

# Henri de Régnier

## Odelette

Un petit roseau m'a suffi
Pour faire frémir l'herbe haute
Et tout le pré
Et les doux saules
Et le ruisseau qui chante aussi ;
Un petit roseau m'a suffi
A faire chanter la forêt.

Ceux qui passent l'ont entendu
Au fond du soir, en leurs pensées,
Dans le silence et dans le vent,
Clair ou perdu,
Proche ou lointain...
Ceux qui passent en leurs pensées
En écoutant, au fond d'eux-mêmes,
L'entendront encore et l'entendent
Toujours qui chante.

Il m'a suffi
De ce petit roseau cueilli
A la fontaine où vint l'Amour
Mirer, un jour,
Sa face grave
Et qui pleurait,
Pour faire pleurer ceux qui passent
Et trembler l'herbe et frémir l'eau ;
Et j'ai, du souffle d'un roseau,
Fait chanter toute la forêt.

*Les Jeux rustiques et divins*

## La voix

Je ne veux de personne auprès de ma tristesse
Ni même ton cher pas et ton visage aimé,
Ni ta main indolente et qui d'un doigt caresse
Le ruban paresseux et le livre fermé.

Laissez-moi. Que ma porte aujourd'hui reste close ;
N'ouvrez pas ma fenêtre au vent frais du matin ;
Mon cœur est aujourd'hui misérable et morose
Et tout me paraît sombre et tout me semble vain.

Ma tristesse me vient de plus loin que moi-même,
Elle m'est étrangère et ne m'appartient pas,
Et tout homme, qu'il chante ou qu'il rie ou qu'il aime,
A son heure l'entend qui lui parle tout bas,

Et quelque chose alors se remue et s'éveille,
S'agite, se répand et se lamente en lui,
A cette sourde voix qui lui dit à l'oreille,
Que la fleur de la vie est cendre dans son fruit.

*La Sandale ailée*

# Paul-Jean Toulet

## En Arles

Dans Arle, où sont les Aliscams,
Quand l'ombre est rouge, sous les roses,
Et clair le temps,

Prends garde à la douceur des choses,
Lorsque tu sens battre sans cause
Ton cœur trop lourd;

Et que se taisent les colombes:
Parle tout bas, si c'est d'amour,
Au bord des tombes.

*Contrerimes*

---

C'était sur un chemin crayeux
Trois châtes de Provence
Qui s'en allaient d'un pas qui danse
Le soleil dans les yeux.

Une enseigne, — au bord de la route,
— Azur et jaune d'œuf —,
Annonçait: Vin de Châteauneuf,
Tonnelles, Casse-croûte.

Et, tandis que les suit trois fois
Leur ombre violette,
Noir pastou, sous la gloriette,
Toi, tu t'en fous: tu bois...

C'était trois châtes de Provence,
Des oliviers poudreux,
Et le mistral brûlant aux yeux
Dans un azur immense.

*Contrerimes*

Vous qui retournez du Cathai
    Par les Messageries,
Quand vous berçaient à leurs féeries
    L'opium ou le thé,

Dans un palais d'aventurine
    Où se mourait le jour,
Avez-vous vu Boudroulboudour,
    Princesse de la Chine,

Plus blanche en son pantalon noir
    Que nacre sous l'écaille?
Au clair de lune, Jean Chicaille,
    Vous est-il venu voir,

En pleurant comme l'asphodèle
    Aux îles d'Ouac-Wac,
Et jurer de coudre en un sac
    Son épouse infidèle,

Mais telle qu'à travers le vent
    Des mers sur le rivage
S'envole et brille un paon sauvage
    Dans le soleil levant?

*Contrerimes*

## Le tremble est blanc

Le temps irrévocable a fui. L'heure s'achève.
Mais toi, quand tu reviens, et traverses mon rêve,
Tes bras sont plus frais que le jour qui se lève,
Tes yeux plus clairs.

A travers le passé ma mémoire t'embrasse.
Te voici. Tu descends en courant la terrasse
Odorante, et tes faibles pas s'embarrassent
Parmi les fleurs.

Par un après-midi de l'automne, au mirage
De ce tremble inconstant que varient les nuages,
Ah, verrai-je encor se farder ton visage
D'ombre et de soleil?

*Contrerimes*

# Edmond Rostand

## Cyrano de Bergerac

### ACTE I, SCÈNE 4

CYRANO

... Ah ! non ! C'est un peu court, jeune homme !
On pouvait dire... Oh ! Dieu !... bien des choses en somme...
En variant le ton, — par exemple, tenez :
Agressif : « Moi, monsieur, si j'avais un tel nez,
Il faudrait sur-le-champ que je me l'amputasse ! »
Amical : « Mais il doit tremper dans votre tasse !
Pour boire, faites-vous fabriquer un hanap ! »
Descriptif : « C'est un roc !... c'est un pic !... c'est un cap !
Que dis-je, c'est un cap ?... C'est une péninsule ! »
Curieux : « De quoi sert cette oblongue capsule ?
D'écritoire, monsieur, ou de boîte à ciseaux ? »
Gracieux : « Aimez-vous à ce point les oiseaux
Que paternellement vous vous préoccupâtes
De tendre ce perchoir à leurs petites pattes ? »
Truculent : « Çà, monsieur, lorsque vous pétunez,
La vapeur du tabac vous sort-elle du nez
Sans qu'un voisin ne crie au feu de cheminée ? »
Prévenant : « Gardez-vous, votre tête entraînée
Par ce poids, de tomber en avant sur le sol ! »
Tendre : « Faites-lui faire un petit parasol
De peur que sa couleur au soleil ne se fane ! »
Pédant : « L'animal seul, monsieur, qu'Aristophane
Appelle Hippocampéléphantocamélos
Dut avoir sur le front tant de chair sur tant d'os ! »
Cavalier : « Quoi, l'ami, ce croc est à la mode ?
Pour pendre son chapeau, c'est vraiment très commode ! »
Emphatique : « Aucun vent ne peut, nez magistral,
T'enrhumer tout entier, excepté le mistral ! »
Dramatique : « C'est la Mer Rouge quand il saigne ! »
Admiratif : « Pour un parfumeur, quelle enseigne ! »
Lyrique : « Est-ce une conque ? êtes-vous un triton ? »
Naïf : « Ce monument, quand le visite-t-on ? »
Respectueux : « Souffrez, monsieur, qu'on vous salue ;
C'est là ce qui s'appelle avoir pignon sur rue ! »
Campagnard : « Hé, ardé ! C'est-y un nez ? Nanain !
C'est queuqu'navet géant ou ben queuqu'melon nain ! »
Militaire : « Pointez contre cavalerie ! »

Pratique: «Voulez-vous le mettre en loterie?
Assurément, monsieur, ce sera le gros lot!»
Enfin, parodiant Pyrame en un sanglot:
«Le voilà donc ce nez qui des traits de son maître
A détruit l'harmonie! Il en rougit, le traître!»
— Voilà ce qu'à peu près, mon cher, vous m'auriez dit
Si vous aviez un peu de lettres et d'esprit:
Mais d'esprit, ô le plus lamentable des êtres,
Vous n'en eûtes jamais un atome, et de lettres
Vous n'avez que les trois qui forment le mot: sot!
Eussiez-vous eu, d'ailleurs, l'invention qu'il faut
Pour pouvoir là, devant ces nobles galeries,
Me servir toutes ces folles plaisanteries,
Que vous n'en eussiez pas articulé le quart
De la moitié du commencement d'une, car
Je me les sers moi-même avec assez de verve,
Mais je ne permets pas qu'un autre me les serve.

# L'Aiglon

## ACTE II, SCÈNE 9

FLAMBEAU

... Et nous, les petits, les obscurs, les sans-grades,
Nous qui marchions fourbus, blessés, crottés, malades,
Sans espoir de duchés ni de dotations;
Nous qui marchions toujours et jamais n'avancions;
Trop simples et trop gueux pour que l'espoir nous berne
De ce fameux bâton qu'on a dans sa giberne;
Nous qui par tous les temps n'avons cessé d'aller,
Suant sans avoir peur, grelottant sans trembler,
Ne nous soutenant plus qu'à force de trompette,
De fièvre et de chansons qu'en marchant on répète;
Nous sur lesquels pendant dix-sept ans, songez-y,
Sac, sabre, tourne-vis, pierre à feu, fusil,
— Ne parlons pas du poids toujours absent des vivres! —
Ont fait le doux total de cinquante-huit livres;
Nous qui, coiffés d'oursons sous les ciels tropicaux,
Sous les neiges n'avions même plus de shakos;
Qui d'Espagne en Autriche exécutions des trottes;
Nous qui, pour arracher ainsi que des carottes
Nos jambes à la boue énorme des chemins,
Devions les empoigner quelquefois à deux mains;
Nous qui pour notre toux n'ayant pas de jujube,
Prenions des bains de pied d'un jour dans le Danube;
Nous qui n'avions le temps, quand un bel officier
Arrivait, au galop de chasse, nous crier:
«L'ennemi nous attaque, il faut qu'on le repousse!»
Que de manger un blanc de corbeau sur le pouce,
Ou vivement, avec un peu de neige encor,
De nous faire un sorbet au sang de cheval mort,
Nous, enfin! qui la nuit n'avions pas peur des balles,
Mais de nous réveiller, le matin, cannibales;
Nous, enfin! qui, marchant et nous battant à jeun,
Ne cessions de marcher... — Enfin! j'en vois donc un! —
Que pour nous battre, et de nous battre un contre quatre,
Que pour marcher, et de marcher que pour nous battre,
Marchant et nous battant, maigres, nus, noirs et gais...
Nous, nous ne l'étions pas, peut-être, fatigués?...

# Francis Jammes

## Le pauvre pion...

*A Eugène Rouart*

Le pauvre pion doux si sale m'a dit: j'ai
bien mal aux yeux et le bras droit paralysé.

Bien sûr que le pauvre diable n'a pas de mère
pour le consoler doucement de sa misère.

Il vit comme cela, pion dans une boîte,
et passe parfois sur son front froid sa main moite.

Avec ses bras il fait un coussin sur un banc
et s'assoupit un peu comme un petit enfant.

Mais au lieu de traversin bien blanc, sa vareuse
se mêle à sa barbe dure, grise et crasseuse.

Il économise pour se faire soigner.
Il a des douleurs. C'est trop cher de se doucher.

Alors il enveloppe dans un pauvre linge
tout son pauvre corps misérable de grand singe.

Le pauvre pion doux si sale m'a dit: j'ai
bien mal aux yeux et le bras droit paralysé.

*De l'Angélus de l'aube à l'Angélus du soir*

## J'aime l'âne...

J'aime l'âne si doux
marchant le long des houx.

Il prend garde aux abeilles
et bouge ses oreilles;

et il porte les pauvres
et des sacs remplis d'orge.

Il va près des fossés,
d'un petit pas cassé.

Mon amie le croit bête
parce qu'il est poète.

Il réfléchit toujours.
Ses yeux sont en velours.

Jeune fille au doux cœur,
tu n'as pas sa douceur:

car il est devant Dieu
l'âne doux du ciel bleu.

Et il reste à l'étable,
résigné, misérable,

ayant bien fatigué
ses pauvres petits pieds.

Il a fait son devoir
du matin jusqu'au soir.

Qu'as-tu fait jeune fille?
Tu as tiré l'aiguille...

Mais l'âne s'est blessé :
la mouche l'a piqué.

Il a tant travaillé
que ça vous fait pitié.

Qu'as-tu mangé petite ?
— T'as mangé des cerises.

L'âne n'a pas eu d'orge,
car le maître est trop pauvre.

Il a sucé la corde,
puis a dormi dans l'ombre...

La corde de ton cœur
n'a pas cette douceur.

Il est l'âne si doux
marchant le long des houx.

J'ai le cœur *ulcéré* :
ce mot-là te plairait.

Dis-moi donc, ma chérie,
si je pleure ou je ris ?

Va trouver le vieil âne,
et dis-lui que mon âme

est sur les grands chemins,
comme lui le matin.

Demande-lui, chérie,
si je pleure ou je ris ?

Je doute qu'il réponde :
il marchera dans l'ombre,

crevé par la douceur,
sur le chemin en fleurs.

*De l'Angélus de l'aube*
*à l'Angélus du soir*

## J'aime dans le temps...

J'aime dans le temps Clara d'Ellébeuse,
l'écolière des anciens pensionnats,
qui allait, les soirs chauds, sous les tilleuls
lire les *magazines* d'autrefois.

Je n'aime qu'elle, et je sens sur mon cœur
la lumière bleue de sa gorge blanche.
Où est-elle? où était donc ce bonheur?
Dans sa chambre claire il entrait des branches.

Elle n'est peut-être pas encore morte
— ou peut-être que nous l'étions tous deux.
La grande cour avait des feuilles mortes
dans le vent froid des fins d'Été très vieux.

Te souviens-tu de ces plumes de paon,
dans un grand vase, auprès de coquillages?...
on apprenait qu'on avait fait naufrage,
on appelait Terre-Neuve: *le Banc*.

Viens, viens, ma chère Clara d'Ellébeuse:
aimons-nous encore si tu existes.
Le vieux jardin a de vieilles tulipes.
Viens toute nue, ô Clara d'Ellébeuse.

*De l'Angélus de l'aube à l'Angélus du soir*

---

## La salle à manger

*A M. Adrien Planté*

Il y a une armoire à peine luisante
qui a entendu les voix de mes grand'tantes,
qui a entendu la voix de mon grand-père,
qui a entendu la voix de mon père.
A ces souvenirs l'armoire est fidèle.
On a tort de croire qu'elle ne sait que se taire,
car je cause avec elle.

Il y a aussi un coucou en bois.
Je ne sais pourquoi il n'a plus de voix.
Je ne veux pas le lui demander.
Peut-être qu'elle est cassée,
la voix qui était dans son ressort,
tout bonnement comme celle des morts.

Il y a aussi un vieux buffet
qui sent la cire, la confiture,
la viande, le pain et les poires mûres.
C'est un serviteur fidèle qui sait
qu'il ne doit rien nous voler.

Il est venu chez moi bien des hommes et des femmes
qui n'ont pas cru à ces petites âmes.
Et je souris que l'on me pense seul vivant
quand un visiteur me dit en entrant :
— Comment allez-vous, monsieur Jammes ?

*De l'Angélus de l'aube à l'Angélus du soir*

## Quand verrai-je les îles...

Quand verrai-je les îles où furent des parents?
Le soir, devant la porte et devant l'océan
on fumait des cigares en habit bleu barbeau.
Une guitare de nègre ronflait, et l'eau
de pluie dormait dans les cuves de la cour.
L'océan était comme des bouquets en tulle
et le soir triste comme l'Été et une flûte.
On fumait des cigares noirs et leurs points rouges
s'allumaient comme ces oiseaux aux nids de mousse

dont parlent certains poètes de grand talent.
Ô Père de mon Père, tu étais là, devant
mon âme qui n'était pas née, et sous le vent
les avisos glissaient dans la nuit coloniale.
Quand tu pensais en fumant ton cigare,
et qu'un nègre jouait d'une triste guitare,
mon âme qui n'était pas née existait-elle?
Était-elle la guitare ou l'aile de l'aviso?
Était-elle le mouvement d'une tête d'oiseau
caché alors au fond des plantations,
ou le vol d'un insecte lourd dans la maison?

*De l'Angélus de l'aube à l'Angélus du soir*

## Prière pour aller au paradis avec les ânes

Lorsqu'il faudra aller vers vous, ô mon Dieu, faites
que ce soit par un jour où la campagne en fête
poudroiera. Je désire, ainsi que je fis ici-bas,
choisir un chemin pour aller, comme il me plaira,
au Paradis, où sont en plein jour les étoiles.
Je prendrai mon bâton et sur la grande route
j'irai, et je dirai aux ânes, mes amis:
Je suis Francis Jammes et je vais au Paradis,
car il n'y a pas d'enfer au pays du Bon-Dieu.
Je leur dirai: Venez, doux amis du ciel bleu,
pauvres bêtes chéries qui, d'un brusque mouvement d'oreille,
chassez les mouches plates, les coups et les abeilles...

Que je vous apparaisse au milieu de ces bêtes
que j'aime tant parce qu'elles baissent la tête
doucement, et s'arrêtent en joignant leurs petits pieds
d'une façon bien douce et qui vous fait pitié.
J'arriverai suivi de leurs milliers d'oreilles,
suivi de ceux qui portèrent au flanc des corbeilles,
de ceux traînant des voitures de saltimbanques
ou des voitures de plumeaux et de fer-blanc,
de ceux qui ont au dos des bidons bossués,
des ânesses pleines comme des outres, aux pas cassés,
de ceux à qui l'on met de petits pantalons
à cause des plaies bleues et suintantes que font
les mouches entêtées qui s'y groupent en ronds.
Mon Dieu, faites qu'avec ces ânes je vous vienne.
Faites que dans la paix, des anges nous conduisent
vers des ruisseaux touffus où tremblent des cerises
lisses comme la chair qui rit des jeunes filles,
et faites que, penché dans ce séjour des âmes,
sur vos divines eaux, je sois pareil aux ânes
qui mireront leur humble et douce pauvreté
à la limpidité de l'amour éternel.

*Le Deuil des primevères*

# Paul Claudel

I

Paul, il nous faut partir pour un départ plus beau!
Pour la dernière fois, acceptant leur étreinte,
J'ai des parents pleurants baisé la face sainte.
Maintenant je suis seul sous un soleil nouveau.

Tant de mer, que le vent lugubre la ravage,
Ou quand tout au long du long jour l'immensité
S'ouvre au navigateur avec solennité,
Traversée, et ces feux qu'on voit sur le rivage,

Tant d'attente et d'ennui, tant d'heures harassées,
L'entrée au matin au port d'or, les hommes nus,
L'odeur des fleurs, le goût des fruits inconnus,
Tant d'étoiles et tant de terres dépassées.

Ici cet autre bout du monde blanc et puis
Rien! — de ce cœur n'ont réfréné l'essor farouche.
Cheval, on t'a en vain mis le mors dans la bouche.
Il faut fuir! Voici l'astre au ciel couleur de buis.

Voici l'heure brûlante et la nuit ennuyeuse!
Voici le Pas, voici l'arrêt et le suspens.
Saisi d'horreur, voici que de nouveau j'entends
L'inexorable appel de la voix merveilleuse.

L'espace qui reste à franchir n'est point la mer.
Nulle route n'est le chemin qu'il me faut suivre;
Rien, retour, ne m'accueille, ou, départ, me délivre.
Ce lendemain n'est pas du jour qui fut hier.

II

Je ne sais plus jouer! je n'ai plus de plaisir
A travailler, je n'ai plus de plaisir à rire!
Comme un homme inquiet le mot qu'il vient d'écrire,
J'oublie et mon attente est longue et mon loisir.

Le jour et par la nuit la lampe d'or m'étonne
Si je mange, le pain me reste entre les dents.
Je parle et je me tais; je suis sourd et j'entends.
Et le dernier, l'Orgueil lui-même m'abandonne.

Car un jour j'ai senti bouger dans l'épaisseur,
Sous l'homme et le plus bas où de vivre se fonde,
La réclamation de l'entraille profonde.
Depuis lors je connais le désir sans douceur.

Suprêmement assis entre l'âme et le ventre,
Juge sagace avec l'épée et l'examen,
Il enjoint: si je parle, il ne répondra rien,
Mais il faut obéir comme le cercle au centre.

Je jure ce soleil que rien ne peut changer
Mon dessein et la route où je chemine et souffre,
Femme, or par terre, feu au loin, détour et gouffre
Et que le pain ne peut paître la faim que j'ai.

Et que tout l'or ne peut combler mon avarice,
Ni l'eau désaltérer ma bouche, ni la mort,
Ni le temps, ni l'éternité finir encor
Mon obsécration, ma joie et mon supplice!

III

L'ombre m'atteint, mon jour terrestre diminue.
Le passé est passé et l'avenir n'est plus.
Adieu, enfant! Adieu, jeune homme que je fus!
La main pauvre est sur moi et voici l'heure nue!

J'ai vécu. Le bruit des hommes m'est étranger.
Tout est fini; je suis tout seul; j'attends, je veille.
Je n'ai plus avec moi que ta lueur vermeille,
Lampe! Je suis assis comme un homme jugé.

Longs furent mon ennui et ma sollicitude!
Long l'exil! Longue fut la route jusqu'ici.
Le terme est mien, je vois cela que j'ai choisi,
Ferme dans ma faiblesse et dans ma lassitude.

Maintenant j'ai fini de parler; seul, captif,
Comme un mouton vendu aux mains de qui l'emmène,
J'écoute seulement, j'attends, tout prêt, que vienne
L'heure dernière avec l'instant définitif...

*Vers d'exil*

## L'esprit et l'eau

Après le long silence fumant,
Après le grand silence civil de maints jours tout fumant de rumeurs et de fumées,
Haleine de la terre en culture et ramage des grandes villes dorées,
Soudain l'Esprit de nouveau, soudain le souffle de nouveau
Soudain le coup sourd au cœur, soudain le mot donné, soudain le souffle de l'Esprit, le rapt sec, soudain la possession de l'Esprit!
Comme quand dans le ciel plein de nuit avant que ne claque le premier feu de foudre,
Soudain le vent de Zeus dans un tourbillon plein de pailles et de poussières avec la lessive de tout le village!

Mon Dieu, qui au commencement avez séparé les eaux supérieures des eaux inférieures,
Et qui de nouveau avez séparé de ces eaux humides que je dis,
L'aride, comme un enfant divisé de l'abondant corps maternel,
La terre bien chauffante, tendre-feuillante et nourrie du lait de la pluie,
Et qui dans le temps de la douleur comme au jour de la création saisissez dans votre main toute-puissante
L'argile humaine et l'esprit de tous côtés vous gicle entre les doigts,
De nouveau après les longues routes terrestres,
Voici l'Ode, voici que cette grande Ode nouvelle vous est présente,
Non point comme une chose qui commence, mais peu à peu comme la mer qui était là,
La mer de toutes les paroles humaines avec la surface en divers endroits
Reconnue par un souffle sous le brouillard et par l'œil de la matrone Lune!

Or, maintenant, près d'un palais couleur de souci dans les arbres aux toits nombreux ombrageant un trônc pourri,
J'habite d'un vieux empire le décombre principal.
Loin de la mer libre et pure, au plus terre de la terre je vis jaune,

Où la terre même est l'élément qu'on respire, souillant immensément de sa substance l'air et l'eau,

Ici où convergent les canaux crasseux et les vieilles routes usées et les pistes des ânes et des chameaux,

Où l'Empereur du sol foncier trace son sillon et lève les mains vers le Ciel utile d'où vient le temps bon et mauvais.

Et comme aux jours de grain le long des côtes on voit les phares et les aiguilles de rocher tout enveloppés de brume et d'écume pulvérisée,

C'est ainsi que dans le vieux vent de la Terre, la Cité carrée dresse ses retranchements et ses portes,

Étage ses Portes colossales dans le vent jaune, trois fois trois portes comme des éléphants,

Dans le vent de cendre et de poussière, dans le grand vent gris de la poudre qui fut Sodome, et les empires d'Égypte et des Perses, et Paris, et Tadmor, et Babylone.

Mais que m'importent à présent vos empires, et tout ce qui meurt,

Et vous autres que j'ai laissés, votre voie hideuse là-bas!

Puisque je suis libre! que m'importent vos arrangements cruels? puisque moi du moins je suis libre! puisque j'ai trouvé! puisque moi du moins je suis dehors!

Puisque je n'ai plus ma place avec les choses créées, mais ma part avec ce qui les crée, l'esprit liquide et lascif!

Est-ce que l'on bêche la mer? est-ce que vous la fumez comme un carré de pois?

Est-ce que vous lui choisissez sa rotation, de la luzerne ou du blé ou des choux ou des betteraves jaunes ou pourpres?

Mais elle est la vie même sans laquelle tout est mort, ah! je veux la vie même sans laquelle tout est mort!

La vie même et tout le reste me tue qui est mortel!

Ah, je n'en ai pas assez! Je regarde la mer! Tout cela me remplit qui a fin.

Mais ici et où que je tourne le visage et de cet autre côté

Il y en a plus et encore et là aussi et toujours et de même et davantage! Toujours, cher cœur!

Pas à craindre que mes yeux l'épuisent! Ah, j'en ai assez de vos eaux buvables.

Je ne veux pas de vos eaux arrangées, moissonnées par le soleil, passées au filtre et à l'alambic, distribuées par l'engin des monts,

Corruptibles, coulantes.

Vos sources ne sont point des sources. L'élément même!

La matière première! C'est la mère, je dis, qu'il me faut!

Possédons la mer éternelle et salée, la grande rose grise! Je lève un bras vers le paradis! je m'avance vers la mer aux entrailles de raisin!

Je me suis embarqué pour toujours! Je suis comme le vieux marin qui ne connaît plus la terre que par ses feux, les systèmes d'étoiles vertes ou rouges enseignés par la carte et le portulan.

Un moment sur le quai parmi les balles et les tonneaux, les papiers chez le consul, une poignée de main au stevedore;

Et puis de nouveau l'amarre larguée, un coup de timbre aux machines, le break-water que l'on double, et sous mes pieds

De nouveau la dilatation de la houle!...

*Cinq Grandes Odes*

---

## Magnificat

Mon âme magnifie le Seigneur.

Ô les longues rues amères autrefois et le temps où j'étais seul et un!
La marche dans Paris, cette longue rue qui descend vers Notre-Dame!
Alors comme le jeune athlète qui se dirige vers l'Ovale au milieu du groupe empressé de ses amis et de ses entraîneurs,
Et celui-ci lui parle à l'oreille, et, le bras qu'il abandonne, un autre rattache la bande qui lui serre les tendons,
Je marchais parmi les pieds précipités de mes dieux!
Moins de murmures dans la forêt à la Saint-Jean d'été,
Il est un moins nombreux ramage en Damas quand au récit des eaux qui descendent des monts en tumulte
S'unit le soupir du désert et l'agitation au soir des hauts platanes dans l'air ventilé,
Que de paroles dans ce jeune cœur comblé de désirs!
Ô mon Dieu, un jeune homme et le fils de la femme vous est plus agréable qu'un jeune taureau!
Et je fus devant vous comme un lutteur qui plie,
Non qu'il se croie faible, mais parce que l'autre est plus fort.
Vous m'avez appelé par mon nom
Comme quelqu'un qui le connaît, vous m'avez choisi entre tous ceux de mon âge.
Ô mon Dieu, vous savez combien le cœur des jeunes gens est plein d'affection et combien il ne tient pas à sa souillure et à sa vanité!
Et voici que vous êtes quelqu'un tout à coup!
Vous avez foudroyé Moïse de votre puissance, mais vous êtes à mon cœur ainsi qu'un être sans péché.
Ô que je suis bien le fils de la femme! car voici que la raison, et la leçon des maîtres, et l'absurdité, tout cela ne tient pas un rien
Contre la violence de mon cœur et contre les mains tendues de ce petit enfant!

Ô larmes! ô cœur trop faible! ô mine des larmes qui saute!
Venez, fidèles, et adorons cet enfant nouveau-né.
Ne me croyez pas votre ennemi! Je ne comprends point, et je ne vois point, et je ne sais point où vous êtes. Mais je tourne vers vous ce visage couvert de pleurs.
Qui n'aimerait celui qui nous aime? Mon esprit a exulté dans mon Sauveur. Venez, fidèles, et adorons ce petit qui nous est né.
— Et maintenant je ne suis plus un nouveau venu, mais un homme dans le milieu de sa vie, sachant,
Qui s'arrête et qui se tient debout en grande force et patience et qui regarde de tous côtés.
Et de cet esprit et bruit que vous avez mis en moi,
Voici que j'ai fait beaucoup de paroles et d'histoires inventées, et personnes ensemble dans mon cœur avec leurs voix différentes.
Et maintenant, suspendu le long débat,
Voici que je m'entends vers vous tout seul un autre qui commence
A chanter avec la voix plurielle comme le violon que l'archet prend sur la double corde.
Puisque je n'ai rien pour séjour ici que ce pan de sable et la vue jamais interrompue sur les sept sphères de cristal superposées,
Vous êtes ici avec moi, et je m'en vais faire à loisir pour vous seul un beau cantique, comme un pasteur sur le Carmel qui regarde un petit nuage.
En ce mois de décembre et dans cette canicule du froid, alors que toute étreinte est resserrée et raccourcie, et cette nuit même toute brillante,
L'esprit de joie ne m'entre pas moins droit au corps
Que lorsque parole fut adressée à Jean dans le désert sous le pontificat de Caïphe et d'Anne, Hérode
Étant tétrarque de Galilée, et Philippe son frère de l'Iturée et de la région Trachonitide, et Lysanias d'Abilène.
Mon Dieu, qui nous parlez avec les paroles mêmes que nous vous adressons,
Vous ne méprisez pas plus ma voix en ce jour que celle d'aucun de vos enfants ou de Marie même votre servante,
Quand dans l'excès de son cœur elle s'écria vers vous parce que vous avez considéré son humilité!
Ô mère de mon Dieu! ô femme entre toutes les femmes!
Vous êtes donc arrivée après ce long voyage jusqu'à moi! et voici que toutes les générations en moi jusqu'à moi vous ont nommée bienheureuse!

Ainsi dès que vous entrez Élisabeth prête l'oreille,
Et voici déjà le sixième mois de celle qui était appelée stérile.
Ô combien mon cœur est lourd de louanges et qu'il a de peine à s'élever vers Vous,
Comme le pesant encensoir d'or tout bourré d'encens et de braise,
Qui un instant volant au bout de sa chaîne déployée
Redescend, laissant à sa place
Un grand nuage dans le rayon de soleil d'épaisse fumée!
Que le bruit se fasse voix et que la voix en moi se fasse parole!
Parmi tout l'univers qui bégaie, laissez-moi préparer mon cœur comme quelqu'un qui sait ce qu'il a à dire,
Parce que cette profonde exultation de la Créature n'est pas vaine, ni ce secret que gardent les Myriades célestes en une exacte vigile;
Que ma parole soit équivalente à leur silence!
Ni cette bonté des choses, ni ce frisson des roseaux creux, quand de ce vieux tumulus entre la Caspienne et l'Aral,
Le Roi Mage fut témoin d'une grande préparation dans les astres.
Mais que je trouve seulement la parole juste, que j'exhale seulement
Cette parole de mon cœur, l'ayant trouvée, et que je meure ensuite, l'ayant dite, et que je penche ensuite
La tête sur ma poitrine, l'ayant dite, comme le vieux prêtre qui meurt en consacrant!...

*Cinq Grandes Odes*

# TÊTE D'OR (Deuxième version)

## PREMIÈRE PARTIE

SIMON

Ô Arbre, accueille-moi! C'est tout seul que je suis sorti de la protection de tes branches, et maintenant c'est tout seul que je m'en reviens vers toi, ô mon père immobile!
Reprends-moi donc sous ton ombrage, ô fils de la Terre! Ô bois, à cette heure de détresse! Ô murmurant, fais-moi part
De ce mot que je suis dont je sens en moi l'horrible effort!
Pour toi, tu n'es qu'un effort continuel, le tirement assidu de ton corps hors de la matière inanimée.
Comme tu tettes, vieillard, la terre,
Enfonçant, écartant de tous côtés tes racines fortes et subtiles! Et le ciel, comme tu y tiens! comme tu te bandes tout entier
A son aspiration dans une feuille immense, Forme de Feu!
La terre inépuisable dans l'étreinte de toutes les racines de ton être
Et le ciel infini avec le soleil, avec les astres dans le mouvement de l'Année,
Où tu t'attaches avec cette bouche, faite de tous tes bras, avec le bouquet de ton corps, le saisissant de tout cela en toi qui respire,
La terre et le ciel tout entiers, il les faut pour que tu te tiennes droit!
De même, que je me tienne droit! Que je ne perde pas mon âme! Cette sève essentielle, cette humidité intérieure de moi-même, cette effervescence
Dont le sujet est cette personne que je suis, que je ne la perde pas en une vaine touffe d'herbe et de fleurs! Que je grandisse dans mon unité! Que je demeure unique et droit!
Mais ce n'est point vous dont je viens aujourd'hui écouter la rumeur,
Ô branches maintenant nues parmi l'air opaque et nébuleux!
Mais je veux vous interroger, profondes racines, et ce fonds original de la terre où vous vous nourrissez.

# LA JEUNE FILLE VIOLAINE (Deuxième version)

## ACTE I

ANNE VERCORS

La nourriture verte
Naît de la terre pour les hommes et les animaux.
Et l'animal sans mains
Broute au hasard, s'attachant à l'herbe par les dents.
Mais l'homme bientôt trouva
Un autre moyen de manger que de se nourrir des bêtes paissantes, les ayant égorgées.
Le fer inventé pour le sacrifice, il le plonge au sein de la terre même,
Et, ménageant une large blessure, il lui confie la semence choisie.
En vérité, que vient-on se vanter de cette jointure merveilleuse
Par laquelle nous adaptons aux fleuves la meule qui broie notre farine?
La terre même volante, le ciel avec tous ses mondes dans le mouvement des quatre saisons,
Forment pour le pain que nous mangeons un bien autre moulin!
Ainsi le laboureur, jour à jour, du temps des semailles à celui de la moisson,
Mêlé à l'œuvre du Soleil, la prépare et la parachève.
Car la terre est toujours mineure, et elle ne saurait se passer de l'homme, qui est établi sur elle avec pouvoir comme un maître,
Pour son ouverture, et son ensemencement, et sa réfection.
Et moi, pendant trente ans j'ai possédé ce bien,
En bon père de famille, faisant ma tâche comme le Soleil, avec affection!
Car l'homme juste n'a point besoin de savoir
Le pourquoi et le comment, mais de faire seulement
La tâche qu'il a devant lui, avec patience,
Et avec gravité, et avec tout le soin possible.
Et j'étais l'œil qui voit tout, afin que je recueille la moisson entière.
Car si le bûcheron, en hiver, près du feu,

Si le faucheur en juin restait trop longtemps sous la haie, j'apparaissais derrière comme un lion,
Disant: «Gagne ton pain, et moi je te payerai ton dû.»
Et j'enfonce le bras dans les meules pour voir si le vivre s'échauffe, de peur que, n'étant pas sec, il ne tourne en poussière.
Quand je commande, c'est que je sais, et il n'y a pas d'ouvrier qui m'en remontre.
Et voilà toute ma vie que je suis ici, achetant, vendant;
Et je connais chaque morceau de terre, ce qu'il lui faut,
Ce qui est du côté du bois et ce qui est du côté de la route.
Levé premier, couché dernier; beaucoup de mal, peu de profit.
Et si tu connaissais la méchanceté des gens, comme moi! Mais tu ne le sais pas encore.
Cependant j'ai du bien.
Mais qu'est-ce que cela va faire, maintenant que je laisse ces femmes seules
Avec le mauvais monde d'ici?...

## LE SOULIER DE SATIN

### PREMIÈRE JOURNÉE, SCÈNE 1

LE PÈRE JÉSUITE

Seigneur, je Vous remercie de m'avoir ainsi attaché! Et parfois il m'est arrivé de trouver vos commandements pénibles
Et ma volonté en présence de Votre règle
Perplexe, rétive.
Mais aujourd'hui il n'y a pas moyen d'être plus serré à Vous que je ne le suis et j'ai beau vérifier chacun de mes membres, il n'y en a plus un seul qui de Vous soit capable de s'écarter si peu.
Et c'est vrai que je suis attaché à la croix, mais la croix où je suis n'est plus attachée à rien. Elle flotte sur la mer.
La mer libre à ce point où la limite du ciel connu s'efface
Et qui est à égale distance de ce monde ancien que j'ai quitté
Et de l'autre nouveau.

Tout a expiré autour de moi, tout a été consommé sur cet étroit autel qu'encombrent les corps de mes sœurs l'une sur l'autre, la vendange sans doute ne pouvait se faire sans désordre,

Mais tout, après un peu de mouvement, est rentré dans la grande paix paternelle.

Et si je me croyais abandonné, je n'ai qu'à attendre le retour de cette puissance immanquable sous moi qui me reprend et me remonte avec elle comme si pour un moment je ne faisais plus qu'un avec le réjouissement de l'abîme,

Cette vague, voici bientôt la dernière pour m'emporter.

Je prends, je me sers de toute cette œuvre indivisible que Dieu a faite toute à la fois et à laquelle je suis étroitement amalgamé à l'intérieur de Sa sainte volonté, ayant renoncé la mienne,

De ce passé dont avec l'avenir est faite une seule étoffe indéchirable,

De cette mer qui a été mise à ma disposition,

Du souffle que je ressens tour à tour avec sa cessation sur ma face, de ces deux mondes amis, et là-haut dans le ciel de ces grandes constellations incontestables,

Pour bénir cette terre que mon cœur devinait là-bas dans la nuit, tant désirée!

Que la bénédiction sur elle soit celle d'Abel le pasteur au milieu de ses fleuves et de ses forêts! Que la guerre et la dissension l'épargnent! Que l'Islam ne souille point ses rives, et cette peste encore pire qu'est l'hérésie!

Je me suis donné à Dieu et maintenant le jour du repos et de la détente est venu et je puis me confier à ces liens qui m'attachent.

On parle d'un sacrifice quand à chaque choix à faire il ne s'agit que de ce mouvement presque imperceptible comme de la main.

C'est le mal seul à dire vrai qui exige un effort, puisqu'il est contre la réalité, se disjoindre à ces grandes forces continues qui de toutes parts nous adoptent et nous engagent.

Et maintenant voici la dernière oraison de cette messe que mêlé déjà à la mort je célèbre par le moyen de moi-même: Mon Dieu, je Vous prie pour mon frère Rodrigue! Mon Dieu, je Vous supplie pour mon fils Rodrigue!

Je n'ai pas d'autre enfant, ô mon Dieu, et lui sait bien qu'il n'aura pas d'autre frère.

Vous le voyez qui d'abord s'était engagé sur mes pas sous l'étendard qui porte Votre monogramme, et maintenant sans doute parce qu'il a quitté Votre noviciat il se figure qu'il Vous tourne le dos,

Son affaire à ce qu'il imagine n'étant pas d'attendre, mais de conquérir et de posséder

Ce qu'il peut, comme s'il y avait rien qui ne Vous appartînt et comme s'il pouvait être ailleurs que là où Vous êtes.

Mais, Seigneur, il n'est pas si facile de Vous échapper, et s'il ne va pas à Vous par ce qu'il a de clair, qu'il y aille par ce qu'il a d'obscur; et par ce qu'il a de direct, qu'il y aille par ce qu'il a d'indirect; et par ce qu'il a de simple,

Qu'il y aille par ce qu'il a en lui de nombreux, et de laborieux et d'entremêlé,

Et s'il désire le mal, que ce soit un tel mal qu'il ne soit compatible qu'avec le bien,

Et s'il désire le désordre, un tel désordre qu'il implique l'ébranlement et la fissure de ces murailles autour de lui qui lui barraient le salut,

Je dis à lui et à cette multitude avec lui qu'il implique obscurément.

Car il est de ceux-là qui ne peuvent se sauver qu'en sauvant toute cette masse qui prend leur forme derrière eux.

Et déjà Vous lui avez appris le désir, mais il ne se doute pas encore ce que c'est que d'être désiré.

Apprenez-lui que Vous n'êtes pas le seul à pouvoir être absent! Liez-le par le poids de cet autre être sans lui si beau qui l'appelle à travers l'intervalle!

Faites de lui un homme blessé parce qu'une fois en cette vie il a vu la figure d'un ange!

Remplissez ces amants, d'un tel désir qu'il implique à l'exclusion de leur présence dans le hasard journalier

L'intégrité primitive et leur essence même telle que Dieu les a conçus autrefois dans un rapport inextinguible!

Et ce qu'il essayera de dire misérablement sur la terre, je suis là pour le traduire dans le Ciel.

PREMIÈRE JOURNÉE, SCÈNE 5

DONA PROUHÈZE *monte debout sur la selle et se déchaussant elle met son soulier de satin entre les mains de la Vierge*

Vierge, patronne et mère de cette maison,

Répondante et protectrice de cet homme dont le cœur vous est pénétrable plus qu'à moi et compagne de sa longue solitude,

Alors si ce n'est pas pour moi, que ce soit à cause de lui,

Puisque ce lien entre lui et moi n'a pas été mon fait, mais votre volonté intervenante :

Empêchez que je sois à cette maison dont vous gardez la porte, auguste tourière, une cause de corruption !

Que je manque à ce nom que vous m'avez donné à porter, et que je cesse d'être honorable aux yeux de ceux qui m'aiment.

Je ne puis dire que je comprends cet homme que vous m'avez choisi, mais vous, je comprends, qui êtes sa mère comme la mienne.

Alors, pendant qu'il est encore temps, tenant mon cœur dans une main et mon soulier dans l'autre,

Je me remets à vous ! Vierge mère, je vous donne mon soulier ! Vierge mère, gardez dans votre main mon malheureux petit pied !

Je vous préviens que tout à l'heure je ne vous verrai plus et que je vais tout mettre en œuvre contre vous !

Mais quand j'essayerai de m'élancer vers le mal, que ce soit avec un pied boiteux ! la barrière que vous avez mise,

Quand je voudrai la franchir, que ce soit avec une aile rognée !

J'ai fini ce que je pouvais faire, et vous, gardez mon pauvre petit soulier,

Gardez-le contre votre cœur, ô grande Maman effrayante !

TROISIÈME JOURNÉE, SCÈNE 13

LE VICE-ROI

Officiers, compagnons d'armes, hommes assemblés ici qui respirez vaguement autour de moi dans l'obscurité,

Et qui tous avez entendu parler de la lettre à Rodrigue et de ce long désir entre cette femme et moi qui est un proverbe depuis dix ans entre les deux Mondes,

Regardez-la, comme ceux-là qui de leurs yeux maintenant fermés ont pu regarder Cléopâtre, ou Hélène, ou Didon, ou Marie d'Écosse,

Et toutes celles qui ont été envoyées sur la terre pour la ruine des Empires et des Capitaines et pour la perte de beaucoup de villes et de bateaux.

L'amour a achevé son œuvre sur toi, ma bien-aimée, et le rire sur ton visage a été remplacé par la douleur et l'or pour te couronner par la couleur mystérieuse de la neige.

Mais cela en toi qui autrefois m'a fait cette promesse, sous cette forme maintenant rapprochée de la disparition,

N'a pas cessé un moment de ne pas être ailleurs.

Cette promesse entre ton âme et la mienne par qui le temps un moment a été interrompu,

Cette promesse que tu m'as faite, cet engagement que tu as pris, ce devoir envers moi que tu as assumé,

Elle est telle que la mort aucunement

Envers moi n'est pas propre à t'en libérer,

Et que si tu ne la tiens pas mon âme au fond de l'Enfer pour l'éternité t'accusera devant le trône de Dieu.

Meurs puisque tu le veux, je te le permets ! Va en paix, retire pour toujours de moi le pied de ta présence adorée !

Consomme l'absence !

Puisque le jour est venu que tu cesses en cette vie et que non pas un autre que moi, par les arrangements de la Providence,

T'empêche désormais d'être un danger pour la morale et la société.

Et ajoute à cette promesse que tu m'as faite la mort même qui la rend irrévocable.

Une promesse, ai-je dit, la vieille, l'éternelle promesse !

Et tout de même d'où serait venue pour César et pour Marc-Antoine et pour ces grands hommes dont je vous ai donné tout à l'heure à penser

Les noms et dont je sens l'épaule à la hauteur de la mienne,

Le pouvoir tout à coup de ces yeux et de ce sourire et de cette bouche comme si jamais auparavant ils n'avaient baisé le visage d'une femme,

Si ce n'était dans leur vie toute prise au maniement des forces temporelles l'intervention inattendue de la béatitude?

Un éclair a brillé pour eux par quoi le monde entier est frappé à mort désormais, retranché d'eux,

Une promesse que rien au monde ne peut satisfaire, pas même cette femme qui un moment s'en est faite pour nous le vase,

Et que la possession ne fait que remplacer par un simulacre désert.

Laissez-moi m'expliquer! laissez-moi me dépêtrer de ces fils entremêlés de la pensée! laissez-moi déployer aux yeux de tous cette toile que pendant bien des nuits

J'ai tissée, renvoyé d'un mur à l'autre de cette amère vérandah comme une navette aux mains des noires tisseuses!

La joie d'un être est-elle pas dans sa perfection? et si notre perfection est d'être nous-mêmes, cette personne exactement que le destin nous a donnée à remplir,

D'où vient cette profonde exultation comme le prisonnier qui dans le mur entend la sape au travail qui le désagrège, quand le trait de la mort dans notre côté s'est enfoncé en vibrant?

Ainsi la vue de cet Ange pour moi qui fut comme le trait de la mort! Ah! cela prend du temps de mourir et la vie la plus longue n'est pas de trop pour apprendre à correspondre à ce patient appel!

Une blessure à mon côté comme la flamme peu à peu qui tire toute l'huile de la lampe!

Et si la perfection de l'œil n'est pas dans sa propre géométrie mais dans la lumière qu'il voit et chaque objet qu'il montre

Et la perfection de la main non pas dans ses doigts mais dans l'ouvrage qu'elle génère,

Pourquoi aussi la perfection de notre être et de notre noyau substantiel serait-elle toujours associée à l'opacité et à la résistance,

Et non pas l'adoration et le désir et la préférence d'autre chose et de livrer sa lie pour de l'or et de céder son temps pour l'éternité et de se présenter à la transparence et de se fendre enfin et de s'ouvrir enfin dans un état de dissolution ineffable?

De ce déliement, de cette délivrance mystique nous savons que nous sommes par nous-mêmes incapables et de là ce pouvoir sur nous de la femme pareil à celui de la Grâce.

---

# Paul Valéry

## La fileuse

*Lilia..., neque nent*

Assise, la fileuse au bleu de la croisée
Où le jardin mélodieux se dodeline;
Le rouet ancien qui ronfle l'a grisée.

Lasse, ayant bu l'azur, de filer la câline
Chevelure, à ses doigts si faibles évasive,
Elle songe, et sa tête petite s'incline.

Un arbuste et l'air pur font une source vive
Qui, suspendue au jour, délicieuse arrose
De ses pertes de fleurs le jardin de l'oisive.

Une tige, où le vent vagabond se repose,
Courbe le salut vain de sa grâce étoilée,
Dédiant magnifique, au vieux rouet, sa rose.

Mais la dormeuse file une laine isolée;
Mystérieusement l'ombre frêle se tresse
Au fil de ses doigts longs et qui dorment, filée.

Le songe se dévide avec une paresse
Angélique, et sans cesse, au doux fuseau crédule,
La chevelure ondule au gré de la caresse...

Derrière tant de fleurs, l'azur se dissimule,
Fileuse de feuillage et de lumière ceinte:
Tout le ciel vert se meurt. Le dernier arbre brûle.

Ta sœur, la grande rose où sourit une sainte,
Parfume ton front vague au vent de son haleine
Innocente, et tu crois languir... Tu es éteinte

Au bleu de la croisée où tu filais la laine.

*Album de vers anciens*

---

## L'abeille

*A Francis de Miomandre*

Quelle, et si fine, et si mortelle,
Que soit ta pointe, blonde abeille,
Je n'ai, sur ma tendre corbeille,
Jeté qu'un songe de dentelle.

Pique du sein la gourde belle,
Sur qui l'Amour meurt ou sommeille,
Qu'un peu de moi-même vermeille
Vienne à la chair ronde et rebelle!

J'ai grand besoin d'un prompt tourment:
Un mal vif et bien terminé
Vaut mieux qu'un supplice dormant!

Soit donc mon sens illuminé
Par cette infime alerte d'or
Sans qui l'Amour meurt ou s'endort!

*Charmes*

## Le sylphe

Ni vu ni connu
Je suis le parfum
Vivant et défunt
Dans le vent venu!

Ni vu ni connu,
Hasard ou génie?
A peine venu
La tâche est finie!

Ni lu ni compris?
Aux meilleurs esprits
Que d'erreurs promises!

Ni vu ni connu,
Le temps d'un sein nu
Entre deux chemises!

*Charmes*

## L'insinuant

Ô courbes, méandre,
Secrets du menteur,
Est-il art plus tendre
Que cette lenteur ?

Je sais où je vais,
Je t'y veux conduire,
Mon dessein mauvais
N'est pas de te nuire...

(Quoique souriante
En pleine fierté,
Tant de liberté
La désoriente !)

Ô courbes, méandre,
Secrets du menteur,
Je veux faire attendre
Le mot le plus tendre.

*Charmes*

## Le vin perdu

J'ai, quelque jour, dans l'Océan,
(Mais je ne sais plus sous quels cieux),
Jeté, comme offrande au néant,
Tout un peu de vin précieux...

Qui voulut ta perte, ô liqueur?
J'obéis peut-être au devin?
Peut-être au souci de mon cœur,
Songeant au sang, versant le vin?

Sa transparence accoutumée
Après une rose fumée
Reprit aussi pure la mer...

Perdu ce vin, ivres les ondes!...
J'ai vu bondir dans l'air amer
Les figures les plus profondes...

*Charmes*

## Les grenades

Dures grenades entr'ouvertes
Cédant à l'excès de vos grains,
Je crois voir des fronts souverains
Éclatés de leurs découvertes!

Si les soleils par vous subis,
Ô grenades entre-bâillées,
Vous ont fait d'orgueil travaillées
Craquer les cloisons de rubis,

Et que si l'or sec de l'écorce
A la demande d'une force
Crève en gemmes rouges de jus,

Cette lumineuse rupture
Fait rêver une âme que j'eus
De sa secrète architecture.

*Charmes*

C.CORMIER

## Le cimetière marin

Ce toit tranquille, où marchent des colombes,
Entre les pins palpite, entre les tombes;
Midi le juste y compose de feux
La mer, la mer, toujours recommencée!
Ô récompense après une pensée
Qu'un long regard sur le calme des dieux!

Quel pur travail de fins éclairs consume
Maint diamant d'imperceptible écume,
Et quelle paix semble se concevoir!
Quand sur l'abîme un soleil se repose,
Ouvrages purs d'une éternelle cause,
Le Temps scintille et le Songe est savoir.

Stable trésor, temple simple à Minerve,
Masse de calme, et visible réserve,
Eau sourcilleuse, Œil qui gardes en toi
Tant de sommeil sous un voile de flamme,
Ô mon silence!... Édifice dans l'âme,
Mais comble d'or aux mille tuiles, Toit!

Temple du Temps, qu'un seul soupir résume,
A ce point pur je monte et m'accoutume,
Tout entouré de mon regard marin;
Et comme aux dieux mon offrande suprême,
La scintillation sereine sème
Sur l'altitude un dédain souverain.

Comme le fruit se fond en jouissance,
Comme en délice il change son absence
Dans une bouche où sa forme se meurt,
Je hume ici ma future fumée,
Et le ciel chante à l'âme consumée
Le changement des rives en rumeur.

Beau ciel, vrai ciel, regarde-moi qui change!
Après tant d'orgueil, après tant d'étrange
Oisiveté, mais pleine de pouvoir,
Je m'abandonne à ce brillant espace,
Sur les maisons des morts mon ombre passe
Qui m'apprivoise à son frêle mouvoir.

L'âme exposée aux torches du solstice,
Je te soutiens, admirable justice
De la lumière aux armes sans pitié!
Je te rends pure à ta place première:
Regarde-toi!... Mais rendre la lumière
Suppose d'ombre une morne moitié.

Ô pour moi seul, à moi seul, en moi-même,
Auprès d'un cœur, aux sources du poème,
Entre le vide et l'événement pur,
J'attends l'écho de ma grandeur interne,
Amère, sombre et sonore citerne,
Sonnant dans l'âme un creux toujours futur!

Sais-tu, fausse captive des feuillages,
Golfe mangeur de ces maigres grillages,
Sur mes yeux clos, secrets éblouissants,
Quel corps me traîne à sa fin paresseuse,
Quel front l'attire à cette terre osseuse?
Une étincelle y pense à mes absents.

Fermé, sacré, plein d'un feu sans matière,
Fragment terrestre offert à la lumière,
Ce lieu me plaît, dominé de flambeaux,
Composé d'or, de pierre et d'arbres sombres,
Où tant de marbre est tremblant sur tant d'ombres;
La mer fidèle y dort sur mes tombeaux!

Chienne splendide, écarte l'idolâtre!
Quand solitaire au sourire de pâtre,
Je pais longtemps, moutons mystérieux,
Le blanc troupeau de mes tranquilles tombes,
Éloignes-en les prudentes colombes,
Les songes vains, les anges curieux!

Ici venu, l'avenir est paresse.
L'insecte net gratte la sécheresse;
Tout est brûlé, défait, reçu dans l'air
A je ne sais quelle sévère essence...
La vie est vaste, étant ivre d'absence,
Et l'amertume est douce, et l'esprit clair.

Les morts cachés sont bien dans cette terre
Qui les réchauffe et sèche leur mystère.
Midi là-haut, Midi sans mouvement
En soi se pense et convient à soi-même...
Tête complète et parfait diadème,
Je suis en toi le secret changement.

Tu n'as que moi pour contenir tes craintes!
Mes repentirs, mes doutes, mes contraintes
Sont le défaut de ton grand diamant...
Mais dans leur nuit toute lourde de marbres,
Un peuple vague aux racines des arbres
A pris déjà ton parti lentement.

Ils ont fondu dans une absence épaisse,
L'argile rouge a bu la blanche espèce,
Le don de vivre a passé dans les fleurs!
Où sont des morts les phrases familières,
L'art personnel, les âmes singulières?
La larve file où se formaient des pleurs.

Les cris aigus des filles chatouillées,
Les yeux, les dents, les paupières mouillées,
Le sein charmant qui joue avec le feu,
Le sang qui brille aux lèvres qui se rendent,
Les derniers dons, les doigts qui les défendent,
Tout va sous terre et rentre dans le jeu!

Et vous, grande âme, espérez-vous un songe
Qui n'aura plus ces couleurs de mensonge
Qu'aux yeux de chair l'onde et l'or font ici?
Chanterez-vous quand serez vaporeuse?
Allez! Tout fuit! Ma présence est poreuse,
La sainte impatience meurt aussi!

Maigre immortalité noire et dorée,
Consolatrice affreusement laurée,
Qui de la mort fais un sein maternel,
Le beau mensonge et la pieuse ruse!
Qui ne connaît, et qui ne les refuse,
Ce crâne vide et ce rire éternel!

Pères profonds, têtes inhabitées,
Qui sous le poids de tant de pelletées,
Êtes la terre et confondez nos pas,
Le vrai rongeur, le ver irréfutable
N'est point pour vous qui dormez sous la table,
Il vit de vie, il ne me quitte pas !

Amour, peut-être, ou de moi-même haine?
Sa dent secrète est de moi si prochaine
Que tous les noms lui peuvent convenir !
Qu'importe ! Il voit, il veut, il songe, il touche !
Ma chair lui plaît, et jusque sur ma couche,
A ce vivant je vis d'appartenir !

Zénon ! Cruel Zénon ! Zénon d'Élée !
M'as-tu percé de cette flèche ailée
Qui vibre, vole, et qui ne vole pas !
Le son m'enfante et la flèche me tue !
Ah ! le soleil... Quelle ombre de tortue
Pour l'âme, Achille immobile à grands pas !

Non, non !... Debout ! Dans l'ère successive !
Brisez, mon corps, cette forme pensive !
Buvez, mon sein, la naissance du vent !
Une fraîcheur, de la mer exhalée,
Me rend mon âme... Ô puissance salée !
Courons à l'onde en rejaillir vivant !

Oui ! Grande mer de délires douée,
Peau de panthère et chlamyde trouée
De mille et mille idoles du soleil,
Hydre absolue, ivre de ta chair bleue,
Qui te remords l'étincelante queue
Dans un tumulte au silence pareil,

Le vent se lève !... Il faut tenter de vivre !
L'air immense ouvre et referme mon livre,
La vague en poudre ose jaillir des rocs !
Envolez-vous, pages tout éblouies !
Rompez, vagues ! Rompez d'eaux réjouies
Ce toit tranquille où picoraient des focs !

*Charmes*

# Paul Fort

## La ronde autour du monde

Si toutes les filles du monde voulaient s' donner la main, tout autour de la mer, elles pourraient faire une ronde.

Si tous les gars du monde voulaient bien êtr' marins, ils f'raient avec leurs barques un joli pont sur l'onde.

Alors on pourrait faire une ronde autour du monde, si tous les gens du monde voulaient s' donner la main.

*Ballades françaises*

## Le bonheur

Le bonheur est dans le pré. Cours-y vite, cours-y vite. Le bonheur est dans le pré. Cours-y vite. Il va filer.

Si tu veux le rattraper, cours-y vite, cours-y vite. Si tu veux le rattraper, cours-y vite. Il va filer.

Dans l'ache et le serpolet, cours-y vite, cours-y vite, dans l'ache et le serpolet, cours-y vite. Il va filer.

Sur les cornes du bélier, cours-y vite, cours-y vite, sur les cornes du bélier, cours-y vite. Il va filer.

Sur le flot du sourcelet, cours-y vite, cours-y vite, sur le flot du sourcelet, cours-y vite. Il va filer.

De pommier en cerisier, cours-y vite, cours-y vite, de pommier en cerisier, cours-y vite. Il va filer.

Saute par-dessus la haie, cours-y vite, cours-y vite, saute par-dessus la haie, cours-y vite ! Il a filé !

*Ballades françaises*

# La grenouille bleue

## I
## Prière au bon forestier

Nous vous en prions à genoux, bon forestier, dites-nous-le ! à quoi reconnaît-on *chez vous* la fameuse grenouille bleue ?
à ce que les autres sont vertes ? à ce qu'elle est pesante ? alerte ? à ce qu'elle fuit les canards ? ou se balance aux nénuphars ?
à ce que sa voix est perlée ? à ce qu'elle porte une houppe ? à ce qu'elle rêve par troupe ? en ménage ? ou bien isolée ?
Ayant réfléchi très longtemps et reluquant un vague étang, le bonhomme nous dit : Eh mais, à ce qu'on ne la voit jamais.

## II
## Réponse au forestier

Tu mentais, forestier. Aussi ma joie éclate ! Ce matin je l'ai vue : un vrai saphir à pattes ! Complice du beau temps, amante du ciel pur, elle était verte, mais réfléchissait l'azur.

*Ballades françaises*

# Alfred Jarry

## Le bain du roi

Rampant d'argent sur champ de sinople, dragon
Fluide, au soleil la Vistule se boursoufle.
Or le roi de Pologne, ancien roi d'Aragon,
Se hâte vers son bain, très nu, puissant maroufle.

Les pairs étaient douzaine : il est sans parangon.
Son lard tremble à sa marche et la terre à son souffle ;
Pour chacun de ses pas son orteil patagon
Lui taille au creux du sable une neuve pantoufle.

Et couvert de son ventre ainsi que d'un écu
Il va. La redondance illustre de son cul
Affirme insuffisant le caleçon vulgaire

Où sont portraicturés en or, au naturel,
Par derrière, un Peau-Rouge au sentier de la guerre
Sur un cheval, et par devant, la tour Eiffel.

## Valse

Je fus pendant longtemps ouvrier ébéniste,
Dans la ru' du Champ d'Mars, d' la paroiss' de Toussaints.
Mon épouse exerçait la profession d' modiste,
Et nous n'avions jamais manqué de rien. —
Quand le dimanch' s'annonçait sans nuage,
Nous exhibions nos beaux accoutrements
Et nous allions voir le décervelage
Ru' d' l'Échaudé, passer un bon moment.
Voyez, voyez la machin' tourner,
Voyez, voyez la cervell' sauter,
Voyez, voyez les rentiers trembler ;
*(Chœur) :* Hourra, cornes-au-cul, vive le père Ubu !

Nos deux marmots chéris, barbouillés d' confitures,
Brandissant avec joi' des poupins en papier,
Avec nous s'installaient sur le haut d' la voiture
    Et nous roulions gaîment vers l'Échaudé. —
    On s' précipite en foule à la barrière,
    On s' fich' des coups pour être au premier rang;
    Moi je m' mettais toujours sur un tas d' pierres
    Pour pas salir mes godillots dans l' sang.
      Voyez, voyez la machin' tourner,
      Voyez, voyez la cervell' sauter,
      Voyez, voyez les rentiers trembler;
*(Chœur) :* Hourra, cornes-au-cul, vive le père Ubu!

Bientôt ma femme et moi nous somm's tout blancs d' cervelle,
Les marmots en boulott'nt et tous nous trépignons
En voyant l' Palotin qui brandit sa lumelle,
    Et les blessur's et les numéros d' plomb. —
    Soudain j'perçois dans l'coin, près d' la machine,
    La gueul' d'un bonz' qui n' m' revient qu'à moitié.
    Mon vieux, que j'dis, je r'connais ta bobine,
    Tu m'as volé, c'est pas moi qui t' plaindrai.
      Voyez, voyez la machin' tourner,
      Voyez, voyez la cervell' sauter,
      Voyez, voyez les rentiers trembler;
*(Chœur) :* Hourra, cornes-au-cul, vive le père Ubu!

Soudain j' me sens tirer la manch' par mon épouse:
Espèc' d'andouill', qu'ell' m' dit, v'là l' moment d' te montrer:
Flanque-lui par la gueule un bon gros paquet d' bouse,
    V'là l' Palotin qu'à just' le dos tourné. —
    En entendant ce raisonn'ment superbe,
    J'attrap' sus l'coup mon courage à deux mains:
    J' flanque au rentier une gigantesque merdre
    Qui s'aplatit sur l' nez du Palotin.
      Voyez, voyez la machin' tourner,
      Voyez, voyez la cervell' sauter,
      Voyez, voyez les rentiers trembler;
*(Chœur) :* Hourra, cornes-au-cul, vive le père Ubu!

Aussitôt j' suis lancé par-dessus la barrière,
Par la foule en fureur je me vois bousculé
Et j' suis précipité la tête la première
    Dans l' grand trou noir d'ous qu'on n' revient jamais. —
    Voilà c' que c'est qu' d'aller s' promener l' dimanche
    Ru' d' l'Échaudé pour voir décerveler,
    Marcher l' Pinc'-Porc ou bien l' Démanch'-Comanche,
    On part vivant et l'on revient tudé.
      Voyez, voyez la machin' tourner,
      Voyez, voyez la cervell' sauter,
      Voyez, voyez les rentiers trembler;
*(Chœur) :* Hourra, cornes-au-cul, vive le père Ubu!

*Les Paralipomènes d'Ubu*

# Charles Péguy

## Jeanne d'Arc: A Domrémy

DEUXIÈME PARTIE, ACTE III

JEANNE

Adieu, Meuse endormeuse et douce à mon enfance,
Qui demeures aux prés, où tu coules tout bas.
Meuse, adieu: j'ai déjà commencé ma partance
En des pays nouveaux où tu ne coules pas.

Voici que je m'en vais en des pays nouveaux:
Je ferai la bataille et passerai les fleuves;
Je m'en vais m'essayer à de nouveaux travaux,
Je m'en vais commencer là-bas les tâches neuves.

Et pendant ce temps-là, Meuse ignorante et douce,
Tu couleras toujours, passante accoutumée,
Dans la vallée heureuse où l'herbe vive pousse;

Ô Meuse inépuisable et que j'avais aimée.

*Un silence*

Tu couleras toujours dans l'heureuse vallée;
Où tu coulais hier, tu couleras demain.
Tu ne sauras jamais la bergère en allée,
Qui s'amusait, enfant, à creuser de sa main
Des canaux dans la terre, — à jamais écroulés.

La bergère s'en va, délaissant les moutons,
Et la fileuse va, délaissant les fuseaux.
Voici que je m'en vais loin de tes bonnes eaux,
Voici que je m'en vais bien loin de nos maisons.

Meuse qui ne sais rien de la souffrance humaine,
Ô Meuse inaltérable et douce à toute enfance,
Ô toi qui ne sais pas l'émoi de la partance,
Toi qui passes toujours et qui ne pars jamais,
Ô toi qui ne sais rien de nos mensonges faux,

Ô Meuse inaltérable, ô Meuse que j'aimais,

*Un silence*

Quand reviendrai-je ici filer encor la laine?
Quand verrai-je tes flots qui passent par chez nous?
Quand nous reverrons-nous? et nous reverrons-nous?

Meuse que j'aime encore, ô ma Meuse que j'aime.

## Paris vaisseau de charge

Double vaisseau de charge aux deux rives de Seine,
Vaisseau de pourpre et d'or, de myrrhe et de cinname,
Vaisseau de blé, de seigle, et de justesse d'âme,
D'humilité, d'orgueil et de simple verveine;

Nos pères t'ont comblé d'une si longue peine,
Depuis mille et mille ans que tu viens à la lame,
Que nulle cargaison n'est si lourde à la rame,
Et que nul bâtiment n'a la panse aussi pleine.

Mais nous apporterons un regret si sévère,
Et si nourri d'honneur, et si creusé de flamme,
Que le chef le prendra pour un sac de prière,

Et le fera hisser jusque sous l'oriflamme,
Navire appareillé sous Septime Sévère,
Double vaisseau de charge aux pieds de Notre-Dame.

*La Tapisserie de Notre-Dame*

## Présentation de la Beauce à Notre-Dame de Chartres

Étoile de la mer voici la lourde nappe
Et la profonde houle et l'océan des blés
Et la mouvante écume et nos greniers comblés,
Voici votre regard sur cette immense chape

Et voici votre voix sur cette lourde plaine
Et nos amis absents et nos cœurs dépeuplés,
Voici le long de nous nos poings désassemblés
Et notre lassitude et notre force pleine.

Étoile du matin, inaccessible reine,
Voici que nous marchons vers votre illustre cour,
Et voici le plateau de notre pauvre amour,
Et voici l'océan de notre immense peine.

Un sanglot rôde et court par-delà l'horizon.
A peine quelques toits font comme un archipel.
Du vieux clocher retombe une sorte d'appel.
L'épaisse église semble une basse maison.

Ainsi nous naviguons vers votre cathédrale.
De loin en loin surnage un chapelet de meules,
Rondes comme des tours, opulentes et seules
Comme un rang de châteaux sur la barque amirale.

Deux mille ans de labeur ont fait de cette terre
Un réservoir sans fin pour les âges nouveaux.
Mille ans de votre grâce ont fait de ces travaux
Un reposoir sans fin pour l'âme solitaire.

Vous nous voyez marcher sur cette route droite,
Tout poudreux, tout crottés, la pluie entre les dents.
Sur ce large éventail ouvert à tous les vents
La route nationale est notre porte étroite.

Nous allons devant nous, les mains le long des poches,
Sans aucun appareil, sans fatras, sans discours,
D'un pas toujours égal, sans hâte ni recours,
Des champs les plus présents vers les champs les plus proches.

Vous nous voyez marcher, nous sommes la piétaille.
Nous n'avançons jamais que d'un pas à la fois.
Mais vingt siècles de peuple et vingt siècles de rois,
Et toute leur séquelle et toute leur volaille

Et leurs chapeaux à plume avec leur valetaille
Ont appris ce que c'est que d'être familiers,
Et comme on peut marcher, les pieds dans ses souliers,
Vers un dernier carré le soir d'une bataille.

Nous sommes nés pour vous au bord de ce plateau,
Dans le recourbement de notre blonde Loire,
Et ce fleuve de sable et ce fleuve de gloire
N'est là que pour baiser votre auguste manteau.

Nous sommes nés au bord de ce vaste plateau,
Dans l'antique Orléans sévère et sérieuse,
Et la Loire coulante et souvent limoneuse
N'est là que pour laver les pieds de ce coteau.

Nous sommes nés au bord de votre plate Beauce
Et nous avons connu dès nos plus jeunes ans
Le portail de la ferme et les durs paysans
Et l'enclos dans le bourg et la bêche et la fosse.

Nous sommes nés au bord de votre Beauce plate
Et nous avons connu dès nos premiers regrets
Ce que peut recéler de désespoirs secrets
Un soleil qui descend dans un ciel écarlate

Et qui se couche au ras d'un sol inévitable
Dur comme une justice, égal comme une barre,
Juste comme une loi, fermé comme une mare,
Ouvert comme un beau socle et plan comme une table.

Un homme de chez nous, de la glèbe féconde
A fait jaillir ici d'un seul enlèvement,
Et d'une seule source et d'un seul portement,
Vers votre assomption la flèche unique au monde.

Tour de David voici votre tour beauceronne.
C'est l'épi le plus dur qui soit jamais monté
Vers un ciel de clémence et de sérénité,
Et le plus beau fleuron dedans votre couronne.

Un homme de chez nous a fait ici jaillir,
Depuis le ras du sol jusqu'au pied de la croix,
Plus haut que tous les saints, plus haut que tous les rois,
La flèche irréprochable et qui ne peut faillir.

C'est la gerbe et le blé qui ne périra point,
Qui ne fanera point au soleil de septembre,
Qui ne gèlera point aux rigueurs de décembre,
C'est votre serviteur et c'est votre témoin.

C'est la tige et le blé qui ne pourrira pas,
Qui ne flétrira point aux ardeurs de l'été,
Qui ne moisira point dans un hiver gâté,
Qui ne transira point dans le commun trépas.

C'est la pierre sans tache et la pierre sans faute,
La plus haute oraison qu'on ait jamais portée,
La plus droite raison qu'on ait jamais jetée,
Et vers un ciel sans bord la ligne la plus haute.

Celle qui ne mourra le jour d'aucunes morts,
Le gage et le portrait de nos arrachements,
L'image et le tracé de nos redressements,
La laine et le fuseau des plus modestes sorts.

Nous arrivons vers vous du lointain Parisis.
Nous avons pour trois jours quitté notre boutique,
Et l'archéologie avec la sémantique,
Et la maigre Sorbonne et ses pauvres petits.

D'autres viendront vers vous du lointain Beauvaisis.
Nous avons pour trois jours laissé notre négoce,
Et la rumeur géante et la ville colosse,
D'autres viendront vers vous du lointain Cambrésis.

Nous arrivons vers vous de Paris capitale.
C'est là que nous avons notre gouvernement,
Et notre temps perdu dans le lanternement,
Et notre liberté décevante et totale.

Nous arrivons vers vous de l'autre Notre-Dame,
De celle qui s'élève au cœur de la cité,
Dans sa royale robe et dans sa majesté,
Dans sa magnificence et sa justesse d'âme.

Comme vous commandez un océan d'épis,
Là-bas vous commandez un océan de têtes,
Et la moisson des deuils et la moisson des fêtes
Se couche chaque soir devant votre parvis.

Nous arrivons vers vous du noble Hurepoix.
C'est un commencement de Beauce à notre usage,
Des fermes et des champs taillés à votre image,
Mais coupés plus souvent par des rideaux de bois,

Et coupés plus souvent par de creuses vallées
Pour l'Yvette et la Bièvre et leurs accroissements,
Et leurs savants détours et leurs dégagements,
Et par les beaux châteaux et les longues allées.

D'autres viendront vers vous du noble Vermandois,
Et des vallonnements de bouleaux et de saules.
D'autres viendront vers vous des palais et des geôles.
Et du pays picard et du vert Vendômois.

Mais c'est toujours la France, ou petite ou plus grande,
Le pays des beaux blés et des encadrements,
Le pays de la grappe et des ruissellements,
Le pays de genêts, de bruyère, de lande...

*La Tapisserie de Notre-Dame*

# Anna de Noailles

## Le verger

Dans le jardin sucré d'œillets et d'aromates,
Lorsque l'aube a mouillé le serpolet touffu
Et que les lourds frelons, suspendus aux tomates,
Chancellent de rosée et de sève pourvus,

Je viendrai sous l'azur et la brume flottante,
Ivre du temps vivace et du jour retrouvé,
Mon cœur se dressera comme le coq qui chante
Insatiablement vers le soleil levé.

L'air chaud sera laiteux sur toute la verdure,
Sur l'effort généreux et prudent des semis,
Sur la salade vive et le buis des bordures,
Sur la cosse qui gonfle et qui s'ouvre à demi.

La terre labourée où mûrissent les graines
Ondulera, joyeuse et douce, à petits flots,
Heureuse de sentir dans sa chair souterraine
Le destin de la vigne et du froment enclos.

Des brugnons roussiront sur leurs feuilles, collées
Au mur où le soleil s'écrase chaudement,
La lumière emplira les étroites allées
Sur qui l'ombre des fleurs est comme un vêtement,

Un goût d'éclosion et de choses juteuses
Montera de la courge humide et du melon,
Midi fera flamber l'herbe silencieuse,
Le jour sera tranquille, inépuisable et long.

Et la maison, avec sa toiture d'ardoises,
Laissant sa porte sombre et ses volets ouverts,
Respirera l'odeur des coings et des framboises
Éparse lourdement autour des buissons verts;

Mon cœur, indifférent et doux, aura la pente
Du feuillage flexible et plat des haricots
Sur qui l'eau de la nuit se dépose et serpente
Et coule sans troubler son rêve et son repos.

Je serai libre enfin de crainte et d'amertume,
Lasse comme un jardin sur lequel il a plu,
Calme comme l'étang qui luit dans l'aube et fume,
Je ne souffrirai plus, je ne penserai plus,

Je ne saurai plus rien des choses de ce monde,
Des peines de ma vie et de ma nation,
J'écouterai chanter dans mon âme profonde
L'harmonieuse paix des germinations.

Je n'aurai pas d'orgueil, et je serai pareille,
Dans ma candeur nouvelle et ma simplicité,
A mon frère le pampre et ma sœur la groseille,
Qui sont la jouissance aimable de l'été,

Je serai si sensible et si jointe à la terre
Que je pourrai penser avoir connu la mort,
Et me mêler, vivante, au reposant mystère
Qui nourrit et fleurit les plantes par les corps.

Et ce sera très bon et très juste de croire
Que mes yeux ondoyants sont à ce lin pareils,
Et que mon cœur, ardent et lourd, est cette poire
Qui mûrit doucement sa pelure au soleil...

*Le Cœur innombrable*

## Les ombres

Quand ayant beaucoup travaillé
J'aurai, le cœur de pleurs mouillé,
Cessé de vivre,
J'irai voir le pays où sont
Tous les bons faiseurs de chansons
Avec leur livre.

Chère ombre de François Villon
Qui, comme un grillon au sillon,
Te fis entendre,
Que n'ai-je pu presser tes mains,
Quand on voulait sur les chemins
Te faire pendre.

Verlaine qui vas titubant,
Chantant et semblable au dieu Pan
Aux pieds de laine,
Es-tu toujours simple et divin,
Ivre de ferveur et de vin,
Bon saint Verlaine?

Et vous dont le destin fut tel
Qu'il n'en est pas de plus cruel,
Pauvre Henri Heine,
Ni de plus beau chez les humains,
Mettez votre front dans mes mains,
Pensons à peine.

Moi, par la vie et ses douleurs,
J'ai goûté l'ardeur et les pleurs
Plus qu'on ne l'ose...
Laissez que, lasse, près de vous,
Ô mes dieux si sages et fous,
Je me repose...

*L'Ombre des jours*

# Henry Spiess

... Tu es nomade, vagabonde,
et ton regard n'est pas d'ici,
ni ton amour, ni ton souci,
ni ta peine à jamais profonde.

L'air qui passe, la flamme et l'eau,
sont ta demeure, ta patrie,
et tu redoutes, douce amie,
le feu qui tremble au foyer clos.

Ah! départs et chemins du monde!
Tréteaux clairs et masques dorés!...
Tu es nomade, vagabonde,
et rien en toi ne peut durer.

Car tu poursuis, vers quelles fêtes
de tristesse ou d'âpre plaisir,
sans qu'un regret vienne fléchir
ton cœur errant que rien n'arrête.

Bleu crépuscule aux lèvres closes,
dont les mains douces, lentement,
vont effeuiller, rose après rose,
le jardin pâle du couchant;

bleu crépuscule aux mains pensives,
silencieux et tendre ami,
berce mon âme d'aujourd'hui
selon tes mains persuasives.

Vois son trouble, vois son désir
et son tourment, peine après peine...
Ah! berce-la, pour endormir
son effroi de la nuit prochaine;

et lui laisse enfin, t'en allant,
un peu d'espoir qui se prolonge,
tendre ami, crépuscule errant,
bleu crépuscule ami des songes!...

*L'Amour offensé*

# Max Jacob

*A Georges Auric*

Il se peut qu'un rêve étrange
Vous ait occupée ce soir,
Vous avez cru voir un ange
Et c'était votre miroir.

Dans sa fuite Éléonore
A défait ses longs cheveux
Pour dérober à l'aurore
Le doux objet de mes vœux.

A quelque mari fidèle
Il ne faudra plus penser.
Je suis amant, j'ai des ailes
Je vous apprends à voler.

Que la muse du mensonge
Apporte au bout de vos doigts
Ce dédain qui n'est qu'un songe
Du berger plus fier qu'un roi.

*Le Laboratoire central*

## Le départ

Adieu l'étang et toutes mes colombes
Dans leur tour et qui mirent gentiment
Leur soyeux plumage au col blanc qui bombe
Adieu l'étang.

Adieu maison et ses toitures bleues
Où tant d'amis, dans toutes les saisons,
Pour nous revoir avaient fait quelques lieues,
Adieu maison.

Adieu le linge à la haie en piquants
Près du clocher ! oh ! que de fois le peins-je —
Que tu connais comme t'appartenant
Adieu le linge !

Adieu lambris ! maintes portes vitrées.
Sur le parquet miroir si bien verni
Des barreaux blancs et des couleurs diaprées
Adieu lambris !

Adieu vergers, les caveaux et les planches
Et sur l'étang notre bateau voilier
Notre servante avec sa coiffe blanche
Adieu vergers.

Adieu aussi mon fleuve clair ovale,
Adieu montagne ! adieu arbres chéris !
C'est vous qui tous êtes ma capitale
Et non Paris.

*Le Laboratoire central*

PIERRE
PAGÈS

## Quimper

Ô mes écrits nouveaux! je veux qu'ils outrepassent
Le ciel! le poète fidèle à son rêve impossible!
Attelé dans les bras solides de la Muse
Il écrit sur l'azur envers du Paradis.
Gentil Quimper, le nid de mon enfance
De lierre, ormeaux, roches tout tapissé,
Vois ce, d'un tendre effort, qu'à ta face
J'offre! un miroir de hêtres et de houx,
Hêtres et houx cachant nos jeux de courses
Par intervalle dans l'étroite vallée!
Ayant confié le cartable à la mousse
Avec les compagnons j'ai folâtré.
Mère ou servante, le dos à la feuillée
Brodait, cousait ou ravaudait les bas
Sans craindre trop la pente ravinée
Car les quinconces protégeaient nos faux pas.
Du haut en bas ce n'était que feuillage
Piécettes d'ombre et pièces de soleil
Sur une haie c'est du linge qui flotte
Troupeau gardé par la vieille au bâton

Nous, lévriers de la terre moussue
Nous poursuivions dans les couloirs de hêtres
Blancs, hérissés parfois d'éventails de rameaux
En bas, l'Odet aux ponts de fer multiples
Se gargarise interminablement.
Sur le disque éclatant de l'Odet élargi
J'aimais apercevoir entre les doigts des arbres
Les joues du grand voilier dorées par le soleil
Tandis que sous nos pieds s'élançant des broussailles
Les trois-mâts fins et lourds faisaient songer à Dieu.
J'écris nos deux clochers en lettres majuscules
Fleuries, enrubannées, pleines de cris d'oiseaux
L'escalier de la tour au milieu des coquilles
Des blancs, des nuits, des coins et des coups d'air soudains
C'était comme paraphe ! Avec des Parisiens
Nous avons effrayé vos poutres, grandes orgues !
Jésus habite en bas. C'est une tiare
Le haut, le phare que les archanges
Tiennent depuis des siècles et des siècles à deux mains
On tolère la canne et le pied des humains
Or le vallon serait un clocher à l'envers
Sans les gros marronniers et vingt-cinq ponts de fer.

*Le Laboratoire central*

## Plaintes d'un prisonnier

Perchez les prisons sur les collines
Nous aurons la respiration saline
Ça nous consolera de la discipline
Barbe-Bleue est ici depuis une huitaine
Avec ses beaux-frères, avec Croquemitaine.

«Anne, ma sœur, ne vois-tu rien venir
Regarde la mer bleue, regarde l'avenir!
— Je ne vois que l'aumônier et le médecin
Ils arrivent dans le bois de pins
Et leur aspect
Me rend perplexe et circonspect
Faut-il me donner la fièvre jaune
En me frottant le nez avec la paume
Ou une fluxion de poitrine
En buvant mon urine.»
La fille du geôlier et le récidiviste
Des résultats du steeple ont consulté la liste
Comme près des colonnes il y avait du vent
Ils ne lurent pas plus avant
Et la belle a fait un enfant.
Un entomologiste qui est sous les verrous
Étudie à son gré la punaise et le poux;
Nous avons un préfet, un notaire, un abbé,
Les malheureux, ça n'est pas bête,
Ont fait de la cloison un piano alphabet
Ils se disent tout ce qui passe par la tête.
— Moi, je n'ai jamais pu l'apprendre —
D'hommes à femmes des choses tendres.
Prisons, volière des doigts muets

La muse est un oiseau qui passe
Par les barreaux de ma prison
J'ai vu son sourire et sa grâce
Mais n'ai pu suivre son sillon.

Adieu, muse, va dire aux hommes
Ce soir de fête en la cité
Que dans les prisons où nous sommes
On meurt de les avoir aimés.

*Le Laboratoire central*

## Villonelle

Dis-moi quelle fut la chanson
Que chantaient les belles sirènes
Pour faire pencher des trirèmes
Les Grecs qui lâchaient l'aviron.

Achille qui prit Troie, dit-on,
Dans un cheval bourré de son
Achille fut grand capitaine
Or, il fut pris par des chansons
Que chantaient des vierges hellènes
Dis-moi, Vénus, je t'en supplie
Ce qu'était cette mélodie

Un prisonnier dans sa prison
En fit une en Tripolitaine
Et si belle que sans rançon
On le rendit à sa marraine
Qui pleurait contre la cloison

Nausicaa à la fontaine
Pénélope en tissant la laine
Zeuxis peignant sur les maisons
Ont chanté la faridondaine!...
Et les chansons des échansons?

Échos d'échos des longues plaines
Et les chansons des émigrants!
Où sont les refrains d'autres temps
Que l'on a chantés tant et tant?
Où sont les filles aux belles dents
Qui l'amour par les chants retiennent?
Et mes chansons? qu'il m'en souvienne!

*Le Laboratoire central*

## Ciel et terre

Je vois l'amour dans le regard des anges
Je vois le ciel dans le regard de Dieu.
Sans coloris seulement en nuances.
Sans gestes nets des gestes dans les yeux.
Je vois au ciel plus de lentes tendresses
Que de splendeurs.
Moins de clairons, de joie et de liesses
Que de douceurs.
Non! Je ne veux point d'or, point de couronne
Au front divin
Point de manteau dont la richesse étonne
De sceptre en main.
J'entends l'amour dans le bruit des musiques.
L'amour unit le chœur des chers élus.
L'air amoureux par un effet magique
Soutient des saints le cortège confus
Le Corps Sacré du Seigneur Notre Père
Est très mignon, mais fort et bien portant
Il pense à tous, les morts et les vivants
Aucun souci pourtant sur ce visage
Plus éclairé qu'une aurore au printemps.
Or, pendant que j'écris en ces jours de novembre
Chacun vit enfermé dans sa laideur et dans sa chambre
Sous la voûte des murs que perce le soleil
Dans sa bêtise et sa laideur et dans sa dureté.
La mort a visité l'hôpital du faubourg
Sous les traits d'un vieillard qui désigne les lits.
Le pauvre est sans espoir et le riche a l'ennui
Le marin sans secours, le soldat sans abri.
La joie cache la haine et la haine l'envie.
Voici l'affolement et l'horrible plaisir
Voici le désespoir, l'alcool et le désir!
Et le vrombissement des machines de fer
Semble le cri d'un monde qui ressemble à l'enfer.
Le Seigneur aux humains signifie sa lumière
Chacun de nous du ciel a l'image en son cœur.
Il peut le conquérir avant l'heure dernière.
Et trouver en son Dieu la Paix et le bonheur.

Espérons ! espérons en sa miséricorde
A qui sait demander le Seigneur dit : « J'accorde ! »
Le Seigneur à la fois donne épreuve et salut
Il nous fait concevoir le bonheur des élus
Pour qu'à le mériter nous mettions plus de zèle
Aimons-nous ! Aimons Dieu ! Et l'amour a des ailes.

*Le Laboratoire central*

# O. V. de L. Milosz

Tous les morts sont ivres de pluie vieille et sale
Au cimetière étrange de Lofoten.
L'horloge du dégel tictaque lointaine
Au cœur des cercueils pauvres de Lofoten.

Et grâce aux trous creusés par le noir printemps
Les corbeaux sont gras de froide chair humaine;
Et grâce au maigre vent à la voix d'enfant
Le sommeil est doux aux morts de Lofoten.

Je ne verrai très probablement jamais
Ni la mer ni les tombes de Lofoten
Et pourtant c'est en moi comme si j'aimais
Ce lointain coin de terre et toute sa peine.

Vous disparus, vous suicidés, vous lointaines
Au cimetière étranger de Lofoten
— Le nom sonne à mon oreille étrange et doux.
Vraiment, dites-moi, dormez-vous, dormez-vous?

— Tu pourrais me conter des choses plus drôles
Beau claret dont ma coupe d'argent est pleine.
Des histoires plus charmantes ou moins folles;
Laisse-moi tranquille avec ton Lofoten.

Il fait bon. Dans le foyer doucement traîne
La voix du plus mélancolique des mois.
— Ah! les morts, y compris ceux de Lofoten —
Les morts, les morts sont au fond moins morts que moi...

*Sept Solitudes*

# Émile Nelligan

## Un poète

Laissez-le vivre ainsi sans lui faire de mal!
Laissez-le s'en aller; c'est un rêveur qui passe;
C'est une âme angélique ouverte sur l'espace,
Qui porte en elle un ciel de printemps auroral.

C'est une poésie aussi triste que pure
Qui s'élève de lui dans un tourbillon d'or.
L'étoile la comprend, l'étoile qui s'endort
Dans sa blancheur céleste aux frissons de guipure.

Il ne veut rien savoir; il aime sans amour.
Ne le regardez pas! que nul ne s'en occupe!
Dites même qu'il est de son propre sort dupe!
Riez de lui!... Qu'importe! il faut mourir un jour...

Alors, dans le pays où le bon Dieu demeure,
On vous fera connaître, avec reproche amer,
Ce qu'il fut de candeur sous ce front simple et fier
Et de tristesse dans ce grand œil gris qui pleure!

## Soir d'hiver

Ah! comme la neige a neigé!
Ma vitre est un jardin de givre.
Ah! comme la neige a neigé!
Qu'est-ce que le spasme de vivre
À la douleur que j'ai, que j'ai!

Tous les étangs gisent gelés.
Mon âme est noire: Où vis-je? Où vais-je?
Tous ses espoirs gisent gelés:
Je suis la nouvelle Norvège
D'où les blonds ciels s'en sont allés.

Pleurez, oiseaux de février,
Au sinistre frisson des choses,
Pleurez, oiseaux de février,
Pleurez mes pleurs, pleurez mes roses,
Aux branches du genévrier.

Ah! comme la neige a neigé!
Ma vitre est un jardin de givre.
Ah! comme la neige a neigé!
Qu'est-ce que le spasme de vivre
A tout l'ennui que j'ai, que j'ai!...

# Guillaume Apollinaire

## Le chat

Je souhaite dans ma maison:
Une femme ayant sa raison,
Un chat passant parmi les livres,
Des amis en toute saison
Sans lesquels je ne peux pas vivre.

*Le Bestiaire*

## Le dromadaire

Avec ses quatre dromadaires
Don Pedro d'Alfaroubeira
Courut le monde et l'admira.
Il fit ce que je voudrais faire
Si j'avais quatre dromadaires.

*Le Bestiaire*

## La souris

Belles journées, souris du temps,
Vous rongez peu à peu ma vie.
Dieu! Je vais avoir vingt-huit ans,
Et mal vécus, à mon envie.

*Le Bestiaire*

## La sauterelle

Voici la fine sauterelle,
La nourriture de saint Jean.
Puissent mes vers être comme elle,
Le régal des meilleures gens.

*Le Bestiaire*

## L'écrevisse

Incertitude, ô mes délices
Vous et moi nous nous en allons
Comme s'en vont les écrevisses,
A reculons, à reculons.

*Le Bestiaire*

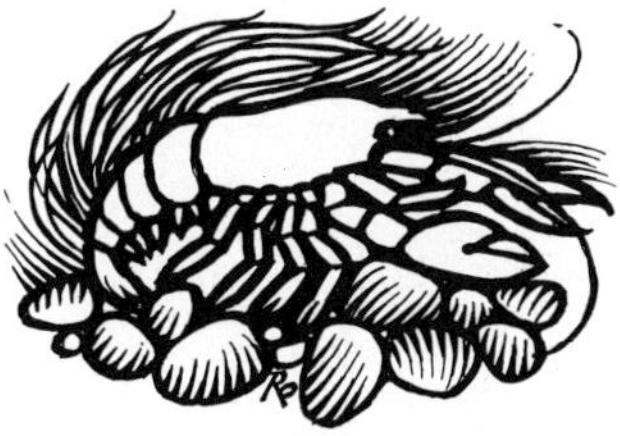

## La carpe

Dans vos viviers, dans vos étangs,
Carpes, que vous vivez longtemps!
Est-ce que la mort vous oublie,
Poissons de la mélancolie.

*Le Bestiaire*

## Le pont Mirabeau

Sous le pont Mirabeau coule la Seine
Et nos amours
Faut-il qu'il m'en souvienne
La joie venait toujours après la peine

Vienne la nuit sonne l'heure
Les jours s'en vont je demeure

Les mains dans les mains restons face à face
Tandis que sous
Le pont de nos bras passe
Des éternels regards l'onde si lasse

Vienne la nuit sonne l'heure
Les jours s'en vont je demeure

L'amour s'en va comme cette eau courante
L'amour s'en va
Comme la vie est lente
Et comme l'Espérance est violente

Vienne la nuit sonne l'heure
Les jours s'en vont je demeure

Passent les jours et passent les semaines
Ni temps passé
Ni les amours reviennent
Sous le pont Mirabeau coule la Seine

Vienne la nuit sonne l'heure
Les jours s'en vont je demeure

*Alcools*

# La chanson du mal-aimé

*A Paul Léautaud*

*Un soir de demi-brume à Londres*
*Un voyou qui ressemblait à*
*Mon amour vint à ma rencontre*
*Et le regard qu'il me jeta*
*Me fit baisser les yeux de honte*

*Je suivis ce mauvais garçon*
*Qui sifflotait mains dans les poches*
*Nous semblions entre les maisons*
*Onde ouverte de la mer Rouge*
*Lui les Hébreux moi Pharaon*

*Que tombent ces vagues de briques*
*Si tu ne fus pas bien aimée*
*Je suis le souverain d'Égypte*
*Sa sœur-épouse son armée*
*Si tu n'es pas l'amour unique*

*Au tournant d'une rue brûlant*
*De tous les feux de ses façades*
*Plaies du brouillard sanguinolent*
*Où se lamentaient les façades*
*Une femme lui ressemblant*

*C'était son regard d'inhumaine*
*La cicatrice à son cou nu*
*Sortit saoule d'une taverne*
*Au moment où je reconnus*
*La fausseté de l'amour même*

*Lorsqu'il fut de retour enfin*
*Dans sa patrie le sage Ulysse*
*Son vieux chien de lui se souvint*
*Près d'un tapis de haute lisse*
*Sa femme attendait qu'il revînt*

*L'époux royal de Sacontale*
*Las de vaincre se réjouit*
*Quand il la retrouva plus pâle*
*D'attente et d'amour yeux pâlis*
*Caressant sa gazelle mâle*

chagall

*J'ai pensé à ces rois heureux*
*Lorsque le faux amour et celle*
*Dont je suis encore amoureux*
*Heurtant leurs ombres infidèles*
*Me rendirent si malheureux*

*Regrets sur quoi l'enfer se fonde*
*Qu'un ciel d'oubli s'ouvre à mes vœux*
*Pour son baiser les rois du monde*
*Seraient morts les pauvres fameux*
*Pour elle eussent vendu leur ombre*

*J'ai hiverné dans mon passé*
*Revienne le soleil de Pâques*
*Pour chauffer un cœur plus glacé*
*Que les quarante de Sébaste*
*Moins que ma vie martyrisés*

*Mon beau navire ô ma mémoire*
*Avons-nous assez navigué*
*Dans une onde mauvaise à boire*
*Avons-nous assez divagué*
*De la belle aube au triste soir*

*Adieu faux amour confondu*
*Avec la femme qui s'éloigne*
*Avec celle que j'ai perdue*
*L'année dernière en Allemagne*
*Et que je ne reverrai plus*

*Voie lactée ô sœur lumineuse*
*Des blancs ruisseaux de Chanaan*
*Et des corps blancs des amoureuses*
*Nageurs morts suivrons-nous d'ahan*
*Ton cours vers d'autres nébuleuses*

*Je me souviens d'une autre année*
*C'était l'aube d'un jour d'avril*
*J'ai chanté ma joie bien-aimée*
*Chanté l'amour à voix virile*
*Au moment d'amour de l'année...*

*Alcools*

## Les colchiques

Le pré est vénéneux mais joli en automne
Les vaches y paissant
Lentement s'empoisonnent
Le colchique couleur de cerne et de lilas
Y fleurit tes yeux sont comme cette fleur-là
Violâtres comme leur cerne et comme cet automne
Et ma vie pour tes yeux lentement s'empoisonne

Les enfants de l'école viennent avec fracas
Vêtus de hoquetons et jouant de l'harmonica
Ils cueillent les colchiques qui sont comme des mères
Filles de leurs filles et sont couleur de tes paupières
Qui battent comme les fleurs battent au vent dément

Le gardien du troupeau chante tout doucement
Tandis que lentes et meuglant les vaches abandonnent
Pour toujours ce grand pré mal fleuri par l'automne

*Alcools*

## Marizibill

Dans la Haute-Rue à Cologne
Elle allait et venait le soir
Offerte à tous en tout mignonne
Puis buvait lasse des trottoirs
Très tard dans les brasseries borgnes

Elle se mettait sur la paille
Pour un maquereau roux et rose
C'était un juif il sentait l'ail
Et l'avait venant de Formose
Tirée d'un bordel de Changaï

Je connais gens de toutes sortes
Ils n'égalent pas leurs destins
Indécis comme feuilles mortes
Leurs yeux sont des feux mal éteints
Leurs cœurs bougent comme leurs portes

*Alcools*

## Marie

Vous y dansiez petite fille
Y danserez-vous mère-grand
C'est la maclotte qui sautille
Toutes les cloches sonneront
Quand donc reviendrez-vous Marie

Les masques sont silencieux
Et la musique est si lointaine
Qu'elle semble venir des cieux
Oui je veux vous aimer mais vous aimer à peine
Et mon mal est délicieux

Les brebis s'en vont dans la neige
Flocons de laine et ceux d'argent
Des soldats passent et que n'ai-je
Un cœur à moi ce cœur changeant
Changeant et puis encor que sais-je

Sais-je où s'en iront tes cheveux
Crépus comme mer qui moutonne
Sais-je où s'en iront tes cheveux
Et tes mains feuilles de l'automne
Que jonchent aussi nos aveux

Je passais au bord de la Seine
Un livre ancien sous le bras
Le fleuve est pareil à ma peine
Il s'écoule et ne tarit pas
Quand donc finira la semaine

*Alcools*

## L'adieu

J'ai cueilli ce brin de bruyère
L'automne est morte souviens-t'en
Nous ne nous verrons plus sur terre
Odeur du temps brin de bruyère
Et souviens-toi que je t'attends

*Alcools*

---

## Saltimbanques

*A Louis Dumur*

Dans la plaine les baladins
S'éloignent au long des jardins
Devant l'huis des auberges grises
Par les villages sans églises

Et les enfants s'en vont devant
Les autres suivent en rêvant
Chaque arbre fruitier se résigne
Quand de très loin ils lui font signe

Ils ont des poids ronds ou carrés
Des tambours des cerceaux dorés
L'ours et le singe animaux sages
Quêtent des sous sur leur passage

*Alcools*

---

## Automne

Dans le brouillard s'en vont un paysan cagneux
Et son bœuf lentement dans le brouillard d'automne
Qui cache les hameaux pauvres et vergogneux

Et s'en allant là-bas le paysan chantonne
Une chanson d'amour et d'infidélité
Qui parle d'une bague et d'un cœur que l'on brise

Oh! l'automne l'automne a fait mourir l'été
Dans le brouillard s'en vont deux silhouettes grises

*Alcools*

## Nuit rhénane

Mon verre est plein d'un vin trembleur comme une flamme
Écoutez la chanson lente d'un batelier
Qui raconte avoir vu sous la lune sept femmes
Tordre leurs cheveux verts et longs jusqu'à leurs pieds

Debout chantez plus haut en dansant une ronde
Que je n'entende plus le chant du batelier
Et mettez près de moi toutes les filles blondes
Au regard immobile aux nattes repliées

Le Rhin le Rhin est ivre où les vignes se mirent
Tout l'or des nuits tombe en tremblant s'y refléter
La voix chante toujours à en râle-mourir
Ces fées aux cheveux verts qui incantent l'été

Mon verre s'est brisé comme un éclat de rire

*Alcools*

## Mai

Le mai le joli mai en barque sur le Rhin
Des dames regardaient du haut de la montagne
Vous êtes si jolies mais la barque s'éloigne
Qui donc a fait pleurer les saules riverains

Or des vergers fleuris se figeaient en arrière
Les pétales tombés des cerisiers de mai
Sont les ongles de celle que j'ai tant aimée
Les pétales flétris sont comme ses paupières

Sur le chemin du bord du fleuve lentement
Un ours un singe un chien menés par des tziganes
Suivaient une roulotte traînée par un âne
Tandis que s'éloignait dans les vignes rhénanes
Sur un fifre lointain un air de régiment

Le mai le joli mai a paré les ruines
De lierre de vigne vierge et de rosiers
Le vent du Rhin secoue sur le bord les osiers
Et les roseaux jaseurs et les fleurs nues des vignes

*Alcools*

## Les cloches

Mon beau tzigane mon amant
Écoute les cloches qui sonnent
Nous nous aimions éperdument
Croyant n'être vus de personne

Mais nous étions bien mal cachés
Toutes les cloches à la ronde
Nous ont vus du haut des clochers
Et le disent à tout le monde

Demain Cyprien et Henri
Marie Ursule et Catherine
La boulangère et son mari
Et puis Gertrude ma cousine

Souriront quand je passerai
Je ne saurai plus où me mettre
Tu seras loin Je pleurerai
J'en mourrai peut-être

*Alcools*

---

## La Loreley

*A Jean Sève*

A Bacharach il y avait une sorcière blonde
Qui laissait mourir d'amour tous les hommes à la ronde

Devant son tribunal l'évêque la fit citer
D'avance il l'absolvit à cause de sa beauté

Ô belle Loreley aux yeux pleins de pierreries
De quel magicien tiens-tu ta sorcellerie

Je suis lasse de vivre et mes yeux sont maudits
Ceux qui m'ont regardée évêque en ont péri

Mes yeux ce sont des flammes et non des pierreries
Jetez jetez aux flammes cette sorcellerie

Je flambe dans ces flammes ô belle Loreley
Qu'un autre te condamne tu m'as ensorcelé

Évêque vous riez Priez plutôt pour moi la Vierge
Faites-moi donc mourir et que Dieu vous protège

Mon amant est parti pour un pays lointain
Faites-moi donc mourir puisque je n'aime rien

Mon cœur me fait si mal il faut bien que je meure
Si je me regardais il faudrait que j'en meure

Mon cœur me fait si mal depuis qu'il n'est plus là
Mon cœur me fit si mal du jour où il s'en alla

L'évêque fit venir trois chevaliers avec leurs lances
Menez jusqu'au couvent cette femme en démence

Va-t'en Lore en folie va Lore aux yeux tremblants
Tu seras une nonne vêtue de noir et blanc

Puis ils s'en allèrent sur la route tous les quatre
La Loreley les implorait et ses yeux brillaient comme des astres

Chevaliers laissez-moi monter sur ce rocher si haut
Pour voir une fois encore mon beau château

Pour me mirer une fois encore dans le fleuve
Puis j'irai au couvent des vierges et des veuves

Là-haut le vent tordait ses cheveux déroulés
Les chevaliers criaient Loreley Loreley

Tout là-bas sur le Rhin s'en vient une nacelle
Et mon amant s'y tient il m'a vue il m'appelle

Mon cœur devient si doux c'est mon amant qui vient
Elle se penche alors et tombe dans le Rhin

Pour avoir vu dans l'eau la belle Loreley
Ses yeux couleur du Rhin ses cheveux de soleil

*Alcools*

## La dame

Toc toc Il à fermé sa porte
Les lys du jardin sont flétris
Quel est donc ce mort qu'on emporte

Tu viens de toquer à sa porte
Et trotte trotte
Trotte la petite souris

*Alcools*

## Automne malade

Automne malade et adoré
Tu mourras quand l'ouragan soufflera dans les roseraies
Quand il aura neigé
Dans les vergers

Pauvre automne
Meurs en blancheur et en richesse
De neige et de fruits mûrs
Au fond du ciel
Des éperviers planent
Sur les nixes nicettes aux cheveux verts et naines
Qui n'ont jamais aimé

Aux lisières lointaines
Les cerfs ont bramé

Et que j'aime ô saison que j'aime tes rumeurs
Les fruits tombant sans qu'on les cueille
Le vent et la forêt qui pleurent
Toutes leurs larmes en automne feuille à feuille
Les feuilles
Qu'on foule
Un train
Qui roule
La vie
S'écoule

*Alcools*

## Hôtels

La chambre est veuve
Chacun pour soi
Présence neuve
On paye au mois

Le patron doute
Payera-t-on
Je tourne en route
Comme un toton

Le bruit des fiacres
Mon voisin laid
Qui fume un âcre
Tabac anglais

Ô La Vallière
Qui boite et rit
De mes prières
Table de nuit

Et tous ensemble
Dans cet hôtel
Savons la langue
Comme à Babel

Fermons nos portes
A double tour
Chacun apporte
Son seul amour

*Alcools*

## C'est Lou qu'on la nommait

Il est des loups de toute sorte
Je connais le plus inhumain
Mon cœur que le diable l'emporte
Et qu'il le dépose à sa porte
N'est plus qu'un jouet dans sa main

Les loups jadis étaient fidèles
Comme sont les petits toutous
Et les soldats amants des belles
Galamment en souvenir d'elles
Ainsi que les loups étaient doux

Mais aujourd'hui les temps sont pires
Les loups sont tigres devenus
Et les Soldats et les Empires
Les Césars devenus Vampires
Sont aussi cruels que Vénus

J'en ai pris mon parti Rouveyre
Et monté sur mon grand cheval
Je vais bientôt partir en guerre
Sans pitié chaste et l'œil sévère
Comme ces guerriers qu'Épinal

Vendait Images populaires
Que Georgin gravait dans le bois
Où sont-ils ces beaux militaires
Soldats passés Où sont les guerres
Où sont les guerres d'autrefois

*Calligrammes*

## Tristesse d'une étoile

Une belle Minerve est l'enfant de ma tête
Une étoile de sang me couronne à jamais
La raison est au fond et le ciel est au faîte
Du chef où dès longtemps Déesse tu t'armais

C'est pourquoi de mes maux ce n'était pas le pire
Ce trou presque mortel et qui s'est étoilé
Mais le secret malheur qui nourrit mon délire
Est bien plus grand qu'aucune âme ait jamais celé

Et je porte avec moi cette ardente souffrance
Comme le ver luisant tient son corps enflammé
Comme au cœur du soldat il palpite la France
Et comme au cœur du lys le pollen parfumé

*Calligrammes*

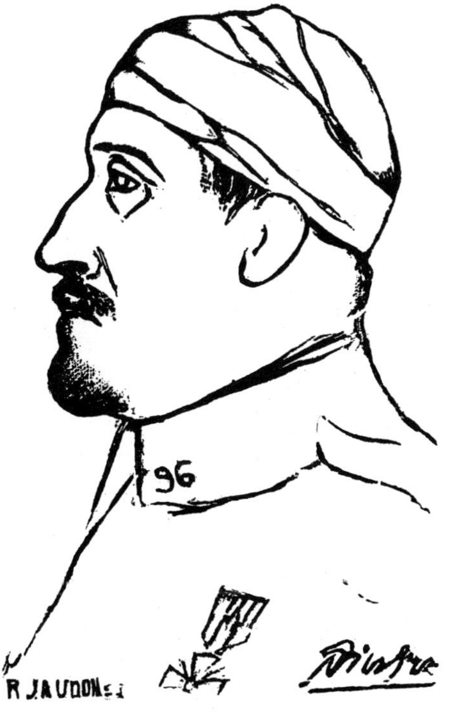

# Marie Noël

## Annonciation

La Vierge Marie est dans sa maison.
Son petit jardin par la porte ouverte
Respire. Une abeille entre. La saison
Qui vient de très loin n'est pas encor verte.

L'air joue au soleil avec un fétu.
Je me suis assise à ton seuil, Marie,
Sur la marche tiède... Ô ma sœur, sais-tu
Si la fleur de Pâque est tantôt fleurie?...

La Vierge Marie est penchée au bord
De son cœur profond comme une fontaine
Et joint ses deux mains pour garder plus fort
Le ciel jaillissant dont elle est trop pleine.

Marie, ô ma sœur, écoute... Est-ce pas
Midi qui s'approche? Est-il temps que j'aille
Dénicher les œufs avant le repas
De ton vieil époux qui non loin travaille?

Faut-il puiser l'eau, préparer le feu?...
J'attends. Le matin sur mes mains sommeille.
J'ai peur de bouger, sœur, j'attends un peu
Que le doux moment endormi s'éveille.

J'attends... Je ne sais... Le poids du Printemps
Encore engourdi pèse à mes épaules,
Les bourgeons font mal aux pommiers. J'attends
Qu'il ait appelé les chatons des saules.

La Vierge Marie a fermé les yeux
Et voilé son cœur de ses deux paupières
Pour ne plus rien voir, pour entendre mieux
Un souffle qui fait trembler ses prières.

Un frisson le long du petit jardin
A couru... Qui vient? La feuille nouvelle?
Qui passe?... Un oiseau sort du ciel. Soudain,
La graine des champs les sent partir d'elle.

Le vent sur le toit vient de rencontrer
Dessus, un oiseau que l'azur apporte.
Qui vole?... Le ciel a poussé la porte,
La porte a chanté, un Ange est entré.

Un Ange a parlé tout bas dans la chambre.
Toi seule, ô Marie, entends ce qu'il dit.
Toi seule dans l'ombre et le Paradis.
Il a semé Dieu tout grand dans tes membres.

Je ne l'ai pas vu. Mais en s'en allant,
— J'étais sur le pas ému de la porte —
Il a laissé choir dans mon cœur tremblant
Un grain murmurant du Verbe qu'il porte.

Il a fait tomber à la place en moi
La plus ignorée et la plus profonde,
Un mot où palpite on ne sait pas quoi,
Un mot dans mon sein pour le mettre au monde.

Ah! comment un mot sortira-t-il bien
De moi que voilà qui suis peu savante?
Mais le Saint-Esprit — je suis sa servante —
S'il veut qu'il me naisse y mettra du sien.

La Vierge Marie est dans son bonheur.
La Vierge Marie est là qui se noie
Dans le miel de Dieu. L'épine est en fleur
Autour du jardin, autour de ma joie.

Il y a dans toi, Vierge, un petit Roi,
Ton petit enfant, un Dieu! Trois ensemble!
Et nul ne s'en doute. Il y a dans moi
Un petit oiseau dont le duvet tremble.

Un oiseau secret qui bat, étourdi,
Dans le creux où j'ai l'âme la plus douce,
Et déjà j'entends son aile qui pousse...
Midi! le repas! Rien n'est prêt... Midi!

Joseph va rentrer et ma mère crie...
Où mets-tu le bois? Je souffle le feu:
— L'Ange aurait bien dû nous aider un peu —
Voici l'eau, le pain... Hâtons-nous, Marie!

*Le Rosaire des joies*

# Jules Supervielle

Solitude au grand cœur encombré par les glaces,
Comment me pourrais-tu donner cette chaleur
Qui te manque et dont le regret nous embarrasse
Et vient nous faire peur?

Va-t'en, nous ne saurions rien faire l'un de l'autre,
Nous pourrions tout au plus échanger nos glaçons
Et rester un moment à les regarder fondre
Sous la sombre chaleur qui consume nos fronts.

*Le Forçat innocent*

---

Dans la chambre où je fus rêvait un long lézard
Qu'embrasait un soleil ignoré par le ciel,
Des oiseaux traversaient le haut toit sans le voir,
Je me croyais masqué par mon propre secret.

Des visages nouveaux formés par le hasard
Riaient et sans que l'on perçût le moindre rire.
L'air était naturel mais il était sans bruit,
Tout semblait vivre au fond d'un insistant regard.

Comme se dévoilait l'épaule d'une femme,
Un homme qui sortit d'un pan profond du mur
Me dit en approchant son corps plus que son âme:
«Comment avez-vous fait pour venir jusqu'ici,

Votre visage est nu comme une main qui tremble.
Vous avez beau cacher vos yeux et vos genoux.
Chacun vous vit entrer et nul ne vous ressemble,
Allez-vous-en, le jour même, ici, vous déroute

Et rien entre ces murs jamais ne songe à vous.»

*Le Forçat innocent*

Porte, porte, que veux-tu?
Est-ce une petite morte
Qui se cache là derrière?
Non, vivante, elle est vivante
Et voilà qu'elle sourit
De manière rassurante.
Un visage entre deux portes,
Un visage entre deux rues,
Plus qu'il n'en faut pour un homme
Fuyant son propre inconnu.

*Le Forçat innocent*

## Les yeux

Chers yeux si beaux qui cherchez un visage,
Vous si lointains, cachés par d'autres âges,
Apparaissant et puis disparaissant,
Ah! protégés de vos cils seulement
Et d'un léger battement de paupières,
Sous le tonnerre et les célestes pierres
Chers yeux livrés aux tristes éléments
Que voulez-vous de moi, de quelle sorte
Puis-je montrer, derrière mille portes,
Que je suis prêt à vous porter secours,
Moi qui ne suis parmi les hommes
Qu'un homme de plus ou de moins
Tant le vivant ressemble au mort
Et l'arbre à l'ombre qui le tient
Et le jour, toujours poursuivi,
A la voleuse nuit.

*Le Forçat innocent*

## L'allée

— Ne touchez pas l'épaule
Du cavalier qui passe,
Il se retournerait
Et ce serait la nuit,
Une nuit sans étoiles,
Sans courbe ni nuages.
— Alors que deviendrait
Tout ce qui fait le ciel,
La lune et son passage,
Et le bruit du soleil ?
— Il vous faudrait attendre
Qu'un second cavalier
Aussi puissant que l'autre
Consentît à passer.

*Les Amis inconnus*

---

## L'âme

Puisqu'elle tient parfois dans le bruit de la mer
Ou passe librement par le trou d'une aiguille
Aussi bien qu'elle couvre une haute montagne
Avec son tissu clair,

Puisqu'elle chante ainsi que le garçon, la fille,
Et qu'elle brille au loin aussi bien que tout près,
Tantôt bougie ou bien étoile qui grésille
Toujours sans faire exprès,

Puisqu'elle va de vous à moi, sans être vue,
Et fait en l'air son nid comme sur une plante,
Cherchons-la, sans bouger, dans cette nuit tremblante
Puisque le moindre bruit, tant qu'il dure, la tue.

*Les Amis inconnus*

# Blaise Cendrars

## Prose du transsibérien et de la petite Jeanne de France

*dédiée aux musiciens*

En ce temps-là j'étais en mon adolescence
J'avais à peine seize ans et je ne me souvenais déjà plus de mon enfance
J'étais à 16 000 lieues du lieu de ma naissance
J'étais à Moscou, dans la ville des mille et trois clochers et des sept gares
Et je n'avais pas assez des sept gares et des mille et trois tours
Car mon adolescence était si ardente et si folle
Que mon cœur, tour à tour, brûlait comme le temple d'Éphèse ou comme la Place Rouge de Moscou
Quand le soleil se couche.
Et mes yeux éclairaient des voies anciennes.
Et j'étais déjà si mauvais poète
Que je ne savais pas aller jusqu'au bout.

Le Kremlin était comme un immense gâteau tartare
Croustillé d'or,
Avec les grandes amandes des cathédrales toutes blanches
Et l'or mielleux des cloches...
Un vieux moine me lisait la légende de Novgorode
J'avais soif
Et je déchiffrais des caractères cunéiformes
Puis, tout à coup, les pigeons du Saint-Esprit s'envolaient sur la place

Et mes mains s'envolaient aussi, avec des bruissements
d'albatros
Et ceci, c'était les dernières réminiscences du dernier jour
Du tout dernier voyage
Et de la mer.

Pourtant, j'étais fort mauvais poète.
Je ne savais pas aller jusqu'au bout.
J'avais faim
Et tous les jours et toutes les femmes dans les cafés et tous les
verres
J'aurais voulu les boire et les casser
Et toutes les vitrines et toutes les rues
Et toutes les maisons et toutes les vies
Et toutes les roues des fiacres qui tournaient en tourbillon sur les
mauvais pavés
J'aurais voulu les plonger dans une fournaise de glaives
Et j'aurais voulu broyer tous les os
Et arracher toutes les langues
Et liquéfier tous ces grands corps étranges et nus sous les
vêtements qui m'affolent...
Je pressentais la venue du grand Christ rouge de la révolution
russe...
Et le soleil était une mauvaise plaie
Qui s'ouvrait comme un brasier.

En ce temps-là j'étais en mon adolescence
J'avais à peine seize ans et je ne me souvenais déjà plus
de ma naissance
J'étais à Moscou, où je voulais me nourrir de flammes
Et je n'avais pas assez des tours et des gares que constellaient
mes yeux
En Sibérie tonnait le canon, c'était la guerre
La faim le froid la peste le choléra
Et les eaux limoneuses de l'Amour charriaient des millions de
charognes
Dans toutes les gares je voyais partir tous les derniers trains
Personne ne pouvait plus partir car on ne délivrait plus
de billets
Et les soldats qui s'en allaient auraient bien voulu rester...
Un vieux moine me chantait la légende de Novgorode.

Moi, le mauvais poète, qui ne voulais aller nulle part, je pouvais aller partout
Et aussi les marchands avaient encore assez d'argent
Pour aller tenter faire fortune.
Leur train partait tous les vendredis matin.
On disait qu'il y avait beaucoup de morts.
L'un emportait cent caisses de réveils et de coucous de la Forêt-Noire
Un autre, des boîtes à chapeaux, des cylindres et un assortiment de tire-bouchons de Sheffield
Un autre, des cercueils de Malmoë remplis de boîtes de conserve et de sardines à l'huile
Puis il y avait beaucoup de femmes
Des femmes des entre-jambes à louer qui pouvaient aussi servir

Des cercueils
Elles étaient toutes patentées
On disait qu'il y avait beaucoup de morts là-bas
Elles voyageaient à prix réduits
Et avaient toutes un compte courant à la banque.

Or, un vendredi matin, ce fut enfin mon tour
On était en décembre
Et je partis moi aussi pour accompagner le voyageur en bijouterie qui se rendait à Kharbine
Nous avions deux coupés dans l'express et 34 coffres de joaillerie de Pforzheim
De la camelote allemande « Made in Germany »
Il m'avait habillé de neuf, et en montant dans le train j'avais perdu un bouton
— Je m'en souviens, je m'en souviens, j'y ai souvent pensé depuis —
Je couchais sur les coffres et j'étais tout heureux de pouvoir jouer avec le browning nickelé qu'il m'avait aussi donné

J'étais très heureux insouciant
Je croyais jouer aux brigands
Nous avions volé le trésor de Golconde
Et nous allions, grâce au transsibérien, le cacher de l'autre côté du monde
Je devais le défendre contre les voleurs de l'Oural qui avaient

attaqué les saltimbanques de Jules Verne
Contre les khoungouzes, les boxers de la Chine
Et les enragés petits mongols du Grand-Lama
Alibaba et les quarante voleurs
Et les fidèles du terrible Vieux de la montagne
Et surtout, contre les plus modernes
Les rats d'hôtel
Et les spécialistes des express internationaux.

Et pourtant, et pourtant
J'étais triste comme un enfant
Les rythmes du train
La «*moelle chemin-de-fer*» des psychiatres américains
Le bruit des portes des voix des essieux grinçant sur les rails congelés
Le ferlin d'or de mon avenir
Mon browning le piano et les jurons des joueurs de cartes dans le compartiment d'à côté
L'épatante présence de Jeanne
L'homme aux lunettes bleues qui se promenait nerveusement dans le couloir et qui me regardait en passant
Froissis de femmes
Et le sifflement de la vapeur
Et le bruit éternel des roues en folie dans les ornières du ciel
Les vitres sont givrées
Pas de nature!
Et derrière, les plaines sibériennes le ciel bas et les grandes ombres des Taciturnes qui montent et qui descendent
Je suis couché dans un plaid
Bariolé
Comme ma vie
Et ma vie ne me tient pas plus chaud que ce châle
Écossais
Et l'Europe tout entière aperçue au coupe-vent d'un express à toute vapeur
N'est pas plus riche que ma vie
Ma pauvre vie
Ce châle
Effiloché sur des coffres remplis d'or
Avec lesquels je roule
Que je rêve
Que je fume
Et la seule flamme de l'univers
Est une pauvre pensée...

Du fond de mon cœur des larmes me viennent
Si je pense, Amour, à ma maîtresse;
Elle n'est qu'une enfant, que je trouvai ainsi
Pâle, immaculée, au fond d'un bordel.

Ce n'est qu'une enfant, blonde, rieuse et triste,
Elle ne sourit pas et ne pleure jamais;
Mais au fond de ses yeux, quand elle vous y laisse boire,
Tremble un doux lys d'argent, la fleur du poète.

Elle est douce et muette, sans aucun reproche,
Avec un long tressaillement à votre approche;
Mais quand moi je lui viens, de-ci, de-là, de fête,
Elle fait un pas, puis ferme les yeux — et fait un pas.
Car elle est mon amour, et les autres femmes
N'ont que des robes d'or sur de grands corps de flammes,
Ma pauvre amie est si esseulée,
Elle est toute nue, n'a pas de corps — elle est trop pauvre.

Elle n'est qu'une fleur candide, fluette,
La fleur du poète, un pauvre lys d'argent,
Tout froid, tout seul,et déjà si fané
Que les larmes me viennent si je pense à son cœur.

Et cette nuit est pareille à cent mille autres quand un train file
dans la nuit
— Les comètes tombent —
Et que l'homme et la femme, même jeunes, s'amusent à faire
l'Amour.

Le ciel est comme la tente déchirée d'un cirque pauvre dans un
petit village de pêcheurs
En Flandres
Le soleil est un fumeux quinquet
Et tout au haut d'un trapèze une femme fait la lune.
La clarinette le piston une flûte aigre et un mauvais tambour
Et voici mon berceau
Mon berceau
Il était toujours près du piano quand ma mère comme
Madame Bovary jouait les sonates de Beethoven
J'ai passé mon enfance dans les jardins suspendus de Babylone
Et l'école buissonnière, dans les gares devant les trains
en partance

Maintenant, j'ai fait courir tous les trains derrière moi
Bâle-Tombouctou
J'ai aussi joué aux courses à Auteuil et à Longchamp
Paris-New York
Maintenant, j'ai fait courir tous les trains tout le long
de ma vie
Madrid-Stockholm
Et j'ai perdu tous mes paris
Il n'y a plus que la Patagonie, la Patagonie, qui convienne à mon
immense tristesse, la Patagonie, et un voyage dans les mers
du Sud
Je suis en route
J'ai toujours été en route
Je suis en route avec la petite Jehanne de France
Le train fait un saut périlleux et retombe sur toutes ses roues
Le train retombe sur ses roues
Le train retombe toujours sur toutes ses roues

«Blaise, dis, sommes-nous bien loin de Montmartre?»

Nous sommes loin, Jeanne, tu roules depuis sept jours
Tu es loin de Montmartre, de la Butte qui t'a nourrie
du Sacré-Cœur contre lequel tu t'es blottie
Paris a disparu et son énorme flambée
Il n'y a plus que les cendres continues
La pluie qui tombe
La tourbe qui se gonfle
La Sibérie qui tourne
Les lourdes nappes de neige qui remontent
Et le grelot de la folie qui grelotte comme un dernier désir dans
l'air bleui
Le train palpite au cœur des horizons plombés
Et ton chagrin ricane...

«Dis, Blaise, sommes-nous bien loin de Montmartre?»

Les inquiétudes
Oublie les inquiétudes
Toutes les gares lézardées obliques sur la route
Les fils télégraphiques auxquels elles pendent
Les poteaux grimaçants qui gesticulent et les étranglent
Le monde s'étire s'allonge et se retire comme un accordéon
qu'une main sadique tourmente
Dans les déchirures du ciel, les locomotives en furie

S'enfuient
Et dans les trous,
Les roues vertigineuses les bouches les voix
Et les chiens du malheur qui aboient à nos trousses
Les démons sont déchaînés
Ferrailles
Tout est un faux accord
Le *broun-roun-roun* des roues
Chocs
Rebondissements
Nous sommes un orage sous le crâne d'un sourd...

«Dis, Blaise, sommes-nous bien loin de Montmartre ?»

*Du Monde entier*

# Saint-John Perse

... Oh finissez! Si vous parlez encore
d'atterrir, j'aime mieux vous le dire,
je me jetterai là sous vos yeux.

La voile dit un mot sec, et retombe. Que faire?
Le chien se jette à l'eau et fait le tour de l'Arche.
Céder! comme l'écoute.

... Détachez la chaloupe
ou ne le faites pas, ou décidez encore
qu'on se baigne... Cela me va aussi.

... Tout l'intime de l'eau se resonge en silence aux contrées de la toile.
Allez, c'est une belle histoire qui s'organise là
— ô spondée du silence étiré sur ses longues!

... Et moi qui vous parlais, je ne sais rien, ni d'aussi fort, ni d'aussi nu
qu'en travers du bateau, ciliée de ris et nous longeant, notre limite,
la grand'voile irritable couleur de cerveau.

... Actes, fêtes du front, et fêtes de la nuque!...
et ces clameurs, et ces silences! et ces nouvelles en voyage, et ces messages par marées, ô libations du jour!... et la présence de la voile, grande âme malaisée, la voile étrange, là, et chaleureuse révélée, comme la présence d'une joue... Ô bouffées!... Vraiment j'habite la gorge d'un dieu.

*Éloges*

J'ai une peau couleur de tabac rouge ou de mulet,
j'ai un chapeau en moelle de sureau couvert de toile blanche.
Mon orgueil est que ma fille soit très-belle quand elle commande aux femmes noires,
ma joie, qu'elle découvre un bras très-blanc parmi ses poules noires;
et qu'elle n'ait point honte de ma joue rude sous le poil, quand je rentre boueux.

---

Et d'abord je lui donne mon fouet, ma gourde et mon chapeau.
En souriant elle m'acquitte de ma face ruisselante; et porte à son visage mes mains grasses d'avoir
éprouvé l'amande de kako, la graine de café.
Et puis elle m'apporte un mouchoir de tête bruissant; et ma robe de laine; de l'eau pure pour rincer mes dents de silencieux:
et l'eau de ma cuvette est là; et j'entends l'eau du bassin dans la case-à-eau.

---

Un homme est dur, sa fille est douce. Qu'elle se tienne toujours
à son retour sur la plus haute marche de la maison blanche,
et faisant grâce à son cheval de l'étreinte des genoux,
il oubliera la fièvre qui tire toute la peau du visage en dedans.

---

J'aime encore mes chiens, l'appel de mon plus fin cheval,
et voir au bout de l'allée droite mon chat sortir de la maison en compagnie de la guenon...
toutes choses suffisantes pour n'envier pas les voiles des voiliers
que j'aperçois à la hauteur du toit de tôle sur la mer comme un ciel.

*Éloges*

Et les servantes de ma mère, grandes filles luisantes...
Et nos paupières fabuleuses... Ô
clartés ! ô faveurs !
Appelant toute chose, je récitai qu'elle était grande, appelant toute bête, qu'elle était belle et bonne.
Ô mes plus grandes
fleurs voraces, parmi la feuille rouge, à dévorer tous mes plus beaux
insectes verts ! Les bouquets au jardin sentaient le cimetière de famille. Et une très petite sœur était morte : j'avais eu, qui sent bon, son cercueil d'acajou entre les glaces de trois chambres. Et il ne fallait pas tuer l'oiseau-mouche d'un caillou... Mais la terre se courbait dans nos jeux comme fait la servante,
celle qui a droit à une chaise si l'on se tient dans la maison.

... Végétales ferveurs, ô clartés ô faveurs !...
Et puis ces mouches, cette sorte de mouches, vers le dernier étage du jardin, qui étaient comme si la lumière eût chanté !

... Je me souviens du sel, je me souviens du sel que la nourrice jaune dut essuyer à l'angle de mes yeux.
Le sorcier noir sentenciait à l'office : « Le monde est comme une pirogue, qui, tournant et tournant, ne sait plus si le vent voulait rire ou pleurer... »
Et aussitôt mes yeux tâchaient à peindre
un monde balancé entre les eaux brillantes, connaissaient le mât lisse des fûts, la hune sous les feuilles, et les guis et les vergues, les haubans de liane,
où trop longues, les fleurs
s'achevaient en des cris de perruches.

*Éloges*

---

C'étaient de très grands vents sur toutes faces de ce monde,
De très grands vents en liesse par le monde, qui n'avaient d'aire ni de gîte,
Qui n'avaient garde ni mesure, et nous laissaient, hommes de paille,
En l'an de paille sur leur erre... Ah ! oui, de très grands vents sur toutes faces de vivants !

Flairant la pourpre, le cilice, flairant l'ivoire et le tesson, flairant le monde entier des choses,

Et qui couraient à leur office sur nos plus grands versets d'athlètes, de poètes,

C'étaient de très grands vents en quête sur toutes pistes de ce monde,

Sur toutes choses périssables, sur toutes choses saisissables, parmi le monde entier des choses...

Et d'éventer l'usure et la sécheresse au cœur des hommes investis,

Voici qu'ils produisaient ce goût de paille et d'aromates, sur toutes places de nos villes,

Comme au soulèvement des grandes dalles publiques. Et le cœur nous levait

Aux bouches mortes des Offices. Et le dieu refluait des grands ouvrages de l'esprit.

Car tout un siècle s'ébruitait dans la sécheresse de sa paille, parmi d'étranges désinences : à bout de cosses, de siliques, à bout de choses frémissantes,

Comme un grand arbre sous ses hardes et ses haillons de l'autre hiver, portant livrée de l'année morte ;

Comme un grand arbre tressaillant dans ses crécelles de bois mort et ses corolles de terre cuite —

Très grand arbre mendiant qui a fripé son patrimoine, face brûlée d'amour et de violence où le désir encore va chanter.

« Ô toi, désir, qui vas chanter... » Et ne voilà-t-il pas déjà toute ma page elle-même bruissante,

Comme ce grand arbre de magie sous sa pouillerie d'hiver : vain de son lot d'icônes, de fétiches,

Berçant dépouilles et spectres de locustes ; léguant, liant au vent du ciel filiales d'ailes et d'essaims, lais et relais du plus haut verbe —

Ha ! très grand arbre du langage peuplé d'oracles, de maximes et murmurant murmure d'aveugle-né dans les quinconces du savoir...

*Vents*

Midi, ses fauves, ses famines, et l'An de mer à son plus haut sur la table des Eaux...
— Quelles filles noires et sanglantes vont sur les sables violents longeant l'effacement des choses?
Midi, son peuple, ses lois fortes... L'oiseau plus vaste sur son erre voit l'homme libre de son ombre, à la limite de son bien.
Mais notre front n'est point sans or. Et victorieuses encore de la nuit sont nos montures écarlates.

Ainsi les Cavaliers en armes, à bout de Continents, font au bord des falaises le tour des péninsules.
— Midi, ses forges, son grand ordre... Les promontoires ailés s'ouvrent au loin leur voie d'écume bleuissante.
Les temples brillent de tout leur sel. Les dieux s'éveillent dans le quartz.
Et l'homme de vigie, là-haut, parmi ses ocres, ses craies fauves, sonne midi le rouge dans sa corne de fer.

Midi, sa foudre, ses présages; Midi, ses fauves au forum, et son cri de pygargue sur les rades désertes!...
— Nous qui mourrons peut-être un jour disons l'homme immortel au foyer de l'instant.
L'Usurpateur se lève sur sa chaise d'ivoire. L'amant se lave de ses nuits.
Et l'homme au masque d'or se dévêt de son or en l'honneur de la Mer.

*Amers*

---

«... Grand âge, nous voici — et nos pas d'hommes vers l'issue. C'est assez d'engranger, il est temps d'éventer et d'honorer notre aire.

«Demain, les grands orages maraudeurs, et l'éclair au travail... Le caducée du ciel descend marquer la terre de son chiffre. L'alliance est fondée.

«Ah! qu'une élite aussi se lève, de très grands arbres sur la terre, comme tribu de grandes âmes et qui nous tiennent en leur conseil... Et la sévérité du soir descende, avec l'aveu de sa douceur, sur les chemins de pierre brûlante éclairés de lavande...

« Frémissement alors, à la plus haute tige engluée d'ambre, de la plus haute feuille mi-déliée sur son onglet d'ivoire.

« Et nos actes s'éloignent dans leurs vergers d'éclairs...

« A d'autres d'édifier, parmi les schistes et les laves. A d'autres de lever les marbres à la ville.

« Pour nous chante déjà plus hautaine aventure. Route frayée de main nouvelle, et feux portés de cime en cime...

« Et ce ne sont point là chansons de toile pour gynécée, ni chansons de veillées, dites chansons de Reine de Hongrie, pour égrener le maïs rouge au fil rouillé des vieilles rapières de famille,

« Mais chant plus grave, et d'autre glaive, comme chant d'honneur et de grand âge, et chant du Maître, seul au soir, à se frayer sa route devant l'âtre

« — fierté de l'âme devant l'âme et fierté d'âme grandissante dans l'épée grande et bleue.

« Et nos pensées déjà se lèvent dans la nuit comme les hommes de grande tente, avant le jour, qui marchent au ciel rouge portant leur selle sur l'épaule gauche.

« Voici les lieux que nous laissons. Les fruits du sol sont sous nos murs, les eaux du ciel dans nos citernes, et les grandes meules de porphyre reposent sur le sable.

« L'offrande, ô nuit, où la porter? et la louange, la fier?... Nous élevons à bout de bras, sur le plat de nos mains, comme couvée d'ailes naissantes, ce cœur enténébré de l'homme où fut l'avide, et fut l'ardent, et tant d'amour irrévélé...

« Écoute, ô nuit, dans les préaux déserts et sous les arches solitaires, parmi les ruines saintes et l'émiettement des vieilles termitières, le grand pas souverain de l'âme sans tanière,

« Comme aux dalles de bronze où rôderait un fauve.

« Grand âge, nous voici. Prenez mesure du cœur d'homme. »

*Chronique*

# Pierre Jean Jouve

## Hélène

Que tu es belle maintenant que tu n'es plus
La poussière de la mort t'a déshabillée même de l'âme
Que tu es convoitée depuis que nous avons disparu
Les ondes les ondes remplissent le cœur du désert
La plus pâle des femmes
Il fait beau sur les crêtes d'eau de cette terre
Du paysage mort de faim
Qui borde la ville d'hier les malentendus
Il fait beau sur les cirques verts inattendus
Transformés en églises
Il fait beau sur le plateau désastreux nu et retourné
Parce que tu es si morte
Répandant des soleils par les traces de tes yeux
Et les ombres des grands arbres enracinés
Dans ta terrible Chevelure celle qui me faisait délirer.

*Matière céleste*

## A une soie

Je te revois tendue et sans vent dans les ombres
Propice et large soie étalée sans un pli
Tendre comme un discours de musique profonde
Et suave de trois cruautés agrandies.

Le morceau appelant mon cœur était le rouge
Non pas rouge mais rose en pétales séchés
Non pas de fleur mais par angoisse un peu lilas
Des tons exquis du sang longtemps assassiné

De Marat. Et le blanc portait comme un soleil
Le reflet jaunissant des plus calmes peintures
La douceur de la mort
Et le travail de l'huile à des couchants vermeils.

Le bleu seul était dur comme les yeux des airs
L'opaque ciel qui tient la majesté divine
Prisonnière en lui ainsi qu'au premier jour
Le ciel terrible et pur à la hampe guerrière.

Mais surtout la Parole en sortait la criante
La violente importante et parole d'effroi
Ou parole d'amour lue la première fois
A haïr, adorer, à laisser ou à prendre

La parole adorée dans des lettres dorées
Qui font relief en trébuchante maladresse
Qui hésitent comme en souffrant
A retourner d'un soc le monde labouré

Parole feu riant! perspectives humaines
Ouvertes par les mots étranges d'un enfant
Et l'histoire achevée les pierres calcinées
A remettre en poussière et jeter sur les chaînes!

La parole pour plaire à Dieu disait Justice
Sur les bois englués d'un holocauste fort
L'honneur avait rempli le sacrifice
Et le drapeau disait: Liberté ou la Mort.

*La Vierge de Paris*

# Pierre Reverdy

## Passage clandestin

On entre par la porte à côté
La maison est triste et reste fermée
Quelqu'un passe sous la fenêtre et baisse les yeux
On a peur de faire du bruit

Des milliers de lumières s'allument dans la nuit
Sous les timbres pressés et la lumière dure
On emporte des hommes morts
Des femmes qui lèvent les bras et crient
Un enfant court derrière la voiture

Quelques heures avant le jour la fête dure encore
La fête nocturne avec un vrai décor
La ville descend
Moi je suis dans ma chambre et j'attends
Nous sommes gais
Quelqu'un vient de sonner à la porte à côté

On revient du combat comme d'un amusement
Prêt à l'oubli
Si la fatigue nous lâche un moment
Dans le fond de la salle on entend des sanglots
Sous la fenêtre où vient frapper la pluie
Les autres se sont endormis

Le jour se lève un peu
Tout le monde s'éveille
En partant j'ai oublié mon chapeau
Vous regardez mon front et je courbe le dos
La porte est restée grande ouverte
Sur le couloir sans fond et la place déserte

*La Lucarne ovale*

## Toujours là

J'ai besoin de ne plus me voir et d'oublier
De parler à des gens que je ne connais pas
De crier sans être entendu
Pour rien tout seul
Je connais tout le monde et chacun de vos pas
Je voudrais raconter et personne n'écoute
Les têtes et les yeux se détournent de moi
Vers la nuit
Ma tête est une boule pleine et lourde
Qui roule sur la terre avec un peu de bruit

Loin
Rien derrière moi et rien devant
Dans le vide où je descends
Quelques vifs courants d'air
Vont autour de moi
Cruels et froids
Ce sont des portes mal fermées
Sur des souvenirs encore inoubliés
Le monde comme une pendule s'est arrêté
Les gens sont suspendus pour l'éternité
Un aviateur descend par un fil comme une araignée

Tout le monde danse allégé
Entre ciel et terre
Mais un rayon de lumière est venu
De la lampe que tu as oublié d'éteindre
Sur le palier
Ah ce n'est pas fini
L'oubli n'est pas complet
Et j'ai encore besoin d'apprendre à me connaître

*La Lucarne ovale*

## Dans le monde étranger

Je ne peux plus regarder ton visage
Où te caches-tu
La maison s'est évanouie parmi les nuages
Et tu as quitté la dernière fenêtre
Où tu m'apparaissais
Reviens que vais-je devenir
Tu me laisses seul et j'ai peur

Rappelle-toi le temps où nous allions ensemble
Nous marchions dans les rues entre les maisons
Et sur la route au milieu des buissons
Parfois le vent nous rendait muets
Parfois la pluie nous aveuglait
Tu chantais au soleil
Et la neige me rendait gai

Je suis seul je frotte mes paupières
Et j'ai presque envie de pleurer
Il faut marcher vers cette lumière dans l'ombre
C'est toute une histoire à raconter
La vie si simple et droite sans tous les petits à-côtés
Vers la froide lumière que l'on atteindra malgré tout

Ne te presse pas
Qui est-ce qui souffle
Quand je serai arrivé qui est-ce qui soufflera
Mais seul je n'ose plus avancer

Alors je me mis à dormir
Peut-être pour l'éternité
Sur le lit où l'on m'a couché
Sans plus rien savoir de la vie
J'ai oublié tous mes amis
Mes parents et quelques maîtresses
J'ai dormi l'hiver et l'été
Et mon sommeil fut sans paresse

Mais pour toi qui m'as rappelé
Il va falloir que je me lève
Allons les beaux jours sont passés
Les longues nuits qui sont si brèves
Quand on s'endort entrelacés

Je me réveille au son lugubre et sourd
D'une voix qui n'est pas humaine
Il faut marcher et je te traîne
Au son lugubre du tambour
Tout le monde rit de ma peine
Il faut marcher encore un jour

A la tâche jamais finie
Que le bourreau vienne et t'attelle
Ce soir les beaux jours sont finis
Une voix maussade t'appelle
Pour toi la terre est refroidie

De loin je revois ton visage
Mais je ne l'ai pas retrouvé
Disparaissant à mon passage
De la fenêtre refermée

Nous ne marcherons plus ensemble

*La Lucarne ovale*

## Sentier

Le vent trop fort ferme ma porte
Emporte mon chapeau comme une feuille morte
Tout a disparu dans la poussière
        Qui sait ce qu'il y a par-derrière

Un homme court sur l'horizon
Son ombre tombe dans le vide
Les nuages plus lourds roulent sur la maison
        Le front du ciel inquiet se ride
Il y a des signes clairs au fer de l'occident
Une étoile qui tremble entre les fils d'argent
Les plis de la rivière qui arrêtera tout
Le monde fatigué s'affaisse dans un trou
        Et du massacre ce qui reste
Se dresse dans la nuit qui change tous les gestes

*Les Ardoises du toit*

# Jean Cocteau

Je n'aime pas dormir quand ta figure habite,
La nuit, contre mon cou;
Car je pense à la mort laquelle vient trop vite
Nous endormir beaucoup.

Je mourrai, tu vivras et c'est ce qui m'éveille!
Est-il une autre peur?
Un jour ne plus entendre auprès de mon oreille
Ton haleine et ton cœur.

Quoi, ce timide oiseau replié par le songe
Déserterait son nid!
Son nid d'où notre corps à deux têtes s'allonge
Par quatre pieds fini.

Puisse durer toujours une si grande joie
Qui cesse le matin,
Et dont l'ange chargé de construire ma voie
Allège mon destin.

Léger, je suis léger sous cette tête lourde
Qui semble de mon bloc,
Et reste en mon abri, muette, aveugle, sourde,
Malgré le chant du coq.

Cette tête coupée, allée en d'autres mondes,
Où règne une autre loi,
Plongeant dans le sommeil des racines profondes,
Loin de moi, près de moi.

Ah! je voudrais, gardant ton profil sur ma gorge,
Par ta bouche qui dort
Entendre de tes seins la délicate forge
Souffler jusqu'à ma mort.

*Plain-Chant*

Mauvaise compagne, espèce de morte,
De quels corridors,
De quels corridors pousses-tu la porte?
Dès que tu t'endors?

Je te vois quitter ta figure close,
Bien fermée à clé,
Ne laissant ici plus la moindre chose,
Que ton chef bouclé.

Je baise ta joue et serre tes membres,
Mais tu sors de toi,
Sans faire de bruit, comme d'une chambre
On sort par le toit.

---

Lit d'amour, faites halte. Et, sous cette ombre haute,
Reposons-nous: parlons; laissons là-bas, au bout,
Nos pieds sages, chevaux endormis côte à côte,
Et quelquefois mettant l'un sur l'autre le cou.

---

Rien ne m'effraye plus que la fausse accalmie
D'un visage qui dort;
Ton rêve est une Égypte et toi c'est la momie
Avec son masque d'or.

Où ton regard va-t-il sous cette riche empreinte
D'une reine qui meurt,
Lorsque la nuit d'amour t'a défaite et repeinte
Comme un noir embaumeur?

Abandonne, ô ma reine, ô mon canard sauvage,
Les siècles et les mers;
Reviens flotter dessus, regagne ton visage
Qui s'enfonce à l'envers.

*Plain-Chant*

Plain-Chant de Jean Cocteau
Je n'aime pas dormir quand ta figure habite
La nuit contre mon cou car
Je pense à la mort laquelle vient
vite
nous endormir beaucoup
Jean Marais

# Paul Éluard

## L'amoureuse

Elle est debout sur mes paupières
Et ses cheveux sont dans les miens,
Elle a la forme de mes mains,
Elle a la couleur de mes yeux,
Elle s'engloutit dans mon ombre
Comme une pierre sur le ciel.

Elle a toujours les yeux ouverts
Et ne me laisse pas dormir.
Ses rêves en pleine lumière
Font s'évaporer les soleils,
Me font rire, pleurer et rire,
Parler sans avoir rien à dire.

*Mourir de ne pas mourir*

## A peine défigurée

Adieu tristesse
Bonjour tristesse
Tu es inscrite dans les lignes du plafond
Tu es inscrite dans les yeux que j'aime
Tu n'es pas tout à fait la misère
Car les lèvres les plus pauvres te dénoncent
Par un sourire
Bonjour tristesse
Amour des corps aimables
Puissance de l'amour
Dont l'amabilité surgit
Comme un monstre sans corps
Tête désappointée
Tristesse beau visage.

*La Vie immédiate*

---

On ne peut me connaître
Mieux que tu me connais

Tes yeux dans lesquels nous dormons
Tous les deux
Ont fait à mes lumières d'homme
Un sort meilleur qu'aux nuits du monde

Tes yeux dans lesquels je voyage
Ont donné aux gestes des routes
Un sens détaché de la terre

Dans tes yeux ceux qui nous révèlent
Notre solitude infinie
Ne sont plus ce qu'ils croyaient être

On ne peut te connaître
Mieux que je te connais.

*Les Yeux fertiles*

## La Victoire de Guernica

1

Beau monde des masures
De la mine et des champs

2

Visages bons au feu visages bons au froid
Aux refus à la nuit aux injures aux coups

3

Visages bons à tout
Voici le vide qui vous fixe
Votre mort va servir d'exemple

4

La mort cœur renversé

5

Ils vous ont fait payer le pain
Le ciel la terre l'eau le sommeil
Et la misère
De votre vie

6

Ils disaient désirer la bonne intelligence
Ils rationnaient les forts jugeaient les fous
Faisaient l'aumône partageaient un sou en deux
Ils saluaient les cadavres
Ils s'accablaient de politesses

7

Ils persévèrent ils exagèrent ils ne sont pas de notre monde

8

Les femmes les enfants ont le même trésor
De feuilles vertes de printemps et de lait pur
Et de durée
Dans leurs yeux purs

9

Les femmes les enfants ont le même trésor
Dans les yeux
Les hommes le défendent comme ils peuvent

10
Les femmes les enfants ont les mêmes roses rouges
Dans les yeux
Chacun montre son sang

11
La peur et le courage de vivre et de mourir
La mort si difficile et si facile

12
Hommes pour qui ce trésor fut chanté
Hommes pour qui ce trésor fut gâché

13
Hommes réels pour qui le désespoir
Alimente le feu dévorant de l'espoir
Ouvrons ensemble le dernier bourgeon de l'avenir

14
Parias la mort la terre et la hideur
De nos ennemis ont la couleur
Monotone de notre nuit
Nous en aurons raison.

*Cours naturel*

## Liberté

Sur mes cahiers d'écolier
Sur mon pupitre et les arbres
Sur le sable sur la neige
J'écris ton nom

Sur toutes les pages lues
Sur toutes les pages blanches
Pierre sang papier ou cendre
J'écris ton nom

Sur les images dorées
Sur les armes des guerriers
Sur la couronne des rois
J'écris ton nom

Sur la jungle et le désert
Sur les nids sur les genêts
Sur l'écho de mon enfance
J'écris ton nom

Sur les merveilles des nuits
Sur le pain blanc des journées
Sur les saisons fiancées
J'écris ton nom

Sur tous mes chiffons d'azur
Sur l'étang soleil moisi
Sur le lac lune vivante
J'écris ton nom

Sur les champs sur l'horizon
Sur les ailes des oiseaux
Et sur le moulin des ombres
J'écris ton nom

Sur chaque bouffée d'aurore
Sur la mer sur les bateaux
Sur la montagne démente
J'écris ton nom

Sur la mousse des nuages
Sur les sueurs de l'orage
Sur la pluie épaisse et fade
J'écris ton nom

Sur les formes scintillantes
Sur les cloches des couleurs
Sur la vérité physique
J'écris ton nom

Sur les sentiers éveillés
Sur les routes déployées
Sur les places qui débordent
J'écris ton nom

Sur la lampe qui s'allume
Sur la lampe qui s'éteint
Sur mes maisons réunies
J'écris ton nom

Sur le fruit coupé en deux
Du miroir et de ma chambre
Sur mon lit coquille vide
J'écris ton nom

Sur mon chien gourmand et tendre
Sur ses oreilles dressées
Sur sa patte maladroite
J'écris ton nom

Sur le tremplin de ma porte
Sur les objets familiers
Sur le flot du feu béni
J'écris ton nom

Sur toute chair accordée
Sur le front de mes amis
Sur chaque main qui se tend
J'écris ton nom

Sur la vitre des surprises
Sur les lèvres attentives
Bien au-dessus du silence
J'écris ton nom

Sur mes refuges détruits
Sur mes phares écroulés
Sur les murs de mon ennui
J'écris ton nom

Sur l'absence sans désir
Sur la solitude nue
Sur les marches de la mort
J'écris ton nom

Sur la santé revenue
Sur le risque disparu
Sur l'espoir sans souvenir
J'écris ton nom

Et par le pouvoir d'un mot
Je recommence ma vie
Je suis né pour te connaître
Pour te nommer

Liberté.

*Poésie et Vérité*

## Couvre-feu

Que voulez-vous la porte était gardée
Que voulez-vous nous étions enfermés
Que voulez-vous la rue était barrée
Que voulez-vous la ville était matée
Que voulez-vous elle était affamée
Que voulez-vous nous étions désarmés
Que voulez-vous la nuit était tombée
Que voulez-vous nous nous sommes aimés.

*Poésie et Vérité*

## Courage

Paris a froid Paris a faim
Paris ne mange plus de marrons dans la rue
Paris a mis de vieux vêtements de vieille
Paris dort tout debout sans air dans le métro
Plus de malheur encore est imposé aux pauvres
Et la sagesse et la folie
De Paris malheureux
C'est l'air pur c'est le feu
C'est la beauté c'est la bonté
De ses travailleurs affamés
Ne crie pas au secours Paris
Tu es vivant d'une vie sans égale
Et derrière la nudité
De ta pâleur de ta maigreur
Tout ce qui est humain se révèle en tes yeux
Paris ma belle ville
Fine comme une aiguille forte comme une épée
Ingénue et savante
Tu ne supportes pas l'injustice
Pour toi c'est le seul désordre
Tu vas te libérer Paris
Paris tremblant comme une étoile
Notre espoir survivant
Tu vas te libérer de la fatigue et de la boue
Frères ayons du courage
Nous qui ne sommes pas casqués
Ni bottés ni gantés ni bien élevés
Un rayon s'allume en nos veines
Notre lumière nous revient
Les meilleurs d'entre nous sont morts pour nous
Et voici que leur sang retrouve notre cœur
Et c'est de nouveau le matin un matin de Paris
La pointe de la délivrance
L'espace du printemps naissant
La force idiote a le dessous
Ces esclaves nos ennemis
S'ils ont compris
S'ils sont capables de comprendre
Vont se lever.

*Au rendez-vous allemand*

## Comprenne qui voudra

*En ce temps-là, pour ne pas châtier les coupables, on maltraitait des filles. On allait même jusqu'à les tondre.*

Comprenne qui voudra
Moi mon remords ce fut
La malheureuse qui resta
Sur le pavé
La victime raisonnable
A la robe déchirée
Au regard d'enfant perdue
Découronnée défigurée
Celle qui ressemble aux morts
Qui sont morts pour être aimés

Une fille faite pour un bouquet
Et couverte
Du noir crachat des ténèbres

Une fille galante
Comme une aurore de premier mai
La plus aimable bête

Souillée et qui n'a pas compris
Qu'elle est souillée
Une bête prise au piège
Des amateurs de beauté

Et ma mère la femme
Voudrait bien dorloter
Cette image idéale
De son malheur sur terre.

*Au rendez-vous allemand*

## L'aube dissout les monstres

Ils ignoraient
Que la beauté de l'homme est plus grande que l'homme

Ils vivaient pour penser ils pensaient pour se taire
Ils vivaient pour mourir ils étaient inutiles
Ils recouvraient leur innocence dans la mort

Ils avaient mis en ordre
Sous le nom de richesse
Leur misère leur bien-aimée

Ils mâchonnaient des fleurs et des sourires
Ils ne trouvaient de cœur qu'au bout de leur fusil

Ils ne comprenaient pas les injures des pauvres
Des pauvres sans soucis demain

Des rêves sans soleil les rendaient éternels
Mais pour que le nuage se changeât en boue
Ils descendaient ils ne faisaient plus tête au ciel

Toute leur nuit leur mort leur belle ombre misère
Misère pour les autres

Nous oublierons ces ennemis indifférents
Une foule bientôt
Répétera la claire flamme à voix très douce
La flamme pour nous deux pour nous seuls patience
Pour nous deux en tout lieu le baiser des vivants.

*Le Lit, la Table*

# Tristan Tzara

## Chanson dada

I

La chanson d'un dadaïste
qui avait dada au cœur
fatiguait trop son moteur
qui avait dada au cœur

l'ascenseur portait un roi
lourd fragile autonome
il coupa son grand bras droit
l'envoya au pape à Rome

c'est pourquoi
l'ascenseur
n'avait plus dada au cœur

mangez du chocolat
lavez votre cerveau
dada
dada
buvez de l'eau

II

la chanson d'un dadaïste
qui n'était ni gai ni triste
et aimait une bicycliste
qui n'était ni gaie ni triste

mais l'époux le jour de l'an
savait tout et dans une crise
envoya au vatican
leurs deux corps en trois valises

ni amant
ni cycliste
n'étaient plus ni gais ni tristes

mangez de bons cerveaux
lavez votre soldat
dada
dada
buvez de l'eau

III

la chanson d'un bicycliste
qui était dada de cœur
qui était donc dadaïste
comme tous les dadas de cœur

un serpent portait des gants
il ferma vite la soupape
mit des gants en peau d'serpent
et vint embrasser le pape

c'est touchant
ventre en fleur
n'avait plus dada au cœur

buvez du lait d'oiseaux
lavez vos chocolats
dada
dada
mangez du veau

*De nos oiseaux*

# André Breton

Ma femme à la chevelure de feu de bois
Aux pensées d'éclairs de chaleur
A la taille de sablier
Ma femme à la taille de loutre entre les dents du tigre
Ma femme à la bouche de cocarde et de bouquet
   d'étoiles de dernière grandeur
Aux dents d'empreintes de souris blanche sur la terre blanche
A la langue d'ambre et de verre frottés
Ma femme à la langue d'hostie poignardée
A la langue de poupée qui ouvre et ferme les yeux

A la langue de pierre incroyable
Ma femme aux cils de bâtons d'écriture d'enfant
Aux sourcils de bord de nid d'hirondelle
Ma femme aux tempes d'ardoise de toit de serre
Et de buée aux vitres
Ma femme aux épaules de champagne
Et de fontaine à têtes de dauphins sous la glace
Ma femme aux poignets d'allumettes
Ma femme aux doigts de hasard et d'as de cœur
Aux doigts de foin coupé
Ma femme aux aisselles de martre et de fênes
De nuit de la Saint-Jean
De troène et de nid de scalares
Aux bras d'écume de mer et d'écluse
Et de mélange du blé et du moulin
Ma femme aux jambes de fusée
Aux mouvements d'horlogerie et de désespoir
Ma femme aux mollets de moelle de sureau
Ma femme aux pieds d'initiales
Aux pieds de trousseaux de clés aux pieds de calfats
qui boivent
Ma femme au cou d'orge imperlé
Ma femme à la gorge de Val d'or
De rendez-vous dans le lit même du torrent
Aux seins de nuit
Ma femme aux seins de taupinière marine
Ma femme aux seins de creuset du rubis
Aux seins de spectre de la rose sous la rosée
Ma femme au ventre de dépliement d'éventail des jours
Au ventre de griffe géante
Ma femme au dos d'oiseau qui fuit vertical
Au dos de vif-argent
Au dos de lumière
A la nuque de pierre roulée et de craie mouillée
Et de chute d'un verre dans lequel on vient de boire
Ma femme aux hanches de nacelle
Aux hanches de lustre et de pennes de flèche
Et de tiges de plumes de paon blanc
De balance insensible
Ma femme aux fesses de grès et d'amiante
Ma femme aux fesses de dos de cygne
Ma femme aux fesses de printemps
Au sexe de glaïeul
Ma femme au sexe de placer et d'ornithorynque

Ma femme au sexe d'algue et de bonbons anciens
Ma femme au sexe de miroir
Ma femme aux yeux pleins de larmes
Aux yeux de panoplie violette et d'aiguille aimantée
Ma femme aux yeux de savane
Ma femme aux yeux d'eau pour boire en prison
Ma femme aux yeux de bois toujours sous la hache
Aux yeux de niveau d'eau de niveau d'air de terre et de feu

*L'Union libre*

---

Toujours pour la première fois
C'est à peine si je te connais de vue
Tu rentres à telle heure de la nuit dans une maison oblique
à ma fenêtre
Maison tout imaginaire
C'est là que d'une seconde à l'autre
Dans le noir intact
Je m'attends à ce que se produise une fois de plus la déchirure
fascinante
La déchirure unique
De la façade et de mon cœur
Plus je m'approche de toi
En réalité
Plus la clé chante à la porte de la chambre inconnue
Où tu m'apparais seule
Tu es d'abord tout entière fondue dans le brillant
L'angle fugitif d'un rideau
C'est un champ de jasmin que j'ai contemplé à l'aube
sur une route des environs de Grasse
Avec ses cueilleuses en diagonale
Derrière elles l'aile sombre tombante des plants dégarnis
Devant elles l'équerre de l'éblouissant
Le rideau invisiblement soulevé

Rentrent en tumulte toutes les fleurs
C'est toi aux prises avec cette heure trop longue
  jamais assez trouble jusqu'au sommeil
Toi comme si tu pouvais être
La même à cela près que je ne te rencontrerai peut-être jamais
Tu fais semblant de ne pas savoir que je t'observe
Merveilleusement je ne suis plus sûr que tu le sais
Ton désœuvrement m'emplit les yeux de larmes
Une nuée d'interprétations entoure chacun de tes gestes
C'est une chasse à la miellée
Il y a des rocking-chairs sur un pont il y a des branchages
  qui risquent de t'égratigner dans la forêt
Il y a dans une vitrine rue Notre-Dame-de-Lorette
Deux belles jambes croisées prises dans de hauts bas
Qui s'évasent au centre d'un grand trèfle blanc
Il y a une échelle de soie déroulée sur le lierre
Il y a
Qu'à me pencher sur le précipice
De la fusion sans espoir de ta présence et de ton absence
J'ai trouvé le secret
De t'aimer
Toujours pour la première fois

*Clair de Terre*

# Louis Aragon

## Les yeux d'Elsa

Tes yeux sont si profonds qu'en me penchant pour boire
J'ai vu tous les soleils y venir se mirer
S'y jeter à mourir tous les désespérés
Tes yeux sont si profonds que j'y perds la mémoire

A l'ombre des oiseaux c'est l'océan troublé
Puis le beau temps soudain se lève et tes yeux changent
L'été taille la nue au tablier des anges
Le ciel n'est jamais bleu comme il l'est sur les blés

Les vents chassent en vain les chagrins de l'azur
Tes yeux plus clairs que lui lorsqu'une larme y luit
Tes yeux rendent jaloux le ciel d'après la pluie
Le verre n'est jamais si bleu qu'à sa brisure

Mère des Sept douleurs ô lumière mouillée
Sept glaives ont percé le prisme des couleurs
Le jour est plus poignant qui point entre les pleurs
L'iris troué de noir plus bleu d'être endeuillé

Tes yeux dans le malheur ouvrent la double brèche
Par où se reproduit le miracle des Rois
Lorsque le cœur battant ils virent tous les trois
Le manteau de Marie accroché dans la crèche

Une bouche suffit au mois de Mai des mots
Pour toutes les chansons et pour tous les hélas
Trop peu d'un firmament pour des millions d'astres
Il leur fallait tes yeux et leurs secrets gémeaux

L'enfant accaparé par les belles images
Écarquille les siens moins démesurément
Quand tu fais les grands yeux je ne sais si tu mens
On dirait que l'averse ouvre des fleurs sauvages

Cachent-ils des éclairs dans cette lavande où
Des insectes défont leurs amours violentes
Je suis pris au filet des étoiles filantes
Comme un marin qui meurt en mer en plein mois d'août

J'ai retiré ce radium de la pechblende
Et j'ai brûlé mes doigts à ce feu défendu
Ô paradis cent fois retrouvé reperdu
Tes yeux sont mon Pérou ma Golconde mes Indes

Il advint qu'un beau soir l'univers se brisa
Sur des récifs que les naufrageurs enflammèrent
Moi je voyais briller au-dessus de la mer
Les yeux d'Elsa les yeux d'Elsa les yeux d'Elsa

*Les Yeux d'Elsa*

## Richard II Quarante

Ma patrie est comme une barque
Qu'abandonnèrent ses haleurs
Et je ressemble à ce monarque
Plus malheureux que le malheur
Qui restait roi de ses douleurs

Vivre n'est plus qu'un stratagème
Le vent sait mal sécher les pleurs
Il faut haïr tout ce que j'aime
Ce que je n'ai plus donnez-leur
Je reste roi de mes douleurs

Le cœur peut s'arrêter de battre
Le sang peut couler sans chaleur
Deux et deux ne fassent plus quatre
Au Pigeon-Vole des voleurs
Je reste roi de mes douleurs

Que le soleil meure ou renaisse
Le ciel a perdu ses couleurs
Tendre Paris de ma jeunesse
Adieu printemps du Quai-aux-Fleurs
Je reste roi de mes douleurs

Fuyez les bois et les fontaines
Taisez-vous oiseaux querelleurs
Vos chants sont mis en quarantaine
C'est le règne de l'oiseleur
Je reste roi de mes douleurs

Il est un temps pour la souffrance
Quand Jeanne vint à Vaucouleurs
Ah coupez en morceaux la France
Le jour avait cette pâleur
Je reste roi de mes douleurs

*Le Crève-Cœur*

## Matisse parle

Je défais dans mes mains toutes les chevelures
Le jour a les couleurs que lui donnent mes mains
Tout ce qu'enfle un soupir dans ma chambre est voilure
Et le rêve durable est mon regard demain

Toute fleur d'être nue est semblable aux captives
Qui font trembler les doigts par leur seule beauté
J'attends je vois je songe et le ciel qui dérive
Est simple devant moi comme une robe ôtée

J'explique sans les mots le pas qui fait la ronde
J'explique le pied nu qu'a le vent effacé
J'explique sans mystère un moment de ce monde
J'explique le soleil sur l'épaule pensée

J'explique un dessin noir à la fenêtre ouverte
J'explique les oiseaux les arbres les saisons
J'explique le bonheur muet des plantes vertes
J'explique le silence étrange des maisons

J'explique infiniment l'ombre et la transparence
J'explique le toucher des femmes leur éclat
J'explique un firmament d'objets par différence
J'explique le rapport des choses que voilà

J'explique le parfum des formes passagères
J'explique ce qui fait chanter le papier blanc
J'explique ce qui fait qu'une feuille est légère
Et les branches qui sont des bras un peu plus lents

Je rends à la lumière un tribut de justice
Immobile au milieu des malheurs de ce temps
Je peins l'espoir des yeux afin qu'Henri Matisse
Témoigne à l'avenir ce que l'homme en attend

*Le Crève-Cœur*

## La rose et le réséda

*A Gabriel Péri et d'Estienne d'Orves*
*comme à Guy Moquet et Gilbert Dru.*

Celui qui croyait au ciel
Celui qui n'y croyait pas
Tous deux adoraient la belle
Prisonnière des soldats
Lequel montait à l'échelle
Et lequel guettait en bas
Celui qui croyait au ciel
Celui qui n'y croyait pas
Qu'importe comment s'appelle
Cette clarté sur leur pas
Que l'un fût de la chapelle
Et l'autre s'y dérobât
Celui qui croyait au ciel
Celui qui n'y croyait pas
Tous les deux étaient fidèles
Des lèvres du cœur des bras
Et tous les deux disaient qu'elle
Vive et qui vivra verra
Celui qui croyait au ciel
Celui qui n'y croyait pas
Quand les blés sont sous la grêle
Fou qui fait le délicat
Fou qui songe à ses querelles
Au cœur du commun combat
Celui qui croyait au ciel
Celui qui n'y croyait pas
Du haut de la citadelle
La sentinelle tira
Par deux fois et l'un chancelle
L'autre tombe qui mourra
Celui qui croyait au ciel
Celui qui n'y croyait pas
Ils sont en prison Lequel
A le plus triste grabat
Lequel plus que l'autre gèle
Lequel préfèrent les rats
Celui qui croyait au ciel
Celui qui n'y croyait pas

Un rebelle est un rebelle
Nos sanglots font un seul glas
Et quand vient l'aube cruelle
Passent de vie à trépas
Celui qui croyait au ciel
Celui qui n'y croyait pas
Répétant le nom de celle
Qu'aucun des deux ne trompa
Et leur sang rouge ruisselle
Même couleur même éclat
Celui qui croyait au ciel
Celui qui n'y croyait pas
Il coule il coule et se mêle
A la terre qu'il aima
Pour qu'à la saison nouvelle
Mûrisse un raisin muscat
Celui qui croyait au ciel
Celui qui n'y croyait pas
L'un court et l'autre a des ailes
De Bretagne ou du Jura
Et framboise ou mirabelle
Le grillon rechantera
Dites flûte ou violoncelle
Le double amour qui brûla
L'alouette et l'hirondelle
La rose et le réséda

*La Diane française*

**BEKANNTMACHUNG**

1. Der Kapitänleutnant **Henri Louis Honoré COMTE D'ESTIENNES D'ORVES**, französischer Staatsangehöriger, geb. am 5. Juni 1901 in Verrières,
2. der Handelsvertreter **Maurice Charles Émile BARLIER**, französischer Staatsangehöriger, geb. am 9. September 1905 in St. Dié,
3. der Kaufmann **Jan Louis-Guilleaume DOORNIK**, holländischer Staatsangehöriger, geb. am 26 Juni 1905 in Paris,

sind wegen Spionage zum Tode verurteilt und heute erschossen worden.

*Paris, den 29. August 1941.*

**Der Militärbefehlshaber in Frankreich.**

**AVIS**

1. Le lieutenant de vaisseau **Henri Louis Honoré COMTE D'ESTIENNES D'ORVES**, Français, né le 5 juin 1901 à Verrières,
2. l'agent commercial **Maurice Charles Émile BARLIER**, Français, né le 9 septembre 1905 à St-Dié,
3. le commerçant **Jan Louis-Guilleaume DOORNIK**, Hollandais, né le 26 juin 1905 à Paris,

ont été condamnés à mort à cause d'espionnage. Ils ont été fusillés aujourd'hui.

*Paris, le 29 Août 1941.*

**Der Militärbefehlshaber in Frankreich.**

## Il n'y a pas d'amour heureux

Rien n'est jamais acquis à l'homme Ni sa force
Ni sa faiblesse ni son cœur Et quand il croit
Ouvrir ses bras son ombre est celle d'une croix
Et quand il croit serrer son bonheur il le broie
Sa vie est un étrange et douloureux divorce
*Il n'y a pas d'amour heureux*

Sa vie Elle ressemble à ces soldats sans armes
Qu'on avait habillés pour un autre destin
A quoi peut leur servir de se lever matin
Eux qu'on retrouve au soir désœuvrés incertains
Dites ces mots Ma vie Et retenez vos larmes
*Il n'y a pas d'amour heureux*

Mon bel amour mon cher amour ma déchirure
Je te porte dans moi comme un oiseau blessé
Et ceux-là sans savoir nous regardent passer
Répétant après moi les mots que j'ai tressés
Et qui pour tes grands yeux tout aussitôt moururent
*Il n'y a pas d'amour heureux*

Le temps d'apprendre à vivre il est déjà trop tard
Que pleurent dans la nuit nos cœurs à l'unisson
Ce qu'il faut de malheur pour la moindre chanson
Ce qu'il faut de regrets pour payer un frisson
Ce qu'il faut de sanglots pour un air de guitare
*Il n'y a pas d'amour heureux*

Il n'y a pas d'amour qui ne soit à douleur
Il n'y a pas d'amour dont on ne soit meurtri
Il n'y a pas d'amour dont on ne soit flétri
Et pas plus que de toi l'amour de la patrie
Il n'y a pas d'amour qui ne vive de pleurs
*Il n'y a pas d'amour heureux*
*Mais c'est notre amour à tous deux*

*La Diane française*

## La guerre et ce qui s'en suivit

Les ombres se mêlaient et battaient la semelle
Un convoi se formait en gare à Verberie
Les plates-formes se chargeaient d'artillerie
On hissait les chevaux les sacs et les gamelles

Il y avait un lieutenant roux et frisé
Qui criait sans arrêt dans la nuit des ordures
On s'énerve toujours quand la manœuvre dure
Et qu'au-dessus de vous éclatent les fusées

On part Dieu sait pour où Ça tient du mauvais rêve
On glissera le long de la ligne de feu
Quelque part ça commence à n'être plus du jeu
Les bonshommes là-bas attendent la relève

Le train va s'en aller noir en direction
Du sud en traversant les campagnes désertes
Avec ses wagons de dormeurs la bouche ouverte
Et les songes épais des respirations

Il tournera pour éviter la capitale
Au matin pâle On le mettra sur une voie
De garage Un convoi qui donne de la voix
Passe avec ses toits peints et ses croix d'hôpital

Et nous vers l'est à nouveau qui roulons Voyez
La cargaison de chair que notre marche entraîne
Vers le fade parfum qu'exhalent les gangrènes
Au long pourrissement des entonnoirs noyés

Tu n'en reviendras pas toi qui courais les filles
Jeune homme dont j'ai vu battre le cœur à nu
Quand j'ai déchiré ta chemise et toi non plus
Tu n'en reviendras pas vieux joueur de manille

Qu'un obus a coupé par le travers en deux
Pour une fois qu'il avait un jeu du tonnerre
Et toi le tatoué l'ancien Légionnaire
Tu survivras longtemps sans visage sans yeux

Roule au loin roule train des dernières lueurs
Les soldats assoupis que ta danse secoue
Laissent pencher leur front et fléchissent le cou
Cela sent le tabac la laine et la sueur

Comment vous regarder sans voir vos destinées
Fiancés de la terre et promis des douleurs
La veilleuse vous fait de la couleur des pleurs
Vous bougez vaguement vos jambes condamnées

Vous étirez vos bras vous retrouvez le jour
Arrêt brusque et quelqu'un crie Au jus là-dedans
Vous bâillez Vous avez une bouche et des dents
Et le caporal chante *Au pont de Minaucourt*

Déjà la pierre pense où votre nom s'inscrit
Déjà vous n'êtes plus qu'un mot d'or sur nos places
Déjà le souvenir de vos amours s'efface
Déjà vous n'êtes plus que pour avoir péri

*Le Roman inachevé*

Je vais te dire un grand secret Le temps c'est toi
Le temps est femme Il a
Besoin qu'on le courtise et qu'on s'asseye
A ses pieds le temps comme une robe à défaire
Le temps comme une chevelure sans fin
Peignée
Un miroir que le souffle embue et désembue
Le temps c'est toi qui dors à l'aube où je m'éveille
C'est toi comme un couteau traversant mon gosier
Oh que ne puis-je dire ce tourment du temps
  qui ne passe point
Ce tourment du temps arrêté comme le sang
  dans les vaisseaux bleus
Et c'est bien pire que le désir interminablement non satisfait
Que cette soif de l'œil quand tu marches dans la pièce
Et je sais qu'il ne faut pas rompre l'enchantement
Bien pire que de te sentir étrangère
Fuyante
La tête ailleurs et le cœur dans un autre siècle déjà
Mon Dieu que les mots sont lourds Il s'agit bien de cela
Mon amour au-delà du plaisir mon amour hors de portée
  aujourd'hui de l'atteinte
Toi qui bats à ma tempe horloge
Et si tu ne respires pas j'étouffe
Et sur ma chair hésite et se pose ton pas

Je vais te dire un grand secret Toute parole
A ma lèvre est une pauvresse qui mendie
Une misère pour tes mains une chose qui noircit
    sous ton regard
Et c'est pourquoi je dis si souvent que je t'aime
Faute d'un cristal assez clair d'une phrase que tu mettrais
  à ton cou
Ne t'offense pas de mon parler vulgaire Il est
L'eau simple qui fait ce bruit désagréable dans le feu

Je vais te dire un grand secret Je ne sais pas
Parler du temps qui te ressemble
Je ne sais pas parler de toi je fais semblant
Comme ceux très longtemps sur le quai d'une gare
Qui agitent la main après que les trains sont partis
Et le poignet s'éteint du poids nouveau des larmes

Je vais te dire un grand secret J'ai peur de toi
Peur de ce qui t'accompagne au soir vers les fenêtres
Des gestes que tu fais des mots qu'on ne dit pas
J'ai peur du temps rapide et lent j'ai peur de toi
Je vais te dire un grand secret Ferme les portes
Il est plus facile de mourir que d'aimer
C'est pourquoi je me donne le mal de vivre
Mon amour

*Elsa*

---

## Excuse pour en finir

Je sais que je vous irrite
A chanter si tristement
Et mes paroles écrites
Vous semblent un testament
Qui l'avenir déshérite

Il n'y a pas tant raison
Par le temps qui court de rire
Et qui demeure en prison
Demandez-lui de tenir
L'œil toujours sur l'horizon

Suffit-il point que je place
Bonheur si haut que je fais
Ou vous faut-il une glace
Qui mente comme un portrait
Insensible au vent qui passe

Je ne saurais pas comment
Amis me forcer la gorge
Et jouer à l'enjouement
Avec moi rompez pain d'orge
Sans l'appeler du froment

Celui qui le vin d'amour
Dans son verre a réchauffé
A droit d'avoir le cœur lourd
Sans dire contes de fées
Quand vient la fin de son jour

Allez ailleurs si les gens
Mieux qu'avec moi s'y amusent
Ou sont plus intelligents
Que voulez-vous l'âge m'use
Comme une pièce d'argent

On n'y voit plus ni la France
La République ou le Roi
Ce n'est pas indifférence
Mais chacun porte sa croix
Sa couronne de souffrances

Pourtant au cœur de mes yeux
Comme un oiseau dans sa cage
Brille un rêve merveilleux
Qui contredit mon langage
Avec la couleur des cieux

Un mot gage mon domaine
Parler c'est lancer les dés
Et le point que je ramène
Gagne ou perd vous l'entendez
Je suis créature humaine

L'amour à qui s'en grisa
Lui faut-il en avoir honte
J'aurai vécu sans visa
Et ma vie au bout du compte
Se résume au nom d'Elsa

*Les Poètes*

# Benjamin Péret

## Mémoires de Benjamin Péret

*A Marcel Noll*

Un ours mangeait des seins
Le canapé mangé l'ours cracha des seins
Des seins sortit une vache
La vache pissa des chats
Les chats firent une échelle
La vache gravit l'échelle
Les chats gravirent l'échelle
En haut l'échelle se brisa
L'échelle devint un gros facteur
La vache tomba en cour d'assises
Les chats jouèrent la Madelon
et le reste fit un journal pour les demoiselles enceintes

*Le Grand Jeu*

# Les morts et leurs enfants

*A Denise Kahn*

Si j'étais quelque chose
non quelqu'un
je dirais aux enfants d'Édouard
fournissez
et s'ils ne fournissaient pas
je m'en irais dans la jungle des rois mages
sans bottes et sans caleçon
comme un ermite
et il y aurait sûrement un grand animal
sans dents
avec des plumes
et tondu comme un veau
qui viendrait une nuit dévorer mes oreilles
Alors dieu me dirait
tu es un saint parmi les saints
tiens voici une automobile
L'automobile serait sensationnelle
huit roues deux moteurs
et au milieu un bananier
qui masquerait Adam et Ève
faisant

mais ceci fera l'objet d'un autre poème

*Le Grand Jeu*

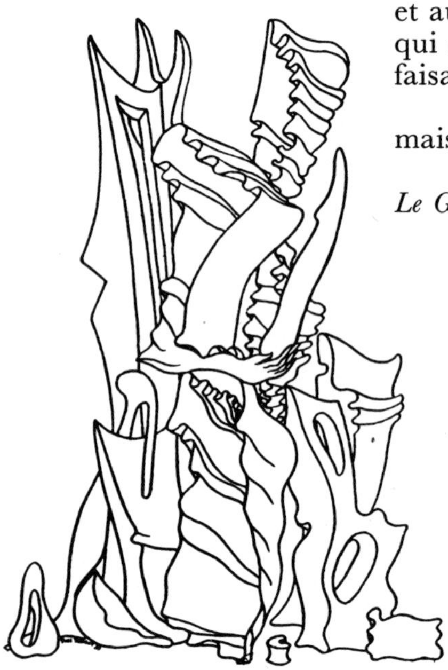

# Robert Desnos

## Complainte de Fantomas

1

Écoutez... Faites silence...
La triste énumération
De tous les forfaits sans nom,
Des tortures, des violences
Toujours impunis, hélas!
Du criminel Fantomas.

2

Lady Beltham, sa maîtresse,
Le vit tuer son mari
Car il les avait surpris
Au milieu de leurs caresses.
Il coula le paquebot
*Lancaster* au fond des flots.

3

Cent personnes il assassine.
Mais Juve aidé de Fandor
Va lui faire subir son sort
Enfin sur la guillotine...
Mais un acteur, très bien grimé,
A sa place est exécuté.

4

Un phare dans la tempête
Croule, et les pauvres bateaux
Font naufrage au fond de l'eau.
Mais surgissent quatre têtes:
Lady Beltham aux yeux d'or,
Fantomas, Juve et Fandor.

5

Le monstre avait une fille
Aussi jolie qu'une fleur.
La douce Hélène au grand cœur
Ne tenait pas de sa famille,
Car elle sauva Fandor
Qu'était condamné à mort.

6
En consigne d'une gare
Un colis ensanglanté!
Un escroc est arrêté!
Qu'est devenu le cadavre?
Le cadavre est bien vivant,
C'est Fantomas, mes enfants!

7
Prisonnier dans une cloche
Sonnant un enterrement
Ainsi mourut son lieutenant.
Le sang de sa pauv' caboche
Avec saphirs et diamants
Pleuvait sur les assistants.

8
Un beau jour des fontaines
Soudain chantèr'nt à Paris.
Le monde était surpris,
Ignorant que ces sirènes
De la Concorde enfermaient
Un roi captif qui pleurait.

9
Certain secret d'importance
Allait être dit au tzar.
Fantomas, lui, le reçut car
Ayant pris sa ressemblance
Il remplaçait l'empereur
Quand Juv' l'arrêta sans peur.

10
Il fit tuer par la Toulouche,
Vieillarde aux yeux dégoûtants,
Un Anglais à grands coups de dents
Et le sang remplit sa bouche.
Puis il cacha un trésor
Dans les entrailles du mort.

11
Cette grande catastrophe
De l'autobus qui rentra
Dans la banque qu'on pilla
Dont on éventra les coffres...
Vous vous souvenez de ça?...
Ce fut lui qui l'agença.

12
La peste en épidémie
Ravage un grand paquebot
Tout seul au milieu des flots.
Quel spectacle de folie!
Agonies et morts hélas!
Qui a fait ça? Fantomas.

13
Il tua un cocher de fiacre.
Au siège il le ficela
Et roulant cahin-caha,
Malgré les clients qui sacrent,
Il ne s'arrêtait jamais
L'fiacre qu'un mort conduisait.

14
Méfiez-vous des roses noires,
Il en sort une langueur
Épuisante et l'on en meurt.
C'est une bien sombre histoire
Encore un triste forfait
De Fantomas en effet!

15
Il assassina la mère
De l'héroïque Fandor.
Quelle injustice du sort,
Douleur poignante et amère...
Il n'avait donc pas de cœur,
Cet infâme malfaiteur!

16
Du Dôme des Invalides
On volait l'or chaque nuit.
Qui c'était? mais c'était lui,
L'auteur de ce plan cupide.
User aussi mal son temps
Quand on est intelligent!

17
A la Reine de Hollande
Même, il osa s'attaquer.
Juve le fit prisonnier
Ainsi que toute sa bande.
Mais il échappa pourtant
A un juste châtiment.

18
Pour effacer sa trace
Il se fit tailler des gants
Dans la peau d'un trophée sanglant,
Dans d'la peau de mains d'cadavre
Et c'était ce mort qu'accusaient
Les empreintes qu'on trouvait.

19
A Valmondois un fantôme
Sur la rivière marchait.
En vain Juve le cherchait.
Effrayant vieillards et mômes,
C'était Fantomas qui fuyait
Après l'coup qu'il avait fait.

20
La police d'Angleterre
Par lui fut mystifiée.
Mais, à la fin, arrêté,
Fut pendu et mis en terre.
Devinez ce qui arriva :
Le bandit en réchappa.

21
Dans la nuit sinistre et sombre,
A travers la Tour Eiffel,
Juv' poursuit le criminel.
En vain guette-t-il son ombre.
Faisant un suprême effort
Fantomas échappe encor.

22
D'vant le casino d'Monte-Carlo
Un cuirassé évoluait.
Son commandant qui perdait
Voulait bombarder la rade.
Fantomas, c'est évident,
Était donc ce commandant.

23
Dans la mer un bateau sombre
Avec Fantomas à bord,
Hélène, Juve et Fandor
Et des passagers sans nombre.
On ne sait s'ils sont tous morts,
Nul n'a retrouvé leurs corps.

24
Ceux de sa bande, Beaumôme,
Bec de Gaz et le Bedeau,
Le rempart du Montparno,
Ont fait trembler Paris, Rome
Et Londres par leurs exploits.
Se sont-ils soumis aux lois?

25
Pour ceux du peuple et du monde,
J'ai écrit cette chanson
Sur Fantomas, dont le nom
Fait tout trembler à la ronde.
Maintenant, vivez longtemps,
Je le souhaite en partant.

FINAL
Allongeant son ombre immense
Sur le monde et sur Paris,
Quel est ce spectre aux yeux gris
Qui surgit dans le silence?
Fantomas, serait-ce toi
Qui te dresses sur les toits?

*Fortunes*

# Jacques Prévert

## La pêche à la baleine

A la pêche à la baleine, à la pêche à la baleine,
Disait le père d'une voix courroucée
A son fils Prosper, sous l'armoire allongé,
A la pêche à la baleine, à la pêche à la baleine
Tu ne veux pas aller,
Et pourquoi donc?
Et pourquoi donc que j'irais pêcher une bête
Qui ne m'a rien fait, papa,
Va la pêpé, va la pêcher toi-même,
Puisque ça te plaît,
J'aime mieux rester à la maison avec ma pauvre mère
Et le cousin Gaston.
Alors dans sa baleinière le père tout seul s'en est allé
Sur la mer démontée...
Voilà le père sur la mer,
Voilà le fils à la maison,
Voilà la baleine en colère,
Et voilà le cousin Gaston qui renverse la soupière,
La soupière au bouillon.
La mer était mauvaise,
La soupe était bonne.
Et voilà sur sa chaise Prosper qui se désole:
A la pêche à la baleine, je ne suis pas allé,
Et pourquoi donc que j'y ai pas été?
Peut-être qu'on l'aurait attrapée,
Alors j'aurais pu en manger.
Mais voilà la porte qui s'ouvre, et ruisselant d'eau
Le père apparaît hors d'haleine,
Tenant la baleine sur son dos.
Il jette l'animal sur la table, une belle baleine aux yeux bleus,
Une bête comme on en voit peu,
Et dit d'une voix lamentable:
Dépêchez-vous de la dépecer,
J'ai faim, j'ai soif, je veux manger.
Mais voilà Prosper qui se lève,
Regardant son père dans le blanc des yeux,
Dans le blanc des yeux bleus de son père,
Bleus comme ceux de la baleine aux yeux bleus:
Et pourquoi donc je dépècerais une pauvre bête qui
m'a rien fait?
Tant pis, j'abandonne ma part.
Puis il jette le couteau par terre,

Mais la baleine s'en empare, et se précipitant sur le père
Elle le transperce de père en part.
Ah, ah, dit le cousin Gaston,
On me rappelle la chasse, la chasse aux papillons.
Et voilà
Voilà Prosper qui prépare les faire-part,
La mère qui prend le deuil de son pauvre mari
Et la baleine, la larme à l'œil contemplant le foyer détruit.
Soudain elle s'écrie:
Et pourquoi donc j'ai tué ce pauvre imbécile,
Maintenant les autres vont me pourchasser en moto-godille
Et puis ils vont exterminer toute ma petite famille.
Alors, éclatant d'un rire inquiétant,
Elle se dirige vers la porte et dit
A la veuve en passant:
Madame, si quelqu'un vient me demander,
Soyez aimable et répondez:
La baleine est sortie,
Asseyez-vous,
Attendez là,
Dans une quinzaine d'années, sans doute elle reviendra...

*Paroles*

---

## Déjeuner du matin

Il a mis le café
Dans la tasse
Il a mis le lait
Dans la tasse de café
Il a mis le sucre
Dans le café au lait
Avec la petite cuiller
Il a tourné
Il a bu le café au lait
Et il a reposé la tasse
Sans me parler
Il a allumé
Une cigarette
Il a fait des ronds

Avec la fumée
Il a mis les cendres
Dans le cendrier
Sans me parler
Sans me regarder
Il s'est levé
Il a mis
Son chapeau sur sa tête
Il a mis
Son manteau de pluie
Parce qu'il pleuvait
Et il est parti
Sous la pluie
Sans une parole
Sans me regarder
Et moi j'ai pris
Ma tête dans ma main
Et j'ai pleuré.

*Paroles*

## Le cancre

Il dit non avec la tête
mais il dit oui avec le cœur
il dit oui à ce qu'il aime
il dit non au professeur
il est debout
on le questionne
et tous les problèmes sont posés
soudain le fou rire le prend
et il efface tout
les chiffres et les mots
les dates et les noms
les phrases et les pièges
et malgré les menaces du maître
sous les huées des enfants prodiges
avec des craies de toutes les couleurs
sur le tableau noir du malheur
il dessine le visage du bonheur

*Paroles*

## Pour faire le portrait d'un oiseau

*A Elsa Henriquez*

Peindre d'abord une cage
avec une porte ouverte
peindre ensuite
quelque chose de joli
quelque chose de simple
quelque chose de beau
quelque chose d'utile
pour l'oiseau
placer ensuite la toile contre un arbre
dans un jardin
dans un bois
ou dans une forêt
se cacher derrière l'arbre
sans rien dire
sans bouger...

Parfois l'oiseau arrive vite
mais il peut aussi bien mettre de longues années
avant de se décider
Ne pas se décourager
attendre
attendre s'il le faut pendant des années
la vitesse ou la lenteur de l'arrivée de l'oiseau
n'ayant aucun rapport
avec la réussite du tableau
Quand l'oiseau arrive
s'il arrive
observer le plus profond silence
attendre que l'oiseau entre dans la cage
et quand il est entré
fermer doucement la porte avec le pinceau
puis
effacer un à un tous les barreaux
en ayant soin de ne toucher aucune des plumes de l'oiseau
Faire ensuite le portrait de l'arbre
en choisissant la plus belle de ses branches
pour l'oiseau
peindre aussi le vert feuillage et la fraîcheur du vent
la poussière du soleil
et le bruit des bêtes de l'herbe dans la chaleur de l'été
et puis attendre que l'oiseau se décide à chanter
Si l'oiseau ne chante pas
c'est mauvais signe
signe que le tableau est mauvais
mais s'il chante c'est bon signe
signe que vous pouvez signer
Alors vous arrachez tout doucement
une des plumes de l'oiseau
et vous écrivez votre nom dans un coin du tableau.

*Paroles*

## Barbara

Rappelle-toi Barbara
Il pleuvait sans cesse sur Brest ce jour-là
Et tu marchais souriante
Épanouie ravie ruisselante
Sous la pluie
Rappelle-toi Barbara
Il pleuvait sans cesse sur Brest
Et je t'ai croisée rue de Siam
Tu souriais
Et moi je souriais de même
Rappelle-toi Barbara
Toi que je ne connaissais pas
Toi qui ne me connaissais pas
Rappelle-toi
Rappelle-toi quand même ce jour-là
N'oublie pas
Un homme sous un porche s'abritait
Et il a crié ton nom
Barbara
Et tu as couru vers lui sous la pluie
Ruisselante ravie épanouie
Et tu t'es jetée dans ses bras
Rappelle-toi cela Barbara
Et ne m'en veux pas si je te tutoie
Je dis tu à tous ceux que j'aime
Même si je ne les ai vus qu'une seule fois
Je dis tu à tous ceux qui s'aiment
Même si je ne les connais pas
Rappelle-toi Barbara
N'oublie pas
Cette pluie sage et heureuse
Sur ton visage heureux
Sur cette ville heureuse
Cette pluie sur la mer
Sur l'arsenal
Sur le bateau d'Ouessant
Oh Barbara
Quelle connerie la guerre
Qu'es-tu devenue maintenant
Sous cette pluie de fer

De feu d'acier de sang
Et celui qui te serrait dans ses bras
Amoureusement
Est-il mort disparu ou bien encore vivant
Oh Barbara
Il pleut sans cesse sur Brest
Comme il pleuvait avant
Mais ce n'est plus pareil et tout est abîmé
C'est une pluie de deuil terrible et désolée
Ce n'est même plus l'orage
De fer d'acier de sang
Tout simplement des nuages
Qui crèvent comme des chiens
Des chiens qui disparaissent
Au fil de l'eau sur Brest
Et vont pourrir au loin
Au loin très loin de Brest
Dont il ne reste rien.

*Paroles*

## Promenade de Picasso

Sur une assiette bien ronde en porcelaine réelle
une pomme pose
Face à face avec elle
un peintre de la réalité
essaie vainement de peindre
la pomme telle qu'elle est
mais
elle ne se laisse pas faire
la pomme
elle a son mot à dire
et plusieurs tours dans son sac de pomme
la pomme
et la voilà qui tourne
dans son assiette réelle
sournoisement sur elle-même
doucement sans bouger
et comme un duc de Guise qui se déguise en bec de gaz

parce qu'on veut malgré lui lui tirer le portrait
la pomme se déguise en beau fruit déguisé
et c'est alors
que le peintre de la réalité
commence à réaliser
que toutes les apparences de la pomme sont contre lui
et
comme le malheureux indigent
comme le pauvre nécessiteux qui se trouve soudain à la merci de
n'importe quelle association bienfaisante et charitable et
redoutable de bienfaisance de charité et de redoutabilité
le malheureux peintre de la réalité
se trouve soudain alors être la triste proie
d'une innombrable foule d'associations d'idées
Et la pomme en tournant évoque le pommier
le Paradis terrestre et Ève et puis Adam
l'arrosoir l'espalier Parmentier l'escalier
le Canada les Hespérides la Normandie la Reinette et l'Api
le serpent du Jeu de Paume le serment du Jus de Pomme
et le péché originel
et les origines de l'art
et la Suisse avec Guillaume Tell
et même Isaac Newton
plusieurs fois primé à l'Exposition de la Gravitation
Universelle
et le peintre étourdi perd de vue son modèle
et s'endort
C'est alors que Picasso
qui passait par là comme il passe partout
chaque jour comme chez lui
voit la pomme et l'assiette et le peintre endormi
Quelle idée de peindre une pomme
dit Picasso
et Picasso mange la pomme
et la pomme lui dit Merci
et Picasso casse l'assiette
et s'en va en souriant
et le peintre arraché à ses songes
comme une dent
se retrouve tout seul devant sa toile inachevée
avec au beau milieu de sa vaisselle brisée
les terrifiants pépins de la réalité.

*Paroles*

# Jean Follain

## Un coin vert

Parfois reste une bête
douce et triste en un coin vert
personne ne sait
d'où elle vient
un bruit de feuillage l'effraie
de ses pattes à doigts griffus
elle foule une fleur très petite
sans la voir
puis la nuit recouvre tout.

*Présent Jour*

## Les yeux ouverts

Quand des filles mangent
loin d'elles on pense
à leurs fines fourrures cachées
aux doigts joints vers un visage
à l'eau qui sur le corps
ruisselle, glace
aux douces mains opérant
une besogne fangeuse
à des bêtes mourant
avec la vue
de leurs yeux large ouverts.

*Présent Jour*

---

## Ruptures

Dans la rue montante
une porte s'ouvre sur un lit
dominé par un Christ à croix noire
tel qui parlait tant hier
tout le jour n'a rien dit
les souvenirs se défont
mais continuent les mouvements des mains
une mouche parcourt
un torse de statue
Dieu n'est qu'amour dit une voix
on écarte les cendres
le logis maintient ses assises
malgré la mort.

*Présent Jour*

## Village du passé

Il plante un pied d'un arbre de Judée
en une terre ocreuse
un vieux juif qui passe n'en saura rien jamais.
La multitude errante
le grand soir, l'aventure
en voilà bien assez
pour gémir et penser haut.
Il est temps d'en finir
d'aller au-dedans de soi-même
où sans fin s'émiette
un village du passé.

*Présent Jour*

# Raymond Queneau

Je naquis au Havre un vingt et un février
en mil neuf cent et trois.
Ma mère était mercière et mon père mercier :
ils trépignaient de joie.
Inexplicablement je connus l'injustice
et fus mis un matin
chez une femme avide et bête, une nourrice,
qui me tendit son sein.
De cette outre de lait j'ai de la peine à croire
que j'en tirais festin
en pressant de ma lèvre une sorte de poire,
organe féminin.

Et lorsque j'eus atteint cet âge respectable
vingt-cinq ou vingt-six mois,
repris par mes parents, je m'assis à leur table
héritier, fils et roi
d'un domaine excessif où de très déchus anges
sanglés dans des corsets
et des démons soufreux jetaient dans les vidanges
des oiseaux empaillés,
où des fleurs de métal de papier ou de bure
poussaient dans les tiroirs
en bouquets déjà prêts à orner des galures,
spectacle horrible à voir.
Mon père débitait des toises de soieries,
des tonnes de boutons,
des kilogs d'extrafort et de rubanneries
rangés sur des rayons.
Quelques filles l'aidaient dans sa fade besogne
en coupant des coupons
et grimpaient à l'échelle avec nulle vergogne,
en montrant leurs jupons.
Ma pauvre mère avait une âme musicienne
et jouait du piano ;
on vendait des bibis et de la valencienne
au bruit de ses morceaux.
Jeanne Henriette Évodie envahissaient la cave
cherchant le pétrolin,
sorte de sable huileux avec lequel on lave
le sol du magasin.

J'aidais à balayer cette matière infecte,
on baissait les volets,
à cheval sur un banc je criais «à perpette»
(comprendre: éternité).
Ainsi je grandissais parmi ces demoiselles
en reniflant leur sueur
qui fruit de leur travail perlait à leurs aisselles:
je n'eus jamais de sœur.

Fils unique, exempleu du déclin de la France,
je suçais des bonbons
pendant que mes parents aux prospères finances
accumulaient des bons
de Panama, du trois pour cent, de l'Emprunt russe
et du Crédit Foncier,
préparant des revers conséquences de l'U.R.S.S.
et du quat'sous-papier.
Mon cousin plus âgé barbotait dans la caisse
avecque mon concours
et dans le personnel choisissait ses maîtresses,
ce que je sus le jour
où, devenu pubère, on m'apprit la morale
et les bonnes façons;
je respectai toujours cette loi familiale
et connus les boxons.

Mais je dois revenir quelque peu en arrière:
je suis toujours enfant,
je dessine avec soin de longs chemins de fer,
et des bateaux dansant
sur la vague accentuée ainsi qu'un vol de mouettes
autour du sémaphore,
et des châteaux carrés munis de leur girouette,
des soldats et des forts,
(témoins incontestés de mon militarisme
— la revanche s'approche
et je n'ai que cinq ans) des bonshommes qu'un prisme
sous mes doigts effiloche,
que je reconnais, mais que les autres croient être
de minces araignées.
A l'école on apprend bâtons, chiffres et lettres
en se curant le nez.

*Chêne et chien*

# L'échelle des mois

Quand sombre l'orage
dans un ciel de mai
quand fuit le vitrage
sous un ciel de juin
quand éclate l'âge
d'un ciel de juillet
quand hurle l'orage
qui bouscule l'août
quand valse la nage
d'un mois de septembre
quand pleut l'écrémage
des fumées d'octobre
quand fondent les nuages
de Toussaint novembre
quand coule la rage
de neige en décembre
quand bavent les sages
au fil de janvier
quand vient l'avantage
du court février
quand court le sauvage
du bien sûr dit mars
quand vient l'élevage
des poissons d'avril
quand sombre l'orage
dans un ciel de mai
l'année recommage
et l'infinité.

*L'Instant fatal*

## Si tu t'imagines

Si tu t'imagines
si tu t'imagines
fillette fillette
si tu t'imagines
xa va xa va xa
va durer toujours
la saison des za
la saison des za
saison des amours
ce que tu te goures
fillette fillette
ce que tu te goures

Si tu crois petite
si tu crois ah ah
que ton teint de rose
ta taille de guêpe
tes mignons biceps
tes ongles d'émail
ta cuisse de nymphe
et ton pied léger
si tu crois petite
xa va xa va xa
va durer toujours
ce que tu te goures
fillette fillette
ce que tu te goures

les beaux jours s'en vont
les beaux jours de fête
soleils et planètes
tournent tous en rond
mais toi ma petite
tu marches tout droit
vers sque tu vois pas
très sournois s'approchent
la ride véloce
la pesante graisse
le menton triplé
le muscle avachi
allons cueille cueille
les roses les roses
roses de la vie
et que leurs pétales
soient la mer étale
de tous les bonheurs
allons cueille cueille
si tu le fais pas
ce que tu te goures
fillette fillette
ce que tu te goures

*L'Instant fatal*

## Ballade en proverbes du vieux temps

Il faut de tout pour faire un monde
Il faut des vieillards tremblotants
Il faut des milliards de secondes
Il faut chaque chose en son temps
En mars il y a le printemps
Il est un mois où l'on moissonne
Il est un jour ou bout de l'an
L'hiver arrive après l'automne

La pierre qui roule est sans mousse
Béliers tondus gèlent au vent
Entre les pavés l'herbe pousse
Que voilà de désagréments
Chaque arbre vêt son linceul blanc
Le soleil se traîne tout jone
C'est la neige après le beau temps
L'hiver arrive après l'automne

Quand on est vieux on n'est plus jeune
On finit par perdre ses dents
Après avoir mangé on jeûne
Personne n'est jamais content
On regrette ses jouets d'enfant
On râle après le téléphone
On pleure comme un caïman
L'hiver arrive après l'automne

*ENVOI*

Prince! tout ça c'est le chiendent
C'est encor pis si tu raisonnes
La mort t'a toujours au tournant
L'hiver arrive après l'automne

*L'Instant fatal*

# H. de Saint-Denys Garneau

## Le jeu

«Ne me dérangez pas je suis profondément occupé

Un enfant est en train de bâtir un village
C'est une ville, un comté
Et qui sait
Tantôt l'univers.

Il joue
Ces cubes de bois sont des maisons qu'il déplace et
des châteaux
Cette planche fait signe d'un toit qui penche ça n'est pas mal
à voir
Ce n'est pas peu de savoir où va tourner la route de cartes
Cela pourrait changer complètement le cours de la rivière
A cause du pont qui fait un si beau mirage dans l'eau du tapis
C'est facile d'avoir un grand arbre
Et de mettre au-dessous une montagne pour qu'il soit en haut.

Joie de jouer! paradis des libertés!
Et surtout n'allez pas mettre un pied dans la chambre
On ne sait jamais ce qui peut être dans ce coin
Et si vous n'allez pas écraser la plus chère des fleurs invisibles
Voilà ma boîte à jouets
Pleine de mots pour faire de merveilleux enlacements
Les allier séparer marier
Déroulements tantôt de danse
Et tout à l'heure le clair éclat du rire
Qu'on croyait perdu

Une tendre chiquenaude
Et l'étoile
Qui se balançait sans prendre garde
Au bout d'un fil trop ténu de lumière
Tombe dans l'eau et fait des ronds.

De l'amour de la tendresse qui donc oserait en douter
Mais pas deux sous de respect pour l'ordre établi
Et la politesse et cette chère discipline
Une légèreté et des manières à scandaliser les grandes personnes

Il vous arrange les mots comme si c'étaient de simples chansons
Et dans ses yeux on peut lire son espiègle plaisir
A voir que sous les mots il déplace toutes choses
Et qu'il en agit avec les montagnes
Comme s'il les possédait en propre.
Il met la chambre à l'envers et vraiment l'on ne s'y reconnaît plus
Comme si c'était un plaisir de berner les gens.

Et pourtant dans son œil gauche quand le droit rit
Une gravité de l'autre monde s'attache à la feuille d'un arbre
Comme si cela pouvait avoir une grande importance
Avait autant de poids dans sa balance
Que la guerre d'Éthiopie
Dans celle de l'Angleterre.

Nous ne sommes pas des comptables
Tout le monde peut voir une piastre de papier vert
Mais qui peut voir au travers si ce n'est un enfant
Qui peut comme lui voir au travers en toute liberté
Sans que du tout la piastre l'empêche ni ses limites
Ni sa valeur d'une seule piastre

Mais il voit par cette vitrine des milliers de jouets merveilleux
Et n'a pas envie de choisir parmi ces trésors
Ni désir ni nécessité
Lui
Mais ses yeux sont grands pour tout prendre.»

*Regards et jeux dans l'espace*

---

# INDEX DES POÈTES

# BIOGRAPHIES

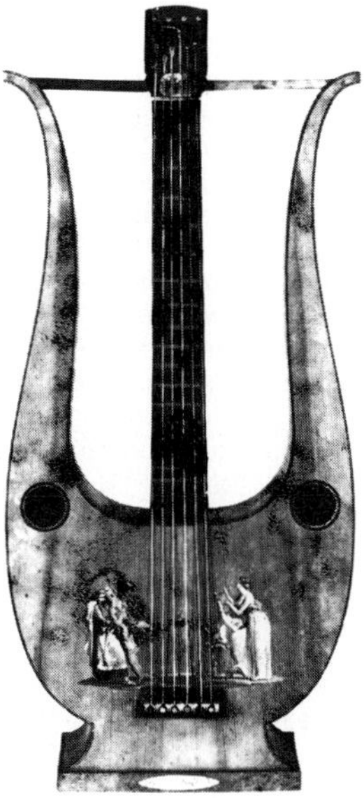

**APOLLINAIRE, Wilhelm Apollinaris de Kostrowitsky, dit Guillaume** (Rome, 1880 - Paris, 1918). Fils naturel d'un prince italien, il passe les premières années de sa vie auprès de sa mère, Angelica de Kostrowitsky, jeune femme appartenant à la noblesse polonaise, qui séjourna dans différentes villes de la Côte d'Azur. A son arrivée à Paris en 1899, il commence par mener une existence bohème avant d'être engagé comme précepteur par une famille allemande qu'il accompagne outre-Rhin. De 1901 à 1903, il découvre ainsi, par de longs voyages souvent faits à pied, la Rhénanie, la Forêt-Noire, la Hollande et l'Autriche. Il tirera bientôt de ces vagabondages la matière de ses contes et de nombreux poèmes. De retour à Paris, il collabore aux revues littéraires et fait paraître en 1908 son premier livre, *l'Enchanteur pourrissant*. Adaptant et publiant nombre d'ouvrages libertins, il se mêle aux milieux artistiques de l'avant-garde, rencontre la femme peintre Marie Laurencin, avec laquelle il se lie, et devient l'ami de Derain, Vlaminck et Picasso. Pratiquant avec une même vivacité l'écriture en prose et en vers, il donne en 1910 un ouvrage de contes fantastiques, *l'Hérésiarque et Cie*, et en 1911 son premier recueil de vers, *le Bestiaire ou Cortège d'Orphée*. C'est en 1913 que paraît son livre de poèmes le plus fameux, *Alcools*, qui apporte à la poésie française ses accents les plus neufs depuis Rimbaud et Verlaine. Lors de la déclaration de guerre, Apollinaire se fait naturaliser et s'engage dans l'armée. Affecté dans l'artillerie puis, sur sa demande, dans l'infanterie, il est grièvement blessé à la tempe par un éclat d'obus en 1916. Dans les tranchées, il avait pu écrire toute une série de poèmes dédiés à son amie Lou et qui paraîtront en 1918 sous le titre de *Calligrammes*. Trépané, mal remis de sa blessure, il donne encore différents textes fantaisistes et des chroniques poétiques rassemblées dans *le Flâneur des deux rives* (1918). Quelques jours avant l'Armistice, il est emporté par l'épidémie de grippe espagnole. Sa pièce de théâtre, *les Mamelles de Tirésias*, qui venait d'être représentée en 1917 à Paris, sera mise en musique par Francis Poulenc en 1945.

**ARAGON, Louis** (Neuilly-sur-Seine, 1897 - Paris, 1982). Attiré par les lettres dès l'enfance, il entreprend des études de médecine en 1917. Il rencontre André Breton, avec qui il se lie d'amitié. Un même goût pour les poètes de la modernité les pousse à fonder, en compagnie de Philippe Soupault, la revue *Littérature* (1919). Cette même année, Aragon compose ses premiers textes «automatiques», plus tard réunis dans *Feu de joie* (1920) et *Mouvement perpétuel* (1925). D'abord séduit par l'aventure dadaïste, il s'en détache très vite par la recherche d'une écriture plus concertée *(Anicet ou le Panorama,* 1921) et par sa participation au surréalisme, dont il sera, en 1923, l'un des fondateurs. Il s'oppose bientôt à Breton. Ainsi *le Paysan de Paris* marque-t-il son attachement à la fiction que les surréalistes de stricte obédience condamnent résolument. Le *Traité du style* (1928), pamphlet dirigé contre la littérature à la mode, ne l'empêche pas de s'orienter vers des modes d'expression moins subversifs. En 1928, Aragon fait la connaissance d'Elsa Triolet, qui deviendra sa compagne. Convaincu désormais que l'intellectuel et l'artiste se doivent d'avoir une conduite militante, il adhère au Parti communiste en 1936. Il se lance dans la composition d'une fresque romanesque, *le Monde réel,* dont les deux premiers volumes, *les Cloches de Bâle* (1934) et *les Beaux Quartiers* (1936), marquent une étape nouvelle dans son travail d'écrivain. Lors de la déclaration de la Seconde Guerre mondiale, Aragon, remobilisé, participe à la campagne du Nord, durant laquelle il écrit ses poèmes patriotiques. Après l'armistice, il se retire à Nice et fonde avec Jean Paulhan le Comité national des écrivains. Sous le pseudonyme de François la Colère, il publie les poèmes qui seront rassemblés dans *le Crève-Cœur* (1941), *Cantique à Elsa* (1942), *les Yeux d'Elsa* (1942), *Brocéliande* (1942), *le Musée Grévin (1943).* Après la Libération, *la Diane française* (1945) et *En étrange pays dans mon pays lui-même* (1945) lui apporteront l'audience d'un public toujours plus large. Membre du Comité central du Parti communiste français en 1954, il mène de front combats politiques et publications d'œuvres romanesques et poétiques. Après avoir achevé le cycle du *Monde réel* par les cinq volumes de la suite *les Communistes* (1949-1951), il retourne à l'écriture lyrique, célébrant son inspiratrice de toujours dans *Elsa* (1959) et la culture arabe médiévale dans *le Fou d'Elsa* (1963). Son travail de romancier s'enrichit parallèlement de recherches plus libres à travers *la Semaine sainte* (1958), *la Mise à mort* (1965) et *Blanche ou l'Oubli* (1967). Après la mort d'Elsa Triolet en 1970, il publie *Henri Matisse* (1971), roman qui témoigne de l'admiration qu'il n'a cessé de porter à la peinture de son siècle.

**ARVERS, Félix** (Paris, 1806 - Paris, 1850). Auteur de nombreuses pièces de théâtre qui connurent le succès, il ne doit plus sa célébrité qu'au recueil de poèmes *Mes heures perdues* (1833), où se trouve un sonnet commençant par «Mon âme a son secret, ma vie a son mystère...», écrit en hommage à Marie Nodier.

**AUBIGNÉ, Agrippa d'** (en Saintonge, 1552 - Genève, 1630). Défenseur acharné du protestantisme, par la plume mais d'abord les armes à la main, il connaît une existence riche en aventures et en vicissitudes. A l'âge de dix-huit ans, il prend part aux combats des calvinistes contre les catholiques. Distingué par Henri de Navarre, le futur Henri IV, il est de toutes les batailles, tombe aux mains des catholiques, est condamné à la décapitation et ne doit son salut qu'à son courage et à son sens de l'honneur, qui lui valent l'admiration du parti adverse. Déçu par l'abjuration du bon roi Henri, il se retire en Vendée et poursuit la composition de son grand poème épique, *les Tragiques* (commencé en 1577), auquel il se consacrera pendant près de quarante ans. La mort d'Henri IV en 1610 et la régence de Marie de Médicis le font sortir de sa retraite. A la suite d'une conspiration qui échoue, il est de nouveau condamné à mort. Réfugié à Genève et d'abord accueilli avec enthousiasme par les calvinistes, il s'aliène leurs faveurs par la sévérité des pamphlets qu'il ne cesse d'écrire contre le relâchement des citoyens. Sa dernière déception fut d'assister à l'abjuration du protestantisme par un de ses fils, Constant, qui sera le père de la future Mme de Maintenon. Dans l'œuvre immense et variée d'Agrippa d'Aubigné *les Tragiques* brillent d'une lumière étonnante. Tour à tour chant épique, poème pamphlétaire, satire virulente, *les Tragiques* offrent le tableau grandiose et pathétique d'une France déchirée par les factions et vouée au jugement terrible du Dieu vengeur. Composition baroque et style impétueux font de cet ouvrage le plus grand monument lyrique du XVI$^{e}$ siècle en France. Victor Hugo saura s'en souvenir lorsqu'il écrira les pages vengeresses des *Châtiments* (1853) et certains poèmes de *la Légende des siècles* (1859-1883).

**BANVILLE, Théodore de** (Moulins, 1823 - Paris, 1891). Disciple de Victor Hugo et de Théophile Gautier, il se fait connaître très tôt par deux recueils de poèmes, *les Cariatides* (1842) et *les Stalactites* (1846), où il se révèle un maître de la rime. Ses *Odes funambulesques*, publiées en 1857, lui valent un grand succès auprès du public, séduit par la virtuosité des vers et la précision quasi impersonnelle de la forme. Ses recherches laissent deviner la naissance d'une nouvelle école de poésie, celle du Parnasse, dont il est le fondateur et le théoricien avec son *Petit Traité de poésie française*, publié en 1872. Mallarmé lui rendra hommage en écrivant de lui qu'il fut «la voix même de la lyre».

**BARBIER, Auguste** (Paris, 1805 - Nice, 1882). Auteur fécond et souvent disert, il demeure le poète des *Iambes*, vigoureux pamphlets en vers où il dénonce, après la révolution de 1830, l'hypocrisie des politiciens mais aussi les outrances de la légende napoléonienne. Les plus belles pièces de ce recueil publié en 1831 connurent un succès populaire considérable, en particulier «Le lion», «L'idole», «Quatre-vingt-treize». Barbier a composé également des livrets d'opéra, dont le plus célèbre est *Benvenuto Cellini* (1838), mis en musique par Hector Berlioz.

**BAUDELAIRE, Charles** (Paris, 1821 - Paris, 1867). Il a sept ans lorsque sa mère, veuve en 1827, se remarie avec le commandant Aupick, futur général et ambassadeur de France, bête noire du jeune Baudelaire et auprès de qui il sera enterré. Après des études à Lyon puis à Paris, au lycée Louis-le-Grand, il est contraint par sa famille, inquiète de son caractère bohème, à un long voyage en voilier qui le conduit en 1841 jusqu'à l'île Maurice. Il en résultera chez le poète un goût marqué pour l'exotisme et des ébauches de poèmes, plus tard remaniés et repris dans *les Fleurs du mal*. De retour en France, il se lie avec Théophile Gautier, Théodore de Banville et Sainte-Beuve et commence à publier sous divers pseudonymes des poèmes et des articles littéraires. Ayant sérieusement entamé l'héritage de son père qui lui a été remis à sa majorité, il se voit doté en 1844 d'un conseil judiciaire dont il souffrira jusqu'à la fin de sa vie. Ses premières publications sur les salons de peinture, en 1845 et 1846, manifestent déjà le sérieux et la rigueur de son jugement critique. De cette même époque date son immense admiration pour l'œuvre d'Eugène Delacroix, auquel il consacrera plus tard quelques-unes de ses pages les plus pertinentes. Sa longue liaison avec Jeanne Duval, la belle quarteronne, qu'il appellera sa «Vénus noire», ne lui interdit pas d'autres attachements pour des femmes du monde, ainsi la froide Mme Sabatier en qui il pensera trouver son «ange gardien». En 1847, la lecture d'Edgar Poe lui révèle sa fraternité d'âme avec l'écrivain américain. Pendant dix-sept ans, Baudelaire s'attachera à l'œuvre de Poe dont il donnera une traduction admirable. Il travaille longuement à la mise en forme de son recueil de poèmes, *les Fleurs du mal*, qui paraît finalement en 1857 et qui s'attire aussitôt les foudres de la censure impériale. Condamné en correctionnelle, Baudelaire ampute l'ouvrage de six poèmes considérés par le tribunal comme inconvenants ou obscènes. Malgré les encouragements de quelques écrivains amis, Baudelaire est vivement affecté par le verdict. Il travaille néanmoins à une seconde édition des *Fleurs du mal* (1861), qu'il enrichit de trente-cinq poèmes nouveaux. Après un essai infructueux de candidature à l'Académie française en 1862, il écrit encore deux études magistrales sur la peinture, l'une consacrée à Delacroix, l'autre à Constantin Guys. Déçu par ses différents échecs, miné par la maladie et démuni de ressources, il quitte Paris pour s'installer à Bruxelles où, deux années durant, il mène une vie difficile et tourmentée. Il s'applique toutefois à l'achèvement de ses *Petits Poèmes en prose* ainsi qu'à une satire féroce sur la Belgique, lorsqu'il est terrassé par une attaque de paralysie à Namur en 1866. Privé de l'usage de la parole mais ayant gardé toute sa lucidité, il est ramené à Paris où il survivra un an, entouré par ses amis Nadar, Banville et Leconte de Lisle. Ses œuvres critiques et l'édition définitive de ses poèmes ne paraîtront qu'après sa mort. La postérité seule a rendu justice à ce grand poète du déchirement et du spleen.

**BELLAY, Joachim du** (Liré, 1522 - Paris, 1560). Appartenant à une famille qui s'était illustrée dans les armes, les lettres et la carrière ecclésiastique, il fait des études juridiques à Poitiers et rencontre Ronsard en 1547. Encouragé par celui-ci, il se consacre dès lors complètement à la poésie, étudiant avec ferveur les lettres grecques et latines sous la direction de l'humaniste Jean Dorat. En 1549, il publie sa *Défense et Illustration de la langue française*, qui devient le manifeste d'un groupe de jeunes poètes voulant réhabiliter à la fois la langue française et l'étude des Anciens, de Pétrarque et des poètes italiens contemporains. Présidé par Ronsard, ce groupe, d'abord intitulé la Brigade, deviendra bientôt la Pléiade. Délaissant les genres de la poésie médiévale, la Pléiade cherche à remettre en honneur les formes poétiques de l'Antiquité gréco-latine, et tout particulièrement l'ode et l'élégie. Cette même année 1549, Du Bellay fait paraître un recueil de sonnets inspiré de Pétrarque et dédié à Mlle de La Viole; le titre de ce recueil, *l'Olive*, est l'anagramme de «Viole». En 1553, bien que malade et déjà atteint de surdité, il accompagne à Rome son oncle, le cardinal Jean du Bellay, en qualité de secrétaire. Il y demeurera quatre ans. Ému par la grandeur de la Ville éternelle, mais attristé aussi par le délabrement des monuments anciens, il supporte mal les tracasseries et les mesquineries de la cour pontificale. Lors de son retour à Paris en 1558, il publie conjointement les sonnets des *Antiquités de Rome*, qui exaltent avec vigueur et majesté le passé de Rome, et les sonnets des *Regrets*, où s'expriment tout ensemble sa nostalgie de la France et ses rancœurs à l'égard des milieux ecclésiastiques. Sa santé déclinant très vite, il publie encore ses *Divers jeux rustiques* (1558) et meurt d'épuisement à l'âge de trente-sept ans. Avec Ronsard, et peut-être plus intensément que celui-ci, il demeure le maître du sonnet dans notre langue.

**BELLEAU, Rémy** (Nogent-le-Rotrou, 1528 - Paris, 1577). Tout jeune encore, il est accueilli par Ronsard et participe au groupe de la Pléiade. Sa traduction du poète grec Anacréon, puis ses commentaires sur les *Amours* de Ronsard provoquent l'admiration du public lettré, tout comme son recueil champêtre, *la Bergerie* (1565-1572), où Belleau mêle harmonieusement la prose et les vers. Sa manière délicate et gracieuse de chanter la nature et les charmes de l'amour lui a valu de ses contemporains le titre de «Nouvel Anacréon».

**BOILEAU, Nicolas** (Paris, 1636 - Paris, 1711). Le rôle que va jouer par la suite ce législateur des règles classiques, défenseur du bon goût, de la rigueur et de la mesure, ne doit pas faire oublier le jeune poète fougueux qui, dès 1660, pourfend dans ses *Satires* les ridicules de la société avec une verve librement inspirée de Saint-Amant et de Mathurin Régnier. Accueilli dans les meilleurs salons parisiens, présenté à Louis XIV en 1669, il s'oriente alors vers une poésie plus sereine et volontiers morale avec ses *Épîtres*, écrites entre 1669 et 1695. Son *Art poétique*, publié en 1674, deviendra le modèle et le résumé de la doctrine classique à laquelle il adhère avec une conviction inébranlable. Nommé historiographe du roi en 1677, charge très officielle qu'il partagera avec son ami Racine, il s'éloigne quelque peu de la création littéraire pour y revenir en 1693 avec son pamphlet sur la Querelle des Anciens et des Modernes, «Ode sur la prise de Namur». Il y prend violemment à partie Charles Perrault, le futur auteur des *Contes*, qui s'était moqué avec brio des auteurs de l'Antiquité. La vieillesse venue, Boileau se retira dans sa maison d'Auteuil, non sans continuer la polémique contre le goût nouveau et défendant avec vigueur ses amis de toujours, Molière, La Fontaine et Racine.

**BRETON, André** (Tinchebray, 1896 - Paris, 1966). Ayant entrepris des études de médecine, il rencontre Valéry en 1913, puis, durant sa mobilisation à Nantes, le poète Jacques Vaché qui lui révèle sa vocation d'écrivain. Avec Philippe Soupault et Louis Aragon, il collabore en 1917 à la revue *Nord-Sud,* dirigée par Pierre Reverdy. En 1919, en collaboration avec Soupault, il écrit le premier texte surréaliste, *les Champs magnétiques,* qu'il publie dans sa propre revue, *Littérature.* Cette même année paraît son premier recueil de poèmes, *le Mont de piété.* De 1919 à 1921, il participe au mouvement dada aux côtés de Tristan Tzara, mais se sépare bientôt du dadaïsme pour fonder avec ses amis le groupe surréaliste, dont il écrit le premier manifeste en 1924. Les positions théoriques du mouvement seront précisées par lui dans un second manifeste, publié en 1930. Sa lecture très personnelle de Freud, l'exploration de l'irrationnel à travers le rêve et le sommeil hypnotique donnent lieu à des œuvres marquées par l'automatisme de l'écriture et les associations aberrantes, tel le recueil *Clair de Terre* (1923) et *le Revolver à cheveux blancs* (1932). Théoricien, chef de groupe, défenseur d'une orthodoxie surréaliste contre ceux-là mêmes qui furent ses premiers compagnons d'armes — Soupault, Aragon, puis Éluard —, il mène de front son travail de poète et sa réflexion critique tant sur la politique *(Position politique du surréalisme,* en 1935) que sur les arts plastiques (*le Surréalisme et la peinture,* en 1928). Ses récits en prose, confessions lyriques plus que textes romanesques, débutent avec *Nadja* (1928) et se poursuivent avec *l'Amour fou* (1937) et *Arcane 17* (1945). Ayant émigré aux États-Unis durant la guerre, il revient à Paris après la Libération et organise en 1947 une exposition internationale du surréalisme dont le retentissement est immense à l'étranger comme en France. En 1948, il écrit un de ses poèmes majeurs, «Ode à Charles Fourier», et donne une édition complète de ses poèmes antérieurs. *L'Art magique,* son dernier grand livre de réflexions sur le phénomène artistique, paraît en 1957. Instigateur du surréalisme et figure principale du mouvement, cet écrivain considérable est sans doute le dernier héritier du romantisme dans les lettres françaises du XX^e^ siècle.

**CENDRARS, Frédéric Sauser, dit Blaise** (La Chaux-de-Fonds, Suisse, 1887 - Paris, 1961). Son goût de l'aventure le pousse, dès l'âge de quinze ans, à quitter sa famille et à découvrir seul l'Allemagne et la Russie. De 1903 à 1907, il parcourt l'Extrême-Orient, exerce les métiers les plus divers dont on retrouvera les souvenirs dans ses nombreux romans à demi autobiographiques. C'est à partir de 1912 et jusqu'en 1929 qu'il pratique surtout l'écriture poétique. En 1912, à New York, il écrit d'une seule traite *les Pâques à New York*, puis, l'année suivante, son grand poème *la Prose du transsibérien et de la Petite Jeanne de France* dont la nouveauté de style frappera Guillaume Apollinaire. Engagé dans la Légion étrangère durant la Grande Guerre, il est grièvement blessé sur le front de Champagne en 1915 et amputé du bras droit. Il poursuit dès lors une carrière extrêmement féconde de romancier pendant plus de trente années, depuis la publication de *l'Or* (1924) et de *Moravagine* (1926) jusqu'à *l'Homme foudroyé* (1945) et *Emmène-moi au bout du monde!* (1956).

**CHARLES D'ORLÉANS** (Paris, 1394 - Amboise, 1465). De famille royale, petit-fils de Charles V et père du futur Louis XII, il a d'abord été un grand seigneur mêlé à l'histoire la plus sombre de son temps. A peine a-t-il treize ans que son père est assassiné par les hommes de Jean sans Peur, le terrible duc de Bourgogne. Dès sa jeunesse, il prend la tête des armagnacs contre le parti bourguignon. Brave et chevaleresque, il participe à la bataille d'Azincourt (1415) où il est blessé et fait prisonnier par les Anglais. Il passera près de vingt-cinq ans captif en Angleterre. Durant ce très long séjour hors de France, il se consacre à l'écriture pour tromper son ennui. Naissent alors ses poèmes les plus célèbres, ballades, rondeaux, chansons, où il évoque tour à tour la nostalgie du pays natal, la solitude qui le tenaille et, surtout, en de brefs tableaux pleins de délicatesse, le retour familier des saisons. Libéré contre rançon en 1441, il se retire loin de la cour dans son château de Blois, qui devient un lieu de rencontre pour les poètes et les artistes. Villon lui-même participera à un concours de poésie organisé par Charles d'Orléans. Plus encore que ses ballades, ses rondeaux manifestent tout à la fois sa parfaite maîtrise de la prosodie et sa sensibilité toujours en éveil. Échappant à la convention des derniers trouvères, Charles d'Orléans est une sorte de romantique avant la lettre, sans effusions grandiloquentes mais avec une tonalité douloureuse du vers, que retrouvera, quatre siècles plus tard, Alfred de Musset.

**CHASSIGNET, Jean-Baptiste** (1570 - Besançon, 1635). Encore adolescent, il écrit son œuvre poétique, *le Mépris de la vie* et *Consolation contre la mort*, publiée dès 1594. Sa carrière de fonctionnaire provincial semble l'avoir accaparé par la suite et ne plus lui avoir accordé le loisir d'écrire, sinon diverses adaptations en vers de la Bible, inférieures en qualité aux poèmes funèbres et désabusés de sa jeunesse.

**CHÉNIER, André** (Constantinople, 1762 - Paris, 1794). Fils d'un consul français en Turquie et d'une mère grecque, il traduit dès l'adolescence les poètes grecs et s'enthousiasme pour la poésie classique. A son arrivée en France, il fréquente à la fois les milieux littéraires et les salons aristocratiques, mais les débuts de la Révolution transforment ce poète délicat en farouche défenseur de la liberté. Rapidement hostile aux jacobins, il s'attaque à Robespierre dans son *Journal de Paris*, puis a l'audace de défendre le geste de Charlotte Corday après l'assassinat de Marat. Poursuivi, il est arrêté et emprisonné à Saint-Lazare où il reprend ses poèmes antérieurs, les *Idylles* et les *Élégies*. Il écrit ensuite, avant d'être condamné à mort, ses fameux *Iambes*, où la violence et l'émotion s'expriment avec une force lyrique très neuve. Il monte sur l'échafaud le 7 thermidor, an II de la République, deux jours avant la chute de Robespierre. Ses poèmes lyriques, ainsi que ses deux grandes compositions inachevées, *l'Hermès* et *l'Amérique*, ne seront publiés qu'en 1819 et seront accueillis avec enthousiasme par les jeunes romantiques.

**CLAUDEL, Paul** (dans l'Aisne, 1868 - Paris, 1955). Élevé en dehors de la foi chrétienne, poursuivant à Paris des études de sciences politiques, il est marqué en 1886 par deux expériences qui décideront de sa vie et de sa vocation littéraire: la lecture des poèmes de Rimbaud et sa conversion au catholicisme, le jour de Noël, à Notre-Dame de Paris. Reçu premier en 1890 au concours des Affaires étrangères et menant dès lors une carrière diplomatique hors de France, il écrit ses deux premiers drames, *Tête d'or* (1890) et *la Ville* (1893), où se manifeste déjà l'ampleur de son génie. Nommé d'abord à Boston, puis en 1894 à Shanghai, consul en Chine jusqu'en 1910, il compose alors quelques-unes de ses œuvres les plus fortes: *Connaissance de l'Est* (1900), *Partage de midi* (1906) et la suite poétique des *Cinq Grandes Odes* (1908). Nommé ambassadeur de France à Tokyo en 1921, à Washington en 1924, il termine sa carrière diplomatique à Bruxelles en 1935. C'est au cours de ces longs séjours à l'étranger qu'il rédige la majeure partie de son œuvre dramatique, à laquelle il devra sa célébrité: *l'Annonce faite à Marie* (1912), *le Pain dur* (1914), *le Père humilié* (1916). Cinq années durant, il travaille à son chef-d'œuvre théâtral, *le Soulier de satin*, qu'il achève en 1924. Fortement inspiré par ses convictions catholiques, mais enrichi par une sève païenne et une vision cosmique, le théâtre de Claudel échappe aux courants contemporains et retrouve la ferveur des mystères du Moyen Age, le panache de la comédie espagnole du Siècle d'or, l'éloquence des grands prédicateurs du XVIIe siècle. A partir de 1930, et surtout après sa retraite à Brangues, Claudel, sans abandonner l'écriture, se consacre surtout à la méditation et aux commentaires des textes bibliques. Longtemps discuté et critiqué par les milieux littéraires qu'il avait en exécration, il échoue à l'Académie française en 1935 et n'y sera accueilli, triomphalement cette fois, qu'en 1946.

**COCTEAU, Jean** (Maisons-Lafitte, 1889 - Milly-la-Forêt, 1963). Son talent multiple et foisonnant s'est exprimé à la fois par l'écriture, par le cinéma et même par la peinture. On ne retiendra ici que l'œuvre du poète, trop négligée aujourd'hui, et qui demeure sans doute la partie la plus solide de son expression artistique. Dès l'âge de dix-neuf ans, il est reconnu à Paris comme un jeune prodige. Ami de Marcel

Proust et d'Anna de Noailles, il publie alors ses premiers recueils, *la Lampe d'Aladin* (1909), *la Danse de Sophocle* (1912), qu'il désavouera par la suite. La guerre de 1914-1918 mûrit son expérience de poète et lui dicte *le Discours du grand sommeil*, publié ultérieurement dans ses *Poésies* (1924). Sa rencontre avec Radiguet le pousse à écrire *le Secret professionnel* (1922) où il donne son véritable art poétique. Ses poèmes les plus attachants datent de la dernière période de sa vie, depuis «Léone» (1945) jusqu'à «Requiem», paru en 1962. Sa carrière prestigieuse de cinéaste (*l'Éternel Retour, la Belle et la Bête,* etc.) n'a pas étouffé en lui la vocation véritable d'écrivain qui lui a valu d'être élu à l'Académie française en 1955.

**COPPÉE, François** (Paris, 1842 - Paris, 1908). De milieu modeste, attiré dès sa jeunesse par la poésie, il collabore d'abord aux revues parnassiennes, mais trouve bientôt sa voix personnelle avec un recueil de poèmes, *Intimités* (1868), où il évoque avec émotion les petits faits de la vie quotidienne. Il s'attachera désormais, en prose comme en vers, à exprimer les sentiments et les souffrances des «humbles». Ce sera, très significativement, le titre d'un nouveau recueil de vers, paru en 1872. A la fois sensible et conventionnel dans son écriture, il sera considéré comme un des poètes majeurs de l'époque et élu à l'Académie française en 1884, avant Leconte de Lisle, son premier maître en poésie.

**CORBIÈRE, Édouard Joachim, dit Tristan** (Morlaix, 1845 - Morlaix, 1875). Malade dès son adolescence, il réside le plus souvent à Morlaix ou à Roscoff. C'est là qu'il écrit, en hommage aux marins et aux terriens bretons, *Gens de mer* et *Armor*, qui formeront la première partie de son futur livre de poèmes, *les Amours jaunes.* Ayant suivi à Paris la jeune femme dont il était épris, il publie quelques poèmes en revue et fait paraître en 1873, à ses frais, le volume des *Amours jaunes.* Le livre passe totalement inaperçu. Corbière, mort à trente ans, devra sa célébrité posthume à Verlaine, qui lui consacre un chapitre enthousiaste dans ses *Poètes maudits*, publiés en 1884. *Les Amours jaunes* seront réédités en 1891 et reconnus comme le chef-d'œuvre étrange d'un lointain héritier de Villon.

**CORNEILLE, Pierre** (Rouen, 1606 - Paris, 1684). Issu d'une famille bourgeoise où l'on s'était illustré dans la carrière de procureur, il fait de très sérieuses études de droit et exercera durant plus de vingt années la profession d'avocat auprès du palais de justice de sa ville natale. Très tôt, le théâtre l'attire. Entre 1631 et 1634, il écrit quatre comédies, dont la plus animée, *la Place Royale*, lui vaut un début de célébrité à Paris et bientôt la faveur du cardinal de Richelieu. Celui-ci, qui vient de fonder l'Académie française, pensionne Corneille et le fait entrer dans un groupe de cinq auteurs qui composent des pièces de théâtre sur des intrigues imaginées par leur puissant protecteur. En 1635, il donne *l'Illusion comique*, en 1636, *le Cid*, tragi-comédie inspirée d'une œuvre du poète espagnol Guillén de Castro. Le succès du *Cid* est immense et provoque aussitôt une fougueuse querelle entre partisans et adversaires de la pièce. Richelieu met un terme à cette bataille littéraire en ordonnant à l'Académie de trancher le débat. Accusé de ne pas avoir respecté plus strictement la règle classique des trois unités, Corneille, d'abord ulcéré par cette critique, réagira, après deux années de silence, par trois pièces qui confirment son génie et feront taire ses détracteurs. Ce seront, coup sur coup, *Horace* (1640), *Cinna* (1641) et *Polyeucte* (1643). Admis à l'Académie française en 1647, il obtient avec *Nicomède* (1651) un succès politique autant que littéraire par son éloge à peine dissimulé de la Fronde, qui lui coûte en revanche sa disgrâce auprès du nouveau maître de la France, le cardinal Mazarin. L'insuccès de *Pertharite,* au cours de la même année, affecte vivement Corneille, qui s'éloigne alors de la scène jusqu'en 1657 et se consacre à l'admirable traduction de *l'Imitation de Jésus-Christ.* Revenu au théâtre, il retrouve la faveur du public avec *Sertorius* (1662). Mais les premières pièces de Racine, et notamment le triomphe d'*Andromaque* en 1667, lui aliènent désormais l'attention des amateurs. En 1670, il essaye encore de l'emporter sur son rival avec *Tite et Bérénice*, qui est surpassée par la *Bérénice* de Racine. Corneille n'abandonne pas le théâtre, mais le succès lui est maintenant refusé, malgré le charme de *Psyché* (1671), tragi-comédie-ballet écrite en collaboration avec Molière, et sa dernière tragédie, *Suréna* (1674), qui retrouve les accents de ses précédents chefs-d'œuvre. Il vivra dix années encore près de sa femme et de leur dernière fille, quasiment oublié par ses contemporains. Racine sera le premier à lui rendre hommage en prononçant devant l'Académie française, quelques mois après la mort du dramaturge, un vibrant éloge à la gloire du fondateur de notre théâtre classique.

**CROS, Charles** (Fabrezan, 1842 - Paris, 1888). Autodidacte, attiré également par les sciences et par la littérature, il mène avec fougue mais non sans malchance une vie de savant et de bohème. Inventeur d'un procédé de photographie en couleurs, puis d'un projet de phonographe qui précède la découverte d'Edison, il n'est pas pris au sérieux par les milieux scientifiques. Ami des Parnassiens, et surtout compagnon de Verlaine, il donne avec *le Coffret de santal* (1873) des poèmes où se mêlent le cocasse, l'absurde et l'expression discrète de sa solitude. Pas un seul de ses livres suivants, *le Fleuve* (1874), *la Science de l'amour* (1884), ne lui vaudra l'attention du public avant la redécouverte de son œuvre par les Surréalistes en 1923.

**DELAVIGNE, Casimir** (Le Havre, 1793 - Lyon, 1843). Célèbre dès son premier recueil de vers, *les Messéniennes* (1819), qui fait de lui un poète national, il s'oriente vers le drame historique, imité de Shakespeare, où il obtient des succès éclatants — en particulier avec *Louis XI* (1832) et *les Enfants d'Edouard* (1833). Lors de la révolution de 1830, il improvise un chant patriotique, «La Parisienne», qui est chanté par tous, ainsi que le sera sa «Varsovienne», écrite en 1832 en hommage à la résistance polonaise contre les troupes russes.

**DÉROULÈDE, Paul** (Paris, 1846 - Nice, 1914). Marqué par la défaite de 1870, ce nationaliste enflammé écrit et publie en 1872 les *Chants du soldat,* qui connaissent un succès plus politique que littéraire. Violemment hostile à la république parlementaire, partisan du général Boulanger, président de la Ligue des patriotes, il participe à plusieurs complots visant au renversement du régime. Condamné au bannissement en 1899, amnistié en 1905, il fut le représentant le plus exalté, le plus populaire aussi, d'une poésie politique, belliqueuse et assoiffée de revanche avec ses différents ouvrages, *Marches et Sonneries* (1882), *De l'éducation militaire* (1882), *le Premier Grenadier de France, la Tour d'Auvergne* (1886), *Chants du paysan* (1894).

**DESBORDES-VALMORE, Marceline** (Douai, 1786 - Paris, 1859). Orpheline dès son jeune âge, elle débute dans une carrière de cantatrice et d'actrice où elle connaît d'abord un certain succès, tant en France qu'en Belgique. En 1819, elle publie son premier recueil de vers, bientôt suivi par *Élégies et poésies nouvelles* (1825), *Poésies* (1830), *les Pleurs* (1833) et enfin *Pauvres Fleurs* (1839). Reconnue par les plus grands poètes romantiques — Lamartine, Vigny, Hugo — comme leur égale, elle n'en mène pas moins une existence difficile, endeuillée par la disparition de plusieurs enfants, et meurt dans l'isolement et la misère. Verlaine saura reconnaître sa dette envers elle et écrira qu'elle fut «la seule femme de génie de ce siècle et de tous les siècles».

**DESCHAMPS, Eustache** (vers 1346 - vers 1407). Disciple et sans doute parent de Guillaume de Machaut, il a occupé des postes importants auprès des rois Charles V et Charles VI. Son œuvre littéraire est considérable et aborde les genres les plus divers. Théoricien de la poésie, il formule dans son *Art de dictier et de faire chansons* (1392) les règles de la composition poétique, et son ouvrage servira de modèle aux poètes ultérieurs. Auteur de pièces satiriques et pittoresques, il demeure avant tout le poète de fables charmantes, telle «Le chat et les souris», et de chansons délicates, dont la plus célèbre est «Suis-je belle?» qui, par le rythme et le ton léger, préfigure à la fois Clément Marot et Jean de La Fontaine.

**DESNOS, Robert** (Paris, 1900 - Tchécoslovaquie, 1945). Ami de Benjamin Péret, il participe dès 1922 aux premières activités du groupe surréaliste où il devient bientôt le maître de l'écriture automatique sous la dictée du rêve et de l'hypnose. Exclu du groupe par André Breton, il se tourne alors vers une écriture plus lyrique aux accents fantaisistes et humoristiques qui se manifeste dans *Corps et biens* (1930) et *Fortunes* (1942). Sa *Complainte de Fantomas,* écrite en 1933 pour la radio, est devenue rapidement célèbre. Durant la guerre, il participe à des publications clandestines et est arrêté par les Allemands en 1944. Déporté au camp de Terezin, en Tchécoslovaquie, il meurt quelques jours avant la victoire des Alliés, laissant inédite une partie de son œuvre, *Domaine public* (publié en 1953) et *Nouvelles-Hébrides* (1978).

**DESPORTES, Philippe** (Chartres, 1546 - 1606). Fin humaniste et poète précoce, il est reconnu et protégé par Henri III, qui le comble de faveurs. Ses *Stances,* publiées en 1567, bénéficièrent d'une audience presque égale à celle des grands poètes de la Pléiade, qui devinrent ses amis. Parmi ses poèmes profanes, il faut retenir les *Amours de Diane,* les *Amours d'Hippolyte,* et davantage encore un livre d'*Élégies* (1572) dont le charme et la finesse l'apparentent à Ronsard, sans faire de lui un simple disciple du maître. Il passa les dernières années de sa vie à traduire les psaumes de l'Ancien Testament dans un style soutenu et sévère qui s'oppose délibérément à la traduction légère et quelque peu mondaine qu'en avait donnée Marot. Boileau, non sans exagération, le préférera à Ronsard pour la clarté de sa langue.

**DUCIS, Jean-François** (Versailles, 1733 - Versailles, 1816). Surtout connu par ses adaptations des pièces de Shakespeare, *Hamlet* (1769), *le Roi Lear* (1783), *Othello* (1792), qui lui valurent un grand succès, il a aussi laissé des poèmes où la douceur et la délicatesse de sa nature s'expriment avec davantage d'abandon. On rencontre chez lui des accents personnels et un lyrisme nostalgique qui préfigurent par instants la sensibilité romantique.

**DU PERRON, Jacques Davy** (Suisse, 1556 - Paris, 1618). Calviniste par son père, il se convertit au catholicisme en 1583 et devient très vite un des prélats les plus écoutés et les plus influents de l'Église de France. Ses qualités d'humaniste et d'orateur lui valent de prononcer l'oraison funèbre de Ronsard en 1586. Son goût pour les lettres, dont témoignent ses vers harmonieux et sensuels, ne l'empêcha pas de jouer un rôle de premier plan dans la réconciliation d'Henri IV avec la papauté. Devenu cardinal en 1604, il se consacra dès lors à de hautes missions politiques qui l'éloignèrent de l'écriture poétique, sinon de l'amour de la littérature.

**ÉLUARD, Eugène Grindel, dit Paul** (Saint-Denis, 1895 - Paris, 1952). De santé fragile, il est mobilisé en 1914 et s'interroge très vite sur l'absurdité des guerres nationalistes. Dès 1918, il publie ses *Poèmes pour la paix* où son idéal pacifiste s'exprime sans ambages. Lié à Tristan Tzara, et surtout à André Breton et à Aragon, il participe au mouvement dada puis au surréalisme dans lequel il jouera un rôle majeur. Marqués par l'esprit surréaliste, ses ouvrages n'en manifestent pas moins l'originalité et la vertu propre de son écriture. *Les Animaux et leurs hommes* (1920), *Mourir de ne pas mourir* (1924) et surtout *Capitale de la douleur* (1926) confirment sa qualité de poète lyrique. Ayant adhéré au parti communiste en 1926, il en est exclu en 1933 mais continue à militer dans les mouvements antifascistes. «La Victoire de Guernica», écrit en 1938 en hommage à la lutte du peuple basque, est le premier témoignage d'une poésie exaltant les combats contre l'oppresseur national-socialiste. Ce combat, Éluard le célébrera plus que tout autre poète français durant la Seconde Guerre mondiale à travers ses activités de militant révolutionnaire et par les poèmes que lui dicte la résistance à l'ennemi. Rallié au parti communiste clandestin en 1943, il poursuit son œuvre de poète engagé par la publication de *Poésie et Vérité* où paraît son poème désormais fameux, «Liberté», puis en 1944 avec deux recueils aux titres éloquents, *les Armes de la douleur* et *Au rendez-vous allemand.* Les différents livres de poèmes publiés après la Libération, *Poésie ininterrompue* (1946),

*Corps mémorable* (1947), *Poèmes politiques* (1948) et enfin *Tout dire* (1951) témoignent à la fois de ses convictions ardentes et de la tendresse d'une sensibilité qui retrouve naturellement les accents des plus grands poètes lyriques français.

**FLORIAN, Jean-Pierre Claris de** (Cévennes, 1755 - Sceaux, 1794). Son grand-oncle Voltaire lui fait lire, lorsqu'il a dix ans, les *Fables* de La Fontaine. Encouragé et guidé par l'écrivain, il s'essaye d'abord dans le théâtre, où il donne des comédies, imitées du théâtre italien, sous le titre d'*Arlequinades* (1784). Son style doux et sentimental s'exprime encore dans ses romans pastoraux, telle sa *Galatée* (1783) qui lui apporte un succès d'estime. Mais seules ses *Fables,* publiées en 1792, témoignent d'une finesse et d'un esprit moqueur qui ne déméritent pas de La Fontaine, sans jamais apparaître comme des pastiches du célèbre fabuliste. Arrêté durant la Révolution, il échappera à la guillotine lors de la chute de Robespierre, mais mourra quelques jours après le 9 Thermidor.

**FOLLAIN, Jean** (Canisy, 1903 - Paris, 1971). Fils d'un professeur de collège, mais de souche paysanne, il demeurera très attaché aux traditions et aux rituels de la vie provinciale. Juriste de profession, il collabore très jeune aux revues littéraires parisiennes. Ce n'est qu'au début des années quarante qu'il rassemble son œuvre poétique dans plusieurs recueils, *Usage du temps* (1943), *Exister* (1947), *Territoires* (1953), *Tout instant* (1957) et finalement *Présent Jour,* livre posthume paru en 1978. Il est également l'auteur de plusieurs ouvrages de prose où il évoque avec délicatesse les spectacles de la capitale et les souvenirs de sa province natale, ainsi *Paris* (1935), *Canisy* (1942), *Chef-lieu* (1950). L'Académie française lui a décerné en 1970 son grand prix de poésie.

**FORT, Paul** (Reims, 1872 - près de Montlhéry, 1960). Très tôt lié aux milieux symbolistes, puis proche ami d'André Gide, il publie ses premiers poèmes dans le *Mercure de France* et travaille à partir de 1896 à la longue série de ses *Ballades françaises,* achevées en 1951, et qui s'étendront sur quarante volumes. Il fonde en 1905 l'importante revue *Vers et Prose,* qu'il dirigera avec Paul Valéry. Il écrit avec succès pour le théâtre et est élu, en 1912, prince des poètes. Malgré la désaffection de la génération poétique de l'après-guerre, le charme subtil de son œuvre demeure intact et la fraîcheur quasi populaire de ses vers demande à être redécouverte.

**GARNIER, Robert** (La Ferté-Bernard, 1544 - Le Mans, 1590). Dès 1566, il est reconnu comme poète lyrique et couronné aux Jeux floraux de Toulouse. C'est par ses œuvres théâtrales qu'il s'impose toutefois par la suite. En 1573, il écrit *Hippolyte,* une tragédie en vers qui reçoit de Ronsard une louange enthousiaste. En 1580, il publie le premier livre rassemblant ses tragédies, parmi lesquelles *Antigone,* imitée de Stace, de Sénèque et de Sophocle, manifeste le mieux son talent de dramaturge. Avec *Bradamante,* publiée en 1582, il invente le terme et le genre de la tragi-comédie, qui fleurira au XVII$^{e}$ siècle. Le chef-d'œuvre de Garnier demeure *les Juives* (1583), où l'inspiration biblique, la vigueur de l'expression et l'invention des personnages laissent pressentir la grande tragédie classique, et tout particulièrement l'*Athalie* de Racine, écrite un siècle plus tard.

**GAUTIER, Théophile** (Tarbes, 1811 - Neuilly, 1872). Ami et défenseur enthousiaste de Victor Hugo, il se fait remarquer lors de la fameuse bataille d'Hernani, en 1830, autant par sa mise provocante et son gilet rouge que par ses professions de foi romantiques et son poème fantastique *Albertus*, publié en 1833. Ses contes, ses récits de voyage, et particulièrement *Tra los montes*, ou *Voyage en Espagne* (1843), révèlent la vivacité et la diversité de son talent. *Le Capitaine Fracasse,* publié tardivement en 1863, date de cette époque exubérante et pittoresque. Consacrant une grande partie de son temps au journalisme littéraire — il écrira plus de deux mille articles sur les arts et les lettres — Gautier abandonne bientôt dans ses vers la veine romantique pour une forme poétique plus épurée et plus savante dont le chef-d'œuvre demeure

*Émaux et Camées,* paru en 1852. Il annonce ainsi une poésie qui deviendra celle de l'école parnassienne. Hugo, Flaubert, Leconte de Lisle ont rendu hommage à son génie multiforme, et Baudelaire a dédié ses *Fleurs du mal* à celui qu'il a nommé le «parfait magicien ès lettres françaises».

**GILBERT, Nicolas Joseph** (Épinal, 1750 - Paris, 1780). La vie très brève de ce fils de paysan, élevé et encouragé par les jésuites, fait de lui une sorte de «poète maudit» avant la lettre. Hostile à l'esprit des encyclopédistes, ennemi de l'athéisme et de la morale relâchée de son temps, il écrit une violente satire, *le Dix-huitième siècle* (1775), qui lui vaut l'inimitié et la hargne des écrivains en renom. Sa veine lyrique s'exprime dans une suite de poèmes élégiaques, dont le plus célèbre demeure l'«Ode imitée de plusieurs psaumes», qu'il écrira huit jours avant de mourir des suites d'une opération à la tête, alors que dans son délire il aurait, suivant la légende, avalé une clef secrète qui ne le quittait jamais.

**GRÉVIN, Jacques** (Clermont-en-Beauvaisis, 1538 - Turin, 1570). Médecin en renom et poète lyrique, il fut surtout connu dans les lettres par son adaptation en vers français d'une tragédie latine contemporaine, *César* (1561). D'abord ami de Ronsard, il s'oppose bientôt à lui pour des raisons religieuses. Affichant ses convictions protestantes, il est contraint de quitter la France pour l'Angleterre, puis pour la cour de Savoie où il deviendra le médecin particulier de la duchesse Marguerite, fille de François Ier. Ses poèmes reflètent l'esprit de la Pléiade, mais avec des accents religieux qui lui sont tout personnels.

**GUILLET, Pernette du** (Lyon, 1520 - Lyon, 1545). Dès l'âge de seize ans, elle est admirée puis aimée par le poète Maurice Scève, alors âgé de trente-cinq ans. La grande passion, sans doute platonique, qui les habite l'un et l'autre n'est pas interrompue par le mariage de Pernette avec le sieur du Guillet et incite Scève à écrire sa *Délie,* publiée en 1544. Pernette mourra l'année suivante, laissant une œuvre poétique où l'influence de Maurice Scève est manifeste, mais qui s'éloigne toutefois de son style par des accents plus intimes, sous les dehors d'une écriture enjouée et badine.

**HEREDIA, José Maria de** (Cuba, 1842 - Condé-sur-Vesgre, Yvelines, 1905). D'origine espagnole par son père, français par sa mère, il fait ses études en France et se consacre très tôt à l'écriture. En 1862, il publie ses premiers vers et, reconnu par Leconte de Lisle, participe au *Parnasse contemporain* dès 1866. Libre de tout souci matériel, il cisèle amoureusement ses sonnets, qui paraissent en 1893 sous la forme d'un volume intitulé *les Trophées.* Le succès de ces cent dix-huit sonnets fut immense, et le poète devint dès lors une des figures marquantes du Parnasse, bien qu'il n'ait plus donné par la suite que de rares poèmes de circonstance. Il était entré à l'Académie française en 1895.

**HUGO, Victor** (Besançon, 1802 - Paris, 1885). A quinze ans, il écrit dans ses carnets: «Je veux être Chateaubriand ou rien.» Sa gloire dépassera celle de son premier modèle, et il deviendra pour tout un siècle le symbole de l'écrivain français, aussi inspiré que fécond, maîtrisant à la fois le poème lyrique, la satire, l'épopée, le théâtre et le roman. Ses *Odes et Ballades,* recueil qui rassemble en 1828 ses premiers poèmes, portent encore la marque d'une écriture éprise de classicisme. Sa préface au drame *Cromwell* (1827), puis la publication du recueil *les Orientales* (1829), enfin le triomphe d'*Hernani* en 1830 font de lui le maître incontesté de la nouvelle école romantique. Les quinze années suivantes sont tout spécialement riches en créations. Quatre recueils de poèmes, *les Feuilles d'automne* (1831), *les Chants du crépuscule* (1835), *les Voix intérieures* (1837), *les Rayons et les Ombres* (1840), confirment la richesse de son inspiration poétique et son goût pour la méditation. Son premier grand roman, *Notre-Dame de Paris* (1831), évoque sous de sombres couleurs l'univers inquiétant du Moyen Age. *Ruy Blas* (1838) retrouve et dépasse le succès d'*Hernani* sur la scène. La mort de sa fille Léopoldine, noyée en 1845, affecte profondément Victor Hugo et lui dicte un de ses poèmes les plus émouvants, « A Villequier ». Il s'attaque alors à la rédaction des *Misérables,* mais participe surtout à la vie politique. Député, orateur éloquent, il s'opposera sous la IIe République à la montée de Louis-Napoléon Bonaparte, le prince-président, contre lequel il prononce des discours enflammés. Le coup d'État du 2 décembre 1851 l'oblige à s'exiler, à Jersey d'abord, puis à Guernesey où il continue d'écrire quelques-unes de ses œuvres les plus fortes jusqu'à son retour en France, dès la chute de Napoléon III, en septembre 1870. C'est au cours de ces années d'exil dans les îles Anglo-Normandes qu'il écrit *les Châtiments* (1853), violent réquisitoire contre « Napoléon le Petit », puis les poèmes des *Contemplations* (1856), sa plus belle œuvre lyrique. La première partie de *la Légende des siècles* paraît en 1859. En 1862, c'est la publication des *Misérables,* dont le succès est immense en France et en Europe. *Les Chansons des rues et des bois* (1865) montrent que le poète n'a rien perdu de sa fraîcheur et de sa sensibilité dans les grandes compositions épiques qui précèdent ce recueil, bientôt suivi par la publication des *Travailleurs de la mer* (1866), roman dramatique où l'homme et la mer s'affrontent. A son retour à Paris, Hugo, élu député, se mêle d'abord avec passion aux affaires publiques. Défenseur des Communards, pour lesquels il réclamera l'amnistie en 1876, il s'éloigne bientôt du monde politique pour se vouer totalement aux œuvres depuis longtemps entreprises : les derniers livres de *la Légende des siècles* (1877 et 1883), les charmants poèmes de *l'Art d'être grand-père* (1877) et surtout ses deux grandes fresques métaphysiques, *la Fin de Satan* et *Dieu,* qui paraîtront après sa mort. Sa vieillesse est comblée d'hommages. Atteint de congestion pulmonaire, il meurt le 22 mai 1885. Le 1er juin, le gouvernement de la République française lui fait des obsèques nationales et sa dépouille est transférée au Panthéon.

**JACOB, Max** (Quimper, 1876 - Drancy, 1944). Menant d'abord une vie pittoresque en compagnie des artistes et des écrivains de Montmartre, il devient en 1901 l'ami de Picasso et des peintres installés au Bateau-Lavoir. Ses premiers poèmes, fantaisistes et saugrenus, dissimulent sous l'humour l'inquiétude spirituelle qui le travaille. En 1909, il se convertit au catholicisme avec une foi profonde et quasiment mystique qui surprend tous ses compagnons. Il fait paraître en 1917 son beau recueil de poèmes en prose, *le Cornet à dés.* En 1921, il se retire à Saint-Benoît-sur-Loire, auprès du fameux monastère bénédictin, et ne quittera cette retraite que pour quelques voyages à l'étranger et de brefs séjours à Paris. Loin du monde et des milieux littéraires, il continue d'écrire plusieurs romans et de nombreux recueils de poèmes, parmi lesquels s'imposent *le Laboratoire central* (1921) et ses émouvantes *Ballades* (1938). L'occupation allemande lui fait porter l'étoile jaune, qu'il reçoit comme le signe prochain de son martyre. Arrêté en février 1944, il est conduit au camp de déportation de Drancy, où il meurt le 5 mars d'une broncho-pneumonie.

**JAMMES, Francis** (Hautes-Pyrénées, 1868 - Hasparren, 1938). Clerc de notaire à Orthez, amoureux du Béarn, il écrit et publie dès 1891 de minces plaquettes de vers qui, grâce à l'appui de Mallarmé et d'André Gide, seront réunies en 1893 dans son premier recueil d'importance, intitulé simplement *Vers.* Reconnu par le milieu symboliste, il fait paraître en 1898 *De l'Angélus de l'aube à l'Angélus du soir,* où s'affirme une poésie peu soucieuse des règles métriques, mais aux accents sincères et aux mélodies secrètes. *Le Deuil des primevères* (1901) confirme son talent, désormais reconnu et apprécié d'un large public. Il écrit également trois romans qui témoignent de ses qualités de prosateur, particulièrement sensibles dans *Clara d'Ellébeuse* (1899). Sous l'influence de Claudel, devenu son ami très proche, il revient à une poésie d'inspiration religieuse avec ses *Géorgiques chrétiennes,* publiées en 1911. Installé à Orthez, puis à Hasparren, il y reçoit l'hommage de nombreux visiteurs, séduits par son génie et par sa figure bienveillante de patriarche des lettres.

**JARRY, Alfred** (Laval, 1873 - Paris, 1907). A quinze ans, encore élève au collège de Rennes, il écrit la première version d'*Ubu roi,* pièce bouffonne dont il tirera plus tard le ferment d'autres œuvres. Lié au *Mercure de France,* il publie en 1894 des œuvres au titre énigmatique, *les Minutes de sable mémorial,* puis en 1895 *César Antéchrist.* En 1896, le metteur en scène Firmin Gémier monte *Ubu roi,* qui est accueilli par un beau scandale et vaut à son auteur une réputation de provocateur, mais aussi d'innovateur au théâtre. Poursuivant alors dans cette voie, Jarry écrit tout un cycle autour du personnage du père Ubu. *Ubu enchaîné, Ubu cocu* et les deux *Almanachs du père Ubu.* Il compose parallèlement des nouvelles et des romans, dont *le Surmâle* (1902), qui ne connaîtront la notoriété qu'après sa mort, grâce à l'attention des Surréalistes d'abord, puis par les soins du Collège de pataphysique, fondé en 1948, qui se veut l'héritier de cet écrivain déroutant, à l'humour féroce.

**JODELLE, Étienne** (Paris, 1532 - Paris, 1573). Il est l'auteur de la première tragédie classique en notre langue, *Cléopâtre captive,* qu'il écrit à l'âge de vingt ans. Ami et émule de Ronsard, il fait partie de la Pléiade où il joue bientôt un rôle majeur. D'abord encouragé par Henri II, il connaît la défaveur du roi à partir de 1558, et ses autres tragédies ne rencontrent plus que l'insuccès *(Didon se sacrifiant).* Il meurt à quarante et un ans, victime des cabales montées contre lui. Ses sonnets, à l'inspiration véhémente et passionnée, demeurent aujourd'hui la partie la plus vivante de son œuvre.

**JOUVE, Pierre Jean** (Arras, 1887 - Paris, 1976). Profondément marqué par sa foi chrétienne et la découverte de la psychanalyse, il consacre sa vie à la composition d'une œuvre littéraire exigeante qui s'étend sur plus de cinquante années. Après avoir désavoué ses premiers recueils, publiés avant 1925, il s'attache conjointement à la poésie, au roman et aux essais critiques. Son premier roman, *Paulina 1880,* publié en 1925, sera suivi par *le Monde désert* (1927) et le beau recueil de nouvelles *la Scène capitale* (1935). En poésie, il approfondit une expérience à la fois érotique et teintée de mysticisme avec *Noces* (1925), *Sueur de sang* (1935) et tout particulièrement *la Vierge de Paris* (1944) où prennent place des poèmes à la gloire de la France et de la résistance à l'ennemi.

**LABÉ, Louise** (Ain, 1526 - 1565). Fille d'un riche marchand lyonnais, elle mène dès l'adolescence une vie romanesque et orageuse que n'interrompt pas son mariage vers 1550 avec un cordier de Lyon. Connue dès lors sous le surnom de «la Belle Cordière», elle rassemble autour d'elle les beaux esprits de l'école lyonnaise, parmi lesquels le poète Maurice Scève. Son œuvre littéraire se compose principalement de vingt-quatre *Sonnets* (dont un en italien) et de trois *Élégies* qui exaltent avec force le plaisir des sens et la passion amoureuse.

**LA BOÉTIE, Étienne de** (Sarlat, 1530 - 1563). Jeune étudiant au prestigieux collège de Guyenne, à Bordeaux, il traduit avec éclat les auteurs grecs. A dix-huit ans, il écrit contre la tyrannie du pouvoir un *Discours de la servitude volontaire.* Il rencontre Montaigne en 1558, et la plus vive amitié se noue aussitôt entre eux. C'est à Montaigne que l'on doit d'avoir conservé les écrits de La Boétie, et tout particulièrement ses poèmes, où s'expriment une rigueur morale et un stoïcisme peu communs.

**LA FONTAINE, Jean de** (Château-Thierry, 1621 - Paris, 1695). Issu d'une honorable famille bourgeoise, il semble avoir poursuivi sans conviction quelques études de droit qui lui valurent le titre d'avocat, dont il ne tira jamais aucun parti. De son père, il hérite la charge de maître des Eaux et Forêts, qu'il exercera jusqu'en 1671. Son poème héroïque *Adonis* lui assure en 1658 la protection du tout-puissant Nicolas Fouquet, surintendant des Finances, lequel réunit dans son château de Vaux une cour brillante, où écrivains et artistes en renom se côtoient. Lors de l'arrestation puis de l'emprisonnement de Fouquet en 1661, La Fontaine demeure fidèle à son premier protecteur et écrit une émouvante «Élégie aux nymphes de Vaux» pour implorer la grâce du jeune Louis XIV. Soutenu par la duchesse d'Orléans, il fréquente à Paris les salons les plus brillants et publie en 1665 ses premiers *Contes* et en 1668 les six premiers livres de ses *Fables.* Il connaît un immense succès, dû tout autant à la grâce licencieuse des *Contes,* librement inspirés de Boccace, qu'à ses *Fables* où la morale souvent pessimiste ne parvient pas à obscurcir le pittoresque et la vivacité plaisante des tableaux. Dans ce genre poétique, considéré alors comme mineur, La Fontaine excelle, à la fois par son génie de l'observation et par son style primesautier dont il n'est redevable à personne. Mme de La Sablière, auprès de qui se retrouvent hommes de lettres et savants, le protège et l'encourage à poursuivre ses *Fables.* Ainsi paraissent, en 1678 et 1679, les cinq livres suivants. Admiré et fêté dans les milieux aristocratiques, il s'essaye sans succès au théâtre. Élu à l'Académie française en 1683, il prononce devant ses collègues son *Discours à Mme de La Sablière,* qui témoigne d'une réflexion et d'une philosophie déjà plus graves. Un an avant que ne paraisse le dernier livre des *Fables,* il s'était engagé, en 1693, devant une délégation de l'Académie, à ne plus écrire désormais que des livres de piété pour l'édification de son âme. Il ne trouva pas le loisir de s'y consacrer.

**LAFORGUE, Jules** (Montevideo, 1860 - Paris, 1887). Après des études à Tarbes et à Paris, il fréquente très tôt les milieux littéraires de la capitale, se lie avec Charles Cros et commence à écrire des poèmes qu'il ne publie pas. Ayant obtenu en 1881 le poste de lecteur auprès de l'impératrice d'Allemagne, grand-mère de Guillaume II, il part pour Berlin, visite l'Allemagne, et compose différents contes en prose et les poèmes des *Complaintes* qui paraîtront à son retour en France, en 1885. Inspiré par *les Amours jaunes* de Tristan Corbière, il cultive l'ironie, parfois même le sarcasme, sous lequel il dissimule toutefois une sensibilité personnelle très vive. En 1886, il publie son second recueil de poèmes, *l'Imitation de Notre-Dame la Lune,* qui comporte de délicates compositions en vers libres. Il achève son livre de contes, *les Moralités légendaires* (1887), et meurt à vingt-sept ans, miné par la tuberculose.

**LAMARTINE, Alphonse de** (Mâcon, 1790 - Paris, 1869). Après une adolescence paisible dans une famille aux convictions royalistes, il voyage en Italie et s'enthousiasme pour Naples, qu'il découvre en 1812. Entré au service de Louis XVIII comme garde du corps, il résilie bientôt sa charge pour se consacrer à la littérature. Il se tourne d'abord vers la tragédie, mais son génie le porte plus naturellement vers la poésie lyrique, qu'il aborde en 1815 par des élégies. Sa rencontre en 1816 avec la femme du physicien Charles, à laquelle il donnera le nom d'Elvire dans ses vers, va lui inspirer « Le lac », qui deviendra le poème le plus célèbre des *Méditations poétiques,* parues en 1920. On y retrouve également « L'isolement », « Le vallon », « L'automne », confidences sensibles de la passion du poète, et surtout manifestations remarquables d'une nouvelle forme d'expression poétique. Reconnu dès lors comme le maître du tout récent romantisme, Lamartine devient, entre 1820 et 1840, le poète le plus écouté de la jeunesse. En 1830, il publie les *Harmonies poétiques et religieuses,* qui traduisent sa foi chrétienne, douloureuse et tourmentée. Un voyage en Orient, accompli en 1833 et qui le mène jusqu'aux Lieux saints, lui dicte son admirable poème « Gethsémani » (1834). Poursuivant à la fois son œuvre de poète avec de vastes compositions philosophiques, *Jocelyn* (1836), *la Chute d'un ange* (1839), et une carrière politique à la Chambre, il s'impose comme un orateur talentueux, vivement hostile à la politique de Louis-Philippe. La révolution de 1848, à laquelle il a participé, fait de lui le ministre des Affaires étrangères du Gouvernement provisoire. Son destin politique prend fin en 1849, après son échec à la présidence de la République contre le prince Louis-Napoléon, futur Napoléon III. Déçu, accablé de dettes, Lamartine se retire alors et se consacre, durant vingt ans, à des œuvres de commande qu'il appellera ses « travaux forcés littéraires ». A partir de 1856, il publie mensuellement son *Cours familier de littérature,* où paraît en 1857 une de ses plus belles élégies, « La vigne et la maison ». Il meurt, presque oublié, un an avant la chute du Second Empire, qu'il avait courageusement combattu.

**LECONTE DE LISLE, Charles Marie Leconte, dit** (la Réunion, 1818 - Louveciennes, 1894). Son enfance dans l'océan Indien, ses voyages en Orient, son goût pour les cultures non européennes font de lui un poète à l'inspiration toute différente de celle qui anime encore les Romantiques lorsqu'il arrive à Paris en 1846. Son premier recueil, *Poèmes antiques,* paru en 1852, témoigne d'une réflexion sur les mythes, qu'il poussera davantage encore avec ses *Poèmes barbares* (1862), où il évoque, sous la forme de grands tableaux majestueux, les civilisations de l'Inde, de l'Égypte et de la Germanie. A partir de 1865 vont se réunir autour de lui les poètes Catulle Mendès, François Coppée, José Maria de Heredia, Sully Prudhomme, qui formeront bientôt une nouvelle école de poésie dite «le Parnasse». En 1884, il publie les *Poèmes tragiques* qui connaissent un succès sans précédent. Élu en 1886 à l'Académie française au fauteuil de Victor Hugo, il représente alors pour la jeune génération le modèle d'une poésie impersonnelle et métaphysique, tout attachée au culte de l'harmonie et de la beauté plastique.

**MACHAUT, Guillaume de** (mort en 1377). Il est plus connu aujourd'hui par son œuvre de musicien que par son travail de poète, cependant original et varié. Au service de nombreux princes étrangers, puis français, il s'est d'abord attaché à rendre vie au poème épique dans sa longue composition, *la Prise d'Alexandrie,* qui relate les exploits de Pierre Ier de Lusignan, roi chrétien de Chypre. Ses romans en vers et en prose, les «dits» («Dit du verger», «Dit du lion») témoignent d'une grande maîtrise littéraire et touchent encore par leur sincérité. Il a pratiqué et codifié les formes métriques les plus savantes de la poésie médiévale, et particulièrement le virelai, le rondeau et la ballade.

**MAETERLINCK, Maurice** (Gand, 1862 - Nice, 1949). Issu d'une vieille famille flamande, il renonce très tôt à la carrière d'avocat et rencontre à Paris les principaux écrivains du mouvement symboliste. En 1889, il publie conjointement un premier recueil de poèmes, *les Serres chaudes,* qui connaît aussitôt le succès, et un drame lyrique, *la Princesse Maleine.* C'est au théâtre surtout qu'il s'illustrera au cours des années suivantes avec, en particulier, *l'Intruse* (1890) et *Pelléas et Mélisande* (1892) qui font de lui le maître incontesté du symbolisme sur la scène. En 1896 paraît son recueil *Douze Chansons,* où il revient à l'expression lyrique. A partir de 1896, ses ouvrages en vers et ses pièces de théâtre s'orientent toujours davantage vers une méditation sur la nature et sur le cœur humain. *La Sagesse et la Destinée* (1898) et la charmante féerie de *l'Oiseau bleu* (1908) lui valent une gloire internationale. En 1911, il est couronné par le prix Nobel de littérature. Jusqu'à l'extrême fin de la vieillesse, il poursuit une œuvre méditative et sereine, marquée par *la Vie des fourmis* (1930), *Avant le grand silence* (1934) et *le Sablier* (1936).

**MALHERBE, François de** (Caen, 1555 - Paris, 1628). Après des débuts difficiles et une carrière assez besogneuse en province, il cultivera la faveur des Grands, puis celle de la famille royale, jusqu'à devenir après 1610, sous la régence de Marie de Médicis, un poète pensionné, reconnu et quasiment vénéré par ses jeunes émules. Ses premières compositions en vers, «Les larmes de saint Pierre» (1587), portaient encore la marque de l'école de la Pléiade. C'est contre celle-ci, toutefois, qu'il s'insurgera bientôt avec véhémence, recherchant dans ses poèmes de circonstance une rigueur de forme et un style impersonnel qui font de lui le précurseur du classicisme. Sa fameuse «Consolation à M. Du Périer» (1599), ses Odes et sa «Paraphrase du psaume CXLV» lui ont valu l'éloge quelque peu excessif de Boileau: «Enfin Malherbe vint, et le premier en France Fit sentir dans ses vers une juste cadence...» Lui-même ne doutait pas de cette gloire future, puisqu'il avait affirmé: «Ce que Malherbe écrit dure éternellement.»

**MALLARMÉ, Stéphane** (Paris, 1842 - Valvins, 1898). Hanté par la poésie dès son adolescence, il est contraint par les difficultés économiques de sa famille à occuper dans l'Administration des postes subalternes qui le tiennent à l'écart des milieux littéraires parisiens. Devenu professeur d'anglais en 1863, il sera nommé successivement à Tournon, à Besançon, puis à Avignon, où la monotonie du quotidien et les tâches de sa profession lui pèsent, sans l'empêcher toutefois de poursuivre, dès ses premiers poèmes, une rêverie solitaire et de manifester un désir d'absolu qui ne le quittera plus. D'abord sensible à l'idéal poétique de Baudelaire, il est frappé plus vivement par les écrits d'Edgar Poe, dont il s'attachera à traduire les poèmes. Ses premières compositions poétiques paraissent dans d'obscures revues de province. Saisi par le vertige d'une impuissance à écrire, il entreprend néanmoins en 1864 une tragédie, *Hérodiade,* qu'il n'achèvera pas sous cette forme mais qu'il publiera comme un poème en 1869 dans *le Parnasse contemporain.* Vers la même époque, il écrit une sorte de conte hermétique, *Igitur ou la Folie d'Elbehnon,* qui témoigne de l'approfondissement métaphysique de sa démarche. Son retour à Paris en 1871 lui permet de participer davantage à la vie littéraire. Introduit auprès de Leconte de Lisle et de Victor Hugo, il rencontre aussi Rimbaud et Verlaine. Ses poèmes les plus travaillés, «Toast funèbre», «Tombeau d'Edgar Poe», «L'après-midi d'un faune», datent de ces premières années parisiennes. Admiré jusqu'alors par un groupe restreint, il atteint la célébrité après la parution des *Poètes maudits,* en 1884, où Verlaine lui consacre un chapitre, et plus encore par l'hommage que lui rend Huysmans dans son roman *A rebours* en 1884. Il devient bientôt le maître d'une nouvelle génération de poètes, les symbolistes, qui se réunissent autour de lui dans son appartement de la rue de Rome, lors de ses célèbres «mardis». En 1887, il publie l'édition complète de ses poèmes, et la gloire lui est désormais acquise dans les lettres françaises. Cette audience qu'il n'a pas recherchée ne l'écarte pas de son projet majeur d'écrire enfin le «Livre», où l'absolu se révélerait sous la forme du pur poème. Absorbé par cette quête de l'inaccessible, il rassemble cependant sa production antérieure dans *Vers et Prose* (1893) et *Divagations* (1897). Un an avant sa mort, il fait paraître le poème qu'il considère comme le premier signe de cette révélation spirituelle: «Un coup de dés jamais n'abolira le hasard.» Il meurt brutalement d'un spasme de la gorge, persuadé de son échec.

**MARIE DE FRANCE.** La première poétesse de notre histoire littéraire, prénommée Marie, et qui dans ses vers se dit «de France», est principalement connue par son recueil de lais, dédié à Henri II Plantagenet, roi d'Angleterre. Elle a vécu dans la seconde moitié du XIIe siècle, probablement à la cour d'Angleterre, qui, avec Éléonore d'Aquitaine, était devenue un centre privilégié de culture française. C'est aux alentours de 1167 que Marie de France a rassemblé, sous le titre de *Lais,* ces récits en vers octosyllabes qui se présentent comme la transcription poétique des légendes et des contes bretons. Le «Lai du chèvrefeuille» est sans doute le plus achevé de tous, le plus fameux aussi par son évocation des amours de Tristan et Iseult. Marie de France est également l'auteur d'un livre de fables, *l'Ysopet* (vers 1170), qui fait d'elle l'ancêtre de notre grand fabuliste, Jean de La Fontaine.

**MAROT, Clément** (Cahors, 1496 - Turin, 1544). Fils d'un poète déjà bien introduit à la cour d'Anne de Bretagne, il tente à son tour de faire son chemin auprès du jeune François Ier. Ses poèmes de jeunesse, encore empreints de la tradition des grands rhétoriqueurs, lui gagnent bientôt la faveur de la sœur du roi, Marguerite d'Angoulême, future reine de Navarre. Il les publiera, avec grand succès, dans son recueil intitulé *Adolescence clémentine* (1532). Sa poésie chante alors, avec esprit et nonchalance, les mêmes incidents de la vie première, et Marot y laisse libre cours à sa fantaisie. Une adhésion pourtant superficielle aux idées de la Réforme lui vaut d'être emprisonné au Châtelet en 1526. Libéré par de puissants protecteurs, il se vengera de ses juges dans une satire violente, longtemps inédite, *l'Enfer.* Revenu en grâce auprès du roi, il n'en continue pas moins à se rapprocher de la religion réformée et doit se réfugier en 1534 à la cour de Marguerite de Navarre, laquelle lui permet de rejoindre Ferrare, où bon nombre de huguenots se trouvent exilés. A la suite de sa rencontre avec Calvin, il entreprend la traduction en vers des psaumes de l'Ancien Testament, qui l'occupe encore après son retour en France et qu'il publie en 1542. Contraint de nouveau à l'exil, il ne revient plus en France et connaît la solitude durant les deux dernières années de sa vie. Dédaigné par les poètes de la Pléiade, il est reconnu par Boileau et les écrivains classiques comme un des maîtres de l'élégance et de la pureté de la langue française. Son génie primesautier, sa verve malicieuse et souvent mordante font songer au style de La Fontaine, lequel lui rendra nommément hommage dans ses vers.

**MAYNARD, François** (Saint-Céré, 1582 - Aurillac, 1646). Secrétaire de la fameuse Marguerite de Valois, dite la reine Margot, divorcée d'Henri IV, il se distingue d'abord par des poèmes assez proches de l'écriture de Malherbe. Admis à l'Académie française en 1632, il publie tardivement (1646) ses *Épigrammes,* ses *Odes* et ses *Poésies,* où il tempère le style impersonnel de Malherbe par des accents langoureux et nostalgiques dont «La belle vieille» demeure le meilleur exemple.

**MILOSZ, Oscar Vladislas de Lubicz** (Lituanie, 1877 - Fontainebleau, 1939). D'origine lituanienne mais de culture française, il arrive à Paris à l'âge de douze ans et passera la majeure partie de sa vie en France. Dès 1899, il publie des poèmes marqués par le symbolisme. Avec un égal bonheur, il s'essaye au roman avec *l'Amoureuse Initiation* (1910) et au théâtre avec *Miguel Mañara* (1913). Sa quête ardente de la vie spirituelle, une foi de nature mystique l'orientent à partir de 1914 vers une poésie qui reflète à la fois son angoisse métaphysique et sa solitude de vie: *la Confession de Lémuel* (1920). *Ars Magna* (1924) et *les Arcanes* (1927) demeurent ses livres majeurs. Converti au catholicisme en 1927, il abandonne la poésie et se consacre dès lors à des ouvrages d'exégèse biblique ainsi qu'à des contes et à des récits sur son pays natal.

**MOLIÈRE, Jean-Baptiste Poquelin, dit** (Paris, 1622 - Paris, 1673). Fils d'un tapissier assez fortuné du quartier des Halles qui avait ses entrées à la cour, il fait ses humanités au collège de Clermont, tenu par les Jésuites, et entreprend des études de droit. Très vite, il se tourne vers le théâtre et, lié à une famille de comédiens, les Béjart, il fonde avec eux en 1643 la compagnie de «l'Illustre-Théâtre». La nouvelle troupe dont Madeleine Béjart assure la direction ne connaissant que des échecs à Paris, Molière (qui a pris ce pseudonyme en 1644) quitte alors la capitale et, treize années durant, poursuit sa carrière d'acteur puis de directeur à travers les villes du midi de la France. Protégé par plusieurs grands seigneurs, il donne des adaptations de comédies italiennes et fait jouer à Lyon en 1655 sa première œuvre, *l'Étourdi.* Soutenu par le prince de Conti, il présente à Pézenas sa seconde comédie *le Dépit amoureux* en 1656. Le succès obtenu l'encourage à revenir à Paris. En 1658, il joue devant le jeune Louis XIV la tragédie *Nicomède,* de Corneille, qui est reçue avec froideur. En revanche, le divertissement qu'il avait composé pour la circonstance, *le Docteur amoureux,* fait rire l'assistance et lui vaut le soutien du duc d'Anjou, frère du roi. L'année suivante, le triomphe des *Précieuses ridicules* devant le public parisien permet à Molière de s'installer au Palais-Royal. En dépit de la jalousie de la troupe rivale de l'hôtel de Bourgogne, sa renommée ne cesse de grandir avec *l'École des femmes* (1662), puis *l'Impromptu de Versailles* (1663). La protection royale n'empêche pas Molière d'être en butte aux cabales, et particulièrement à l'opposition des dévots lors de la représentation des trois premiers actes de *Tartuffe* (1664). Interdite par l'archevêque de Paris, la pièce ne sera représentée dans sa version définitive qu'en 1669 et connaîtra alors un immense succès. Entre-temps, Molière avait écrit et fait jouer *Don Juan* (1665), *le Misanthrope* (1666) et le divertissement du *Médecin malgré lui* (1666). Affecté par les mésaventures de *Tartuffe* et déjà atteint de la maladie pulmonaire qui allait l'emporter, Molière continue de composer différentes comédies-ballets pour les fêtes de la cour. Ses triomphes à Versailles grossissent le nombre de ses ennemis et contribuent sans doute à l'échec de *l'Avare* (1668). En 1672, il retrouve la faveur du public avec *les Femmes savantes*, mais le musicien Lully avec qui il avait longtemps collaboré le supplante auprès de Louis XIV. Sa dernière comédie *le Malade imaginaire* (1672) n'est pas jouée à la cour, et Molière, qui tenait le rôle principal, meurt à l'issue de la quatrième représentation à Paris. Il est enterré le 21 février 1673 quasi clandestinement, ne devant qu'à une ultime protection royale d'être inhumé en terre chrétienne malgré les protestations du parti dévot.

**MORÉAS, Jean Papadiamantopoulos, dit Jean** (Athènes, 1856 - Saint-Mandé, 1910). Descendant d'une grande famille grecque, il reçoit une éducation française et arrive à Paris en 1875 afin d'y poursuivre des études supérieures qu'il abandonne pour la poésie. Ses premiers recueils sont marqués par le style du Parnasse, auquel il adhère d'abord. En 1886, il écrit un manifeste qui prône le symbolisme. Il s'en éloigne cependant bientôt pour fonder avec le jeune Charles Maurras une «école romane» qui s'efforce de faire retour à la tradition des Anciens. Admirateur de la Pléiade, il compose un recueil qui en retrouve artificiellement le style, *le Pèlerin passionné*, paru en 1890. Son principal ouvrage demeure *les Stances* (1899) où il mêle harmonieusement l'inspiration symboliste et la rigueur classique du vers.

**MUSSET, Alfred de** (Paris, 1810 - Paris, 1857). Introduit à dix-huit ans dans le cénacle romantique, il étonne par sa précocité et le charme de ses premiers poèmes. Ses *Contes d'Espagne et d'Italie* (1829), écrits en vers légers et fantaisistes, témoignent déjà de ses dons d'évocation aussi bien des paysages que des passions du cœur. C'est au théâtre qu'il donne dès lors le meilleur de son talent, malgré le peu de succès de ses premiers essais dramatiques. *Un spectacle dans un fauteuil* (1832) et surtout *Comédies et Proverbes* (1840) révèlent son originalité et la finesse psychologique de ses compositions. *Les Caprices de Marianne* (1833) en font l'héritier de Marivaux, alors que *Lorenzaccio* (1834) fait songer au drame shakespearien. Sa liaison malheureuse avec George Sand le pousse à écrire une comédie à la fois mélancolique et gracieuse, *On ne badine pas avec l'amour*. Un ton plus grave, un lyrisme plus douloureux, se font entendre dans les «Nuits» écrites entre 1835 et 1837 et parues dans la troisième partie des *Poésies nouvelles*, puis dans la *Lettre à Lamartine* et l'émouvant *Souvenir* de 1841. Passé cette intense période de création, il écrit peu et le désenchantement s'empare de lui, avant que la maladie ne contraigne au silence cet «enfant du siècle», trop doué sans doute, et trop fêté à ses débuts pour affronter le malheur des années adultes.

**NELLIGAN, Émile** (Montréal, 1879 - Montréal, 1941). Canadien français par sa mère, d'ascendance irlandaise par son père, il s'éloigne très tôt du milieu familial et, renonçant à poursuivre des études universitaires, il se consacre à la poésie dès l'âge de dix-sept ans. En 1897, il participe aux activités de l'«École littéraire de Montréal» et publie ses premiers poèmes sous divers pseudonymes. Contraint par son père à s'embarquer comme matelot sur un navire à destination de l'Angleterre, il continue d'écrire et dès son retour, en décembre 1898, il se mêle à nouveau au groupe de l'«École». Quelques mois plus tard, il est sujet à des crises de délire et est interné. Il meurt en 1941 sans avoir recouvré la lucidité. Les poèmes de ce véritable Rimbaud canadien ont été rassemblés après son internement. L'influence des «poètes maudits» français, et particulièrement de Baudelaire et de Verlaine, n'empêche pas une voix très personnelle de s'y faire jour, marquée par le spleen et la douleur insupportable de vivre.

**NERVAL, Gérard Labrunie, dit Gérard de** (Paris, 1808 - Paris, 1855). Élevé par son oncle à Mortefontaine, sensible dès l'enfance aux paysages et aux contes du Valois, il devient l'ami de Théophile Gautier au lycée Charlemagne. A dix-huit ans, il traduit avec brio le *Faust* de Goethe, et ce premier succès lui vaut d'être introduit auprès des Romantiques dont il partage alors la vie animée et souvent bohème. Grand amateur de théâtre, il tombe amoureux de l'actrice Jenny Colon dont la figure hantera son œuvre ultérieure. Ses premiers récits, légers et délicats, ne permettent pas encore de soupçonner le style intérieur et le caractère mystique qui deviendra le sien après son internement pour troubles nerveux en 1841. Entre ses crises de délire et ses moments d'abattement, il part pour l'Orient et relate ses souvenirs dans son *Voyage en Orient* (1851). A partir de cette même année, les crises se font plus fréquentes et plus violentes. Mêlant ses souvenirs, recomposant autour de ses différentes amours malheureuses la figure d'une femme unique à laquelle il voue une admiration quasi religieuse, il écrit alors les sonnets des *Chimères* (1854) et les différents épisodes des *Filles du Feu*, parmi lesquels *Sylvie* et surtout *Aurélia* représentent l'extraordinaire conjonction de la réalité et du rêve. Ayant quitté la clinique du docteur Blanche où il était soigné, il erre alors dans Paris, sans ressources et emporté par ses visions. On le retrouve pendu à une grille de la rue de la Vieille-Lanterne, à l'aube du 26 janvier 1855. La veille au soir, il avait écrit ce billet à sa tante: «Ne m'attends pas ce soir, car la nuit sera blanche et noire.»

**NOAILLES, Anna, princesse Brancovan, comtesse de** (Paris, 1876 - Paris, 1933). D'origine roumaine par sa mère, passionnée de culture française dès l'adolescence, elle commence à écrire, sous l'influence des Parnassiens et de Victor Hugo, des poèmes qui connaissent très vite le succès. En 1901, son premier recueil, *le Cœur innombrable*, est accueilli avec chaleur dans les milieux littéraires. Amie et confidente de Maurice Barrès, admirée du monde parisien, elle compose dès lors de nombreux ouvrages qui témoignent de sa sensibilité mais aussi de la maîtrise de son écriture, parmi lesquels on retiendra *l'Ombre des jours* (1902), *les Vivants et les Morts* (1913), *l'Honneur de souffrir* (1927). Couronnée par l'Académie française, elle fut la première femme à recevoir la décoration de commandeur de la Légion d'honneur.

**NOËL, Marie Rouget, dite Marie** (Auxerre, 1883 - Auxerre, 1967). Attachée à sa province natale qu'elle ne quittera pas, elle publie à partir de 1921 plusieurs livres de poèmes où son sentiment religieux s'exprime avec une fraîcheur et une délicatesse toutes franciscaines. *Les Chansons et les Heures* (1921), *le Rosaire des joies* (1930), *Chants et psaumes d'automne* (1947) et enfin *Chants d'arrière-saison* (1961) lui ont valu en 1962 le grand prix de poésie de l'Académie française.

**NOUVEAU, Germain** (Pourrières, Var, 1851 - Pourrières, 1920). D'abord attiré par le sacerdoce, il vient à Paris en 1872 et se mêle à la vie bohème des cercles littéraires. Il y fréquente en particulier Verlaine et Rimbaud, qu'il accompagnera à Londres en 1873. Ses premiers vers lui ont acquis une certaine célébrité, mais à partir de 1878 il change délibérément d'existence et de style d'écriture et compose des poèmes d'inspiration religieuse, telle sa *Doctrine de l'amour* (1881). Il voyage en Orient, puis, en proie à des crises de délire mystique, il passe trente années de sa vie en pèlerinages et errances à travers la Belgique, l'Espagne et l'Italie. En 1911, il se retire dans un mas en ruine, où il mourra, sans ressources, oublié de tous.

**PÉGUY, Charles** (Orléans, 1873 - Villeroy, 1914). D'origine paysanne, orphelin de père dès 1874, il poursuit comme boursier de solides études classiques qui le conduisent à l'École normale supérieure en 1894. Il travaille déjà à une œuvre dramatique, *Jeanne d'Arc,* où son idéal socialiste se fait jour dans le personnage de la jeune fille de Domrémy. Très proche alors des milieux socialistes par ses convictions humanistes et généreuses, il se sépare en 1900 de ses amis politiques, et en particulier de Jaurès dont il critique l'antimilitarisme. Cette même année, il fonde les *Cahiers de la Quinzaine* où il publiera ses poèmes et ses essais. Devenu un fervent défenseur du patriotisme, ayant fait retour à la foi catholique en 1908, il oriente sa pensée et son écriture vers une exaltation de la terre française et des vertus chrétiennes qui l'ont nourrie au cours des siècles. Il écrit désormais une suite d'ouvrages en vers qui témoignent de ce christianisme héroïque et militant: *le Mystère de la charité de Jeanne d'Arc* (1910), *le Porche du mystère de la deuxième vertu* (1911), *la Tapisserie de sainte Geneviève et de Jeanne d'Arc* (1912), *la Tapisserie de Notre-Dame* (1913) et enfin *Ève* (1913). Il polémique également contre le matérialisme et l'agnosticisme dans de nombreux essais qui ne connaissent pas le succès. Rappelé sous les drapeaux à la déclaration de guerre, il part au combat dès le mois d'août 1914 et meurt au front lors des premiers engagements de la bataille de la Marne.

**PÉRET, Benjamin** (Rezé, 1899 - Paris, 1959). Un des premiers compagnons d'André Breton dans le mouvement surréaliste, il dirige avec celui-ci la revue du groupe, *la Révolution surréaliste*. Il n'a pas cessé, à travers toute son œuvre, de manifester sa fidélité à l'esprit du surréalisme, et en particulier sous la forme de l'écriture automatique, comme en témoignent ses principaux recueils, *le Passager du transatlantique* (1921), *Le Grand Jeu* (1928), *Je ne mange pas de ce pain-là* (1936). Il est également l'auteur de textes en prose à l'humour corrosif et à la violence libertaire, *le Déshonneur des poètes* (1945), *Mort aux vaches et au champ d'honneur* (1953).

**PEYNARD DE LA BANDOLLIÈRE, Geoffroy** (Flandres, 1535 - Paris, 1571). Fils d'un riche magistrat d'Anvers, il vient à Paris dès l'âge de seize ans parachever de brillantes études d'humaniste. Une traduction en alexandrins de la quatrième *Bucolique* de Virgile lui vaut l'amitié de Ronsard, qui l'introduit en 1558 à la cour de Henri II. La mort brutale du roi semble avoir mis fin, dès l'année suivante, à la faveur du jeune poète. Soupçonné d'avoir rejoint le parti huguenot, il est banni de la capitale et mène dès lors une existence misérable. Il voyage peut-être en Italie et meurt à son retour en France, sans avoir publié ses poèmes. Ronsard les rassemblera sous le titre de *Rustiques* et les fera paraître en 1574 avec une préface élogieuse de Jean-Antoine de Baïf.

**PISAN, Christine de** (Venise, 1363 - France, 1430). Fille d'un notable de Bologne devenu conseiller auprès du roi de France en 1370, elle a été élevée à la cour de Charles V. Après une adolescence heureuse et une jeunesse comblée, elle connaît des revers de fortune et s'efforce de gagner puis de conserver la faveur des princes par une œuvre variée où se mêlent les travaux de chroniqueur (*Livre des faits et bonnes mœurs du sage roi Charles V*, 1404) et les compositions poétiques les plus diverses. Pour ses protecteurs elle écrit des épîtres et des dits qui reflètent les idéaux de l'amour courtois. Elle défend l'honneur des femmes contre Jean de Meung et son fameux *Roman de la Rose*, fortement empreint de misogynie. Ses recueils de ballades, et particulièrement ses *Ballades du veuvage*, ont des accents de sincérité, de pudeur et de délicatesse qui font d'elle une poétesse lyrique de tout premier ordre. Son dernier grand poème, le « Ditié de Jeanne d'Arc » (1429), est un hommage vibrant à la Pucelle victorieuse des Anglais à Orléans.

**PRÉVERT, Jacques** (Neuilly-sur-Seine, 1900 - Normandie, 1977). Proche des surréalistes, mais à l'écart de toute école littéraire, il devient à partir des années trente scénariste et auteur de dialogues pour les films les plus célèbres de Marcel Carné, *Drôle de drame* (1937), *Quai des brumes* (1938), *Le jour se lève* (1939), *les Visiteurs du soir* (1942), *les Enfants du paradis* (1944). Indifférent aux modes et aux coteries littéraires, il rassemble après la guerre une partie de ses poèmes dans le recueil *Paroles*, publié en 1946, qui connaît aussitôt un immense succès. Il fait paraître encore *Spectacles* (1951), *la Pluie et le Beau Temps* (1955), ainsi que plusieurs livres de contes et de récits où se mêlent la fantaisie et un humour parfois corrosif. De tous les poètes contemporains, il demeure sans doute le plus populaire et le plus admiré.

**QUENEAU, Raymond** (Le Havre, 1903 - Paris, 1976). Après de brillantes études de philosophie et de mathématiques, il rejoint le mouvement surréaliste en 1924. Ami de Jacques Prévert, il collabore à *la Révolution surréaliste*, puis se sépare du groupe d'André Breton en 1929. Il poursuit dès lors une œuvre toute personnelle où le sérieux scientifique va de pair avec l'humour et la verve pataphysicienne dans la tradition d'Alfred Jarry. Auteur de plusieurs romans à demi autobiographiques, il donne avec *Chêne et chien* (1937) un récit en vers de son existence passée, auquel *les Ziaux* (1943) et *l'Instant fatal* (1948) apporteront un complément très savoureux de poésie burlesque et savante. Parmi ses œuvres en prose les plus fameuses, on retiendra *Pierrot mon ami*, publié en 1943, et surtout *Zazie dans le métro* (1959), qui lui vaut un succès considérable. Ses *Exercices de style*, parus en 1947, repris en 1963, sont devenus un classique de l'invention verbale. Membre de l'Académie Goncourt, il a joué un rôle de premier plan dans la création de l'*Ouvroir de littérature potentielle (Oulipo)* où se poursuit un travail théorique et pratique de création littéraire à partir du langage.

**RACAN, Honorat de Bueil, seigneur de** (Aubigné, 1589 - Paris, 1670). Dès son adolescence, il vit à la cour d'Henri IV où il occupe la fonction de page de la chambre du roi. Présenté à Malherbe en 1605, il deviendra le disciple préféré du poète et l'admirateur inconditionnel de son œuvre. Après avoir embrassé la carrière militaire, il se tourne définitivement vers les lettres et donne en 1619 une pastorale dramatique, *les Bergeries*, qui fut représentée avec grand succès à l'hôtel de Bourgogne. La pièce fut même jouée en 1625 à la cour de Louis XIII, avec Henriette de France dans le rôle principal. La faveur royale valut à Racan de devenir académicien dès la création par Richelieu de l'illustre compagnie. Il occupera la fin de sa vie à la composition de poèmes religieux, *Odes sacrées* (1651) et *Dernières œuvres et Poésies chrétiennes* (1660).

**RACINE, Jean** (La Ferté-Milon, 1639 - Paris, 1699). Orphelin dès l'âge de trois ans, il est recueilli par sa grand-mère, qui se retire bientôt auprès du monastère de Port-Royal. Élevé aux Petites Écoles tenues par les religieuses du célèbre couvent, le jeune Racine aura là pour professeurs les meilleurs maîtres du temps, qui lui donnent une solide culture classique. Très tôt, il songe au théâtre malgré le caractère alors peu recommandable de la condition d'auteur dramatique. Cherchant d'abord à gagner la faveur royale par des poèmes de circonstance, il parvient, après quelques échecs, à faire jouer sa première pièce, *la Thébaïde ou les Frères ennemis*, par la troupe de Molière en 1664. Il ne connaît qu'un succès d'estime, alors que sa seconde pièce, *Alexandre le Grand*, jouée en 1665, est accueillie avec chaleur. Brouillé avec Molière, il confie à l'Hôtel de Bourgogne, la troupe rivale, sa tragédie *Andromaque* (1667), qui lui vaut un triomphe comparable à celui du *Cid* de Corneille en 1639. Dès lors s'ouvre devant lui la période la plus féconde de sa carrière. Dix années durant, il devient le maître incontesté de la tragédie, donnant successivement à la scène *Britannicus* (1669), *Bérénice* (1670), *Bajazet* (1672), *Mithridate* (1673), *Iphigénie* (1674) et *Phèdre* (1677). Sans crainte, il défie son rival Corneille en écrivant *Bérénice*, dont le succès rejette dans l'ombre la pièce du vieux maître, *Tite et Bérénice*. Mais la cabale montée contre *Phèdre* le pousse à délaisser le théâtre. Comblé des faveurs de Louis XIV, il se voit proposer par le roi la fonction très recherchée d'historiographe, qu'il partagera avec son ami Boileau. Les devoirs de sa charge ainsi que l'éducation de ses sept enfants semblent l'éloigner de l'écriture poétique. Sur la demande de Mme de Maintenon, il accepte toutefois de composer une pièce édifiante, *Esther*, qui sera représentée en 1689 par les jeunes pensionnaires de Saint-Cyr. Le succès remporté par cette œuvre, tant à la cour qu'à la ville, incite Racine à écrire de nouveau pour Saint-Cyr. Mais *Athalie*, achevée en 1690, subit les attaques du parti dévot et ne sera pas portée à la scène. Racine abandonne alors définitivement le théâtre. Réconcilié avec ses anciens amis de Port-Royal, il s'enferme dans une piété austère, n'écrivant plus que des poèmes à sujet religieux, tels ses *Cantiques spirituels* (1694), qui restent dignes de ses grandes œuvres antérieures.

**RÉGNIER, Henri de** (Honfleur, 1864 - Paris, 1936). D'abord sensible à l'influence parnassienne, il se convertit à l'écriture symboliste sous l'égide de Mallarmé et publie en 1887-1890 ses *Poèmes anciens et romanesques* marqués par l'esthétique de la nouvelle école. Son mariage avec la fille aînée de José Maria de Heredia entraîne chez lui un retour à une poésie plus classique, telle qu'elle se manifestera dans ses livres ultérieurs, *Les Jeux rustiques et divins* (1897), *les Médailles d'argile* (1900), *la Cité des eaux* (1902), *la Sandale ailée* (1906) et *le Miroir des heures* (1911). Auteur de nombreux romans à l'écriture délicate et souvent précieuse, il était entré à l'Académie française dès 1911.

**RÉGNIER, Mathurin** (Chartres, 1573 - Rouen, 1613). Neveu du poète Philippe Desportes, que Malherbe avait violemment critiqué, il ne manquera de prendre le parti de son oncle et de s'opposer aux leçons de Malherbe, tant par son existence de libertin que par son esthétique burlesque. Grand lecteur des auteurs satiriques latins, Horace et surtout Juvénal, il deviendra célèbre en 1608 avec la publication de ses *Satires,* où il pourfend avec sa verve cinglante les ridicules et les affectations de la société. Sa verve réaliste, truculente et parfois grossière, le rattache à Rabelais, mais fait songer aussi, malgré son style trop souvent relâché, au *Tartuffe* et au *Misanthrope* de Molière, écrits un demi-siècle plus tard.

**REVERDY, Pierre** (Narbonne, 1889 - Solesmes, 1960). Dès son arrivée à Paris, en 1910, il devient le familier des artistes du Bateau-Lavoir et se lie particulièrement avec Picasso, Braque, Juan Gris, et quelques poètes dont il se sent proche par la démarche, notamment Max Jacob et Apollinaire. En 1917, il crée la revue *Nord-Sud* sous le signe de l'«esprit nouveau», où il publie ses poèmes et définit en toute clarté son esthétique. De cette époque datent ses premiers recueils, *la Lucarne ovale* (1916), *les Ardoises du toit* (1918), et son roman *le Voleur de Talan* (1917). Après sa conversion au catholicisme en 1926, il s'éloigne de Paris et se retire près de l'abbaye de Solesmes, où il continue son œuvre. Il y demeurera jusqu'à sa mort. En 1937, il donne son plus grand recueil, *Ferraille,* qui sera suivi en 1946 par *le Chant des morts.* La liberté de son écriture poétique a marqué le surréalisme, dont il se distingue toutefois par un lyrisme retenu et secret.

**RIMBAUD, Arthur** (Charleville, 1854 - Marseille, 1891). Révolté dès l'enfance contre la convention provinciale et la vie familiale confinée, il poursuit toutefois de brillantes études secondaires au collège de Charleville, où il excelle particulièrement en vers latins. A l'âge de seize ans, il écrit ses premiers poèmes en français, et, dès 1870, soutenu et conseillé par son professeur de rhétorique, Georges Izambard, il lit avec passion la poésie contemporaine et envoie trois poèmes, dont «Ophélie», à Théodore de Banville. Dès la déclaration de la guerre franco-prussienne, il part pour Paris où il est incarcéré à la prison de Mazas. De retour à Charleville, il repart aussitôt pour la Belgique et écrit durant cette escapade une dizaine de poèmes, parmi lesquels «Au cabaret vert» et «le Dormeur du val». Contraint par sa mère à regagner Charleville, il passe ses journées à lire, puis apprenant la proclamation de la Commune de Paris, il fausse compagnie à sa famille et reprend le train pour la capitale le 25 février 1871. Il reviendra à pied dans sa ville natale. Conscient de sa vocation poétique, qu'il envisage comme une expérience prométhéenne de «voleur de feu», il écrit en mai 1871 sa fameuse *Lettre du voyant* où il déclare: «Le poète se fait voyant par un long, immense et raisonné dérèglement de tous les sens.» En septembre 1871, il compose «Le bateau ivre». Appelé à Paris par Verlaine à qui il avait envoyé quelques poèmes, il mène auprès de celui-ci une vie tout à la fois orageuse et bohème qui, malgré les efforts conjugués de la mère de Rimbaud et de la femme de Verlaine, se poursuivra, deux années durant, à Londres et en Belgique. Blessé par Verlaine au terme d'une violente querelle en 1873, il se retire dans la maison familiale de Roche et écrit *Une saison en enfer,* qu'il fera imprimé à Bruxelles et dont seuls quelques exemplaires envoyés à des amis seront alors distribués. Après les poèmes en prose des *Illuminations,* entrepris peut-être à Londres et achevés en 1873, Rimbaud, à dix-neuf ans, renonce à la littérature. Pendant les dix-sept années qui lui restent à vivre, il voyage, apprend les langues étrangères, exerce les métiers les plus divers en Europe, en Indonésie, en Afrique. Après de multiples aléas, il part pour Aden en 1880. Engagé par une maison de commerce, il traverse la mer Rouge et s'installe en Abyssinie où il fait œuvre à la fois d'explorateur et de commerçant. En 1887, il s'engage dans une affaire de trafic d'armes. L'aventure se solde par un échec. En février 1891, une tumeur se déclare à son genou droit. Incapable de poursuivre son travail, atteint d'insupportables douleurs, il est rapatrié en France, hospitalisé à Marseille où sa jambe droite est amputée. Après un dernier séjour dans les Ardennes et devant l'aggravation de son mal, il retourne à l'hôpital de la Charité à Marseille où il meurt dans une sorte de délire à demi conscient, le 10 novembre 1891, à l'âge de trente-sept ans. Son œuvre, aussi intense que brève, a frayé le chemin à toute la poésie française du XX$^{e}$ siècle.

**RODENBACH, Georges** (Tournai, 1855 - Paris, 1898). Juriste de formation, il exerce d'abord la profession d'avocat à Bruxelles. Attiré par la poésie, il fonde avec Verhaeren la revue *la Jeune Belgique.* Après avoir publié trois recueils sans grande originalité et qu'il reniera par la suite, il donne enfin un livre de poèmes, *la Jeunesse blanche* (1886), où des accents très personnels se font jour. Reconnu comme un des maîtres du tout nouveau symbolisme, il s'installe à Paris et collabore aux meilleures revues françaises. Ami de Mallarmé, qui l'admire, il publie en 1891 *le Règne du silence*, recueil où s'affirme son style méditatif et nostalgique. Son amour des paysages flamands aux villes assoupies, aux canaux paisibles, le pousse à écrire son beau roman *Bruges-la-Morte* (1892) qui lui vaut une grande renommée, malgré les réserves des Brugeois. Il publiera encore plusieurs livres de poèmes, dont le dernier, *le Miroir du ciel natal* (1898), fait appel au vers libre.

**RONSARD, Pierre de** (Vendômois, 1524 - Saint-Cosme-lez-Tours, 1585). Fils de gentilhomme, il ne peut embrasser la carrière des armes à cause d'une surdité précoce, et se tourne très vite vers les lettres et la poésie. Venu à Paris pour y poursuivre des études humanistes, il devient le disciple du célèbre grammairien Dorat, auprès de qui il rencontre bientôt Joachim du Bellay et les autres jeunes poètes qui formeront avec lui le groupe illustre de la Brigade, puis celui de la Pléiade. Inspirateur de l'important manifeste poétique *Défense et illustration de la langue française*, rédigé et signé par Du Bellay en 1549, il publie dès l'année suivante ses «Quatre Premiers Livres des Odes» qui lui valent le succès et la faveur de la cour. S'ouvre alors pour lui une carrière féconde et prestigieuse dont on retiendra d'abord le beau recueil des *Amours de Cassandre* (1552), puis celui de *Nouvelle Continuation des amours* (1555-1556), plus connu sous le titre *Amours de Marie*, ouvrage dans lequel son style, libéré du modèle pétrarquisant, trouve les accents les plus personnels que lui dicte la mort de la jeune femme aimée. S'essayant tour à tour, et avec un égal bonheur, au poème épique des *Hymnes* (1555-1556), à la veine du pamphlet politique dans son *Discours des misères de ce temps* (1563), il sait revenir à la tonalité lyrique où il excelle avec les *Sonnets pour Hélène* (1578) dont fait partie le fameux «Quand vous serez bien vieille...». Il n'achèvera pas *la Franciade*, grande composition, qui se voulait une sorte d'Énéide de l'histoire française, et qui préfigure certains accents de Victor Hugo dans *la Légende des siècles.* Retiré dans son domaine tourangeau, il écrit encore, un an avant sa mort, l'émouvante élégie «Contre les bûcherons de la forêt de Gastine». Cette œuvre immense, durement critiquée par Malherbe au nom d'une écriture déjà classique, retrouvera au XIX$^{e}$ siècle, grâce aux Romantiques, la place qu'elle mérite dans notre littérature, une des plus hautes, aux côtés de Villon, de Victor Hugo et de Verlaine.

**ROSTAND, Edmond** (Marseille, 1868 - Paris, 1918). Après des essais infructueux en poésie et au théâtre, il se fait apprécier du public parisien avec sa comédie en vers *les Romanesques*, représentée en 1894 au Théâtre-Français. Il connaît le triomphe avec *Cyrano de Bergerac*, donné au théâtre de la Porte-Saint-Martin en 1897. En dépit des réserves de la critique et des milieux littéraires, *l'Aiglon*, créé par Sarah Bernhardt en 1900, lui vaut à son tour une gloire immense. Il est élu à l'Académie française en 1901. Après deux succès seulement, comparables à l'accueil d'*Hernani* et de *Ruy Blas*, il n'écrira plus que *Chantecler* (1910), mal reçu du public, et *la Dernière Nuit de don Juan*, publiée après sa mort. D'une santé fragile, il s'était retiré au Pays basque dès 1901.

**RUTEBEUF.** Né peut-être en Champagne, mais ayant vécu principalement à Paris, il occupe la plus haute place dans la poésie française du XIII$^{e}$ siècle. Sa mort ne pourrait remonter au-delà de 1285. A la façon des trouvères, il a chanté ses joies et surtout ses malheurs dans des complaintes versifiées dont les plus célèbres sont «La grièche d'hiver» et «La pauvreté Rutebeuf». On trouve là des accents personnels, et une évocation poignante de la misère des temps qui, deux siècles avant Villon, fait songer au *Grand Testament.* Auteur de fabliaux, de chansons de croisade et d'un roman semi-biographique, il a porté sur la scène le poème dramatique avec son *Miracle de Théophile,* premier exemple des pièces jouées en l'honneur de Notre-Dame, et qui témoigne de la piété profonde de ce poète.

**SAINT-AMANT, Marc-Antoine Girard, sieur de** (Quevilly, 1594 - Paris, 1661). Amoureux de voyages et d'aventures, libertin et volontiers cynique, il est l'exemple même du poète de l'âge baroque français, insoucieux des règles et se livrant sans contraintes à l'inspiration du moment. Un des premiers membres de l'Académie française, il s'est essayé aux genres les plus divers, depuis le poème biblique, *Moïse sauvé* (1653), jusqu'à la satire et au lyrisme personnel, ainsi «L'ode à la solitude». Ses sonnets pittoresques, tels «Les goinfres» et «Le paresseux», proches de Rabelais par leur veine truculente, demeurent la partie la plus originale de son œuvre.

**SAINT-DENYS GARNEAU, Hector de** (Montréal, 1912 - Sainte-Catherine, Québec, 1943). D'une famille déjà célèbre dans les lettres canadiennes, il poursuit de solides études classiques, tout en acquérant une formation artistique à l'École des beaux-arts de Montréal. A l'âge de vingt-deux ans, il expose ses premières œuvres et participe à la fondation de la revue *la Relève.* Atteint par une grave maladie cardiaque en 1934, conscient de la menace qui pèse désormais sur sa vie, il se consacre dès lors à sa vocation d'écrivain et entame en 1935 la rédaction de son *Journal,* qu'il poursuivra jusqu'en 1939. Son premier recueil de vers, *Regards et jeux dans l'espace,* est publié en 1937. Après un bref séjour en Europe, il renonce à toute activité sociale, mène une existence de reclus, approfondissant une expérience intérieure que vient interrompre en 1943 sa mort mystérieuse sur le bord d'une rivière. Ses *Poésies complètes,* publiées en 1949, s'inscrivent dans la tradition du symbolisme, dont Saint-Denys Garneau a adopté le vers libre. Témoignage poignant d'une solitude traversée d'émotions quasiment mystiques, son *Journal* a été édité en 1954.

**SAINT-JOHN PERSE, Alexis Saint-Léger Léger, dit** (la Guadeloupe, 1887 - Giens, 1975). De son ascendance coloniale et de son enfance tout entière passée aux Antilles, il gardera l'amour d'une nature luxuriante et des paysages exotiques. Venu en France en 1899, il poursuit ses études à Pau, puis à Bordeaux, et choisit la carrière diplomatique où il exercera des postes de haute responsabilité jusqu'à devenir, en 1933, secrétaire général du ministère des Affaires étrangères. Son œuvre littéraire débuta en 1911 avec la publication d'un livre de poèmes, *Éloges,* qui reçoit immédiatement un accueil chaleureux. Grand voyageur, tant en Amérique qu'en Extrême-Orient, il travaille longuement à son second livre, *Anabase,* qu'il fait paraître en 1925 sous le pseudonyme de Saint-John Perse. Désireux de se tenir à l'écart des milieux littéraires, il se consacre dès lors exclusivement à ses fonctions officielles, qu'il abandonnera en 1940, après l'armistice et son départ pour les États-Unis. Destitué par le gouvernement de Vichy, déchu de la nationalité française, il poursuit son œuvre poétique, tout en participant sur le sol américain à la cause de la Résistance. Il écrit alors son émouvant poème justement appelé *Exil* (1942), qui sera suivi de *Pluies* (1943), *Neiges* (1944) et *Vents* (1946). Il ne revient en France qu'en 1957, année où est publié son dernier grand livre de poèmes, *Amers,* qui fait de lui le poète le plus admiré et le plus célébré dans les lettres françaises. Il écrit encore *Chronique* (1959) et *Oiseaux* (1962). Le prix Nobel de littérature lui a été décerné en 1960.

**SAINT-POL ROUX, Paul Roux, dit** (Bouches-du-Rhône, 1861- Brest, 1940). Accueilli en 1886 dans le cénacle symboliste, il collabore aux revues du groupe, et publie en 1893 son recueil, *les Reposoirs de la procession.* Au fil de ses ouvrages ultérieurs comme *Anciennetés* (1903) il se détache de l'esthétique du symbolisme et trouve son originalité tant dans ses poèmes que dans ses drames lyriques. En 1900, il compose le livret de *Louise,* opéra de Gustave Charpentier, qui lui apporte la célébrité. Retiré bientôt dans sa propriété de Camaret, il poursuit son œuvre de dramaturge loin des écoles et des milieux parisiens. Vivant dans le silence et presque dans l'oubli, il est reconnu et fêté par les surréalistes en 1925 comme leur «seul authentique précurseur», selon les termes d'André Breton. Il meurt tragiquement durant les premiers jours de l'occupation allemande, après qu'une de ses filles eut été blessée en juin 1940 par un soldat ennemi, et que son manoir eut été brûlé, quelques semaines plus tard.

**SAMAIN, Albert** (Lille, 1858 - Seine-et-Oise, 1900). Issu d'un milieu modeste, longtemps accaparé par des tâches professionnelles médiocres, il se mêle en 1880 aux milieux littéraires parisiens et compte parmi les fondateurs du *Mercure de France* en 1890. En 1893, il réunit ses vers dans un recueil intitulé *Au jardin de l'infante* et connaît la célébrité grâce à un article enthousiaste de François Coppée. Disciple de Baudelaire et de Verlaine, il exprime cependant une sensibilité toute personnelle dans son second volume de vers, *Aux flancs du vase,* publié en 1898. Paru après sa mort, *le Chariot d'or* (1901) contient sans doute les poèmes les plus attachants de cet auteur évidemment sincère, mais à l'écriture trop souvent relâchée.

**SCARRON, Paul** (Paris, 1610 - Paris, 1660). Malade et quasiment invalide dès sa jeunesse, il a préféré, comme il l'écrira lui-même, rire de ses malheurs physiques plutôt que de s'en plaindre. Très vite, il excelle dans l'écriture burlesque avec des poèmes satiriques ou bouffons. Il s'illustrera par son *Roman comique,* publié en 1651 et en 1657, qui relate l'histoire pittoresque d'une troupe de comédiens. Sa parodie de l'Énéide, *Virgile travesti* (1648-1652), lui assurera une gloire durable. Il fut le premier mari de Françoise d'Aubigné, petite-fille du poète Agrippa d'Aubigné, future Mme de Maintenon, que Louis XIV épousera secrètement à la mort de Marie-Thérèse d'Autriche en 1683.

**SCÈVE, Maurice** (Lyon, début du XVIe siècle - Lyon, 1564). Il appartient à la bourgeoisie lyonnaise et, tout comme son père, il occupera des fonctions officielles au service de sa ville natale. Admirateur de Pétrarque, grand érudit, reconnu très tôt par Marot, il compose en l'honneur de Pernette du Guillet son grand poème *Délie, objet de la plus haute vertu,* formé d'une longue suite de dizains en décasyllabes. L'ouvrage ne sera publié qu'en 1544, un an avant la mort de la femme aimée. Affecté par cette brutale disparition, il abandonne alors la vie brillante qui avait été la sienne pour écrire, sous le titre *Microcosme* (1562) un vaste poème biblique. Son style savant, parfois hermétique, mais toujours d'une extrême rigueur, lui a valu, après plusieurs siècles d'oubli, l'admiration des poètes de notre temps.

**SPIESS, Henry** (Genève, 1876 - Genève, 1940). Après des études de droit, il aborde la poésie avec le recueil *Rimes d'audience* (1903) qui évoque avec humour le monde du barreau. Délaissant la carrière d'avocat, il se consacre dès lors à son œuvre, publiant *le Silence des heures* en 1904, ouvrage marqué par le symbolisme mais aux accents déjà très personnels. Son originalité s'affirme davantage encore avec les recueils ultérieurs, *le Visage ambigu* (1918), *Attendre* (1919) et plus particulièrement *Saison divine* (1920).

**SPONDE, Jean de** (Mauléon, 1557 - Bordeaux, 1595). Élevé à la cour de Jeanne d'Albret, mère d'Henri IV, il abjura la religion réformée en même temps que le roi de France et demeura à son service jusqu'à sa mort. Grand humaniste et traducteur des poètes grecs, il écrit des *Sonnets d'amour* et des *Stances sur la mort* qui seront publiés après sa disparition. Fortement empreinte d'un style baroque, son œuvre poétique, à la fois sensuelle et désabusée, a été redécouverte au milieu du XXe siècle et appréciée dès lors comme une des plus caractéristiques de cette époque.

**SULLY PRUDHOMME, René François Armand Prudhomme, dit** (Paris, 1839 - Châtenay-Malabry, 1907). Reconnu dès l'âge de vingt-six ans grâce à son recueil *Stances et poèmes* où se trouve le fameux «Vase brisé», il fait bientôt partie du groupe des Parnassiens que préside Leconte de Lisle. Sa recherche de rigueur formelle apparaît encore dans *les Solitudes* (1869), mais déjà tempérée par un lyrisme plus personnel qui s'affirmera avec *les Vaines Tendresses* (1875). Traducteur de Lucrèce, il s'attache dès lors à la composition de deux vastes poèmes philosophiques, *la Justice,* paru en 1878, et *le Bonheur,* paru en 1888. Admiré et considéré autant comme penseur que comme poète, il sera couronné en 1901 par le premier prix Nobel de littérature.

**SUPERVIELLE, Jules** (Montevideo, 1884 - Paris, 1960). D'origine basco-béarnaise, il partagera sa vie entre la France et l'Uruguay, marqué par les horizons immenses de l'Amérique du Sud, qu'il évoquera dans ses vers et plus encore dans son premier livre de prose, *l'Homme de la pampa,* publié en 1923. Proche du cercle de la *Nouvelle Revue Française,* grand ami de Gide et de Valéry, il s'impose au public par son recueil de poèmes *Gravitations* (1925). D'autres livres suivront, où la délicatesse et la simplicité de sa vision poétique sont toujours plus remarquables: *le Forçat innocent* (1930), *les Amis inconnus* (1934), *Oublieuse Mémoire* (1949). Son admirable talent de conteur s'est exprimé en de nombreux ouvrages, parmi lesquels se détachent *l'Enfant de la haute mer* (1931), *l'Arche de Noé* (1938), *le Jeune Homme du dimanche et des autres jours* (1952). Darius Milhaud a composé une partition musicale pour sa pièce de théâtre *Bolivar,* représentée en 1936 à la Comédie-Française.

**TOULET, Paul-Jean** (Pau, 1867 - Guéthary, 1920). Grand voyageur, il demeure cependant fidèle à son Béarn natal, où il revient en particulier pour écrire son beau roman *Mon amie Nane* (1905) et travailler à son seul livre de poèmes, *Contrerimes* (1921), qui paraîtra un an après sa disparition. Proche par l'inspiration de Verlaine et de Laforgue, il sait exprimer avec humour et tendresse les sentiments douloureux qui l'habitent.

**TRISTAN L'HERMITE, François l'Hermite, dit** (1601 - Paris, 1655). Une jeunesse mouvementée, riche en aventures picaresques, qu'il racontera dans son roman autobiographique, *le Page disgracié* (1643), ne l'empêchera pas de se consacrer à la poésie où les vers burlesques alternent avec les accents lyriques. Son principal recueil, *les Amours de Tristan,* publié en 1638, comporte la fameuse pièce «Le promenoir des deux amants», qui révèle un poète délicat, raffiné et sensible. Il s'illustre également dans la composition théâtrale, et sa *Marianne,* représentée en 1636, connut un succès comparable à celui du *Cid* de Corneille. Il devint membre de l'Académie française en 1649.

**TZARA, Samy Rosenstock, dit Tristan** (Roumanie, 1896 - Paris, 1963). Cherchant à exprimer sa révolte contre la société, son ordre et sa logique, il lance en 1916 à Zurich un mouvement intitulé Dada — nom trouvé en ouvrant au hasard le dictionnaire — qui se veut une remise en cause radicale de toute littérature. Dès la fin de la guerre, il organise en Europe et tout particulièrement à Paris des manifestations «dadaïstes» qui provoquent le scandale et qui lui valent une réputation de nihiliste, confirmée par son *Manifeste dada* (1918). Après l'avoir suivi et admiré, André Breton et ses amis, Paul Éluard, Philippe Soupault, Benjamin Péret, s'éloignent de lui pour fonder leur propre mouvement, baptisé surréalisme, qui doit beaucoup aux recherches de Tzara. Brouillé avec les Surréalistes, il poursuit une œuvre fidèle à ses convictions dans de nombreux recueils, dont les plus remarquables demeurent *la Première Aventure céleste de M. Antipyrine* (1916), *l'Homme approximatif* (1931), *Midis gagnés* (1935-1938). Une tonalité plus grave habite les ouvrages publiés après la Seconde Guerre mondiale, *Entre-temps* (1946), *le Poids du monde* (1951), *la Rose et le chien* (1958).

**VALÉRY, Paul** (Sète, 1871 - Paris, 1945). D'origine corse par son père, et génoise par sa mère, il poursuit sans conviction des études de droit à Paris à partir de 1888 et se tourne à la fois vers les sciences et la littérature. Ses premiers poèmes paraissent en 1889. L'accueil amical que lui réserve Mallarmé en 1891 fera de lui un admirateur du maître et un familier des fameux «mardis» de la rue de Rome. L'année suivante, une grave crise intérieure lui fait prendre conscience de la vanité de l'esthétisme littéraire auquel il s'était abandonné jusqu'alors, et de la nécessité pour lui d'une recherche toute intellectuelle des capacités de son entendement. S'astreignant désormais et jusqu'à la fin de sa vie à la rédaction quotidienne de ses cahiers de réflexions, il écrit peu de poèmes et envisage même de cesser toute activité littéraire. Il fréquente néanmoins le milieu des hommes de lettres et des artistes, et se lie d'amitié avec Gide, puis avec Degas, Redon, plus tard avec Ravel. En 1912, cédant à la pression de ses amis, il songe à rassembler ses vers et décide de leur adjoindre une nouvelle composition poétique, *la Jeune Parque,* qui l'occupe cinq années durant et paraît en 1917. L'accueil enthousiaste réservé au «Cimetière marin» (1920) et à l'*Album de vers anciens* le fait revenir à la littérature et à la vie des salons. Paraissent alors d'autres recueils (*Charmes,* 1922). Élu à l'Académie française en 1925, il devient dès lors un personnage éminent dans les lettres et quasiment un poète officiel. Publiant de nombreux essais critiques, des réflexions sur l'architecture et la peinture, il est nommé professeur au Collège de France en 1937 et exerce une sorte de magistère intellectuel sur les lettres européennes. En 1941, il rassemble les textes de *Tel quel* et publie en 1942 son dernier livre *Mauvaises Pensées et autres.* La IVe République lui fait des obsèques nationales. Son corps repose à Sète, sa ville natale, dans la terre et l'espace du «Cimetière marin».

**VAN LERBERGHE, Charles** (Gand, 1861 - Bruxelles, 1907). Il publie ses premiers vers en 1886 dans la revue parisienne *la Pléiade* que dirigent Banville, Maeterlinck et Saint-Pol Roux. Son premier volume, *Entrevisions,* paru en 1898, rassemble une partie seulement de son œuvre antérieure et lui apporte aussitôt le succès. Reçu docteur en philosophie à Bruxelles, il voyage en Angleterre, en Allemagne, puis en Italie et commence à écrire son chef-d'œuvre, *la Chanson d'Ève,* qui paraît en 1904. Victime d'une congestion cérébrale, il meurt à l'âge de quarante-six ans, sans avoir pu donner toute la mesure d'un talent qui le place au premier rang des poètes symboliques.

**VAUQUELIN DE LA FRESNAYE, Jean** (Normandie, 1536 - 1606). A vingt ans, il publie ses deux premiers livres de poèmes, *les Foresteries,* où l'on retrouve l'inspiration d'Horace et, plus encore, les accents des poètes contemporains qu'il admire, Ronsard et Baïf. Théoricien autant que poète, il écrira en 1574 un *Art poétique* (paru en 1605) qui, fidèle à l'esprit de la Pléiade, défend néanmoins avec chaleur la poésie du Moyen Age, alors presque totalement discréditée.

**VERHAEREN, Émile** (Saint-Amand, Belgique, 1855 - Rouen, 1916). Issu d'une famille bourgeoise, il fait ses études à Gand, puis à Louvain. Dès l'adolescence, il s'attache aux paysages de la Flandre avec une ferveur dont témoigne son premier recueil *les Flamands* (1883), encore naturaliste par le style. Un séjour à la Trappe l'incite à écrire *les Moines* (1886), ouvrage qui reflète le penchant mystique dont il est alors habité. Après quelques recueils où s'exprime un désespoir presque intolérable, il se convertit à un socialisme humanitaire et se tourne vers la réalité contemporaine, qu'il décrit avec lucidité dans *les Villes tentaculaires* (1893-1895). Chantre du monde moderne, à la manière de Victor Hugo et du poète américain Walt Whitman, il est aussi l'auteur d'un livre de confidences intimes, *les Heures claires* (1896) et d'un ensemble de cinq recueils voués à l'évocation chaleureuse de son pays natal, *Toute la Flandre* (1904-1911). Au sommet de sa gloire, il entreprend à travers l'Europe des tournées de lectures et de conférences, et meurt accidentellement à Rouen, écrasé par un train.

**VERLAINE, Paul** (Metz, 1844 - Paris, 1896). D'une existence mouvementée, riche en épisodes romanesques, on ne retiendra ici que ceux qui éclairent la personnalité du poète. A l'âge de dix-huit ans, il compose le poème «Chanson d'automne», où l'originalité de son écriture est déjà manifeste. Collaborateur de plusieurs revues littéraires dès 1864, il est présent au sommaire du *Parnasse contemporain,* qui rassemble les poètes les plus célèbres du moment. Hugo lui-même le félicite pour ses vers. En 1866, la publication de son premier recueil, *Poèmes saturniens,* lui vaut les éloges de Banville et de Sainte-Beuve. En 1869, les *Fêtes galantes* confirment son génie, tout de sensibilité et d'expression musicale. Son mariage avec Mathilde Mauté en 1870 lui dicte les vers apaisés et heureux de *la Bonne Chanson,* mais la rencontre avec le jeune Arthur Rimbaud en 1871 l'entraîne, plusieurs années durant, dans une vie orageuse et semée de catastrophes. La vie commune des «deux compagnons d'Enfer», à Paris, à Charleroi, à Londres, se termine en 1873 par une dispute particulièrement violente, au cours de laquelle Verlaine tire deux coups de revolver sur Rimbaud, blessant celui-ci au poignet. Sur la déposition de Rimbaud, Verlaine est arrêté, puis condamné à deux ans de prison à Mons. Durant son incarcération, il écrit ses *Romances sans paroles* (1874) et cherche en vain à se réconcilier avec sa femme, qui obtient la séparation. Revenu à des convictions catholiques, il exprime sa foi et sa ferveur dans les poèmes de *Sagesse,* qui seront publiés en 1880. A sa sortie de prison, il tente vainement de convertir Rimbaud, qu'il rejoint en 1875 à Stuttgart, puis se laisse reprendre par la vie bohème et passablement dissolue qui avait été la sienne. Alternent alors les livres inspirés par son mysticisme et ceux qui traduisent une sensualité et un érotisme toujours plus tenaces. C'est, d'une part, la publication du superbe *Jadis et Naguère* (1884) et, d'autre part, le recueil érotique *Parallèlement* (1889), qui étonne par son audace, suivi de *Chansons pour Elle.* Menant une existence misérable, épuisé par l'alcoolisme, mais acceptant avec le sourire les mésaventures de sa vie, il est reconnu par les symbolistes comme un artiste immense, et élu par eux prince des poètes en 1894, lors de la disparition de Leconte de Lisle. Admiré en France et à l'étranger, il avait pu mesurer son audience lors des conférences qui l'avaient mené en Belgique et en Angleterre. Miné par la maladie, il meurt seul dans un dénuement presque absolu. A ses funérailles, Mallarmé, Moréas et Coppée salueront avec émotion la figure de ce poète considérable.

**VIAU, Théophile de** (Guyenne, 1590 - Paris, 1626). Élevé dans la religion protestante, il abandonne vite le milieu familial pour mener une vie aventureuse, au gré de son caprice, en Hollande puis en Angleterre. Libre de mœurs et libertin d'esprit, il encourt les foudres de la justice après la publication de ses premières œuvres poétiques en 1621, et surtout la parution du *Parnasse satyrique* (1623) qui lui vaut d'être condamné au bûcher par contumace et brûlé en effigie sur la place de Grève. Pris et enfermé au Châtelet de 1623 à 1625, il continue d'y écrire ses *Odes* et ne survit qu'une année à sa libération. Il est également l'auteur de plusieurs tragédies, dont la plus célèbre demeure *Pyrame et Thisbé* (1617), œuvre d'un lyrisme véhément et baroque.

**VIGNY, Alfred de** (Loches, 1797 - Paris, 1863). D'une famille aristocratique qui s'était illustrée dans le métier des armes, il embrasse la carrière militaire à l'âge de dix-sept ans. Déçu par la vie de garnison, rêvant d'une gloire que la politique étrangère de la Restauration ne peut lui apporter, il quitte l'armée et se tourne vers la littérature. En 1820, il rencontre le jeune Victor Hugo. Admis dès lors dans les salons parisiens, il devient l'ami de Nodier, de Sainte-Beuve, de Delacroix. En 1826, il publie ses *Poèmes antiques et modernes* qui connaissent un rapide succès, tout comme son roman historique *Cinq-Mars,* où il évoque avec nostalgie et amertume les temps héroïques de la noblesse française. Attiré par le théâtre, amoureux de la comédienne Marie Dorval, il donne à la scène son chef-d'œuvre dramatique *Chatterton* (1835) qui reçoit un accueil triomphal. La même année, il écrit *Servitude et grandeur militaires,* confidence sur ses désillusions de soldat. Sa rupture orageuse avec la comédienne en

1838 l'incite à quitter la ville et les milieux mondains. Tout à la dévotion de son épouse malade, il s'enferme alors dans le silence et n'écrit plus qu'une suite de poèmes, sans doute les plus émouvants de toute son œuvre: «La bouteille à la mer» (1853), «Le mont des Oliviers» (1862), enfin, quelques mois avant sa mort, «L'esprit pur». Ces derniers poèmes seront réunis sous le titre de *les Destinées* (1864) dans un recueil posthume. En 1867 paraîtront ses notes et ses réflexions intimes dans un volume intitulé *le Journal d'un poète,* qui témoigne à la fois de son désabusement et de sa grandeur d'âme.

**VILLON, François** (Ile-de-France, 1431 - ?). De son vrai nom François de Montcorbier, ou peut-être François des Loges, il emprunte à son maître Guillaume de Villon le patronyme qu'il a immortalisé. Il est reçu bachelier à l'université de Paris en 1449. Déjà mêlé à des bagarres d'étudiants, il poursuit néanmoins ses études et acquiert le grade de maître ès arts en 1452, à la Sorbonne. Le 5 juin 1455, au cours d'une rixe, il poignarde un prêtre et quitte Paris pour fuir la justice. Sa vie, dès lors, est marquée par des aventures peu recommandables — vols, attaques à main armée — qui lui valent tantôt l'emprisonnement en province ou à Paris, tantôt de longs bannissements hors de la capitale. C'est à Paris, au cours de l'année 1462, qu'il compose en grande partie son *Testament* auquel s'adjoignent aussi de nombreuses pièces écrites antérieurement. L'année suivante, à l'occasion de nouvelles incartades, il est condamné par le tribunal du Châtelet à être mis à mort par pendaison. Ayant fait appel, il voit le jugement cassé et commué en bannissement pour dix ans. On ne trouve plus mention de lui après 1463, encore que l'on puisse admettre l'hypothèse d'un séjour en Angleterre puis en Belgique. Souvent écrits sous le coup de ses mésaventures, les poèmes de Villon échappent toutefois à l'anecdote et aux faits divers crapuleux des Coquillards, cette compagnie de malfaiteurs dont il fut membre. Car le «voyou» chez Villon est inséparable du poète qui sait donner aux vicissitudes peu reluisantes de sa vie une dimension artistique, parfois plaisante et même truculente, mais toujours empreinte d'une gravité hors du commun. Le cynisme, l'immoralité de certaines ballades ne sauraient dissimuler la foi profonde qui habite le cœur du poète et qui lui dicte ses vers les plus pathétiques. Il doit à Eustache Deschamps les formes métriques qu'il affectionne le plus: rondeaux, virelais et ballades. Mais il y apporte un souffle neuf, une musique inconnue de ses prédécesseurs, que la poésie française retrouvera bien plus tard avec certains poèmes de Verlaine et dans les complaintes mélancoliques d'Apollinaire.

**VOLTAIRE, François Marie Arouet, dit** (Paris, 1694 - Paris, 1778). De l'œuvre immense de cet écrivain qui aborda tous les genres, on ne retiendra ici que ce qui touche à la poésie. Pourvu d'une solide formation classique, c'est du reste par un poème épique, *la Henriade,* que Voltaire s'illustre d'abord dans les lettres en 1723. Cette imitation un peu appuyée de *la Franciade* de Ronsard sera suivie par une série de tragédies écrites dans le sillage de Racine, mais où le sujet se veut plus moderne, telle *Zaïre* (1732). Voltaire cherche surtout à exprimer, en vers tout comme en prose, la philosophie pratique qui est la sienne. Ainsi chantera-t-il sa morale épicurienne dans son *Discours en vers sur l'homme* (1738), qui ne manque pas de souffle ni d'envergure. C'est toutefois à ses poèmes plus confidentiels que l'on peut s'attacher encore, ceux auxquels les déconvenues sentimentales, le désabusement, plus tard la maladie et la vieillesse donnent un tour plus direct. On ne saurait cependant se dissimuler que le poète demeure chez lui très inférieur à l'historien du *Siècle de Louis XIV,* et plus encore au merveilleux prosateur des *Contes philosophiques,* parmi lesquels *Candide ou l'Optimisme* (1759) constitue incontestablement son chef-d'œuvre.

# GLOSSAIRE

**Abolus :** abolis
**Absolus :** absous
**Acouardis :** peureux
**Aiglantin :** d'églantier
**Ais :** poutre
**Aître :** lieu
**Alloué :** placé
**Alouvi :** affamé
**Anceserie :** ancienneté
**Anglet :** coin, encoignure
**Appétit :** désir
**Appointement :** accord
**Ardour :** ardeur
**Arraisonner :** interpeller
**Arroi :** allure, équipage
**Ars :** brûlé vif
**Assaisonner :** mûrir
**Assouvir :** achever
**Assaut :** assaillit
**Attendance :** attentions, égards
**Aucun :** quelqu'un
**Avalé :** jeté, précipité
**Avecque :** avec
**Avette :** abeille
**Avironnée :** sillonnée, traversée

**Bailler :** donner, livrer
**Bailli :** reçu, accueilli
**Balancer :** hésiter
**Banni :** convoqué par ban
**Bénin :** bienveillant
**Bestial :** bétail
**Biche :** mignon, protégé
**Bonace :** calme de mer
**Bonhour :** bonheur
**Boullus :** bouillis
**Brettes :** bretonnes
**Brocard :** raillerie
**Brosse :** buisson
**Brossillon :** broussaille

**Cadès :** chef de bande, capitaine
**Carme :** poème, invocation
**Cascaveaux :** grelots
**Catelennes :** catalanes
**Cave :** creusé
**Celer :** cacher, dissimuler
**Cestui :** celui
**Chaille :** importe
**Chaudeaux :** bouillons chauds
**Chausses :** bas couvrant la jambe
**Chef :** tête
**Cherront :** tomberont
**Chevance :** provisions, ressources
**Chevillette :** danse paysanne du XVI$^{e}$ siècle
**Choir :** tomber
**Chutes :** tombées
**Ci :** ici
**Cil :** celui
**Cimois :** cordons
**Cinabre :** couleur rouge
**Clavette :** petite clé
**Clergie :** savoir, culture
**Compasser :** considérer, mesurer
**Conclure :** gagner, l'emporter
**Confort :** réconfort
**Congru :** convenable
**Coquardeau :** lourdaud, benêt
**Coralline :** couleur de corail
**Corbillon :** corbeille
**Coutre :** fer du soc de la charrue
**Crotton :** cachot
**Covent :** engagement, promesse
**Cuider :** croire
**Cure :** souci

**Débués :** nettoyés, lessivés
**Déclose :** ouverte
**Déconfort :** déplaisir, tristesse
**Dédié :** consacré

**Déduit :** plaisir, divertissement
**Défeuiller :** perdre ses feuilles
**Dégoutter :** couler goutte à goutte
**Demeurance :** retard, délai
**Départir :** départ
**Déplaisance :** déplaisir
**Dês :** doigts
**Désarroi :** désordre
**Despérance :** désespoir
**Destourbé :** détourné, empêché
**Dévouer :** sacrifier
**Douçour :** douceur

**Écumeur :** pirate
**Élogne :** éloigne
**Émerillon :** faucon pour la chasse
**Empérière :** impératrice
**Empris :** entrepris
**Emprise :** entreprise
**Encharné :** incarné
**Encloué :** emprisonné
**Engrilloné :** enchaîné
**Ennui :** tourment, chagrin
**Enquérir :** demander
**Entandis :** pendant ce temps
**Épandre :** répandre
**Époinçonner :** aiguillonner
**Errour :** erreur
**Escabelle :** tabouret
**Essoine :** peine, épreuve
**Essui :** desséché
**Étroit :** avare
**Étranger :** éloigner

**Failli :** ruiné
**Faillir :** manquer, décevoir, fauter
**Famé :** renommé
**Faquin :** portefaix, laquais
**Faulx :** taille, hanches
**Feintise :** ruse, traîtrise
**Finée :** achevée, terminée
**Fleurante :** odorante
**Fleuronne :** fleurit
**Foi :** fidélité
**Foliette :** gaie, enjouée
**Fort :** repaire, abri
**Fortune :** destin
**Fortuner :** traiter
**Franc :** libre, dépourvu de
**Froissé :** meurtri
**Fuste :** barque, bateau

**Galé :** festoyé
**Garant :** appui, secours
**Gêne :** tourment, torture
**Gent, gente :** noble, beau
**Gonne :** robe
**Gouvernance :** gouvernement, pouvoir
**Grègues :** culottes
**Grêlette :** fine, mince
**Grevance :** dommage, préjudice
**Grièche :** malheur au jeu, infortune
**Grief :** grave, pesant
**Grippé :** attrapé, pris sur le vif
**Gris :** fourrure

**Haient :** haïssent
**Haleine :** souffle
**Harie :** importune, torture
**Harsoir :** hier au soir
**Hayant :** haïssant
**Heur :** bonheur
**Hoir :** héritier
**Hoïtres :** huîtres
**Hommager :** louer, rendre hommage
**Hôté, hôtel :** maison
**Huis :** porte
**Humblesse :** humilité, pudeur

**Impetrez :** obtenez
**Incontinent :** aussitôt
**Injure :** injustice

**Injurieux :** injuste, offensant
**Ire :** colère
**Ivoirine :** couleur d'ivoire

**Jà :** déjà
**Jangleresse :** menteuse
**Jargonner :** parler l'argot des voleurs
**Jasarde :** bavarde, qui jase
**Jet :** jeton de jeu
**Joli :** gai, joyeux
**Jouvence :** jeunesse

**Lacs :** lacet, piège
**Lai :** poème narratif ou lyrique
**Lambruche :** vigne sauvage
**Lame :** pierre tombale
**Langagères :** bavardes
**Langour :** langueur
**Larron :** voleur
**Las :** hélas
**Lier :** prendre dans ses griffes
**Lors :** alors
**Lustre :** 1. éclat; 2. espace de cinq ans

**Magot :** singe
**Mai :** branches de hêtre
**Maîtrise :** pouvoir
**Male :** mauvaise, cruelle
**Marche :** pays, frontière
**Mat :** tué
**Médire :** dire du mal
**Merci :** grâce, pitié
**Mérir :** mériter
**Meshui :** désormais
**Messeoir :** déplaire
**Meurs :** mûrs
**Mie :** nullement, pas du tout
**Miséricors :** miséricordieux
**Morée :** brun foncé
**Morillon :** rouge
**Mors :** morsure
**Moult :** beaucoup
**Moustier :** monastère, église
**Muciée :** cachée, abritée
**Musser :** cacher
**Myrteux :** bordé de myrtes

**Navré :** blessé
**Nocher :** pilote de bateau
**Nonobstant :** malgré
**Noue :** Noël

**Occire :** tuer, assassiner
**Offerte :** offrande, cadeau
**Oirez :** entendrez
**Onc, oncques :** jamais
**Or, ores :** maintenant
**Orrai :** entendrai
**Osière :** branche d'osier
**Outrecuidé, outrecuideux :** téméraire
**Ouvrier :** jour de travail, ouvrable
**Oyant :** entendant

**Palus :** marécage, marais
**Parlement :** assemblée
**Partement :** départ
**Passer :** dépasser
**Pâtir :** supporter
**Pécune :** argent
**Pensement :** souci
**Pers :** à reflets bleutés
**Pertuis :** fente, ouverture
**Pieçà :** depuis longtemps
**Pied de veau :** danse du Moyen Age
**Pipeur :** voleur
**Piteux :** compatissant
**Plaiderie :** procès
**Plain :** franchement
**Plaisance :** plaisir, loisir
**Plévir :** garantir, promettre

**Plour :** pleurs
**Poignant :** piquant
**Poincture :** piqûre
**Poindre :** piquer, attaquer
**Pource que :** parce que
**Poverté :** pauvreté
**Préfix :** prévu, fixé d'avance
**Premier :** d'abord
**Pu :** nourri

**Quérant :** cherchant
**Querelle :** 1. affaire, entreprise; 2. plainte

**Ramentevoir :** rappeler
**Ranguillon :** ardillon, pointe de métal
**Ravissant :** qui enlève, qui dérobe
**Recelé :** caché, mis de côté
**Recourir :** reprendre
**Remenant :** restant, reste
**Repartir :** répondre
**Reprendre :** reprocher
**Rets :** filets
**Reverte :** revenue
**Rompure :** déchirure

**Saillir :** ressortir, faire saillie
**Saisi :** doué, muni
**Savance :** sagesse
**Si :** 1. ainsi, tellement; 2. cependant
**Signant :** bénissant
**Sillé :** clos, fermé
**Somme :** 1. charge portée par un animal; 2. sommeil
**Soudre :** payer, rembourser
**Soulais :** (j') avais coutume de
**Soulas :** consolation, plaisir
**Sous-ris :** sourire

**Tabis :** tissu de soie
**Tablature :** difficulté, souci
**Teint, teinte :** sombre
**Tenrour :** tendresse
**Tissus :** tissés
**Tonne :** tonneau
**Tor :** taureau
**Touaille :** morceau de toile
**Toudis :** toujours
**Traitis :** bien fait, gracieux
**Transglouti :** englouti
**Transis :** trépassé
**Transmué :** changé
**Tromperesse :** trompeuse
**Trope :** troupe
**Touret :** rouet à filer la laine
**Tuyau :** tige

**Vêpre, vêprée :** tombée du jour, soir
**Vif :** vivant
**Vis :** visage
**Vis (Ce m'est) :** c'est mon avis.

# INDEX DES PREMIERS VERS

## A



## B

## E



## F - G

# H



# I



# J

## L

## M

## N



## O

# P



# Q

## R



## S



## T

## U



## V - Z

# TABLE DES ILLUSTRATIONS

*XV^e siècle*. Bibliothèque municipale, Amiens. J. VIGNE.

**76-77 :** Bataille d'Auray (miniature extraite de la « Chronique de Froissart »), *XV^e siècle*. Bibliothèque nationale, Paris.

**78-79 :** Miniature extraite de « L'Histoire du Grand Alexandre », *XV^e siècle*. Musée du Petit-Palais, Paris. BULLOZ.

**81 :** Illustration originale de *Guy Michel*.

**82-83 :** Scène de musique, *Giovanni Antonio Fasolo (1530-1572)*. Villa Coldogno Pagello, Italie. G. DAGLI ORTI.

**84 :** Portrait présumé de Clément Marot, *Corneille de Lyon, XVI^e siècle*. Musée du Louvre, Paris. LAUROS-GIRAUDON.

**86-87 :** Châtelet (gravure), *XVI^e siècle*. DORKA.

**88 :** Portrait de femme, *Jacopo Negretti dit Palma il Vecchio (1480-1528)*. Collection Thyssen. TOP/D. Bouquignaud.

**90 :** François I^er au milieu de sa cour (miniature extraite de « L'histoire de Diodore de Sicile »), *XVI^e siècle*. Musée Condé, Chantilly. BULLOZ.

**92 :** Sabina Poppea, École de Fontainebleau, *XVI^e siècle*. Musée d'Art et d'Histoire, Genève. GIRAUDON.

**93 :** Adam et Ève, *Lucas Cranach (1472-1553)*. Musée national de Prague. BULLOZ.

**94 :** L'homme au gant (détail), *Tiziano Vecellio dit titien (1477-1576)*. Musée du Louvre, Paris. GIRAUDON.

**95 :** Horloge de Gaston d'Orléans, *XV^e siècle*. Musée du Petit-Palais, Paris. BULLOZ.

**96-97 :** La bataille de San Romano, *Paolo di Dono dit Ucello (1397-1475)*. Musée des Offices, Florence. LAUROS-GIRAUDON.

**99 :** Portrait d'une courtisane, *Girolamo Ferrabosco ( ? -1775). Musée des Offices, Florence. SCALA.*

**102-103 :** Maison de Pierre Ronsard, « La Possonière » (Loir-et-Cher). J. VERROUST.

**105 :** Oiseau (tapisserie Mille Fleurs), *Tournai, XVI^e siècle*. Musée des Arts décoratifs, Paris. BULLOZ.

**109 :** Portrait de Ronsard (gravure), *1609*. Bibliothèque nationale, Paris.

**110-111 :** Illustration originale de *Jacques Poirier*.

**113 :** Portrait de Joachim du Bellay, *J. Cousin le Jeune (1522-1584)*. Cabinet des Estampes. Bibliothèque nationale, Paris.

**114-115 :** Le Colisée, *Hubert Robert (1733-1808)*. Collection particulière. TOP/P. Bérenger.

**116 :** La Maison, *Pierre Brueghel (1525-1569)*. The Metropolitan Museum of Art, New York, ERIC POLLITZERS.

**118 :** Illustration originale de *Josiane Campan*.

**119 :** Divertissement du soir dans une maison de nobles (miniature extraite du « Livre d'heures de Hoornbuch »), *début XVI^e siècle*. DORKA.

**120 :** Histoire d'Adonis, *Tiziano Vecellio dit Titien (1477-1576)*. Museo Civico, Padoue. SCALA.

**122-123 :** Illustration originale de *Claude Paillard*.

**124 :** Le philosophe en méditation, *Harmenszoon van Rijn dit Rembrandt (1606-1669)*. Musée du Louvre, Paris. BULLOZ.

**127 :** Diane chasseresse, École de Fontainebleau, *XVI^e siècle*. Musée du Louvre, Paris. GIRAUDON.

**128 :** Le sommeil d'Antiope, *Antonio Allegri dit Le Corrège (1489-1534)*. Musée du Louvre, Paris. RÉUNION DES MUSÉES NATIONAUX.

**131 :** Illustration originale de *Josiane Campan*.

**132-133 :** Le Printemps (détail), *Sandro di Mariano Filipepi dit Botticelli (1445-1510)*. Galerie des Offices, Florence. SCALA.

**135 :** Le Printemps (détail), *Sandro di Mariano Filipepi dit Botticelli (1445-1510)*. Galerie des Offices, Florence. SCALA.

**137 :** Illustration originale de *Brenda Katté*.

**139 :** Repas champêtre, *David Teniers dit le Jeune (1610-1690)*. Musée du Prado, Madrid. G. DAGLI ORTI.

**140 :** Miracle de l'hostie, nobles à genoux, priant (détail), *Centilo Bellini (1429-1507). Académie des Beaux-Arts, Venise. G. DAGLI ORTI.*

**141 :** Création des astres (détail), *Michel-Ange (Michelangelo Buonarroti)* [*1475-1564*]. Plafond de la Chapelle Sixtine, Vatican. SCALA.

**142-143 :** La fiancée juive, *Harmenszoon van Rijn dit Rembrandt (1606-1669)*. Rijksmuseum,

Amsterdam.

**146-147 :** Les misères de la guerre (gravure), *Jacques Callot (1592-1635)*. Bibliothèque nationale, Paris. BULLOZ.

**149 :** Caïn et Abel, *Jacopo Robusti dit Le Tintoret (1518-1594)*. Académie des Beaux-Arts, Venise. GIRAUDON.

**153 :** Paysage d'hiver, *Pierre Brueghel le Vieux (1525-1569)*. Kunsthistorisches Museum, Vienne. MAGNUM/E. Lessing.

**154 :** Illustration originale de *Josiane Campan.*

**155 :** Les Enfers (détail), *Monsu Desiderio, XVII*[e] *siècle.* Musée des Beaux-Arts, Besançon. CONNAISSANCE DES ARTS/R. Guillemot.

**157 :** Astronome au cadran solaire, *Conrad Sifer, XVI*[e] *siècle.* Musée de l'Œuvre de Note-Dame, Strasbourg. GIRAUDON.

**158-159 :** Le Louvre et la Seine vus du Pont-Neuf, *anonyme, XVII*[e] *siècle.* Musée Carnavalet, Paris. G. DAGLI ORTI.

**162 :** Jeune Fille à la Harpe (plâtre), *Eugène Guillaume (1822-1905). Musée du Louvre, Paris. SRD/J.-P. Germain.*

**163 :** Portrait d'une jeune fille à sa toilette, *Tiziano Vecellio dit Titien (1477-1576)*. Musée du Louvre, Paris. H. JOSSE.

**165 :** Henri IV à cheval devant Paris, *anonyme, XVI*[e] *siècle.* Musée Carnavalet, Paris. BULLOZ.

**166-167 :** Portrait de Marie de Médicis, *Alessandro Allori (1535-1607)*. Alte Pinakothek, Munich. H. JOSSE.

**168 :** Illustration originale de *Jean Coladon.*

**171 :** Effets de lumière dans une forêt bretonne. SRD/R. Mazin.

**174 :** Saint Vincent de Paul et les Dames de la Charité (détail), anonyme, vers 1740. Musée de l'Assistance publique, Paris. J.-L. CHARMET.

**176 :** Paysage, *Pierre Patel (1605-1676)*. Musée des Beaux-Arts, Orléan. GIRAUDON.

**179 :** Fleurs et oiseaux, peinture sur soie, XVIIIe s. Bibliothèque nationale, Paris. H. JOSSE.

**183 :** Paysage: Pan et Syrinx, *Paulus Brill (1554-1626)*. Musée du Louvre, Paris. GIRAUDON.

**185 :** Corneille (gravure coloriée d'après Geffroy, servant de frontispice pour son théâtre complet), *XIX*[e] *siècle.* Collection particulière. J.-L. CHARMET.

**187 :** Le Cid, de Pierre Corneille (Jean Vilar et Gérard Philipe). *Théâtre national populaire, 1961.* BERNAND.

**189 :** Mademoiselle Rachel dans le rôle de Chimène. *Gravure, XIX*[e] *siècle.* Bibliothèque nationale, Paris. GIRAUDON.

**191 :** Horace, de Pierre Corneeille (Michel Etcheverry et Ludmilla Mikael). *Comédie-Française, 1971.* BERNAND.

**192-193 :** Cinna, de Pierre Corneille (P.-É. Deiber, Henriette Barreau, Maurice Escande, Louise Conte, André Falcon). *Comédie-Française, 1951.* ROGER-VIOLLET.

**194 :** Rôle d'Auguste dans Cinna, *dessin, fin XVIII*[e] *siècle. Bibliothèque de la Comédie-Française. Paris. F. FOLIOT.*

**196 :** Rôle de Pauline dans Polyeucte, *dessin, fin XVIII*[e] *siècle.* Bibliothèque de la Comédie-Française. Paris. F. FOLIOT.

**197 :** Troupe de comédiens italiens (détail). *École française, anonyme, fin XVI*[e] *siècle.* Bibliothèque de la Comédie-Française. Paris. F. FOLIOT.

**199 :** Marchands de volaille, quai des Grands-Augustins, *anonyme, XVII*[e] *siècle.* Musée Carnavalet, Paris. G. DAGLI ORTI.

**201 :** Le Forum romain. *Claude Gellée dit le Lorrain (1600-1682)*. James Philip Gray Collection. Museum for Fine Arts, Springfield (USA).

**202 :** La cigale et la fourmi (extrait des « Fables choisies pour les enfants » illustrées par *Louis Maurice Boutet de Montvel* [*1851-1913*]). Collection particulière. SRD/J.-P. Germain.

**203 :** Le corbeau et le renard. *Poële de Sarreguemines, Vitry-le-François, fin XIX*[e] *siècle.* Musée Jean-de-La-Fontaine, Château-Thierry. SRD/J.-P. Germain.

**204 :** La grenouille qui veut se faire aussi grosse que le bœuf. *Tapisserie recouvrant un fauteuil XVIII*[e] *siècle.* Musée Jean-de-La-Fontaine, Château-Thierry. SRD/J.-P. Germain.

**206 :** Le loup et le chien (gravure), *François Chauveau (1613-1676)*. Collection particulière. SRD/J.-P. Germain.

**208-209 :** Le loup et l'agneau (gravure), *Gustave Doré (1832-1883).* Bibliothèque nationale, Paris. SRD/J.-P. GERMAIN.
**210 :** La mort et le bûcheron (gravure), d'après *Jean-François Millet (1814-1875).* Bibliothèque du musée des Arts décoratifs, Paris. J.-L. CHARMET.
**213 :** Le chêne et le roseau (gravure coloriée), *Bertin* d'après *Jean-Baptiste Oudry, 1776.* Bibliothèque du musée des Arts décoratifs, Paris. J.-L. CHARMET.
**214-215 :** Le meunier, son fils et l'âne (gravure), *Jean-Baptiste Berteaux (XVIIIe siècle).* Bibliothèque nationale, Paris. ROGER-VIOLLET.
**217 :** Illustration originale d'*André Jacquemin.*
**218 :** Le renard et les raisins, *Faïence de Nevers, XVIIIe siècle.* Musée Jean-de-La-Fontaine, Château-Thierry. SRD/J.-P. Germain.
**219 :** Illustration originale de *Jacques Poirier.*
**223 :** Le poule aux œufs d'or (gravure), *Gustave Doré (1832-1883).* Bibliothèque nationale, Paris. SRD.
**225 :** Le lièvre et la tortue (gravure du XIXe s.). Collection particulière. S.R.D./J.-P. Germain.
**226 :** Les animaux malades de la peste (gravure), *Gustave Doré (1832-1883).* Collection particulière. SRD/J.-P. Germain.
**229 :** Illustration originale d'André Jacquemin.
**230-231 :** Illustration originale de *Raymond Outrequin.*
**233 :** La laitière, *Jean-Baptiste Huet (1745-1811).* Musée Cognacq-Jay, Paris. J. JOSSE.
**236 :** Le savetier et le financier, *Jacques Chéreau (1742-1794).* SRD/J.-P. Germain.
**239 :** L'huître et les plaideurs (gravure coloriée), *Imagerie Basset, vers 1830.* Musée Jean-de-La-Fontaine, Château-Thierry. SRD/J.-P. Germain.
**241 :** Jean de La Fontaine distrait sur le cours La-Reine, à Paris (gravure), *XIX[e] siècle,* Musée Carnavalet, Paris. J.-L. CHARMET.
**244 :** L'École des Femmes, de Molière (Dominique Blanchar et Louis Jouvet). *Théâtre de l'Athénée, 1947.* BERNAND.
**247 :** Le Tartuffe, de Molière (Claude Winter et Robert Hirsch). *Comédie-Française, 1968.* BERNAND.
**248-249 :** Le Misanthrope, de Molière (Alceste et Célimène) [gravure], *Himmacher, 1867.* Collection particulière. EDIMEDIA.
**251 :** Portrait de Molière, *anonyme.* Musée des Arts décoratifs, Paris. F. FOLIOT.
**253 :** L'embarras de Paris (gravure), *anonyme, XVIIe siècle.* Musée Carnavalet, Paris. BULLOZ.
**256 :** Maison de Boileau à Auteuil (gravure), *anonyme, XVIIIe siècle.* Bibliothèque nationale, Paris. BULLOZ.
**260 :** Andromaque, de Jean Racine (Acte III, Scène 6) [gravure], *1676.* Bibliothèque du musée des Arts décoratifs. G. DAGLI ORTI.
**263 :** Mlle Sainval dans le rôle d'Andromaque, et Molé dans le rôle de Pyrrhus (gravure). *XVIII[e] siècle.* Bibliothèque de la Comédie-Française, Paris. SRD/J.-P. Germain.
**265 :** Bérénice, de Jean Racine (Geneviève Casile et Simon Eine). *Comédie-Française, 1979.* BERNAND.
**272 :** Rachel dans le rôle de Roxane (Bajazet. Gravure), *XIX[e] siècle.* Bibliothèque de la Comédie-Française. SRD/J.-P. Germain.
**276 :** Mithridate (frontispice extrait des œuvres de Jean Racine), *1678.* Bibliothèque nationale, Paris.
**278 :** Iphigénie, de Jean Racine (Françoise Kanel et Jacques Destoop). *Comédie-Française, 1974.* BERNAND.
**281 :** Iphigénie, (dessin), *Gravelot, 1978.* Petit Palais. Collection Dutuit, Paris. BULLOZ.
**283 :** Sarah Bernhardt dans Phèdre (carte postale), *début XXe siècle.* Collection particulière. J.-L. CHARMET.
**287 :** Phèdre, de Jean Racine (Lucienne Lemarchand et Maria Casarès). *Théâtre national populaire, 1958.* BERNAND.
**289 :** Athalie (gravure). Début XIXe siècle. Bibliothèque des Arts décoratifs, Paris. J.-L. CHARMET.
**291 :** Racine faisant réciter sa tragédie d'Esther par les demoiselles de Saint-Cyr devant Louis XIV et Mme de Maintenon (gravure), *début XIXe siècle. I.N.R.O. Collection historique, Paris. J.-L. CHARMET.*

**292-293 :** Le printemps ou l'oiseleur, *Nicolas Lancret (1690-1743)*. Musée du Louvre, Paris. BULLOZ.

**295 :** Portrait de Mme du Châtelet, d'après *Maurice Quentin de La Tour (1704-1788)*. Collection particulière. GIRAUDON.

**296 :** Terrasse formée par des ruines dans un parc français (gravure), *Hubert Robert (1733-1808)*. Musée des Beaux-Arts, Besançon. LAUROS-GIRAUDON.

**299 :** Paysage, *Antoine Watteau (1684-1721)*. Collection particulière. TOP/A. Chadefaux.

**301 :** Illustration originale de *Catherine Jacquinet*.

**302 :** Portrait d'André Chénier, *François Thomise, XVIII*[e] *siècle*. Musée des Beaux-Arts, Béziers. LAUROS GIRAUDON.

**304 :** Le parc de Versailles en automne. J. DUBOIS.

**307 :** La distribution du lait à la Prison St-Lazare, *Hubert Robert (1733-1808)*. Musée Carnavalet, Paris. G. DAGLI ORTI.

**308-309 :** La Liberté guidant le peuple, le 28 juillet 1830, *Eugène Delacroix (1798-1863)*. Musée du Louvre, Paris. H. JOSSE.

**310 :** Illustration originale de *Pauline Peugniez*.

**311 :** Illustration originale de *Pauline Peugniez*.

**312 :** Illustration originale de *Pauline Peugniez*.

**313 :** Portrait de Lamartine (gravure), *V.F. Pollet (1811-1882)*. Bibliothèque nationale, Paris. GIRAUDON.

**316 :** Soir d'automne, *Nicolas Louis Cabat (1812-1893)*. Musee du Louvre, Paris. GIRAUDON.

**317 :** Illustration originale de *Raymond Outrequin*.

**320-321 :** Couple romantique, gravure d'après un dessin d'*Ernest Grenier, XIX*[e] *siècle*. Collection particulière. EDIMAGES/Palix.

**325 :** Maison natale de Lamartine, située en Saône-et-Loire à Milly-Lamartine. Bibliothèque nationale, Paris.

**329 :** Le voyageur au-dessus de la mer de nuages (détail), *Caspar David Friedrich (1774-1840)*. Kunsthalle, Hambourg./Ralph KLEINHEMPEL.

**332 :** Peinture de *Telemaco Signorini (1835-1901)*. Musée d'Art moderne, Florence. VLOO/Scala.

**334 :** Caravelle (gravure extraite de la « Cosmographie universelle » de *Guillaume Le Testu (1509-1572)*. Bibliothèque du ministère de la Guerre, Paris. GIRAUDON.

**336-337 :** Le passage de la mer Rouge (miniature extraite de la « Bible Mozarabe »), *Espagne, X*[e] *siècle*. Église San Isodoro, Léon. GIRAUDON.

**338 :** Olifant en ivoire, *Allemagne, XI*[e] *siècle*. Musée de Cluny, Paris. GIRAUDON.

**342-343 :** Illustration originale de *Raymond Outrequin*.

**347 :** Illustration originale de *Jacques Poirier*.

**351 :** Le Christ au jardin des Oliviers, *Andrea Mantegna (1431-1506)*. Musée des Beaux-Arts, Tours. GIRAUDON.

**352 :** Buste de Victor Hugo, *Auguste Rodin (1840-1917)*. Maison de Victor Hugo, Paris. SRD/A. Nouri.

**354 :** Illustration originale de *Béatrice Neibecker*.

**357 :** Victor Hugo à l'âge de dix-sept ans, *Eugène Legénisel ( ? -1855)*. BULLOZ.

**362-363 :** Michel Le Royer interprétant Ruy Blas, de Victor Hugo. *Théâtre municipal Montansier, 1974,* Versailles. BERNAND.

**366 :** Illustration originale de *Daniel Lacombe*.

**368 :** Pêcheurs en mer, *William Turner (1775-1851)*. Tate Gallery, Londres. EDIMEDIA.

**371 :** Départ pour les frontières, *les frères Le Sueur, XVIII*[e] *siècle*. Musée Carnavalet, Paris. LAUROS-GIRAUDON.

**374-375 :** Épisode de la retraite de Russie (aquarelle), *XIX*[e] *siècle*. Musée de l'Armée, Paris. H. JOSSE.

**377 :** Léopoldine Victor-Hugo (détail), *Auguste de Châtillon (1808-1881)*. Maison de Victor Hugo, Paris. H. JOSSE.

**380-381 :** Les premiers pas, *Jean-François Millet (1814-1875)*. Gift of Mrs. Thomas H. Jones. The Cleveland Museum of Art, USA.

**386 :** L'été ou Ruth et Booz (détail), *Nicolas Poussin (1594-1665)*. Musée du Louvre, Paris. RÉUNION DES MUSÉES NATIONAUX.

**388 :** Illustration originale de *Catherine Jacquinet*.

**390-391 :** Fête de village, *Marie-Joseph Flouest (1747-1833)*. Musée de Dieppe. BULLOZ.

**392 :** Semailles d'automne, *Émile Michel (1818-1909)*. Musée du Louvre, Paris. EDIMEDIA.
**394-395 :** Victor Hugo et sa famille. Photographie. BULLOZ.
**397 :** La Tourgue, *Victor Hugo (1802-1885)*. Maison de Victor Hugo, Paris. BULLOZ.
**399 :** Bonaparte franchissant les Alpes, *Jacques-Louis David (1748-1825)*. Musée national du château de Malmaison, Rueil-Malmaison. GIRAUDON.
**400 :** La lecture (lithographie), *vers 1840*. Bibliothèque du musée des Arts décoratifs, Paris. J.-L. CHARMET.
**401 :** Paysage italien, vue d'Avezzano et le lac de Celano, *Jean-Joseph Xavier Bidault (1758-1846)*. Musée du Louvre, Paris. GIRAUDON.
**402 :** Illustration originale de *Françoise de Dalmas*.
**406-407 :** L'île de Surtsey, vue du sommet du volcan. Photographie en couleurs. MAGNUM/E. Haas.
**408 :** Illustration originale de *Brenda Katté*.
**409 :** Jeune fille dans la nature. IMAGE BANK/T. Gatti.
**410 :** Château de Courances (Essonne). J. VERROUST.
**411 :** « Vertus », détail du tombeau de Philibert le Beau, *XVI^e^ siècle*. Église de Brou, Bourg-en-Bresse (Ain). SRD/Fronval.
**413 :** Illustration originale de *Jacques Bony*.
**415 :** Illustration originale de *Jean-Marie Le Faou*.
**418 :** La nuit de mai (gravure), *Luc-Olivier Merson (1846-1920)*. Bibliothèque du musée des Arts décoratifs, Paris. J.-L. CHARMET.
**422 :** Les Muses, *Eustache Le Sueur (1617-1655)*. Musée du Louvre, Paris. GIRAUDON.
**424 :** Nuit de décembre, *Eugène Lami (1800-1890)*. Musée national du château de Malmaison, Rueil-Malmaison. SRD/J.-P. Germain.
**426 :** Jeune fille romantique (détail), *Richard Parkes Bonington (1801-1828)*. Musée des Beaux-Arts, Besançon. TOP/P. Willi.
**429 :** Rachel déclamant «L'Empire, c'est la Paix » devant le Prince-Président au gala du 22 octobre 1852 (gravure), *XIX^e^ siècle*. Bibliothèque nationale, Paris.
**430-431 :** Vue de la ville de Baccarat sur le Rhin (gravure), *Laurens Janscha (1749-1812)*. Bibliothèque nationale, Paris. EDIMEDIA.
**432 :** Une Manola, *Francisco Goya (1746-1828)*. Musée du Prado, Madrid. H. JOSSE.
**435 :** Bronze, *Jean-Baptiste Carpeaux (1827-1875)*. Collection particulière. TOP/J. DUCANGE.
**436-437 :** La Méridienne, *Vincent Van Gogh (1858-1890)*. Musée du Louvre, Paris. GIRAUDON.
**439 :** Illustration originale de *Gilbert Bazard*.
**440 :** Illustration originale de *Jean Picart le Doux (1902-1982)*. A.D.A.G.P. Paris, 2003.
**443 :** Tigre et éléphants à la source, 1849 (détail), *Alexandre Gabriel Decamps (1803-1860)*. Musée du Louvre, Paris. RÉUNION DES MUSÉES NATIONAUX.
**444 :** Autoportrait de Charles Baudelaire (dessin). Bibliothèque nationale, Paris. J.-L. CHARMET.
**445 :** Parc de Milan (pastel) *William Degouve de Nuncques (1867-1935)*. Collection State Museum Kröller-Müller, Otterlo, Pays-Bas.
**446 :** Femmes d'Alger (détail), *Eugène Delacroix (1798-1863)*. Musée du Louvre, Paris. GIRAUDON.
**449 :** Le Bois sacré cher aux Arts et aux Muses, *Pierre Puvis de Chavannes (1824-1898)*. The Art Institute, Collection Potter Palmer, Chicago. TOP/P. Willi.
**450-451 :** La vague, *Gustave Courbet (1817-1877)*. Musée du Louvre, Paris. BULLOZ.
**452 :** Des yeux bruns et une fleur bleue (détail), *Fernand Khnopff (1858-1921)*. Crayon et gouache. Museum Voor Schone Kunsten, Gand. Pier Ysebré.
**454-455 :** La Grande Odalisque, *Jean-Auguste Dominique Ingres (1780-1867)*. Musée du Louvre, Paris. TOP/P. Willi.
**456 :** Illustration originale d'*Hélène Neveur*.
**158 :** Déesse Bastet à tête de chatte (bronze). Égypte, époque présaïte et saïte. Musée du Louvre, Paris. RÉUNION DES MUSÉES NATIONAUX.
**459 :** Illustration originale de *Jean-Marie Le Faou*.
**461 :** Le rageur, vieux chêne dans les gorges d'Apremont, *Théodore Rousseau (1812-1867)* Collection particulière. SRD/Jean-Jacques.
**464-465 :** La parabole des aveugles, *Pierre Brueghel d'Enfer (1564-1637)*. Musée du Louvre, Paris. RÉUNION DES MUSÉES NATIONAUX.

**466 :** La femme à la cafetière (détail), *Paul Cézanne (1839-1906)*. Musée du Louvre, Paris. BULLOZ.
**468 :** Femme à sa toilette (détail), *Henri Marie de Toulouse-Lautrec (1864-1901)*. Musée du Louvre, Paris. BULLOZ.
**473 :** La Mélancolie, *Paul Sérusier (1863-1927)*. Collection particulière. GIRAUDON.

**475 :** La ronde, *Giuseppe Pellizza de Volpedo (1868-1907)*. Civica Galleria d'Arte Moderna, Milan. SRD/Giancarlo Costa.
**476 :** Les yeux clos, *Odilon Redon (1840-1916)*. Musée d'Art moderne, Paris. H. JOSSE.
**478 :** Cygnes. RAPHO/Whooper Swans.
**481 :** Les muses, *Maurice Denis (1870-1943)*. Musée d'Art moderne, Paris. GIRAUDON. S.P.A.D.E.M.
**482 :** Le cheval blanc, *Paul Gauguin (1848-1903)*. Musée du Louvre, Paris. GIRAUDON.
**487 :** Paysage rustique avec ruine (détail), *Nicolas Poussin (1594-1665)*. Collection Moussali, Paris. BULLOZ.
**488-489 :** Le combat du Tessin où Annibal battit Scipion l'Africain - Tapisserie des Gobelins *(1689)*. Musée du Louvre, Paris. EDIMEDIA.
**490 :** Illustration originale de *Philippe Bernard.*
**491 :** Le Dévouement du capitaine Desse, *Théodore Gudin (1802-1880)*. Musée des Beaux-Arts, Bordeaux. LAUROS-GIRAUDON.
**492-493 :** Illustration originale de *Louis Guillard.*
**495 :** L'apparition, *Gustave Moreau (1826-1898)*. Musée Gustave-Moreau, Paris. BULLOZ.
**497 :** Femme jouant de la harpe (verre coloré), *William Morris (1834-1896)*. Victoria and Albert Museum, Londres. SRD/E. Tweedy.
**499 :** La Mort et le Fossoyeur, *Charles Schwabe (1866-1926)*. Musée du Louvre, Paris. RÉUNION DES MUSÉES NATIONAUX.
**501 :** La dame en bleu, *Jean-Baptiste Camille Corot (1795-1875)*. Musée du Louvre, Paris. RÉUNION DES MUSÉES NATIONAUX.
**505 :** Portrait d'Edgar Poe, *Édouard Manet (1832-1883)*. Bibliothèque nationale, Paris.
**507 :** Jeune femme dans un cimetière (détail), *Eugène Samuel Grasset (1841-1917)*. Collection Walker, Paris. BULLOZ.
**508 :** L'automne, *Jan van Beers (1852-1927)*. Collection Kharbine. TAPABOR.
**509 :** Jeune fille au chapeau fleuri de roses, *Auguste Rodin (1840-1917)*. Musée Rodin, Paris. H. JOSSE.
**510 :** Forêt de Compiègne. EXPLORER/Ph. B. Mathur.
**511 :** L'espérance, *Pierre Cécil Puvis de Chavannes (1824-1898)*. The Walters Art Gallery, Baltimore. TOP/P. Willi.
**513 :** Illustration originale de *Jacques Bony.*
**514 :** Debureau en Pierrot. Lithographie du *XIX*e *siècle*. Bibliothèque de l'Arsenal, Paris. LAUROS-GIRAUDON.
**515 :** Le parc de Versailles en hiver. TOP/R. Mazin.
**517 :** « Il pleure dans mon cœur » (extrait des « Œuvres complètes » de Paul Verlaine), *Berthold Mahn, 1931*. Bibliothèque nationale, Paris.
**519 :** Torse de jeune femme au soleil, *Pierre Auguste Renoir (1841-1919)*. Musée du Louvre, Paris. H. JOSSE.
**521 :** Champ de blé, *Vincent Van Gogh (1853-1890)*. Musée national Vincent-Van-Gogh, Amsterdam.
**522 :** La Cuisinière, *Édouard Jean Vuillard (1868-1940)*. Bibliothèque nationale, Paris. BULLOZ - A.D.A.G.P. Paris, 2003.
**524 :** Vierge de la Visitation, sculpture, *XIII*e *siècle*. Cathédrale de Reims. GIRAUDON.
**526 :** Crucifixion, *Domenikos Theotokopoulos dit El Greco (1541-1614)*. Rijksmuseum, Amsterdam. TOP/P. Willi.
**528 :** Les arbres à Billancourt, *Albert Marquet (1875-1947)*. Musée des Beaux-Arts, Bordeaux. EDIMEDIA - A.D.A.G.P. Paris, 2003.
**533 :** Portrait de jeune femme, *Edgar Degas (1834-1917)*. Musée du Louvre, Paris. RÉUNION DES MUSÉES NATIONAUX.
**536 :** Pipe française du XIXe siècle représentant un zouave. Tuyau articulé en merisier, fourneau en écume. Musée de la S.E.I.T.A., Paris. SRD/J.-P. Germain.
**537 :** Le pêcheur, *Eugène Boudin (1825-1898)*. Musée des Beaux-Arts, Rouen. GIRAUDON.
**538 :** Le berceau, *Berthe Morisot (1841-1895)*. Musée du Louvre, Paris. GIRAUDON.

**540 :** Mort du commandant Berbegier — guerre de 1870 —, *Édouard Detaille (1848-1912).* Musée de l'Armée, Paris. H. JOSSE.
**543 :** Le baiser, *Théophile Steinlen (1859-1923).* Fondation d'Art moderne, Genève. EDIMEDIA.
**545 :** Le balcon, *Adolph von Menzel (1815-1905).* Nationalgalerie Staatliche Museen, Berlin Preussischer Kulturbesitz/Jörg P. Anders.
**546-547 :** Poésie du soir, *Alphonse Osbert (1857-1939).* Musée des Beaux-Arts, Évreux. BULLOZ - A.D.A.G.P. Paris, 2003.
**548 :** Illustration originale de *Béatrice Neibecker.*
**550 :** Grand Nu, *Lucien Levy-Dhurmer (1865-1953).* Coll. part. BULLOZ - A.D.A.G.P. Paris, 2003.
**551 :** Illustration originale de *Nat Mayer.*
**552 :** Rimbaud, *Paul Verlaine (1844-1896).* Musée Rimbaud, Charleville-Mézières (Ardennes). Éditions J. TALLANDIER.
**554-555 :** Le naufrage, *Philippe Loutherbourg (1740-1812).* Art Gallery, Southampton. GIRAUDON.
**558-559 :** Paul Verlaine au café Procope. *Anonyme.* Bibliothèque nationale, Paris. H. JOSSE.
**561 :** Mois de mai, *Eugène Grasset (1845-1917).* Museum für Kunst und Gewerbe, Hamburg.
**562 :** Arthur Rimbaud (détail de « Un coin de table »), *Henri Fantin-Latour (1836-1904).* Musée du Louvre, Paris. RÉUNION DES MUSÉES NATIONAUX.
**564-565 :** Plage de Trouville au soleil couchant, *Paul Huet (1803-1869).* Musée des Beaux-Arts, Rouen. GIRAUDON.
**568-569 :** Béguinage de Bruges. EXPLORER/A. Saucez.
**573 :** Le soir (détail), *Maurice Denis (1870-1943).* Musée de la Chartreuse, Douai. TOP/P. Willi - A.D.A.G.P. Paris, 2003.
**574-575 :** Paysage au bord du Rhin, *Albert Cuyp (1621-1691).* Musée du Louvre, Paris. SCALA.
**576-577 :** La paie des moissonneurs, *Léon Lhermitte (1844-1925).* Hôtel de ville de Château-Thierry. EDIMEDIA.
**580 :** Illustration originale de *Claire Cormier.*
**582-583 :** L'hiver, *Charles François Daubigny (1817-1878).* Collection particulière. CONNAISSANCE DES ARTS/J. Guillot.
**586 :** Illustration originale de *Béatrice Neibecker.*
**591 :** Pierrot, *Georges Rouault (1871-1958).* Musée d'Art moderne, Paris. BULLOZ-A.D.A.G.P. Paris, 2003.
**592-593 :** L'île des Morts 1880, *Arnold Böcklin (1827-1901).* Museum der Bildenden Kunste, Leipzig. MAGNUM/E. Lessing.
**595 :** Jeune homme au gilet rouge, *Paul Cézanne (1839-1906).* Fondation Bührle, Zurich. Photographie Walter Drayer.
**597 :** Baigneuse, *Pierre Auguste Renoir (1841-1919).* Collection particulière. TOP/P. Willi.
**598-599 :** Nature morte à la tête antique, *Pablo Picasso (1881-1973).* Musée d'Art moderne, Paris. LAUROS-GIRAUDON - S.P.A.D.E.M.
**602 :** Lumière (lithographie), *Odilon Redon (1840-1916).* ROGER-VIOLLET.
**604 :** Jeune femme dans un jardin (aquarelle), *Eugène Grasset (1841-1917).* Musée des Arts décoratifs. BULLOZ.
**607 :** La forêt, *Roland Cat (1943),* Collection particulière. MICHEL RANDOM. A.D.A.G.P. Paris, 2003.
**608 :** Femme au turban, *Alphons Mucha (1860-1939).* Musée Carnavalet, Paris. LAUROS-GIRAUDON - (c) Mucha Trust/A.D.A.G.P. Paris, 2003.
**610 :** Le Rêve, *Henri Rousseau dit le Douanier (1844-1910).* Musée d'Art moderne, New York. EDIMEDIA.
**611 :** Jeune fille de profil, *Aristide Maillol (1861-1944).* Musée Jacinthe-Rigaud, Perpignan. TOP/P. Willi - A.D.A.G.P. Paris, 2003.
**613 :** Cyrano de Bergerac d'Edmond Rostand (Daniel Sorano) retransmis par la télévision le 25 décembre 1960. SCOOP-TÉLÉ 7 JOURS.
**615 :** Le pauvre pion (lithographie), *Robert Lotiron (1886-1966).* Bibliothèque nationale, Paris.
**616-617 :** Le Chemin de Sèvres, *Camille Corot (1796-1875).* Musée du Louvre, Paris. BULLOZ.
**619 :** Petit garçon dans la salle à manger, *Pierre Bonnard (1867-1947).* Collection particulière, Angleterre. GIRAUDON - A.D.A.G.P. Paris, 2003.
**620-621 :** Nave, nave, Mahan, *Paul Gauguin (1848-1903).* Musée des Beaux-Arts, Lyon.

TOP/P. Willi.

**626 :** Polynésie (détail) [tenture], carton, *Henri Matisse (1869-1954)*. Manufacture de Beauvais. PIX/Revault - S.P.A.D.E.M.

**629 :** La Sainte Face, *Georges Rouault (1871-1958)*. Musée d'Art moderne, Paris. BULLOZ- A.D.A.G.P. Paris, 2003.

**637 :** Tête d'or, de Paul Claudel (Alain Cuny, Laurent Terzieff), octobre 1959, *Théâtre de France-Odéon,* Paris. BERNAND.

**640 :** Fileuse endormie, *Gustave Courbet (1817-1877)*. Musée Fabre, Montpellier. BULLOZ.

**642 :** Eau-forte (extraite de « Poésie » de Paul Valéry, 1926), *Paul Valéry (1871-1945)*. Bibliothèque nationale, Paris. S.P.A.D.E.M.

**643 :** Portrait de Paul Valéry (lithographie extraite de « La Jeune Parque » de Paul Valéry, 1921), *Pablo Picasso (1881-1973)*. Bibliothèque nationale, Paris. S.P.A.D.E.M.

**645 :** Illustration originale de *Claire Cormier.*

**646-647 :** Homme allongé devant la mer (eau-forte pour illustrer « Le cimetière marin » de Paul Valéry, édition 1916). Bibliothèque nationale, Paris. S.P.A.D.E.M.

**652 :** Fleurs. Photographie en couleurs. MICHEL RANDOM.

**655 :** Lithographie pour Ubu Roi, d'Alfred Jarry, édition 1947, *Edmond Heuzé (1884-1967)*. Bibliothèque nationale, Paris. A.D.A.G.P. Paris, 2003.

**656 :** Bois pour illustrer « Le mystère de la charité de Jeanne d'Arc », de Charles Péguy, 1926, *Henri Hissard.* Bibliothèque nationale, Paris.

**657 :** Paysanne à la baguette, *Camille Pissarro (1830-1903)*. Musée du Louvre, Paris. BULLOZ.

**659 :** Bois pour illustrer « Le mystère de la charité de Jeanne d'Arc », de Charles Péguy, édition 1926. *Henri Hissard.* Bibliothèque nationale, Paris.

**662-663 :** Illustration originale de *Pierre Pagès.*

**665 :** Illustration originale de *Pierre Pagès.*

**667 :** Le jardin, *Pierre Bonnard (1867-1947)*. Musée du Petit-Palais. TOP/P. Willi - A.D.A.G.P. Paris, 2003.

**668 :** Eau-forte pour illustrer « L'ordre des oiseaux », poèmes de Saint-John Perse. Édition Au Vent d'Arles, 1962, *Georges Braque (1882-1963)*. Bibliothèque nationale, Paris. A.D.A.G.P. Paris, 2003.

**670-671 :** Rêve, *Claudio Parmeggiani (1943)*. Collection particulière. MICHEL RANDOM.

**672 :** Femme devant un miroir, *Paul Delvaux (1897-1994).* Collection Claude Spaak. TOP/P. Willi - (c) Fondation Paul Delvaux, ST Idesbald, Belgique - A.D.A.G.P. Paris, 2003.

**674-675 :** Illustration originale de *Pierre Pagès.*

**676 :** Illustration originale de *Pierre Pagès.*

**678 :** Illustration originale de *Jean Coladon.*

**681 :** Christ Rédempteur, *Gustave Moreau (1826-1898)*. Musée Gustave-Moreau, Paris. BULLOZ.

**683 :** Le Musée du Roi, *René Magritte (1898-1967)*. Galerie Iolas, Paris. PIX/P.-L. Magnin. A.D.A.G.P. Paris, 2003.

**684-685 :** Paysage de neige, *Pierre-Auguste Renoir (1841-1919)*. Collection particulière. BULLOZ.

**686-687 :** Illustrations originales de *Raymond Outrequin.*

**688-689 :** Illustration originale de *Pierre Pagès.*

**690-691 :** La rue, *Marc Chagall (1887-1985).* TOP/P. Willi. A.D.A.G.P. Paris, 2003.

**693 :** Eau-forte pour illustrer le poème « Les colchiques » de Guillaume Apollinaire, *Louis Marcoussis (1883-1941)*. Bibliothèque nationale, Paris. S.P.A.D.E.M.

**694 :** Illustration originale d'*Alain Bonnefoit.* A.D.A.G.P. Paris, 2003.

**695 :** Ève (pastel), *Lucien Levy Dhurmer (1865-1953)*. Collection particulière. BULLOZ.

**697 :** La famille d'acrobates, *Pablo Picasso (1881-1973)*. Kunstmuseum, Göteborg. GIRAUDON - S.P.A.D.E.M.

**699 :** La guitare endormie (dessin extrait des «Contes et poèmes» de Pierre Reverdy, édition 1919), *Juan Gris (1887-1927).*

**703 :** La rue, *Georg Grosz (1893-1959)*. Staatsgalerie, Stuttgart. TOP/P. Willi - A.D.A.G.P. Paris, 2003.

**705 :** Apollinaire, *Pablo Picasso (1881-1973)*. Bibliothèque nationale, Paris. GIRAUDON. S.P.A.D.E.M.

**709 :** L'arbre de Paradis, *Victor Cupsa (1932)*. Collection particulière. MICHEL RANDOM.

**711, 717 :** Couleurs simultanées, Sonia Delaunay-Terk (1885-1979) pour illustrer «la Prose du Transsibérien et de la petite Jehanne de France», de Blaise Cendrars. Bibliothèque nationale, Paris. A.D.A.G.P.

**724 :** Illustration originale de *Françoise de Dalmas.*

**727 :** Portrait de Pierre Reverdy (gravure sur bois par G. Aubert «Femmes de la Mer», édition 1925), *Pablo Picasso (1881-1973).* Bibliothèque nationale, Paris. S.P.A.D.E.M.

**729 :** Après moi le sommeil, *Max Ernst (1891-1976).* Musée d'Art moderne, Paris. PIX/P.-L. Magnin - A.D.A.G.P. Paris, 2003.

**730 :** La route, *Nicolas de Staël (1914-1955).* Musée Guggenheim, New York. PIX/P.-L. Magnin - A.D.A.G.P. Paris, 2003.

**733 :** Illustration originale de *Jean Marais.*

**734 :** Eau-forte extraite de «Capitale de la douleur», de Paul Éluard (édition 1956), *André Masson (1896-1987).* Bibliothèque nationale, Paris. A.D.A.G.P. Paris, 2003.

**736-737 :** Guernica, *Pablo Picasso (1881-1973).* Musée du Prado, Madrid. GIRAUDON - S.P.A.D.E.M.

**738 :** Composition pour illustrer «Liberté, j'écris ton nom» dans «Poésie et Vérité», de Paul Éluard (éditions Seghers 1953), *Fernand Léger (1881-1955).* Bibliothèque nationale, Paris. A.D.A.G.P. Paris, 2003.

**741 :** Illustration originale de *Jean Picart le Doux.* A.D.A.G.P. Paris, 2003.

**744 :** La Guerre, *Henri Rousseau dit le Douanier (1844-1910).* Musée du Louvre, Paris. EDIMEDIA.

**746 :** Dada 1916, *Man Ray (1890-1976).* Collection particulière. PIX/P.-L. Magnin - (c) Man Ray Trust/A.D.A.G.P. Paris, 2003.

**747 :** Ève, *Lucien Levy Dhurmer, 1896.* Collection particulière. GIRAUDON.

**752 :** Elsa Triolet en 1939. G. FREUND.

**754 :** Intérieur rouge, *Henri Matisse (1869-1954).* Musée d'Art moderne de la Ville de Paris. H. JOSSE - S.P.A.D.E.M.

**757 :** Avis de condamnations, 1941. Musée de la Guerre. S.R.D.

**759 :** Femme aux cheveux rouges, *Amedeo Modigliani (1884-1920).* National Art Gallery, Washington. EDIMEDIA - A.D.A.G.P. Paris, 2003.

**760-761 :** Cimetière d'Anzio, Italie. MAGNUM/D. Hurn.

**765 :** Personnage et chien devant le soleil, *Juan Miro (1893-1983).* Kunstmuseum, Bâle. PIX/P.-L. Magnin - (c) Successio Mirò - A.D.A.G.P. Paris, 2003.

**766 :** Frontispice pour «Trois cerises et une sardine», Benjamin Péret 1936, éditions G.L.M., *Yves Tanguy (1900-1955).* Bibliothèque nationale, Paris. S.P.A.D.E.M.

**767 :** Illustration originale de *Bernard Villemot.* A.D.A.G.P. Paris, 2003.

**768 :** Illustration originale de *Bernard Villemot.* A.D.A.G.P. Paris, 2003.

**769 :** Illustration originale de *Bernard Villemot.* A.D.A.G.P. Paris, 2003.

**770 :** Illustration originale de *Bernard Villemot.* A.D.A.G.P. Paris, 2003.

**771 :** Illustration originale de *Bernard Villemot.* A.D.A.G.P. Paris, 2003.

**771 :** Couverture de Fantomas (édition Rex), *Maurice Gourdon (1847-1941).* Collection particulière. J.-L. CHARMET.

**772 :** Illustration originale de *Bernard Villemot.* A.D.A.G.P. Paris, 2003.

**775 :** Illustration originale de *Bernard Villemot.* A.D.A.G.P. Paris, 2003.

**776 :** «Ce qu'il ne faut pas être». Image en couleurs. Collection Kharbine. TAPABOR.

**776 :** Oiseau 1025, *Max Ernst (1891-1976).* Collection Dominique et Jean de Menil. GIRAUDON - A.D.A.G.P. Paris, 2003.

**779 :** Illustration originale d'*Alain Bonnefoit.* A.D.A.G.P. Paris, 2003.

**782 :** Création. Photographie en couleurs. MICHEL RANDOM.

**784 :** Lithographie pour illustrer le poème de Francis Jammes «Les Villages», *Robert Lotiron (1896-1966).* Bibliothèque nationale, Paris. S.P.A.D.E.M.

**787 :** Illustration originale d'*Éliane Diverly.* A.D.A.G.P. Paris, 2003.

**788 :** Juliette Gréco, novembre 1950. RAPHO/Doisneau.

**792 :** Claude dessinant, *Pablo Picasso (1881-1973).* RÉUNION DES MUSÉES NATIONAUX - S.P.A.D.E.M.

**795 :** Lyre-Guitare *Ignace-Pleyel, 1809.* Musée instrumental, Paris. C.N.S.M. Publimages.

---

LES PLUS BELLES PAGES DE LA POÉSIE FRANÇAISE

publié par
SÉLECTION DU READER'S DIGEST

Composition: Photocompo Center, Bruxelles
Photogravure: S.N.P., Lyon, et Typoffset, Paris
Impression et reliure: Grafica Editoriale, Bologne (Italie)

TROISIÈME ÉDITION
Huitième tirage

Achevé d'imprimer : septembre 2006
Dépôt légal en France : octobre 2006
Dépôt légal en Belgique : D-2006-0621-100

Imprimé en Italie
*Printed in Italy*